제 2 판

B.C.Info

Allegro OrCAD PCB Editor를 이용한

PCB 설계

전 광 일 저

PREFACE

정보화 시대의 도래에 따라서 모든 분야에서 컴퓨터를 활용하는 시대가 되었다. 특히 정보 통신 기기에는 반드시 어떠한 형태로든 PCB(Printed Circuit Board)를 사용하게 된다. 이 PCB를 컴퓨터상에서 설계 제작할 수 있는 기술이 발전되고 있다.

본 교재에서는 PCB 설계에 사용되는 컴퓨터 프로그램은 수많은 형태와 종류가 있으나 그중에서 Cadence 사에서 개발된 프로그램인 Allegro Orcad PCB Editor에 대하여 알아보고자 한다.

본 교재에서는 PCB 설계를 처음 접하는 학생들을 위하여 만들어진 교재이며 익숙한 학생들에게는 다소 쉬운 구성으로 되어 있으며, 일반적인 매뉴얼과 같은 나열식으로 내용을 전개하는 것을 지향하고 매주 수업에서 학생들이 수업의 목적을 가지게 하기 위하여 과제를 진행하면서 내용을 습득해 나가는 방식으로 내용을 구성하고자 노력하였다. 이 방법은 처음 PCB 설계 CAD 프로그램을 배우는 학생들에게는 매우 유용하며, 이렇게 익힌 후 기존의 방식으로 구성된 책이나 매뉴얼을 습득하면 좀 더 손쉽게 적응할 수 있을 것으로 생각된다.

본 교재의 구성을 보면 제1단원에서는 Capture CIS를 이용하여 설계할 회로도를 도면에 작성하는 것을 상세하게 설명하였고 제2단원에서는 아주 간단한 회로들의 도면 형태에 따라서 Allegro OrCAD PCB Editor를 이용한 PCB 설계과정에 대하여 설명하였다. 제3단원에서는 좀 더 실제에 맞는 상황에서 회로들을 Allegro OrCAD PCB Editor를 이용하여 PCB 설계하는 과정을 통하여 기능을 익히는 내용을 수록하였고, Appendix에서는 Allegro OrCAD PCB Editor를 이용하여 Library와 Footprint를 직접 제작하는 방법과 활용하는 내용에 대하여 언급하였다.

본 교재는 처음 배우는 학생들에게 맞추어 구성된 것으로 CAD 프로그램을 익히는데 도움이 되기를 간절히 바란다.

CONTENTS

제5장 단일 도면 2(데이터 전송 장치)

제6장 평면 도면(동기식 카운터)

제7장 계층 도면(가산기)

제3단원 Allegro OrCAD PCB Editor 응용하기

제8장 SMD Type PCB 설계(단안정 바이브레이터)

제9장 다층 PCB 만들기(펄스 발생회로)

제10장 설계 요건에 따른 PCB 만들기(가감산기 회로)

APPENDIX. 라이브러리와 풋 프린트 만들기

제1단원

Allegro OrCAD PCB Editor 시작하기

제1장 PCB 개론 및 Allegro OrCAD PCB Editor 준비하기

01 PCB 개론

전자 산업과 컴퓨터의 발전으로 오늘날 전기, 전자, 정보통신 분야에서 컴퓨터를 이용하여 설계, 제작, 제조 등에 컴퓨터 프로그램이 널리 사용되고 있다. 이 가운데 제품을 설계 및 제작하는 과정에 컴퓨터 프로그램의 도움을 받는 것을 CAD(Computer Aided Design)라고 하며, 그 활용 분야는 매우 다양하다. 그 중에서 정보통신기기 분야에서 활용되는 일부분을 나타낸 것이 그림 1.1이다. 이를 간단하게 요약하면 회로 설계 분야, PCB 설계 그리고 제작 분야 등으로 나타낼 수 있으며, 본 교재에서는 PCB 설계 분야에 대하여 알아보도록 한다.

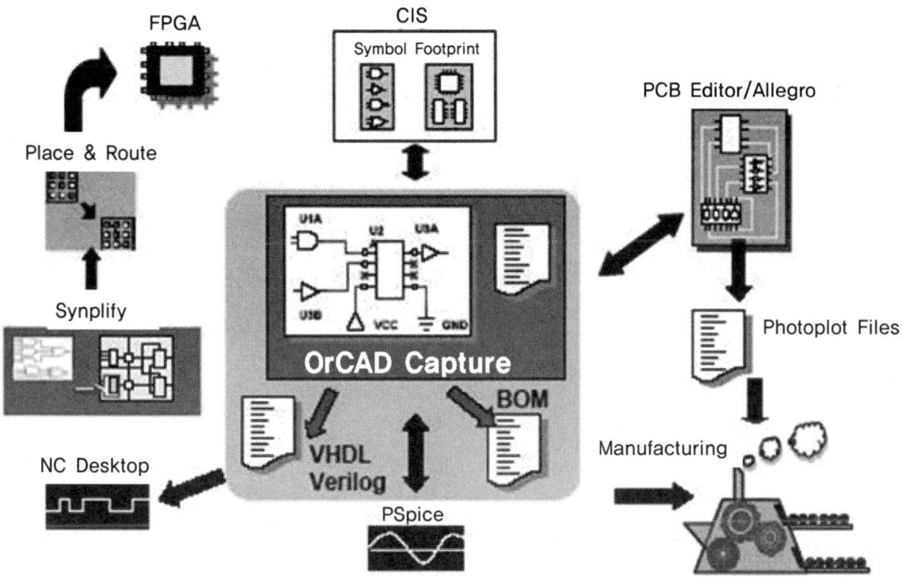

그림 1.1 CAD 활용

설계된 회로를 실제 제작하기에 필요한 PCB 분야에서 사용되는 프로그램은 많은 제품들로 출시되어 있다. 여러 가지 전자 부품들이 적절하게 배치되고 연결되어 서로 전기적으로 연결하고 전원을 공급해 주어야 비로소 설계된 의도대로 동작한다. 이러한 전자기기가 되기 위한 지지대 역할을 하는 것이 바로 PCB(Printed Circuit Board) 또는 PWB(Printed Wiring Board)라고 한다.

초기에 스크린 인쇄법을 많이 사용하여 PCB를 제조하였고 현재에도 스크린 인쇄법이 사용되기도 하나 대부분 감광성 필름을 이용하여 패턴을 형성한다. 그림 1.2에는 PCB에 부품이 장착된 PCB의 예를 보여 주고 있다.

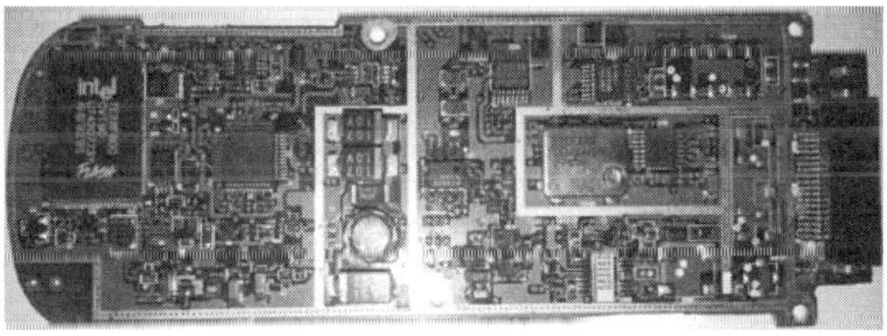

그림 1.2 부품이 장착이 된 PCB의 예

실제 정보통신 기기 제품이 개발되는 과정을 요약해 보면 표 1.1에 나타나 있는 것과 같은 작업 과정을 가지게 되고 그 중에서 이 책에서 알아보고자 하는 PCB 설계 부분은 중간과정에 위치하게 된다.

표 1.1 전자 제품의 개발과정에서의 PCB

1. 제품 기획
- 제품 기능, 가격 및 외관 결정 - 제품 외관에 의한 기구물 설계 - 기구물 설계에 의한 PCB 크기 및 모양 결정
↓
2. 전자회로 설계
- 전자 회로 도면 작성 - PSpice A/D를 이용한 전자 회로 해석
↓
3. PCB 설계
- 결정된 PCB 크기 및 모양에 따라 부품 배치 및 배선 - 설계에 필요한 도면 작성
↓
4. PCB 제조
- 제조 규격 관리 및 CAM - 공정용 TOOL을 이용하여 검사
↓
5. 부품 실장 및 제품 검사
- 부품 조립과 검사 - 계측기를 이용한 성능 검사

1 PCB 분류

PCB 기술을 이해하기 위하여 다양한 방법으로 PCB를 분류하여 살펴보는 것도 좋은 방법이다. 관점에 따라 여러 가지로 분류할 수 있으나 1. 층수 2. 동박 적층판 3. IPC 표준 4. 재질에 따른 분류를 살펴보도록 한다.

1. 층수에 따른 분류

(1) 단면 PCB : 절연기판의 한쪽 면에만 배선을 형성한 PCB(Single Side PCB)

(2) 양면 PCB : 양쪽 면에 배선을 형성한 PCB(Double Side PCB)

(3) 다층 PCB : 다층으로 배선한 PCB(Multi Layer Board : MLB)

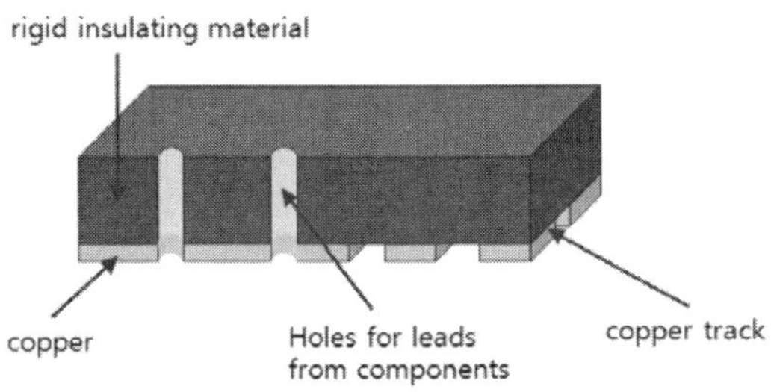

(a) 단면 PCB

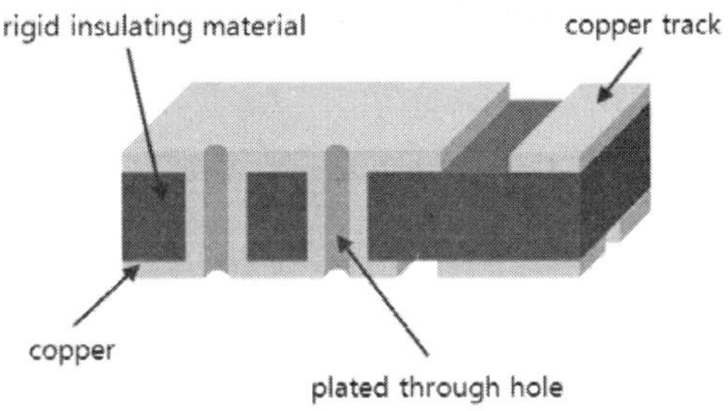

(b) 양면 PCB

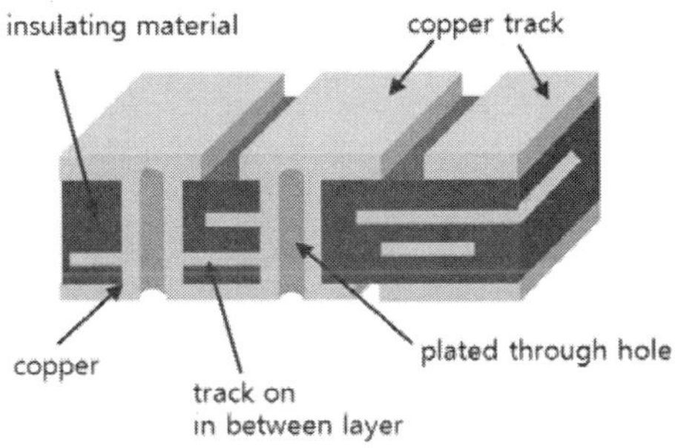

(c) 다층 PCB

그림 1.3 층수에 따른 분류

2. 동박 적층판의 재질에 따른 분류

(1) 리지드(Rigid : 경성) PCB

(2) 플렉시블(Flexible : 연성) PCB

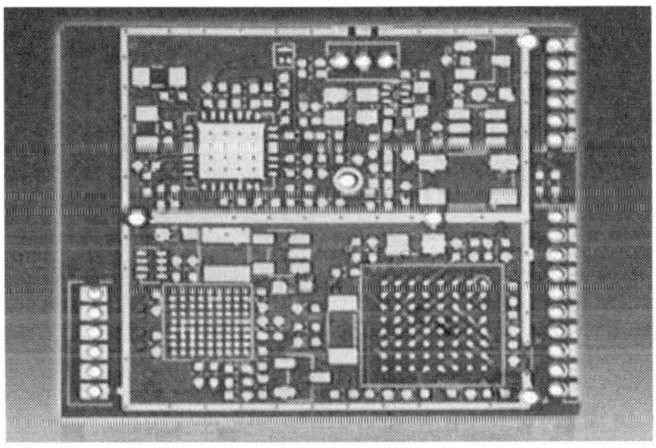

(a) 리지드(Rigid : 경성) PCB

(b) 플렉시블(Flexible : 연성) PCB

그림 1.4 동박 적층판의 재질에 따른 분류

3. IPC 표준에 따른 분류

IPC(The Institute for Interconnecting and Packaging Electronics Circuits)는 PCB, Connector, Cable, Package의 제조 및 조립에 관한 표준을 제정하고 기술 자료를 공급하는 국제기구를 말한다.

(1) CLASS 1 : CONSUMER PRODUCTS(소비재 등급)
(2) CLASS 2 : GENERAL INDUSTRIAL(일반 산업용 등급)
(3) CLASS 3 : HIGH PERFORMANCE INDUSTRIAL(고성능 산업용 등급)
(4) CLASS 4 : HIGH RELIABILITY(고 신뢰 등급)

4. 재질에 따른 분류

(1) 페놀 기판
(2) 에폭시 기판
(3) 콤퍼지트 기판
(4) 플렉서블 기판
(5) 세라믹 기판
(6) 금속 기판

2 PCB 중요 용어

- SMD type
- Leaded type

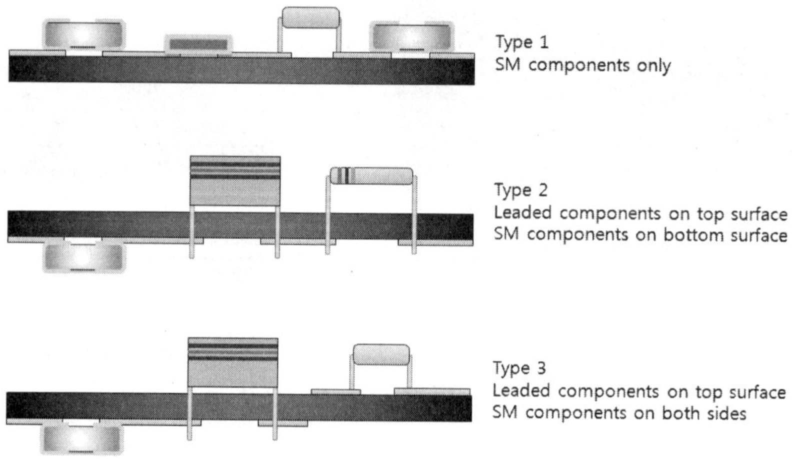

그림 1.5 SMD type, Leaded type

- Through via
- blind via
- buried via

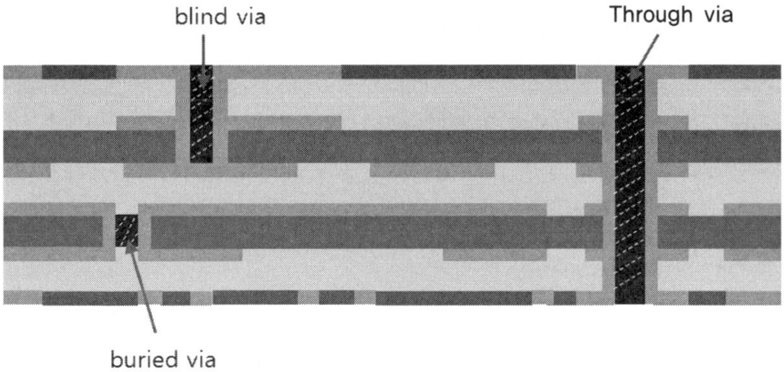

그림 1.6 Through via, blind via, buried via

02 Allegro OrCAD PCB Editor 준비하기

1 Allegro OrCAD PCB Editor

설계된 회로를 PCB 상의 배선으로 구현하는 단계를 PCB 설계라 하며, 이때 PCB 설계용의 CAD 프로그램을 사용하여 PCB 상에 부품을 배치하고 이들이 회로도의 연결을 갖도록 배선하는데 이용되는 것이다. PCB 설계를 위한 회로 정보는 전자회로 설계 단계에서 생성된 네트리스트 파일을 이용한다. PCB 설계가 완료되면 설계 규격 검사를 행하여 오류를 수정하고 설계 정보를 Gerber File 형태로 저장하게 된다.

이 중에서 설계된 회로를 실제 제작하기에 필요한 PCB 분야에서 사용되는 프로그램은 아주 많은 제품들이 출시되어 있고, 이들 중에서 Cadence 사의 제품인 Allegro OrCAD PCB Editor이다.

2000년 cadence사에서 OrCAD사를 합병하여 보다 기능을 강화한 OrCAD family Release 9.2를 2001년 7월에 발표하였다. OrCAD family Release 9.2에서는 OrCAD와 PSpice가 별도의 프로그램으로 설치되어 사용하였으나 2003년 하반기에는 OrCAD의 기능과 PSpice의 기능을 실제적으로 한 프로그램에서 사용하는 OrCAD v10.5가 발표되었고 2007년 6월에 OrCAD v16.0이 발표되었다. OrCAD v16.0에는 OrCAD PCB 부분과 Cadence의 PCB 설계 프로그램인 Allegro가 병행해 있었으나 OrCAD v16.3 이후부터 점차 OrCAD PCB 부분이 없어지고 현재 최신 버전인 OrCAD v16.5와 Allegro OrCAD PCB Editor부터는 Cadence의 PCB 설계 프로그램인 Allegro가 주된 프로그램으로 자리 잡게 된 상태이다.

표 1.2 Allegro OrCAD PCB Editor를 이용한 PCB 설계과정

1. Schematic Entry
- Capture CIS를 이용한 회로도 부품 배치하기 - Capture CIS를 이용한 회로도 선 그리기 - Capture CIS를 이용하여 부품 속성 편집하기
↓
2. PCB 설계
- 부품 배치 및 배선 - PCB 도면 작성하기
↓
3. 도면 출력
- Gerber 파일 출력 - 도면 출력 및 정리

표 1.3

Tools Overview

• Version

~2005년	2006년	2007~2008년	2009년	2010년
Cadence OrCAD® 9.2..10.5V	15.7V	16.0V	16.2V	16.3V
Cadence Allegro® 14.2..15.5V	15.7V	16.0V	16.2V	16.3V

• Products/Package

Package \ Product	Circuit Design	Circuit Verification	PCB Design	
	Capture	PSpice	PCB Editor	PCB SI/PI
OrCAD ~~Unison~~ PCB			OrCAD Layout	
OrCAD EE Designer	●	●		
OrCAD PCB Designer (L)	●		●	
OrCAD PCB Designer with PSpice	●	●	●	
Allegro	Allegro Design Entry CIS	Allegro AMS Simulator	Allegro PCB Editor (L/XL/GXL)	Allegro PCB SI

2 프로그램의 구성

OrCAD v16.5 데모 버전은 cadence사에서 사용자들의 편의를 위해 무료로 배포하는 버전으로 다음과 같은 구성으로 이루어져 있다.

- Capture : 회로 작성, Schematic 관련
- Capture CIS : 회로 작성, Schematic, CIS(Component Information System)
- PSpice A/D : 아날로그와 디지털회로 시뮬레이션
- Allegro OrCAD PCB Editor : PCB 디자인 관련
- SPECTRA : PCB autorouting 관련

표 1.4

PCB, Package Design, and Allegro® Technology

	Logic Design		PCB Design	Signal Integrity	IC Package Design
Allegro	Allegro Design entry HDL Front-to-Back Flow	Pspice Advanced Analysis	Allegro PCB Editor L/XL/GXL	Allegro PCB SI L/XL/GXL	Allegro Package Designer
Allegro	Alloegro AMS Simulator Adv. Analysis	Analog Simulation with PSpice	Alloegro PCB Editor Performance Opt.	Alloegro PCB Power Integrity	Sip Layout
Allegro	Allegro Design Entry CIS			Sip Digital SI	
OrCAD	OrCAD Capture	PSpice A/D	OrCAD PCB Editor L	OrCAD Signal Explorer	
OrCAD	OrCAD Capture CIS	PSpice Advanced Analysis	OrCAD PCB Editor Basics		

아날로그와 디지털 회로의 시뮬레이션 기능만을 위해서는 회로작성을 위한 Capture와 시뮬레이션 부분을 담당하는 PSpice A/D만 사용하며, 다른 것은 PCB와 관련이 있으므로 여기에서는 언급하지 않는다.

데모 버전용의 기능은 단일 회로 안에 사용 가능한 노드의 수를 64개, 사용 가능한 subcircuit의 수를 20개, 최대로 사용할 수 있는 부품 수를 25개, 디지털 부품인 경우 65개 정도로 제한하고 있지만 비교적 복잡한 회로의 시뮬레이션도 가능하기 때문에 학교 및 산업체 여러 곳에서 폭넓게 사용하고 있다.

데모 버전의 제약 사항을 정리하면 다음과 같다.

- Node 수 : 64개
- Transistor 수 : 10개
- 디지털 부품 수 : 65개
- Model Editor의 사용은 다이오드로 제한
- Stimulus generation은 sine waves(analog)와 clocks(digital)만 가능
- Sample library는 39개의 analog parts와 134개의 digital parts만 제공
- demo version으로 실행한 시뮬레이션 데이터만을 화면에 display 가능

3 Allegro OrCAD PCB Editor demo 프로그램 설치

1. 설치 환경

- 사용하실 수 있는 컴퓨터 최소사양

OS : Winodws XP, Windows Vista, Window Server 2003

CPU : Pentium® 4 (32-bit) 이상

Memory : 512MB (XP와 Vista에서는 1GB 이상 추천)

HDD : 300MB 이상 빈공간이 필요

최소 해상도 : 1024×768 (1280×1024)에 65,000 이상 Color

2. 프로그램 설치

www.orcad.com이나 www.orcadpcb.com에서 압축된 OrCAD v16.5 demo version을 다운받아 동일한 장소에 압축을 풀면 OrCAD_165_Demo_all_products 디렉터리가 생기고 setup.exe를 실행시키면 프로그램이 설치된다.

제2장 Capture CIS 시작하기

01 Capture CIS 시작하기

PCB 설계를 위하여 OrCAD Capture CIS 프로그램 상에 회로도를 작성하여야 한다. 그래서 회로도 작성을 위한 OrCAD Capture CIS 사용법을 간단하게 알아보고자 한다.

윈도 작업 표시줄의 [시작] 버튼을 클릭하여 모든 프로그램/Cadence/Release 16.5/OrCAD Capture CIS를 선택한다. 그러면 그림 2.1과 같이 시작 창이 열린다.

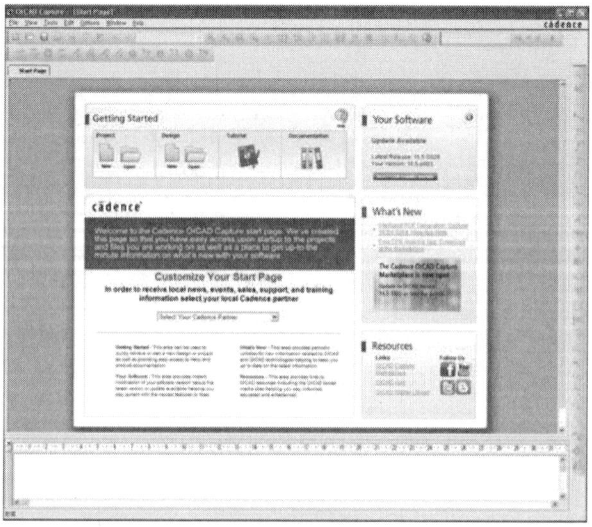

그림 2.1 OrCAD Capture CIS 시작 창

02 새로운 디자인 파일 만들기

새로운 디자인 파일을 만드는 순서는 다음과 같다.

01 메뉴 줄에서 File/New/Project를 선택한다.

02 그림 2.2와 같이 New Project 창이 열린다.

03 Name 상자에 디자인 프로젝트의 파일 이름을 입력한다.

04 Create a New Project Using 항목에서 작업할 프로젝트 종류를 선택한다. 여기에서는 PCB 설계를 위하여 도면을 작성하는 것이므로 PC Board Wizard를 선택한다.

05 Location 상자에 프로젝트 파일의 저장 폴더를 지정하기 위해 Browse 버튼을 선택한다.

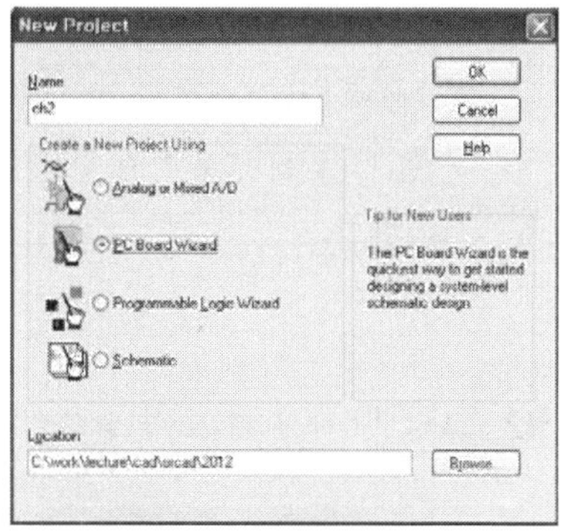

그림 2.2 New Project 창

06 그림 2.3과 같은 Select Directory 창이 열린다.

07 Directories 상자에서 원하는 폴더를 지정한다. 특정 폴더에 새로운 폴더를 생성하기 위해 Create Dir 버튼을 선택한다.

08 원하는 폴더를 지정한 후 New Project 창에서 OK 버튼을 선택한다.

그림 2.3 Select Directory 창

09 그림 2.4와 같이 PCB Project Wizard 창이 열린다.

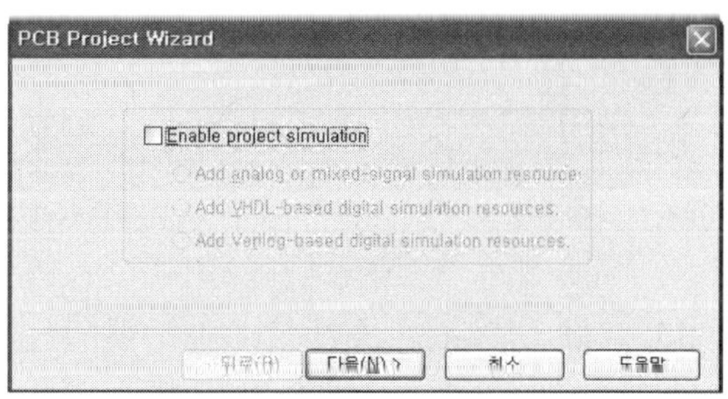

그림 2.4 PCB Project Wizard 창

PSpice를 이용하여 모의실험을 할 경우는 Enable project simulation을 선택한 후 다음[N]을 선택하면 되고, 본 과정에서는 PCB 설계만 할 경우는

10 Enable project simulation를 선택하지 않고 다음[N]을 선택한다.

11 그림 2.5와 같은 PCB Project Wizard 창이 나타나고 symbol library는 차후에 등록 할 수 있으므로 등록하지 않고 마침을 선택한다.

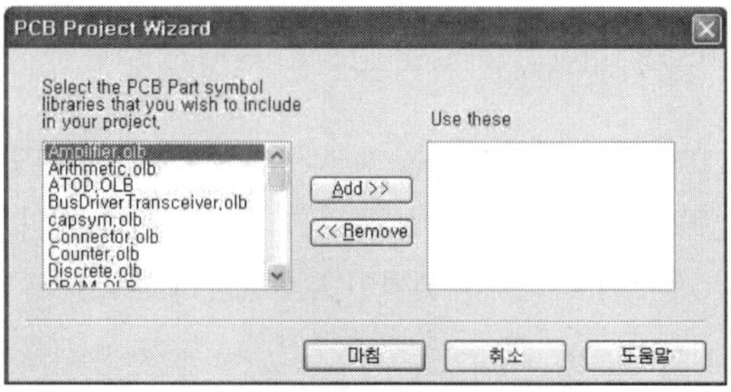

그림 2.5 PCB Project Wizard 창

12 그림 2.6과 같은 초기 상태의 화면이 나타나게 된다.

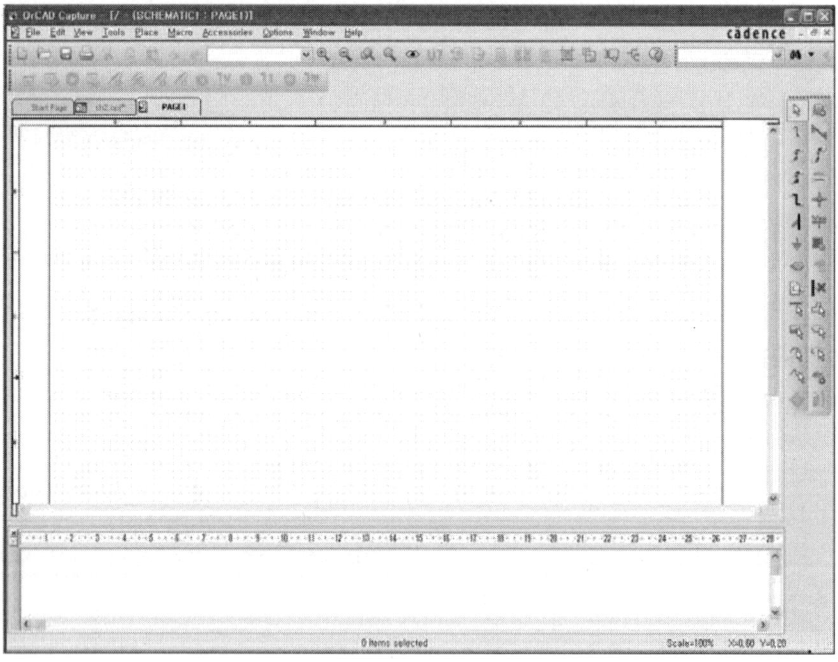

그림 2.6 초기 상태

13 그림 2.6과 같은 초기 상태에서 메뉴 바 오른쪽 끝에서 두 번째 아이콘을 클릭하면 그림 2.7에 보는 것과 같이 Project Manager 창과 작업창을 분리하여 볼 수 있게 된다.

14 Design Resources/디자인 파일 이름(예: ch2.dsn)/ SCHEMATIC1/ PAGE1을 선택하면 도면이 그려질 Page가 열리며 정렬하면 그림 2.7과 같이 되고 이제 Page에 도면을 그리는 준비가 완료된 것이다.

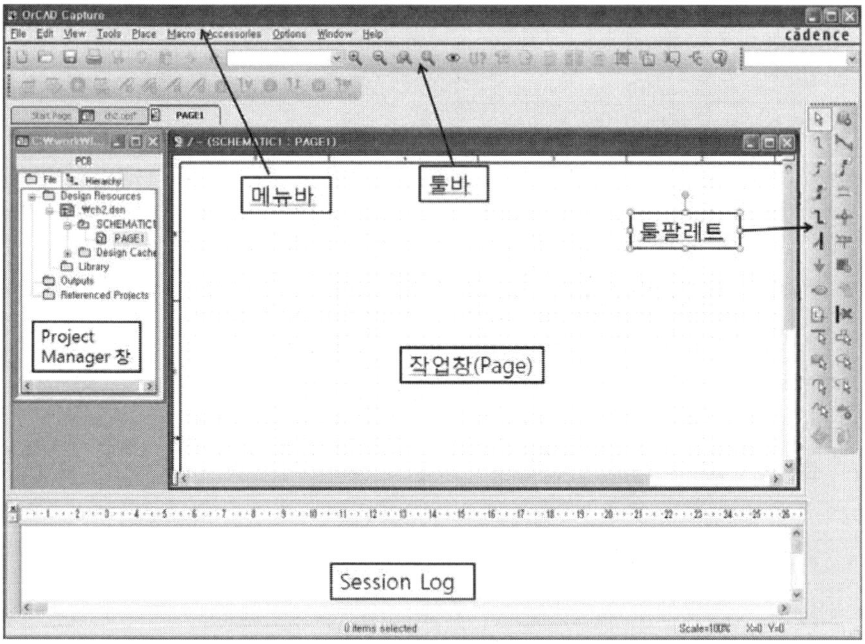

그림 2.7 Page가 열린 상태의 화면 구성

1 기본 메뉴 및 아이콘, 툴바

1. 메뉴

File Edit View Tools Place Macro Accessories Options Window Help

(1) File : 파일을 열거나 저장하고 Schematic을 인쇄함

(2) Edit : 작업도면에서 아이템을 변경하거나 삭제함

(3) View : 작업도면의 축적도를 바꾸거나 다시 그림

(4) Tools : 유틸리티를 포함한 다양한 툴 기능

(5) Place : 부품 가져오기 또는 그리기

(6) Macro : 매크로 기능 작성

(7) Accessories : Alias 로테이션 기능

(8) Options : 화면과 환경 설정

(9) Window : 윈도우 선택 및 정렬 방식

(10) Help : 도움말

2. 툴바

(1) New : 새로운 설계 및 라이브러리 작성
(2) Open : 기존 설계 및 라이브러리 열기
(3) Save : 작업도면 또는 부품을 저장
(4) Print : 작업도면 또는 부품을 인쇄
(5) Cut : 선택한 개체를 삭제하고 클립보드에 저장
(6) Copy : 선택한 개체를 클립보드에 저장
(7) Paste : 클립보드에 저장되어 있는 내용을 문서에 붙임
(8) Undo : 가장 최근에 실행한 명령을 취소
(9) Redo : 가장 최근에 실행한 명령을 다시 실행
(10) Place Part : 최근에 사용했던 부품 가져오기
(11) Zoom in : 한번 클릭할 때 마다 작업도면 2배 확대
(12) Zoom out : 한번 클릭할 때 마다 작업도면 1/2배 축소
(13) Zoom to region : 작업도면에서 드래그 하여 지정한 영역을 확대
(14) Zoom to all : 모든 개체가 한 화면에 보이게 함
(15) Fisheye view : 부분 확대
(16) Annotate : 작업 도면상에서 부품의 참조를 갱신
(17) Back annotate : PCB 쪽 수정정보를 작업도면에서 갱신
(18) Design rules check : 도면의 설계 오류를 체크
(19) Create netlist : 부품과 부품의 연결 상태 정보를 생성
(20) Cross reference parts : 교차 참조된 부품 목록을 작성
(21) Bill of material : 부품 목록서 작성
(22) Snap to grid : 부품을 그리드에 맞추어 이동
(23) Area select : 부품 선택 시 전체 또는 부분 선택 가능
(24) Drag connected object : 부품과 부품 또는 연결선의 단선 방지
(25) Project manager : 프로젝트 매니저 창 선택
(26) Help : 도움말

3. 시뮬레이션 툴바(Simulation Setting)

(1) Active Profile : 작업 중인 프로파일 목록

(2) New Simulation Profile : 프로파일 생성

(3) Edit Simulation Settings : 현재 프로파일 편집

(4) Run PSpice : 시뮬레이션 실행

(5) View Simulation Results : 시뮬레이션 결과 보기

(6) Voltage/Level Marker : 전압 표시자

(7) Voltage Differential Marker(s) : 양단간 전압 표시자

(8) Current Marker : 전류 표시자

(9) Power Dissipation Marker : 소비전력 표시자

(10) Enable Bias Voltage Display : 직류 전압 표시자

(11) Toggle Voltage on Selected Net(s) : 선택된 네트만 전압 표시 토글

(12) Enable Bias Current Display : 직류 전류 표시자

(13) Toggle Currents on Selected Net(s) : 선택된 부품/핀만 전류 표시 토글

(14) Enable Bias Power Display : 직류 전력 표시자

(15) Toggle Power on Selected Net(s) : 선택된 부품만 전력 표시 토글

4. 툴 팔레트

(1) Select : 개체 선택

(2) Place Part : 부품 선택 배치

(3) Place Wire : 부품 간 연결선

(4) Place Auto wire two points : 두 포인터를 자동으로 연결

(5) Place Auto wire Multi Points : 여러 개의 포인터를 자동으로 연결

(6) Place Auto Connect to Bus : Bus와 자동으로 연결

(7) Place Net Alias : 네트에 이름 정의

(8) Place Bus : 버스선 연결

(9) Place Junction : 접합점 놓기

(10) Place Bus Entry : 버스와 와이어간 연결 인입선

(11) Place Power : 전원 심벌 배치

(12) Place Ground : 접지 심벌 배치

(13) Place Hierarchical : 계층 블록 생성

(14) Place Port : 포트 단자 배치

(15) Place Pin : 계층 블록 핀 배치

(16) Place off-page connector : 페이지 간 연결 심벌

(17) Place no connect : 핀에 연결 없음 표시

(18) Place line : 라인 배치

(19) Place polyline : 폴리라인 배치

(20) Place rectangle : 사각형 배치

(21) Place ellipse : 타원 배치

(22) Place arc : 호 배치

(23) Place elliptical arc : 타원형의 호 배치

(24) Place bezier curve : bezier 곡선 배치

(25) Place text : 텍스트 배치

(26) Place IEEE symbol : IEEE 심벌 표시

(27) Place pin array : 핀 배열

5. 단축키

All Capture Windows			
KEY	Mouse click equivalent	F1	Help
ALT+F4	Edit	Ctrl+F8	Switch capture to full screen mode (click close full screen button or press escape key to exit full screen mode)
ALT, F, X	Exit		
ALT, SPACEBAR, C	Exit		

Schematic Page editor			
KEY	Mouse click equivalent	N	Place net alias
CTRL+A	Select all	P	Place part
A	Ascend hierarchy	T	Place text
D	Descend hierarchy	W	Place wire
B	Place bus	Y	Place polyline
E	Place bus entry	X	Place no connect symbol
F	Place power	F7	Record macro
G	Place ground	F8	Play macro
J	Place junction	F9	Configure macro

CTRL+SHIFT+A	Add part(s) to group	CTRL+I	Opens the selection filter dialog box where you can specify the objects that should be selected when the mouse pointer is dragged diagonally across the schematic page
CTRL+SHIFT+R	Remove part(s) from group		
CTRL+SHIFT+ LEFT Click	Lock components		

Schematic Page and part editors			
Key	Mouse click equivalent	LEFT ARROW	Move 1 grid left(grid on) or 0.1 grid left(grid off)
CTRL+C	Copy		
CTRL+E	Edit properties	RIGHT ARROW	Move 1 grid right(grid on) or 0.1 grid right(grid off)
CTRL+F	Find		
CTRL+G	Go to	CTRL+UP ARROW	Snap pointer to nearest grid and then move 5 grids up
CTRL+P	Print		
CTRL+S	Save	CTRL+DOWN ARROW	Snap pointer to nearest grid and then move 5 grids down
CTRL+T	Cursor snap to grid(identical to the preferences dialog box grid display tab option	CTRL+LEFT ARROW	Snap pointer to nearest grid and then move 5 grids left
CTRL+V	Paste		
CTRL+X	Cut	CTRL+RIGHT ARROW	Snap pointer to nearest grid and then move 5 grids right
CTRL+Y	Redo		
CTRL+Z	Undo	PAGE UP	Pan up
F4	Repeat	PAGE DOWN	Pan down
DEL	Delete(Design and edit menus)	CTRL+PAGE UP	Pan left
DELETE	Delete(Design and edit menus)	CTRL+PAGE DOWN	Pan right
BACKSPACE	Delete(Design and edit menus)		
ENTER	Double-click left mouse button	F5	Redraw
ESCAPE	Deselect all and switch to selection tool(arrow pointer)	C	Center the view at the pointer's current position
SPACE	Click left mouse button	H	Mirror horizontally
UP ARROW	Move 1 grid up(grid on) or 0.1 grid up(grid off)	I	Zoom in
		O	Zoom out
DOWN ARROW	Move 1 grid down(grid on) or 0.1 grid down(grid off)	R	Rotate

2 디자인 매니저 창

기본 창의 디자인 매니저 창은 윈도탐색기처럼 디자인 파일을 구성하고 있는 schematic 폴더와 페이지를 관리하는 창이다. 모든 디자인 파일은 기본적으로 한 개의 schematic 폴더와 그 폴더에 속한 한 개의 페이지로 구성된다. 이러한 기본적인 schematic 폴더를 루트 schematic 폴더라 하고 폴더 아이콘 안에 slash(/)가 표시된다. 확장자가 dsn인 디자인 파일은 프로젝트 파일(*.opj)과 함께 저장된다. 디자인 파일로 기존의 파일을 불러올 수도 있다. schematic 폴더는 schematic 페이지를 관리하는 폴더이고 schematic 페이지는 도면을 작성하는 페이지이다.

디자인 매니저 창을 선택하여야 툴바의 유틸리티 아이콘이 활성화가 된다.

3 작업창

실제 회로를 그리는 창으로 부품들이 배치되는 곳이다. 이곳에서 부품, 와이어, 버스 등을 입력할 수 있고 그래픽 또는 문자들을 입력할 수 있다. 또한 이 작업창이 선택이 된 상태가 되어야 툴 팔레트가 활성화가 된다. 즉 사용할 수 있는 상태가 된다.

4 Session Log

진행되고 있는 작업에 대한 정보를 나타내는 창으로 작업 과정에서 발생한 모든 내용과 메시지가 기록된다. Edit 메뉴의 Find 명령을 통해 Session Log에서 정보를 찾을 수 있으며, 내용을 파일로 저장할 수 있다. Session Log의 내용을 삭제하려면 Edit 메뉴에서 Clear Session Log 명령을 선택하면 된다.

5 툴바

툴바는 자주 사용하는 명령들을 쉽게 사용할 수 있도록 아이콘 화하여 마우스 단추의 클릭에 의해 작업을 수행할 수 있게 한다. 툴바의 비활성 화된 아이콘은 사용할 수 없으며 작업의 종류에 따라 변하게 된다. 툴바 중에는 선택된 객체와 관계없이 사용할 수 있는 것과 선택된 객체에만 적용되는 것들이 있다. View 메뉴에서 툴바를 선택하여 툴바를 감추거나 보이도록 할 수 있다.

03 도면 구조

도면의 구조는 일반적으로 도면을 어떻게 나누어 작성하느냐에 따라 단일도면, 평면도면, 그리고 계층도면으로 구분된다. 하나의 작업도면을 한 개의 schematic 페이지에 작성하는 경우를 단일도면이라 하고 한 개의 schematic 폴더에 여러 개의 페이지로 나누어 작성하는 것을 평면도면이라 한다. 또 계층도면은 여러 개의 schematic 폴더로 나누어 작성한다.

1. 단일 도면

schematic 페이지 한 장에 작성하고자 하는 회로 도면이 전부 포함이 된 회로도면이다.

2. 평면 도면

두 장 이상의 schematic 페이지에 회로 도면이 만들어 진 회로도면으로 오프 페이지 커넥터를 이용하여 동일한 회로도의 다른 페이지의 입력 라인으로 연결된다.

3. 계층 도면

여러 개의 schematic 폴더로 나누어 회로 도면이 작성이 된 경우로 상위 계층 페이지에 있는 계층 블록 안에 들어가는 회로를 하위 계층 도면 페이지에 작성하는 경우이다.

04 파일 불러오기/저장하기

1 기존의 디자인 파일 불러오기

01 File/Open/Project를 선택한다.

02 찾는 위치 상자의 버튼을 이용하여 프로젝트 파일이 있는 폴더로 이동한다.

03 열고자 하는 프로젝트 파일을 선택한 후에 열기 버튼을 선택한다.

2 디자인 파일 저장하기

01 디자인 매니저 창에서 디자인 파일을 선택한 후에 팝업 메뉴의 Save As를 선택한다. 다른 이름으로 저장 창이 열린다.

02 저장 위치 상자의 버튼을 선택하여 자기 폴더로 이동한다.

03 새 폴더 작성 아이콘을 선택하여 저장할 폴더를 만든다.

04 만든 폴더로 이동한다.

05 파일 이름 상자에 새로운 파일 이름을 입력한 후에 저장 버튼을 선택한다.

05 schematic 페이지 열기

디자인 매니저 창에서 열고자 하는 페이지를 더블 클릭하면 그림 2.8과 같이 작업 페이지가 열리게 된다. schematic 페이지에서 디자인 매니저 창으로 돌아가기 위해서는 Project Manager 창을 선택한다.

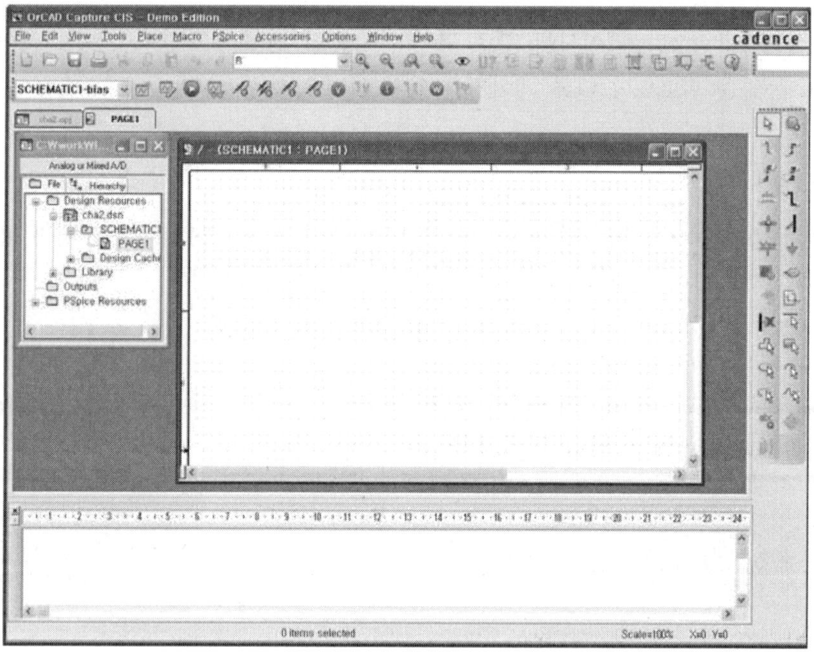

그림 2.8 디자인 매니저 창

06 유틸리티 실행하기

디자인 매니저 창에서 디자인 파일, schematic 폴더 그리고 schematic 페이지 중에서 어느 것이든 선택하면 툴바의 유틸리티 아이콘들이 활성화된다. 명령이 실행 가능한 상태가 된다. 이들 유틸리티 중에서는 Annotate, DRC(Design Rule Check) 그리고 Create Netlist는 도면을 완성한 후 반드시 실행을 해야 하는 유틸리티이다.

1 Annotate

그림 2.9에 보여 진 것처럼 그려진 디자인 파일의 부품 번호를 새롭게 부여하고 순서대로 정렬하는 기능으로 반드시 사용해야 하는 유틸리티이다.

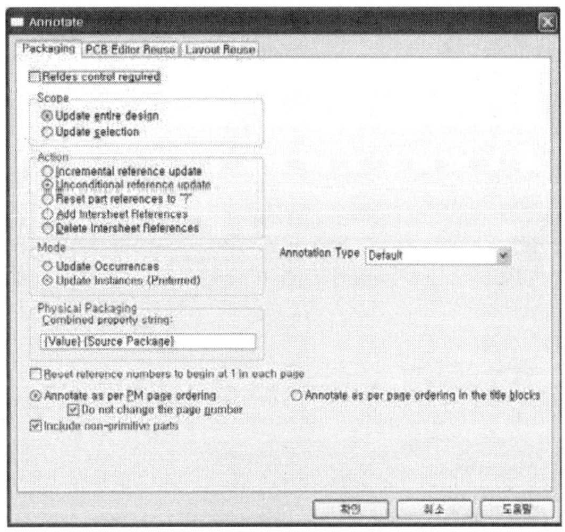

그림 2.9 Annotate

1. Scope

- Update entire design : 디자인 파일 전체를 갱신한다.
- Update selection : 선택한 schematic 폴더나 페이지만 갱신한다.

2. Action

- Incremental reference update : 부품번호를 증가시키면서 갱신한다.
- Unconditional reference update : 기존의 부여된 부품번호를 무시하고 부품번호를 갱신한다.
- Reset part references to "?" : 부품번호를 모두 "?"로 초기화 한다.
- Add Intersheet References : 페이지 간의 참고 번호를 부여한다.
- Delete Intersheet References : 붙여진 페이지 간의 참고 번호 삭제

2 Design Rule Check

디자인 파일의 전기적인 및 물리적 검사를 하는 유틸리티이며. 이때 만들어진 파일의 확장자는 DRC이다. Design Rule Check 창에는 [Design Rule Check Option] 탭, [Electrical Rules] 탭, [Physical Rules] 탭 그리고 [ERC Matrix] 탭이 있다. 그림 2.10에 나타난 [Design Rule Check Option] 탭은 DRC를 할 범위나 모드 등을 설정하는 탭이다.

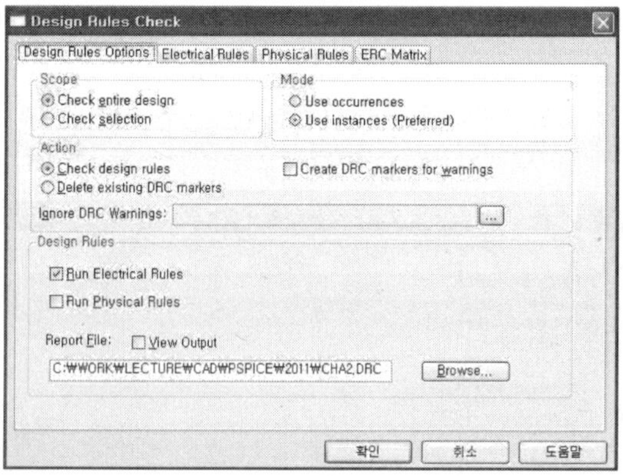

그림 2.10 Design Rule Check Option 탭

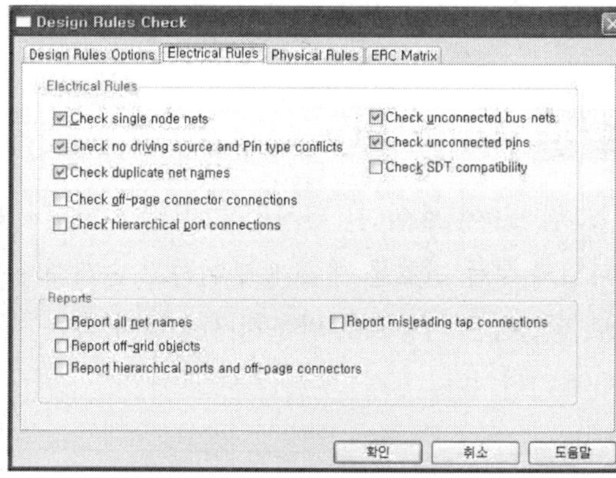

그림 2.11 Electrical Rules 탭

그림 2.11의 [Electrical Rules] 탭과 그림 2.12의 [Physical Rules] 탭은 전기적인 규칙과 물리적인 규칙을 정하는 탭이고 아래 그림 2.13의 [ERC Matrix] 탭은 결과를 어떻게 표현할 것인가를 결정하는 탭이다. 예를 들면, Output과 Power가 연결이 된 경우 그림 2.11에서는 Error로 나타나게 설정이 되어 있으나 마우스로 그곳을 클릭하면 Warning으로 변경되고, 한 번 더 클릭하면 아무것도 표현되지 않게 설정할 수 있다. 즉, 인지할 수 있는 오류인 경우는 Error표시를 하지 않도록 할 수 있는 것이다. 이것은 연속적으로 토글이 된다.

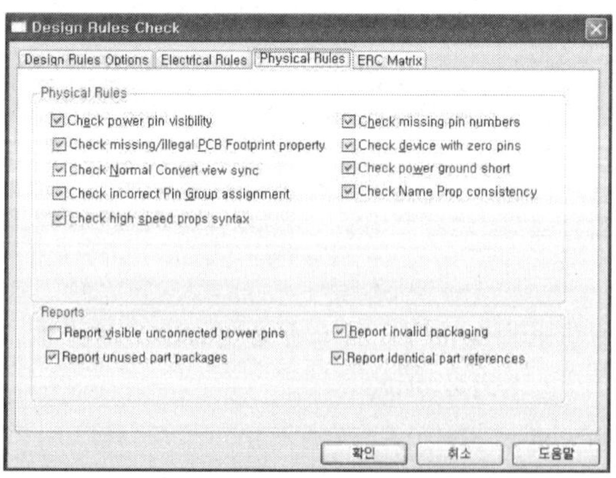

그림 2.12 Physical Rules 탭

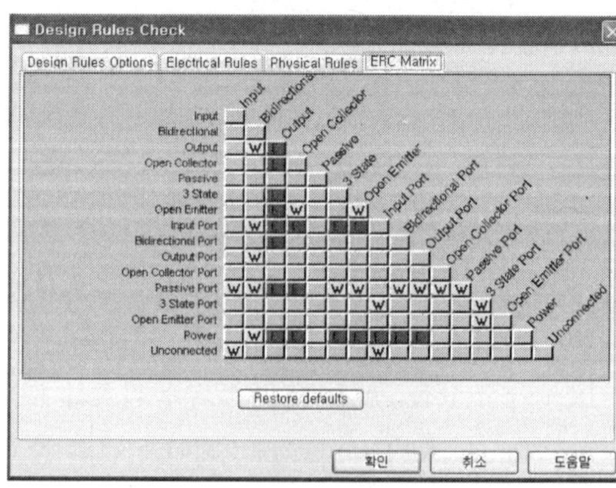

그림 2.13 ERC Matrix

3 Create Netlist

디자인 파일의 네트리스트를 만드는 과정으로 기존의 Layout 프로그램을 사용할 경우에는 파일 확장자는 MNL이나, Release 16.5에서 Create or Update PCB Editor Board (Netrev)를 선택할 경우는 바로 Board 파일이 만들어지고 Allegro OrCAD PCB Editor 프로그램이 구동되어 넘어 가게 된다. Create Netlist 창에는 그림 2.14와 같이 스키매틱 도면을 여러 형태의 네트리스트를 만들기 위한 탭들이 있다.

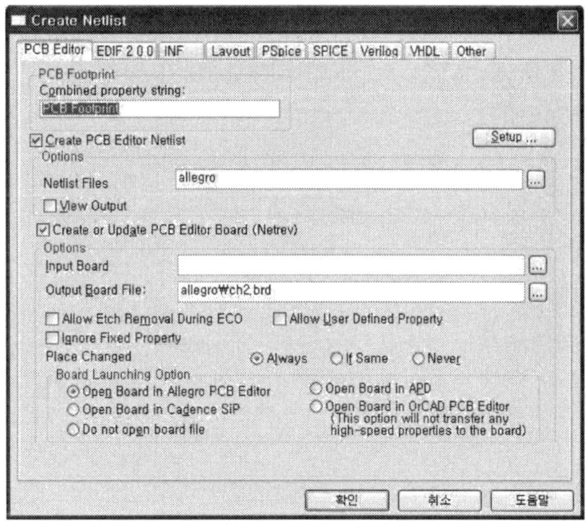

그림 2.14 Create Netlist 창

4 Back annotate

스왑 파일에 의해서 부품 번호, 게이트 그리고 핀을 일괄적으로 변경하는 유틸리티로 파일 확장자는 SWP이다. Back annotate File 상자에 스왑 파일의 경로와 파일 이름을 입력하거나, [Browse] 버튼을 이용하여 그림 2.15와 같이 지정할 수 있다.

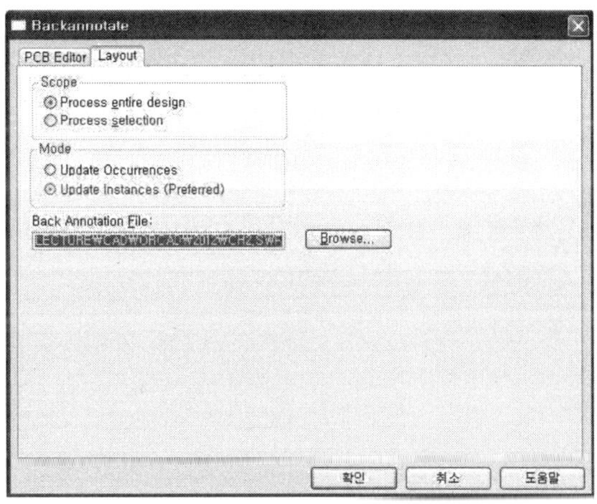

그림 2.15 Back annotate 창

5 Cross Reference Parts

디자인 도면에서 사용한 부품의 라이브러리 목록을 만드는 유틸리티로 파일 확장자는 XRF이다.

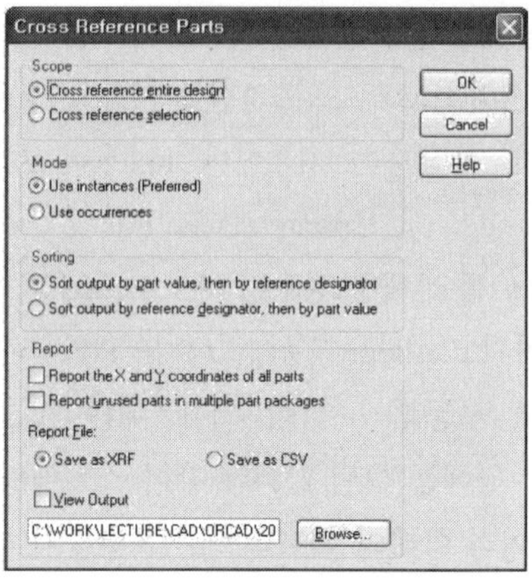

그림 2.16 Cross Reference Parts 창

6 Bill of Materials

디자인 도면에서 사용한 부품목록을 만드는 유틸리티로 부품목록에는 일련번호, 개수, 부품번호, 부품 이름으로 구성되어 있으며, 파일 확장자는 BOM이다.

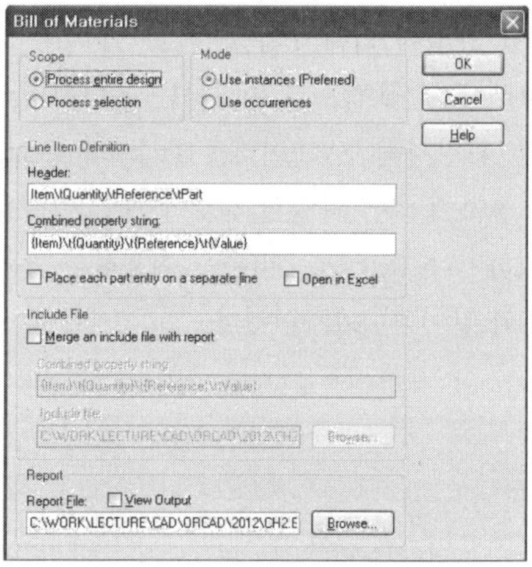

그림 2.17 Bill of Materials 창

07 디자인 Template 설정

Options 메뉴의 Design Template 명령은 기존의 페이지에는 적용이 되지 않으며, 지금부터 만들어지는 새로운 페이지에만 적용된다.

1 새로운 페이지의 Title Block 설정

1 schematic 페이지의 타이틀 블록을 미리 지정하기

01 Options 메뉴의 Design Template를 선택하여 그림 2.18과 같이 Design Template 창을 연다.

02 Design Template 창에서 Title Block 탭을 선택한다.

03 작성하고자 하는 항목을 입력한 후 확인 버튼을 선택한다.

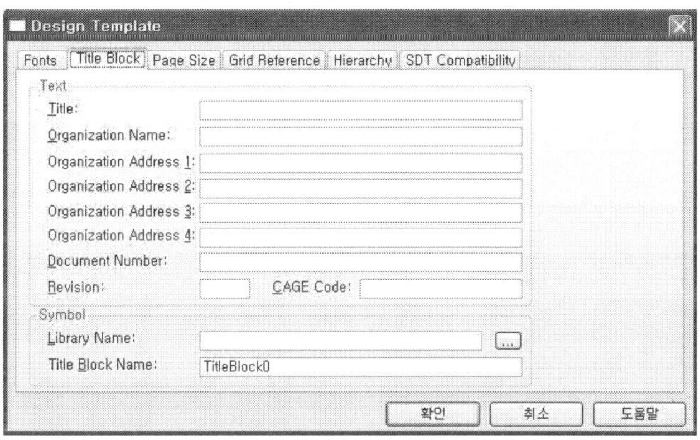

그림 2.18 Title Block

2 새로운 페이지 Page Size 설정

01 Options 메뉴의 Design Template를 선택하여 그림 2.19와 같이 Design Template 창을 연다.

02 Design Template 창에서 Page Size 탭을 선택한다.

03 페이지의 크기를 정하기 위한 단위를 선택한다.

04 각 페이지의 크기를 정한다.

05 확인 버튼을 선택한다.

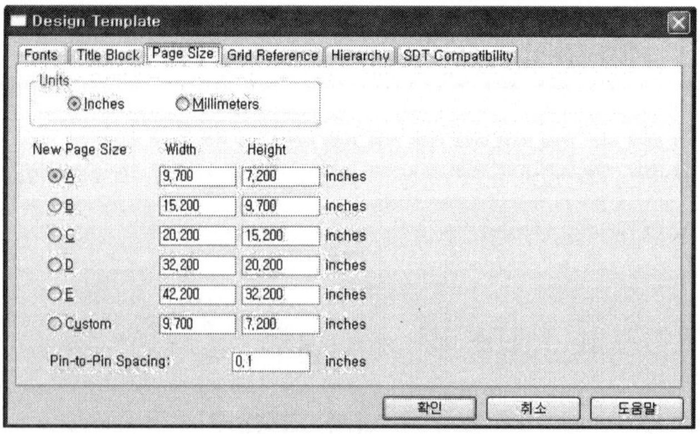

그림 2.19 Page Size-1

2 Schematic Page Properties

Options 메뉴의 Schematic Page Properties 명령은 기존 페이지의 크기나 그리드 설정을 변경한다.

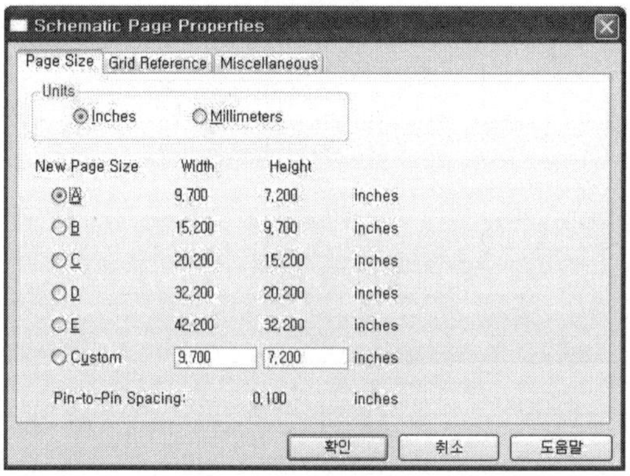

그림 2.20 Page Size-2

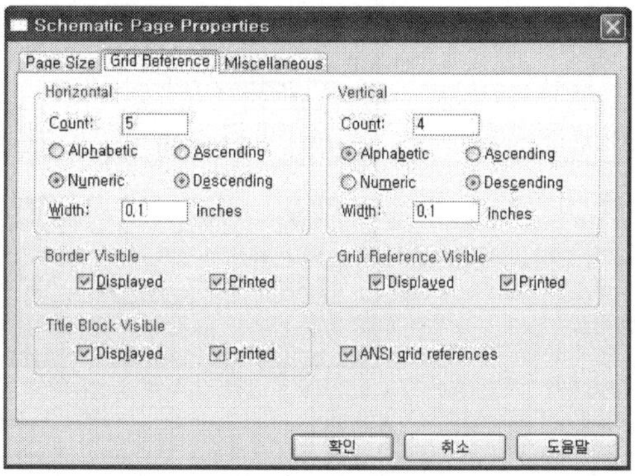

그림 2.21 Grid Reference

3 기존 설계의 속성 변경

새로운 프로젝터의 속성은 Options 메뉴의 Design Template 명령을 통하여 설정하나 기존 설계에 대한 설정 변경은 Options 메뉴의 Design Properties 대화 상자를 통하여 설정한다. Options 메뉴의 Design Properties 설정은 설계 관리자 창에서 실행할 수 있다.

08 Capture 설정

Capture의 환경 설정을 위해서 Options/Preferences를 선택하면 그림 2.21과 같은 창이 열리게 되고 여기에서 환경을 설정하면 된다.

1. Colors/Print

그림 2.22와 같은 창에서 오프 페이지 커넥터, 계층블록, 포트, 글자, 타이틀 블록 등의 색상을 지정하고 출력 유무를 표시한다. 바탕색과 그리드 색상을 변경 할 수 있다.

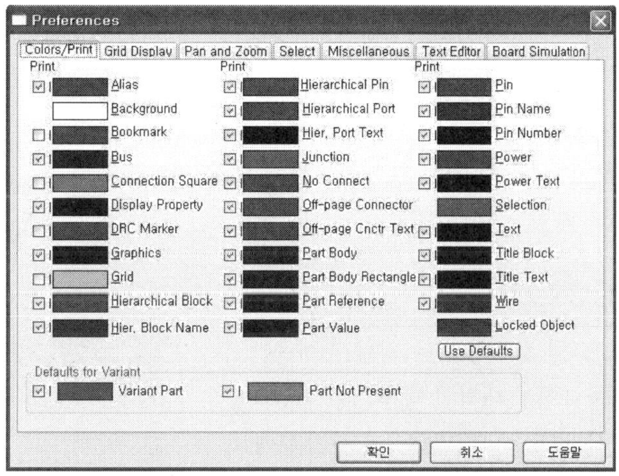

그림 2.22 Colors/Print 설정 창

2. Grid Display

점 또는 선 중에서 그리드 종류를 지정하고 그리드 출력 유무를 선택한다. 또 객체의 그리드 배치 유무를 결정한다. 이러한 옵션은 그림 2.23에 나타나 있는 schematic 페이지 편집 창과 부품 편집 창에 대해서 각각 설정한다.

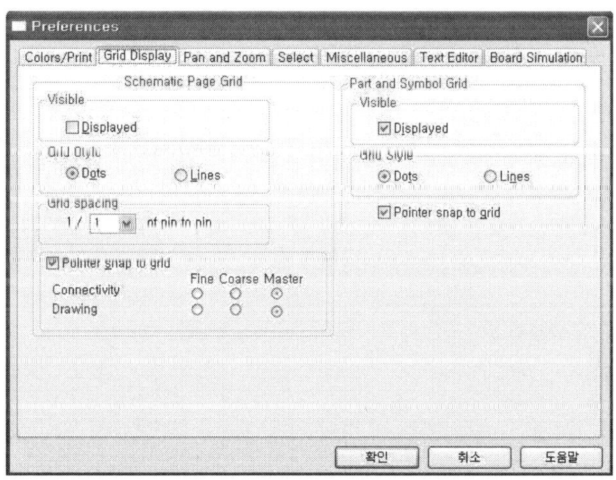

그림 2.23 Grid Display 설정 창

3. Pan and Zoom

그림 2.24와 같은 창에서 Zoom Factor와 Auto Scroll Percent를 결정한다. 이러한 옵션은 schematic 페이지 편집 창과 부품 편집 창에 대해서 각각 설정한다.

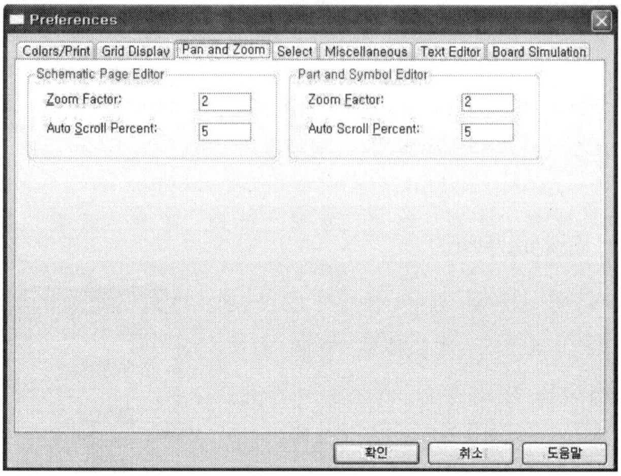

그림 2.24 Pan and Zoom 설정 창

4. Select

그림 2.25와 같은 창에서 마우스를 누르면서 대각선 방향으로 이동하면 사각형이 나타난다. 이 사각형에 개체 전체가 포함된 것만 선택할 것인지 아니면 일부만이라도 포함된 것까지 선택할 것인지를 결정한다. 또 이러한 사각형으로 최대 선택할 수 있는 객체의 수를 지정한다.

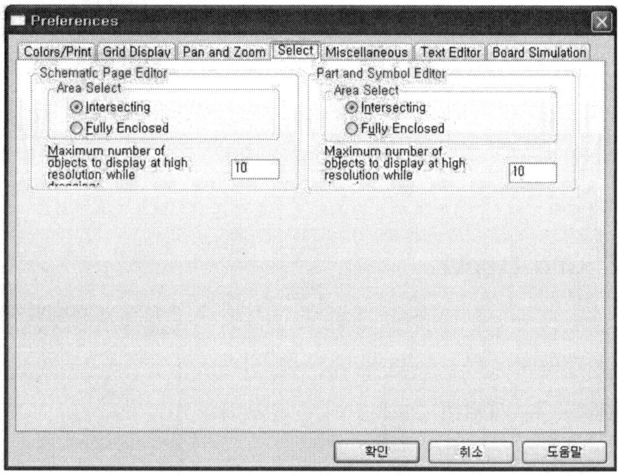

그림 2.25 Select 설정 창

5. Miscellaneous

그림 2.26과 같은 창에서 schematic 페이지 편집 창에서의 사각형, 원형 또는 닫힌 다각형에 대해서 지정한다. 부품 편집 창에서도 지정할 수 있다. 세션 로그 창에서 사용할 글자체와 크기를 선택, 문자 표시를 선택한다. 백업 파일 생성 유무와 백업시간을 결정한다. schematic 페이지 창에서 부품 배치할 때 부품 번호를 자동으로 지정할 것인지를 선택한다.

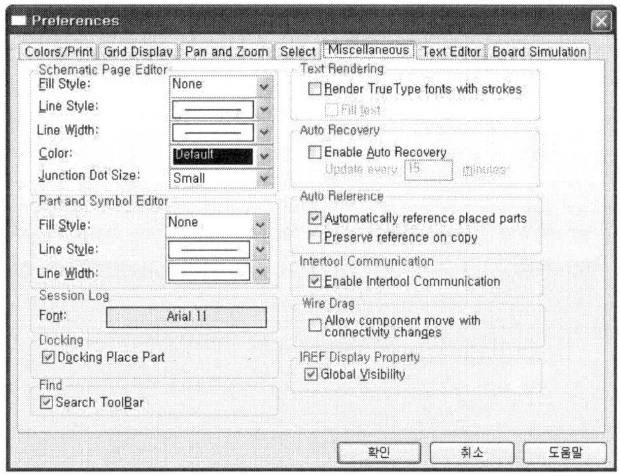

그림 2.26 Miscellaneous 설정 창

6. Text Editor

그림 2.27과 같은 창에서 글자의 모양을 설정할 수 있다.

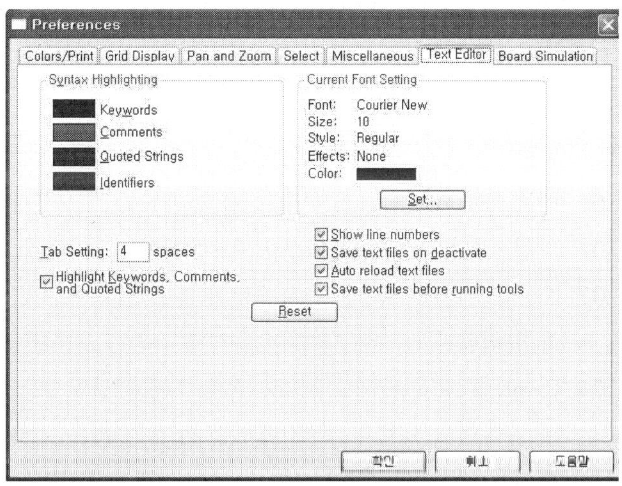

그림 2.27 Text Editor 설정 창

제3장 도면 작성하기

01 새로운 도면 만들기

새로운 디자인 파일을 만드는 순서는 다음과 같다

01 메뉴 줄에서 File/New/Project를 선택한다.

02 그림 3.1과 같이 New Project 창이 열린다.

03 Name 상자에 디자인 프로젝트의 파일 이름(예 : ch3)을 입력한다.

04 Create a New Project Using 항목에서 작업할 프로젝트 종류를 선택한다. 여기에서는 PCB 설계를 위하여 도면을 작성하는 것이므로 PC Board Wizard를 선택한다.

05 Location 상자에 프로젝트 파일의 저장 폴더를 지정하기 위해 Browse 버튼을 선택한다.

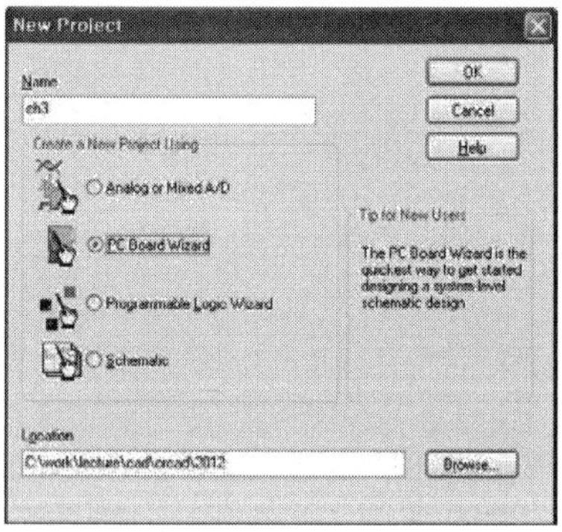

그림 3.1 New Project 창

06 그림 3.2와 같은 Select Directory 창이 열린다.

07 Directories 상자에서 원하는 폴더(예 : C: \ work \ lecture \ cad \ orcad \ 2012)에 지정한다. 특정 폴더에 새로운 폴더를 생성하기 위해 Create Dir 버튼을 선택한다.

08 원하는 폴더를 지정한 후 New Project 창에서 OK 버튼을 선택한다.

그림 3.2 Select Directory 창

09 그림 3.3과 같이 PCB Project Wizard 창이 열린다.

10 Enable project simulation을 선택하지 않고 다음[N]을 선택한다.

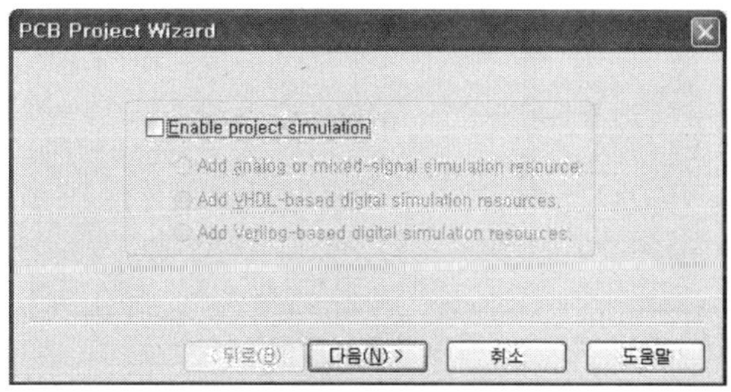

그림 3.3 PCB Project Wizard 창–1

11 그림 3.4와 같은 PCB Project Wizard 창이 나타나고 symbol library는 차후에 등록할 수 있으므로 등록하지 않고 마침을 선택한다.

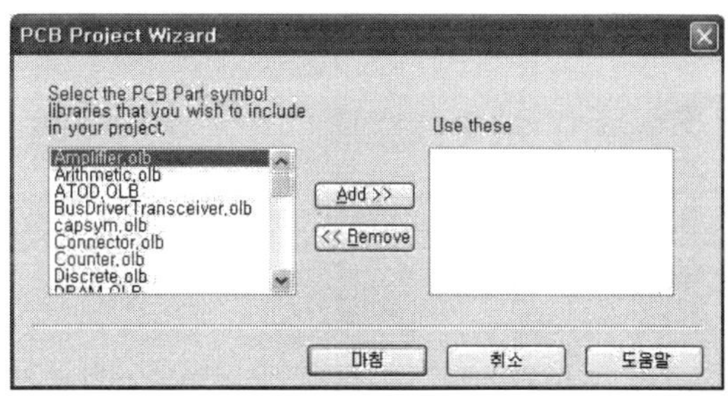

그림 3.4 PCB Project Wizard 창–2

12 그림 3.5와 같은 초기 상태의 화면이 나타나게 된다.

13 그림 3.5와 같은 초기 상태에서 메뉴 바 오른쪽 끝에서 두 번째 아이콘을 클릭하면 그림 3.6에 보는 것과 같이 Project Manager 창과 작업창을 분리하여 볼 수 있게 된다.

14 Design Resources \ 디자인 파일 이름 \ SCHEMATIC1 \ PAGE1을 선택하면 도면이 그려질 Page가 열리며 정렬하면 그림 3.6과 같이 되고 이제 Page에 도면을 그리는 준비가 완료된 것이다.

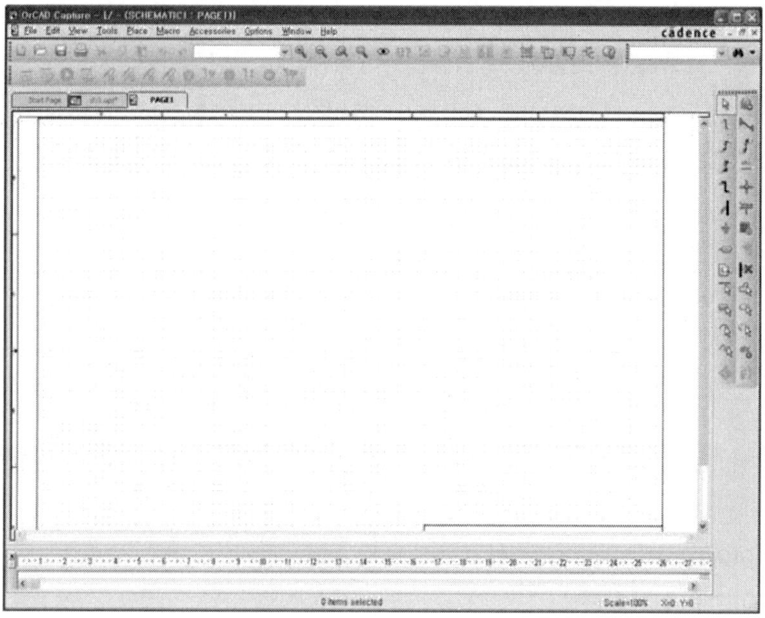

그림 3.5 초기 상태

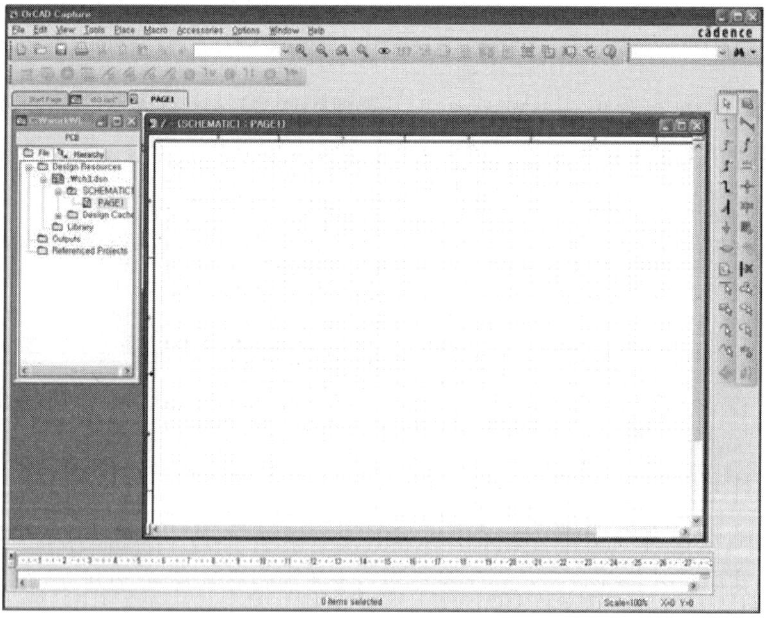

그림 3.6 Page가 열린 상태의 화면 구성

▶ **도면작성은 아래와 같은 순서로 작업하면 복잡함을 줄일 수 있다.**

(1) 부품 및 전원 배치

(2) 선 그리기 / 버스선 그리기

(3) 선과 버스선 이름 지정하기

(4) 접지 심볼 배치

(5) 부품 속성(부품 값 등) 지정

▶ **완성된 도면을 PCB 설계 작업을 하기 위해 유틸리티를 사용하여 마무리 작업 순서를 다음과 같이 하면 편리하다.**

(1) Annotate 실행 : 부품 번호 정리

(2) Design Rule Check 실행 : 물리적 및 전기적인 오류 검증

(3) Create Netlist 실행 : PCB 작업을 위한 데이터 생성

02 부품 찾기

1 Select

그림 3.7과 같이 페이지가 열리면 기본적으로 선택되는 도구는 Select이다. 모든 명령을 수행하다가 종료하면 자동으로 Select 도구가 선택되며, 물론 모든 명령을 수행하다가 Select 도구를 선택하면 작업하던 명령은 자동으로 종료된다.

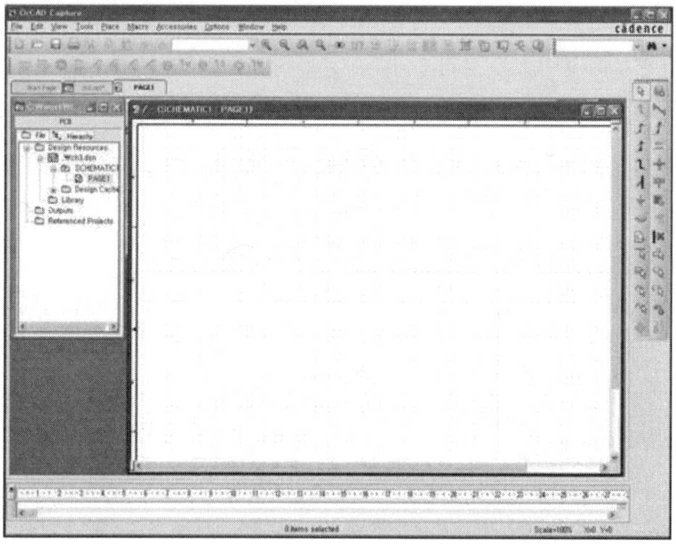

그림 3.7 Select 도구

2 Place Parts

OrCAD는 수많은 부품 기호를 제공한다. 제공되는 수많은 부품 기호들 중에서 사용하고자 하는 부품의 기호를 배치하기 위해서 라이브러리에 들어 있는 부품의 기호를 찾아야 한다. 이때 찾고자 하는 부품의 정보를 얼마나 알고 있느냐에 따라 찾는 방법이 다르다. 일반적으로 세 가지 정도로 구분하는데 그 첫 번째 경우는 부품 이름과 그 부품의 기호가 들어 있는 라이브러리를 알고 있는 경우, 두 번째 경우는 부품 이름은 알지만 어느 라이브러리에 있는지 모르는 경우, 세 번째 경우는 부품 이름도 정확하게 모르고 있는 경우이다.

1 부품 이름과 부품의 기호가 들어 있는 라이브러리의 이름을 알고 있는 경우

예) 부품 이름 : R, 라이브러리 위치 : Discrete.olb

01 Place Part 툴을 선택한다. 그림 3.7에서의 툴 팔레트가 그림 3.8과 같이 열리게 된다.

02 찾고자 하는 부품의 기호가 있는 라이브러리가 이미 라이브러리에 등록이 되어 있으면 등록된 라이브러리를 선택하고, 또는 처음에는 등록된 라이브러리 전체가 선택이 되어 있으므로 Part 창에 부품 이름을 입력하면 그림 3.8과 같이 Part List에서 그 부품이 선택되고 이 부품의 기호가 아래 그림 창에 나타나므로 확인한 후 이 부품을 선택하여 페이지에 놓으면 된다.

03 찾고자 하는 부품이 있는 라이브러리가 등록이 되어 있지 않은 경우 그림 3.8에 펼쳐진 툴 팔레트에서 Libraries에 네모난 모양이 Add Library이고 이것을 클릭하면 Browes File 창이 열리고 이를 통하여 라이브러리를 등록한 후 동일하게 부품을 페이지에 놓으면 된다.
기본적으로 라이브러리 폴더의 경로는 다음과 같다.
c:\Cadence\SPB16.5\tools\capture\library

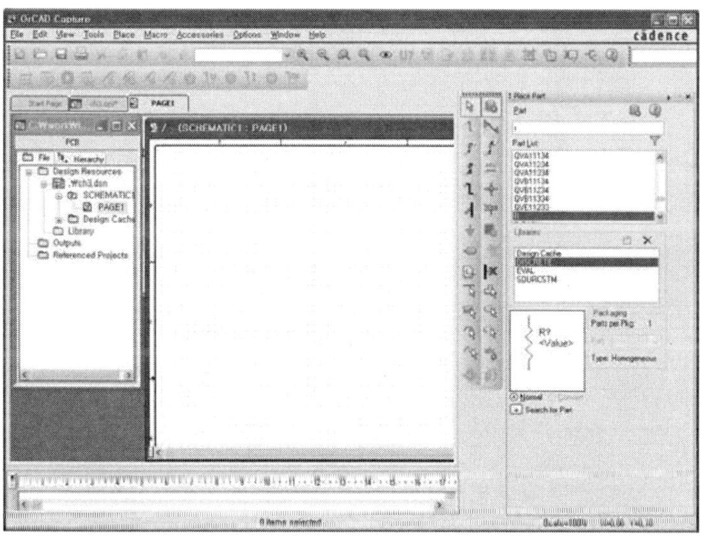

그림 3.8 부품 이름과 라이브러리를 알고 있는 경우

2 부품 이름만 알고 부품 기호가 들어 있는 라이브러리를 알지 못하는 경우

예) 부품 이름 : LED, 라이브러리 위치 : 알지 못함

01 Place Part 툴을 선택한다.

02 Search for Parts를 클릭한다. 그림 3.9와 같이 아래에 찾고자 하는 부품의 이름을 입력하는 창, 라이브러리를 찾고자하는 디렉터리 그리고 찾은 디렉터리를 나타내는 창이 열리게 된다.

03 그림 3.9와 같이 부품 이름을 입력하여 enter하면 그 부품이 있는 라이브러리가 나타난다.

04 Select the Library to Add를 클릭하면 라이브러리가 등록이 된다.

05 그 라이브러리에서 부품을 선택하면 아래 창에 그 부품의 부품 기호가 나타나고 그 기호를 확인한 후 작업 페이지에 놓으면 된다.

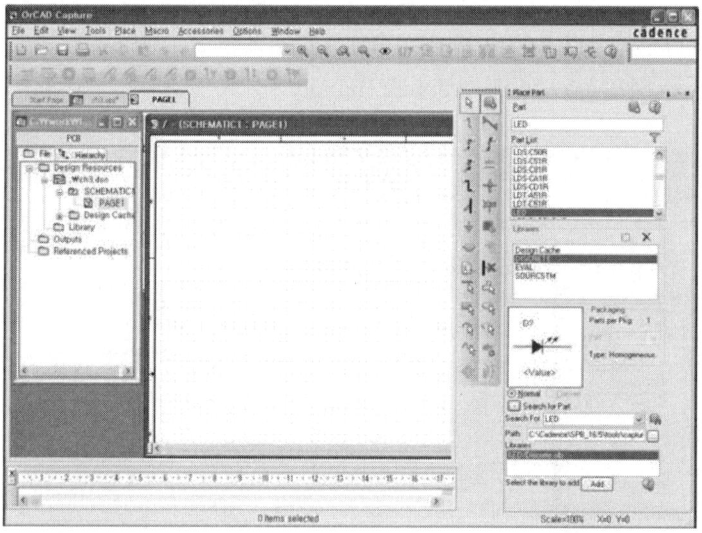

그림 3.9 부품 이름만 알고 라이브러리를 알지 못하는 경우

3 부품 이름도 정확하게 모르는 경우

예) 부품 이름 : LXD, 라이브러리 위치 : 알지 못함

01 Place Part 툴을 선택한다.

02 Search for Parts를 클릭한다.

03 Search for 상자에 별표(*)나 물음표(?)를 이용하여 부품이름을 입력한다.

▶ Wild card로 찾는 법

Part Browser dialog에 wild card를 이용할 수 있다. 예를 들면 4000이 포함된 부품을 찾고 싶을 때 *4000*와 같이 치면 된다. "?"는 한 문자가 매치되기 원할 때 사용하면 된다.

04 그림 3.10과 같이 Part Search(Enter)를 클릭한다.

05 그 부품이 있는 라이브러리가 나타난다.

06 Select the Library to Add를 클릭하면 라이브러리가 등록이 된다.

07 등록된 그 라이브러리에서 부품을 선택하면 아래 창에 그 부품의 기호가 나타나고 그 기호를 확인한 후에 작업 페이지에 놓으면 된다.

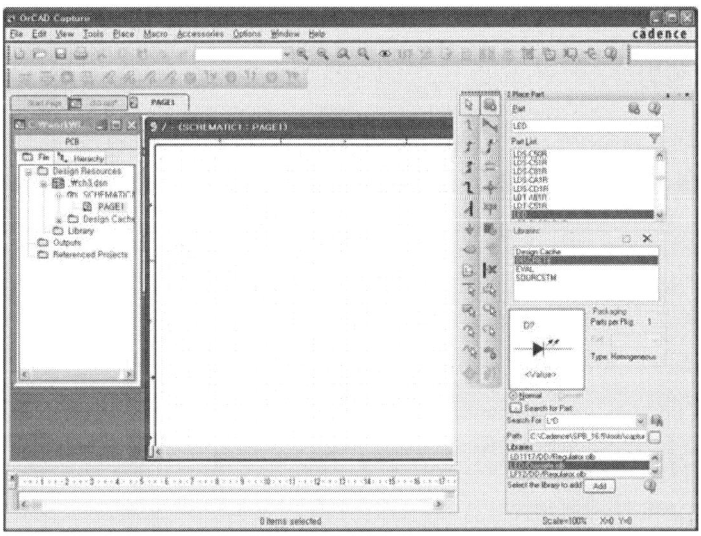

그림 3.10 부품 이름도 정확하게 모르는 경우

03 선 그리기

부품 배치를 마치게 되면 이제 부품 간의 연결을 하여야 한다. 부품 간 연결은 선으로 연결하며 Place Wire와 Place Bus를 이용하여 할 수 있다.

1 Place Wire

Place Wire는 부품 간을 연결하지만 실제적으로 부품 몸체와 부품 몸체를 연결하는 것이 아니라 부품의 핀과 부품의 핀을 연결하는 것이다.

1 선 그리는 방법

01 Place Wire 툴을 선택한다. 커서가 십자가 모양으로 바뀌면서 선 그리기 준비 상태가 된다.

02 schematic 페이지에서 임의의 한 점을 클릭한 후 마우스를 움직이면 클릭한 점에서 부터 선이 그려진다.

03 그리고자 하는 점까지 이동하여 클릭하면 그림 3.11과 같이 두 점 사이에 선이 그려진다. 이때 선의 방향을 변경할 경우에는 클릭한 후에 마우스를 이동하면 직각으로 선의 방향을 변경할 수 있다.

04 선 그리기를 종료하기 위해서는 팝업 메뉴의 End Wire를 선택하거나 select를 선택 또는 키보드의 esc 키를 선택하면 된다. 즉, 선 그리기 준비 상태가 된다.

05 마우스를 이동하여 임의의 한 점을 클릭한 후에 마우스를 이동하면 다시 선이 그려진다.

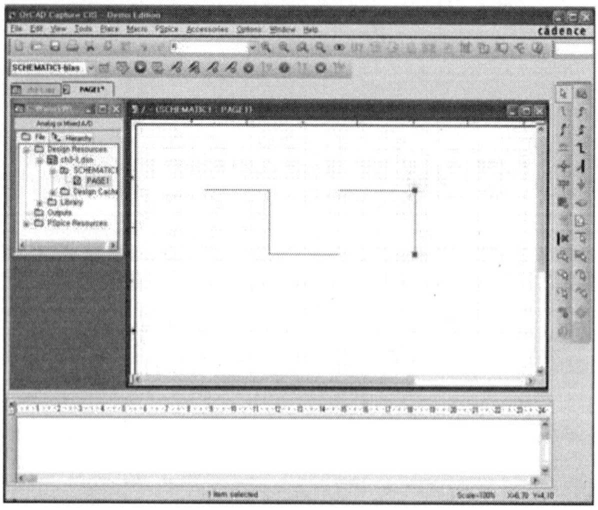

그림 3.11 선 그리기

2 선 그리기 명령 종료하기

01 선 그리기 상태에서 팝업 메뉴의 End Wire를 선택한다. 즉, 선 그리기 준비 상태가 된다.

02 선 그리기 준비 상태에서 다시 한 번 팝업 메뉴의 End Wire를 선택한다. 즉, Select 모드로 돌아간다.

3 동일한 선을 반복해서 그리기

01 Place Wire 툴을 선택한다. 그리기 준비 상태가 된다.

02 부품 핀 끝의 정사각형을 클릭한다.

03 이동하여 연결할 또 다른 핀의 정사각형을 클릭하면 두 핀이 연결된다.

04 지금 연결한 선을 반복하여 그릴 경우에는 F4 키를 누른다.

05 그림 3.12와 같이 필요한 만큼 반복한다.

06 선 그리기를 종료한다.

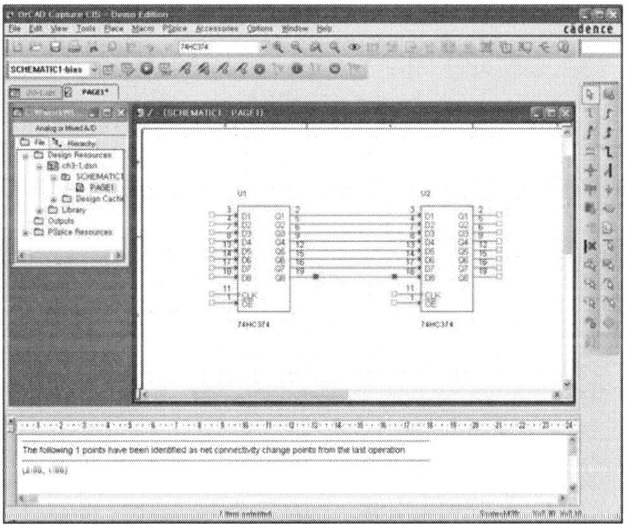

그림 3.12 동일한 선 반복해서 그리기

4 연결된 선을 이동할 경우

01 이동할 선을 왼쪽 마우스로 클릭하여 선택한다.

02 선택한 상태에서 이동하고자 하는 곳으로 이동한다.

5 연결된 선에서 한 핀을 분리하고자 할 경우

01 분리하고자 하는 핀을 왼쪽 마우스로 클릭하여 선택한다.

02 선택한 상태에서 분리하고자 하는 핀을 이동한다.

6 연결된 선을 양쪽 핀 모두를 분리하여 독립하고자 할 경우

01 독립하고자 하는 선을 왼쪽 마우스로 클릭하여 선택한다.

02 왼쪽 마우스를 선택하지 않은 상태에서 자판에 있는 〈Alt〉 키를 선택한 상태에서 왼쪽 마우스를 누르고 이동하면 독립하게 된다.

7 선을 지우고자 할 경우

01 삭제할 선을 클릭하여 선택한다.

02 오른쪽 마우스를 선택하여 팝업 메뉴에서 Delete를 선택한다.

8 여러 선을 한 번에 선택하여 지우는 방법

01 삭제할 여러 선들을 Ctrl 키를 누른 상태에서 왼쪽 마우스를 클릭하여 선택한다.

02 오른쪽 마우스를 선택하여 팝업 메뉴에서 Delete를 선택한다.

2 BUS

Place Bus 툴을 사용하는 방법은 Place Wire 툴과 동일하며, 차이점은 Place Wire는 선을 그리는 것이고 Place Bus는 여러 선으로 구성된 버스 선을 그리는 것이다. 버스 선을 그리는 방법은 다음과 같다.

1 BUS

01 부품의 핀에 선을 그린다.

02 그림 3.13과 같이 Place Bus 툴을 선택한다.

03 선들이 연결되게 버스 선을 그린다.

04 버스 선 그리기를 종료한다.

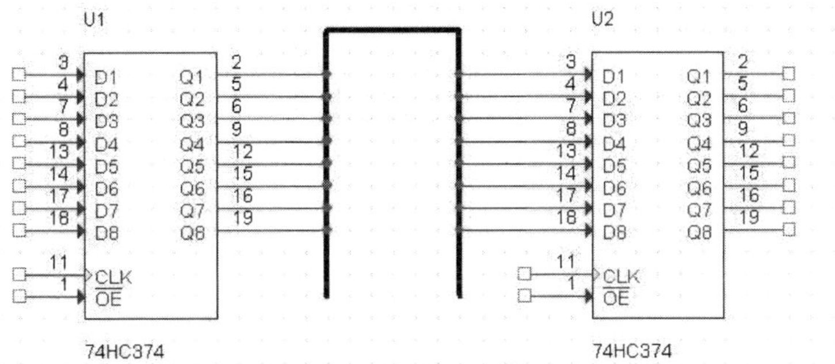

그림 3.13 버스 선 그리기

2 BUS Entry 넣기

BUS Entry 툴은 선과 버스 선을 연결할 때 사용한다. 선과 버스 선을 바로 연결해도 되지만 그래픽 효과를 높이기 위해 BUS Entry를 사용한다.

작업순서는 선 그리기, 버스 엔트리 넣기 그리고 버스 선 그리기이다.

(1) 선 그리기

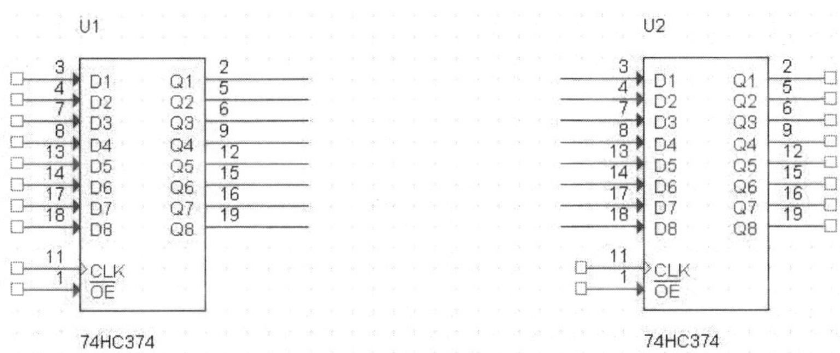

그림 3.14 선 그리기

(2) BUS Entry 넣기

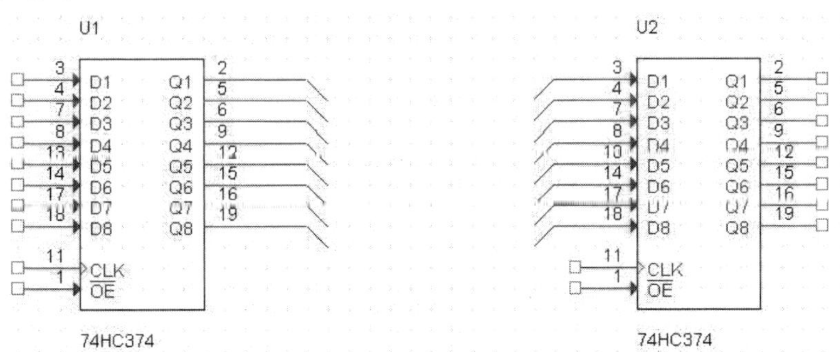

그림 3.15 BUS Entry 넣기

(3) 버스 선 그리기

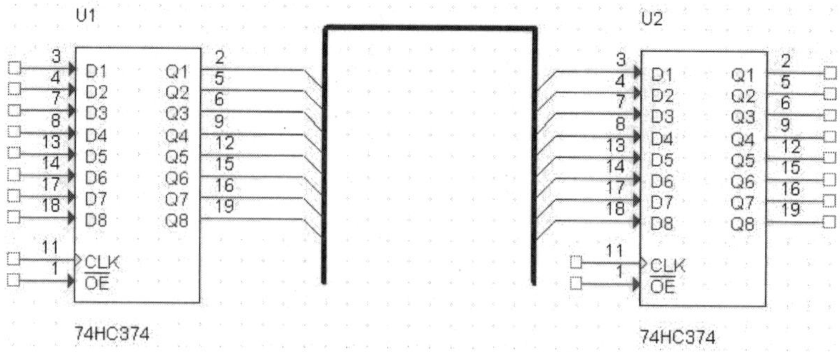

그림 3.16 버스 선 그리기

2 Net Alias

선이나 버스 선의 이름을 지정하는 방법이다.

1 선이나 버스선 이름 지정하기

01 Net Alias 툴을 선택한다.

그림 3.17과 같이 Place Net Alias 창이 열린다.

02 Place Net Alias 창의 Alias 상자에 선이나 버스 선 이름(예, DATA[0..7]을 입력한 후에 OK 버튼을 입력한다.

03 해당 선이나 버스 선 위에 마우스를 올려놓고 클릭하여 그림 3.18과 같이 네트 이름을 배치한다.

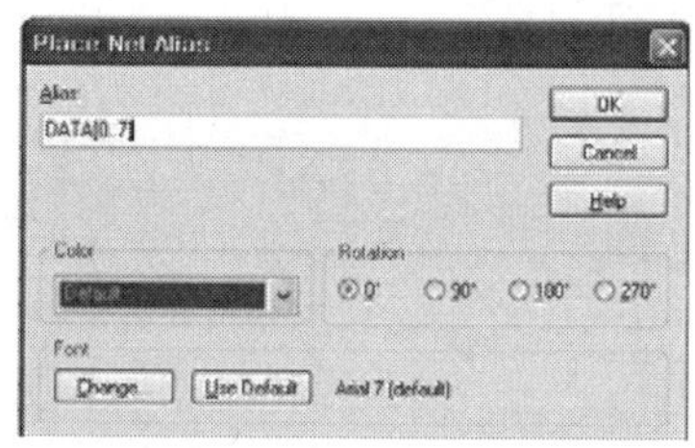

그림 3.17 Place Net Alias 창

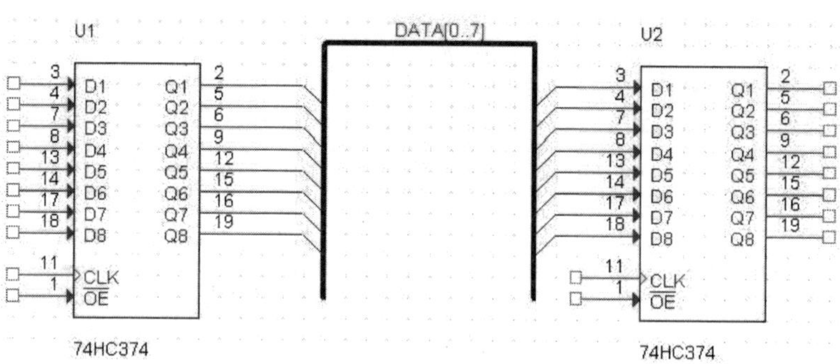

그림 3.18 네트 이름 배치

04 팝업 메뉴의 Edit Properties를 선택하여 Place Net Alias 창을 다시 연다.

05 첫 번째 선의 이름(예, DATA0)을 입력한 후 OK 버튼을 선택한다.

06 맨 위의 선을 선택하여 선 위에 마우스 커서를 놓고 클릭하여 네트 이름을 배치한다.

07 그 다음 선 위에 마우스 커서를 놓고 클릭하면 자동적으로 네트 이름이 순서대로 증가하면서 그림 3.19와 같이 배치된다.

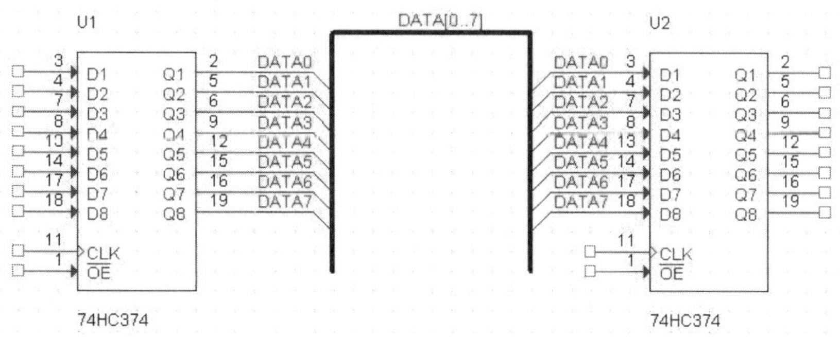

그림 3.19 네트 이름 지정하기

2 네트 이름 삭제하기

01 Select 모드에서 네트 이름을 선택한다.

02 팝업 메뉴의 Delete를 선택한다.

3 Junction

선이 교차되는 경우에 교차점에서 두 선이 연결되어 있다면 이를 표시하기 위해서 사용된다.

1 Junction 표시하기

01 Junction 툴을 선택한다.

02 교차점을 클릭하면 배치된다.

2 Junction 명령 마치기

팝업 메뉴에서 End Mode를 선택한다.

4 No Connect

사용하지 않는 핀을 표시한다. 사용하지 않는 핀으로 표시하면 핀에 X가 나타난다. 그러나 다시 사용하기 위해서 선을 연결하면 자동으로 X 표시는 없어진다. 또는 다시 한 번 더 배치하면 표시가 없어진다.

04 페이지 간 선 연결

하나의 도면을 여러 개의 페이지로 나누어서 작성하는 도면을 평면도면이라 한다. 이때 각 페이지를 연결하기 위해서 사용하는 것을 Off-Page Connector라 한다. Off-Page Connector는 schematic 페이지의 출력을 같은 schematic 폴더 내의 또 다른 페이지의 입력과 연결한다.

* Off-Page Connector는 아래 그림 3.20과 그림 3.21에서 보듯이 두 가지 종류가 있다.
- OFFPAGELEFT-L
- OFFPAGELEFT-R

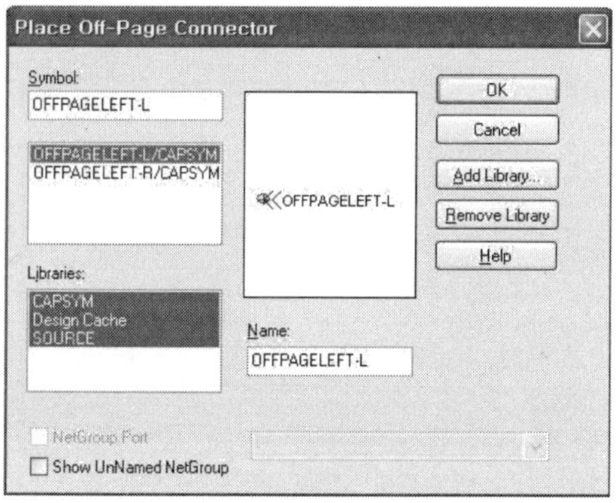

그림 3.20 OFFPAGELEFT-L

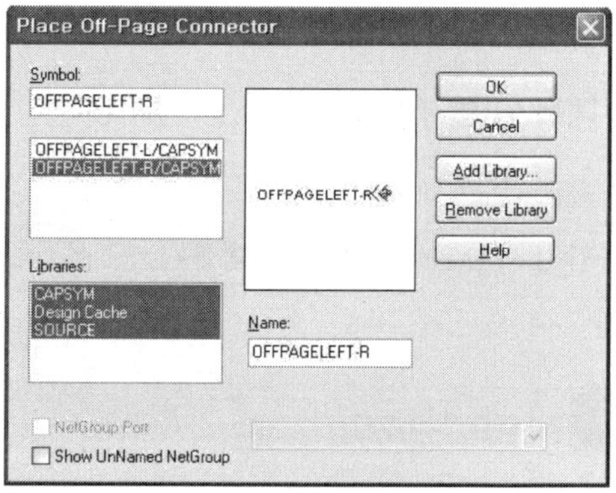

그림 3.21 OFFPAGELEFT-R

Off-Page Connector를 배치하는 방법은 다음과 같다.

01 Off-Page Connector 툴을 선택한다.
02 Off-Page Connector 창의 심벌을 선택하고 OK를 선택한다.
03 배치할 곳을 클릭한다.
04 종료하기 위해 ESC를 선택한다.

05 계층 도면 그리기

하나의 도면을 여러 개의 schematic 폴더로 나누어서 작성하는 도면을 계층구조라 한다. 각 schematic 폴더 내의 페이지를 연결하기 위해서 사용하는 것을 계층 블록과 계층 포트를 사용한다. 계층 구조는 간단한 구조와 복잡한 구조로 나눌 수 있다. 간단한 구조는 계층 블록과 schematic 폴더와의 관계가 일 대 일인 경우이며 복잡한 구조는 다 대 일인 경우이다.

1 계층 블록 만드는 방법

01 Place Hierarchical Block 툴을 선택하여 그림 3.22와 같이 Place Hierarchical Block 창을 연다.

02 그림 3.22와 같이 Reference 상자에 계층블록의 부품 번호(예 : H1)을 입력한다.

03 Implementation Type 상자의 버튼을 이용하여 Schematic View를 선택한다.

04 Implementation name 상자에 계층 블록과 연결될 schematic 폴더 이름(예 : Hier)을 입력한 후에 OK 버튼을 선택한다.

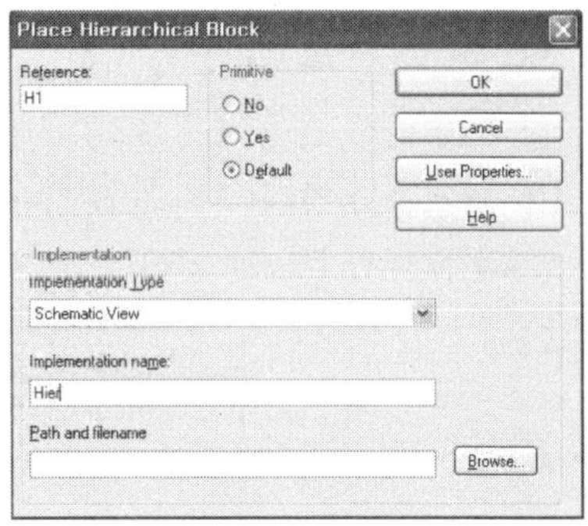

그림 3.22 Place Hierarchical Block 창

05 페이지의 임의의 점에 마우스를 누른 상태로 대각선 방향으로 이동하면 사각형이 나타나고, 적당한 사각형의 크기가 되도록 이동한 후에 누르고 있는 마우스를 놓으면 그림 3.23과 같은 계층블록이 만들어 진다.

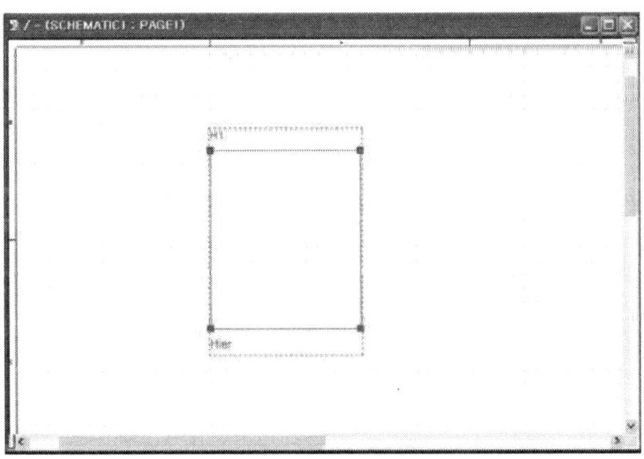

그림 3.23 계층블록 생성

06 필요한 핀을 넣기 위해서 Place Pin 툴을 선택하면 그림 3.24와 같은 Place Hierarchical Pin 창이 열린다. name은 임의로 정하면 되고, Type은 다음과 같은 종류가 있다.

* 계층 핀 종류

- 3 state
- Input
- Output
- Bidirectional
- Open Collector
- Passive
- Open Emitter
- Power

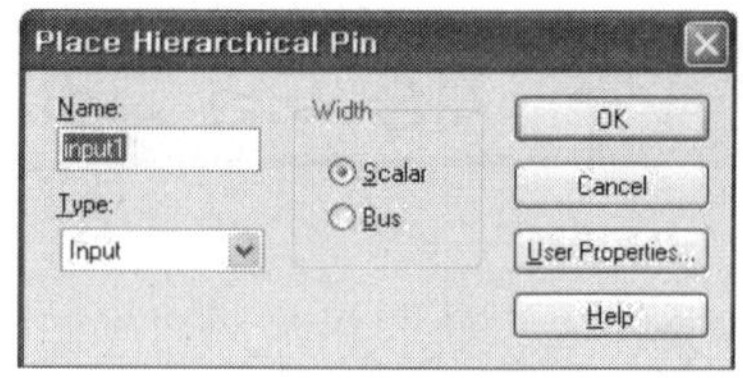

그림 3.24 Place Hierarchical Pin 창

07 OK 버튼을 선택하여 Place Hierarchical Pin 창을 닫는다.

08 계층블록 테두리선을 따라 커서가 이동하게 되고 필요한 위치에 클릭하면 핀이 생기게 된다.

09 연속해서 핀을 배치하기 위해 팝업 메뉴의 Edit Properties를 선택한다.

10 과정을 반복하여 핀을 배치한 후에 명령을 마치기 위해 esc를 선택하면 그림 3.25와 같은 계층블록이 생기게 된다.

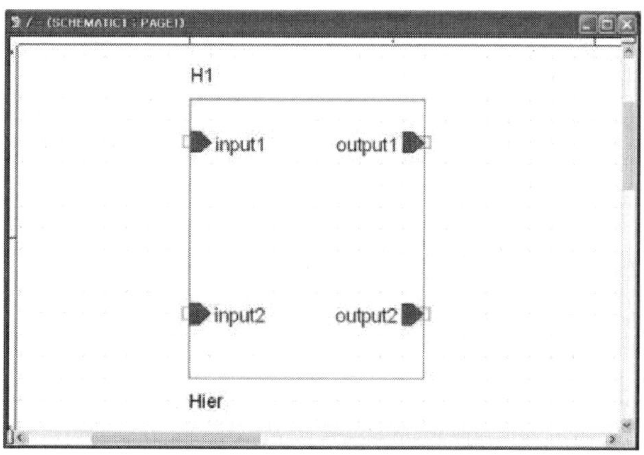

그림 3.25 계층블록 핀 생성

2 계층블록 내부의 회로도 만들기(schematic 폴더 만들기)

01 블록을 선택한 후에 팝업 메뉴의 Descend Hierarchy를 선택한다. 계층블록과 연결될 페이지를 만들기 위해서 그림 3.26과 같이 New Page in Schematic 창이 열린다. 페이지 이름을 입력한다.

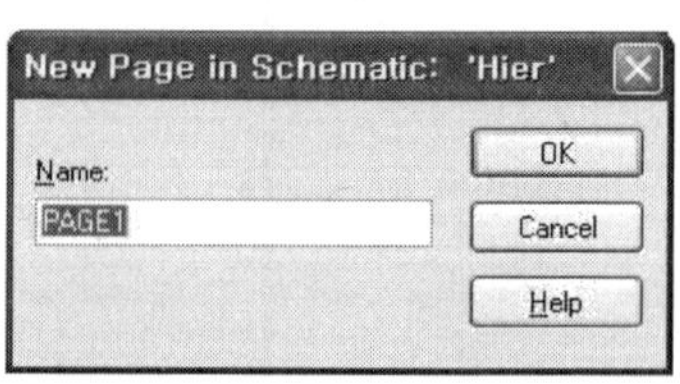

그림 3.26 New Page in Schematic 창

02 OK를 선택하여 New Page in Schematic 창을 닫으면 그림 3.27과 같은 새로 페이지 창이 열린다. 이때 Project Manager 창도 그림 3.28과 같이 변하게 된다.

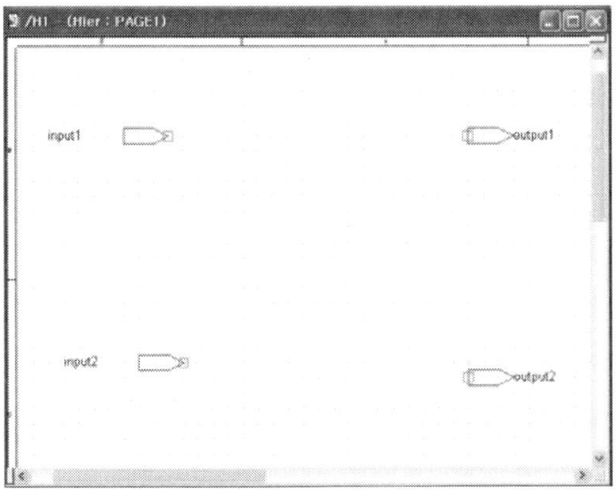

그림 3.27 하위 계층 페이지

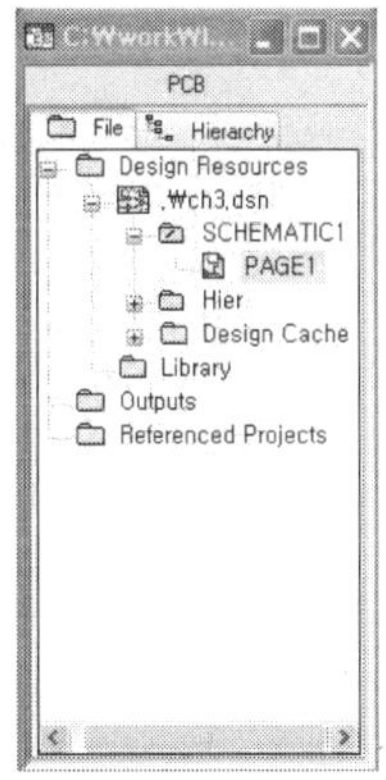

그림 3.28 Manager 창

03 이 페이지에서 필요한 회로를 구성한 후 팝업 메뉴에서 Ascend Hierarchy를 선택하면 원래의 계층블록 페이지로 돌아가게 된다. 이로써 계층블록의 회로를 완성할 수 있다.

06 접지 심벌 배치하기

접지 네트를 연결하기 위해서 접지 심벌을 사용한다.

심벌은 C:\Cadence\SPB_16.5\tools\Capture\library\capsym.olb 라이브러리에 있다. 부품 라이브러리에서 접지 심벌을 찾고자 하면 존재하지 않는다. 반드시 접지는 툴 팔레트에 따로 존재하는 접지 심벌을 이용하여 배치하여야 한다.

1 접지 심벌을 배치하기

01 Place Ground 툴을 툴 팔레트에서 선택한다.

02 Place Ground 창의 심볼 상자 내의 0/source 심벌을 선택한 후 OK 버튼을 선택한다.

03 배치하고자 하는 곳을 클릭하면 배치된다.

04 심벌 배치를 마치기 위해서는 팝업 메뉴에서 End Mode를 선택한다.

07 부품 속성 수정하기

그림 3.29에 나타나 있는 것과 같이 부품이름, 부품 값이나 부품 번호와 같이 부품 속성을 수정하고자 하는 경우는 다음과 같이 수정할 수 있다.

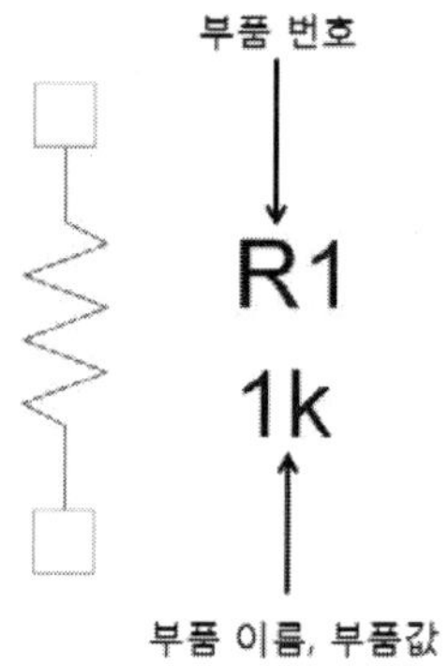

그림 3.29 부품 구성

1 부품 값만 수정하고자 할 경우

다음과 같이 두 가지 방법을 이용하여 수정할 수 있다.

(1) 부품 이름, 부품 값에 마우스를 놓고 두 번 클릭하면 그림 3.30과 같이 Display Properties 창이 열리고 Value에 부품 값을 입력하면 부품 값이 들어가고 문자나 숫자를 이용하여 입력하면 부품 이름으로 동작하게 된다.

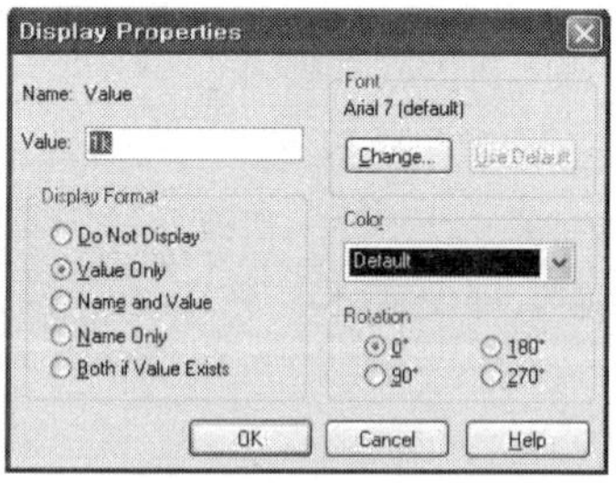

그림 3.30 Display Properties 창

(2) 부품 기호 위에 마우스를 놓고 두 번 클릭하여 그림 3.31와 같은 속성 창을 열거나, 마우스의 오른쪽 버튼을 클릭하면 팝업 창이 나타나고 거기에서 Edit Properties..를 선택하면 그림 3.31와 같은 속성 창이 열리게 된다.

여기에서 Value 항을 찾아서 마우스로 클릭하여 값을 입력하면 된다. 그림 3.31과 같은 경우는 옆으로 많이 이동하여야 Value 항이 나오므로 쉽게 보기 위하여 "1" 표시되어 있는 항 위에 항을 마우스로 선택하고 마우스의 오른쪽 버튼을 클릭하면 팝업 창에서 Pivot을 선택하면 그림 3.32와 같이 나타나 쉽게 볼 수 있게 된다. 여기에서 동일하게 수정하고 창을 닫으면 된다.

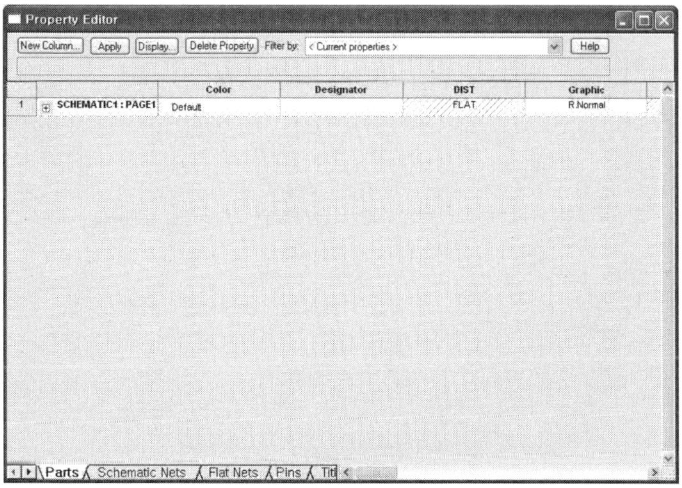

그림 3.31 부품 속성 창

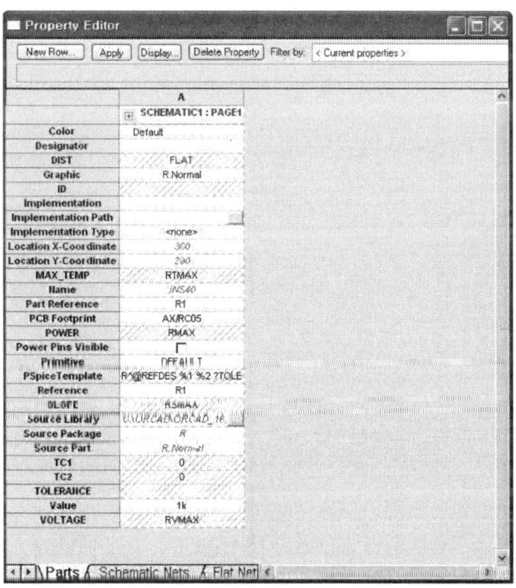

그림 3.32 Pivot된 부품 속성 창

2 부품의 다른 모든 것도 변경하고자 할 경우

그림 3.32와 같이 속성 창을 열어 각 항목에 대하여 수정하면 된다.

08 도면 그리기 연습

[문제 3-1] 아래의 도면을 작성하시오.

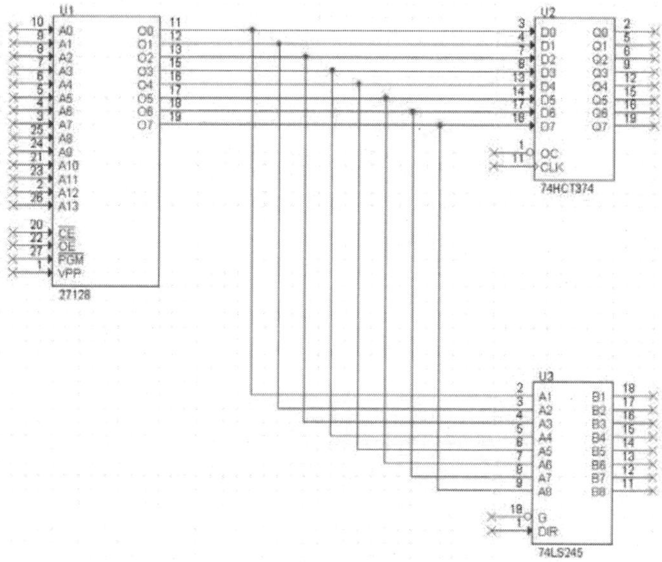

그림 3.33 문제 3-1

[문제 3-2] 아래의 도면을 작성하시오.

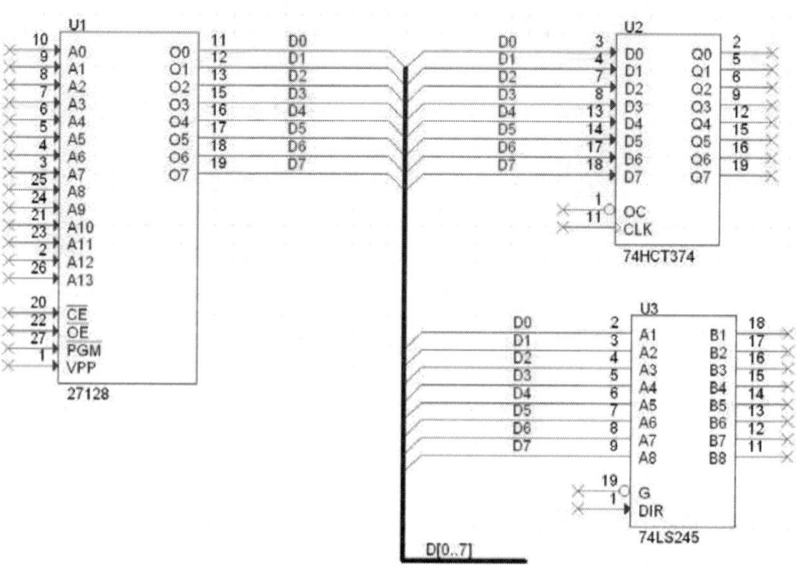

그림 3.34 문제 3-2

[문제 3-3] 아래의 도면을 작성하시오.

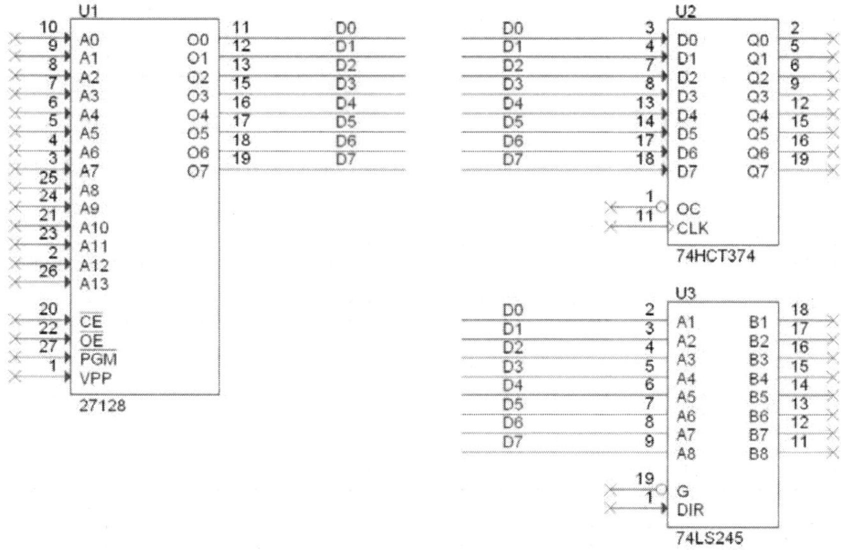

그림 3.35 문제 3-3

[문제 3-4] 아래의 도면을 작성하시오.

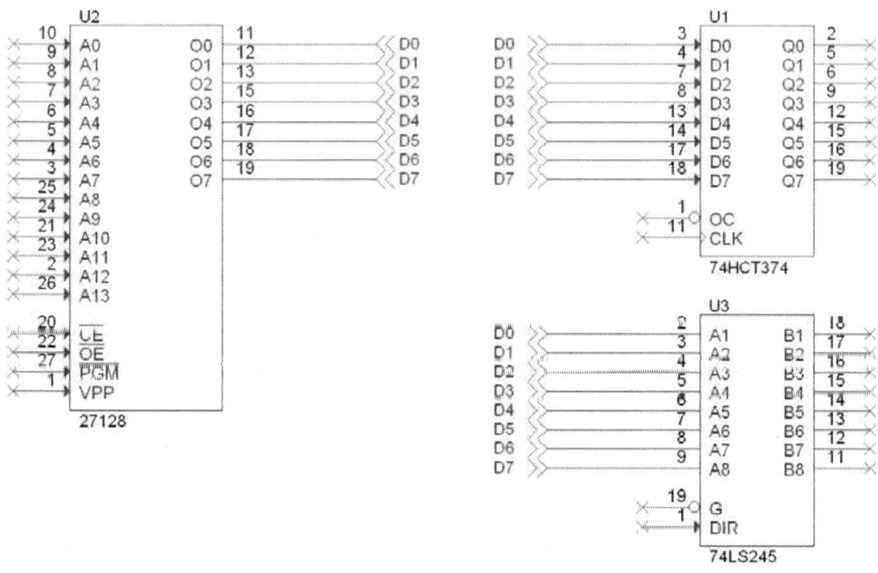

그림 3.36 문제 3-4

[문제 3-5] 아래의 도면을 작성하시오.

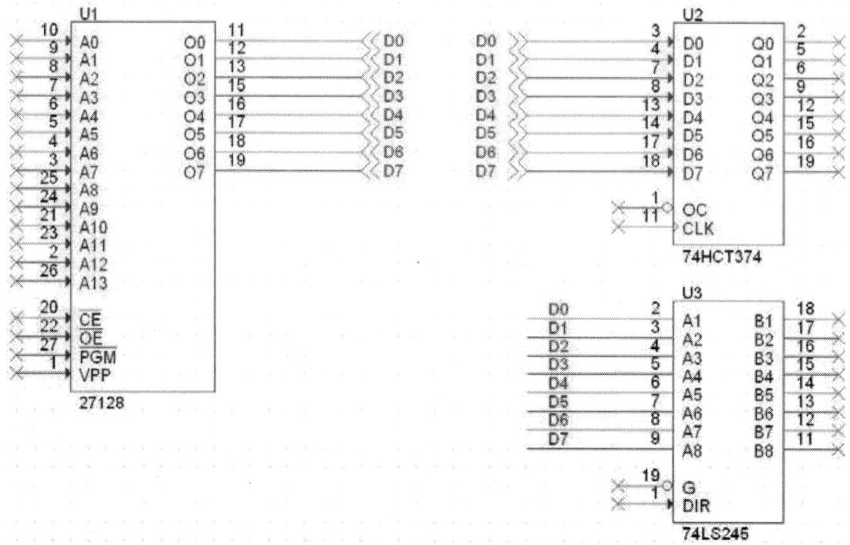

그림 3.37 문제 3-5

[문제 3-6] 아래의 도면을 작성하시오.

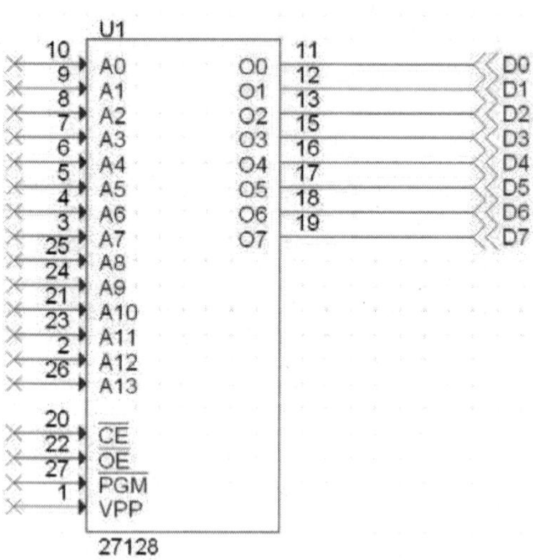

Page 1

그림 3.38 문제 3-6

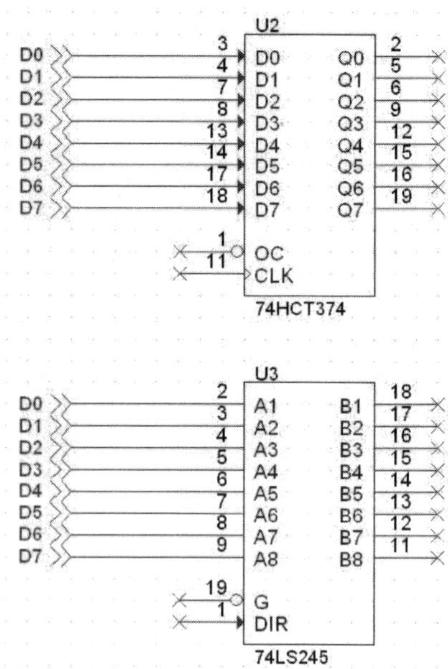

Page 2

그림 3.39 문제 3-6

[문제 3-7] 아래의 도면을 작성하시오.

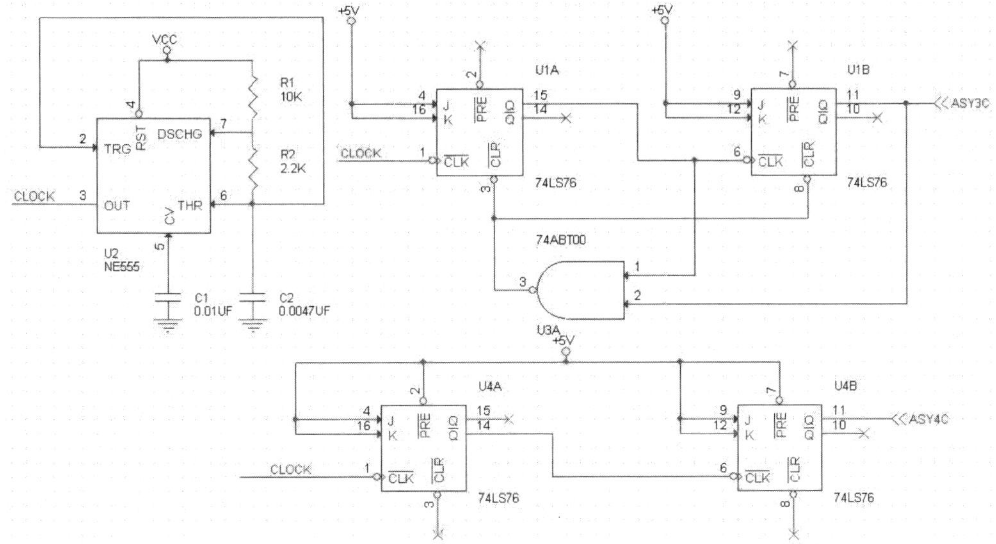

Page 1

그림 3.40 문제 3-7

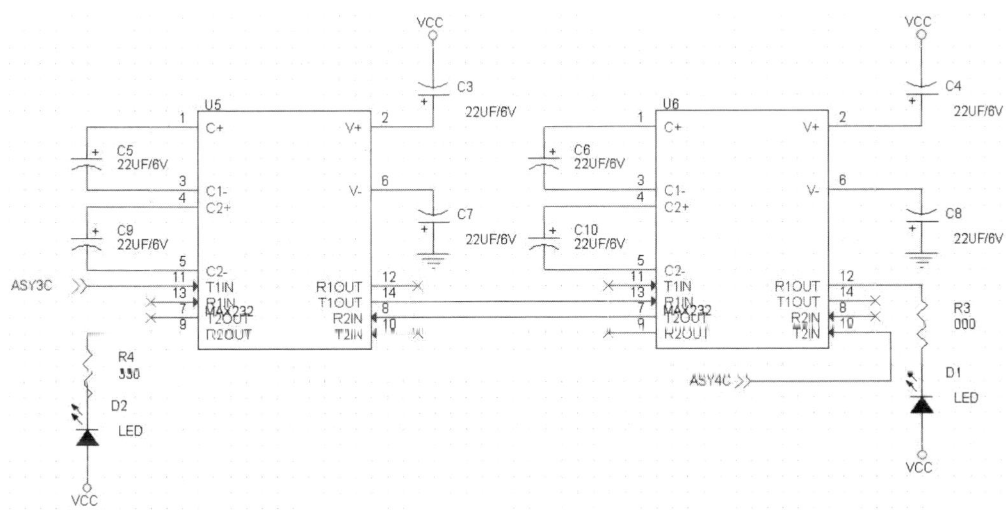

Page 2

그림 3.41 문제 3-7

[문제 3-8] 아래의 도면을 작성하시오.

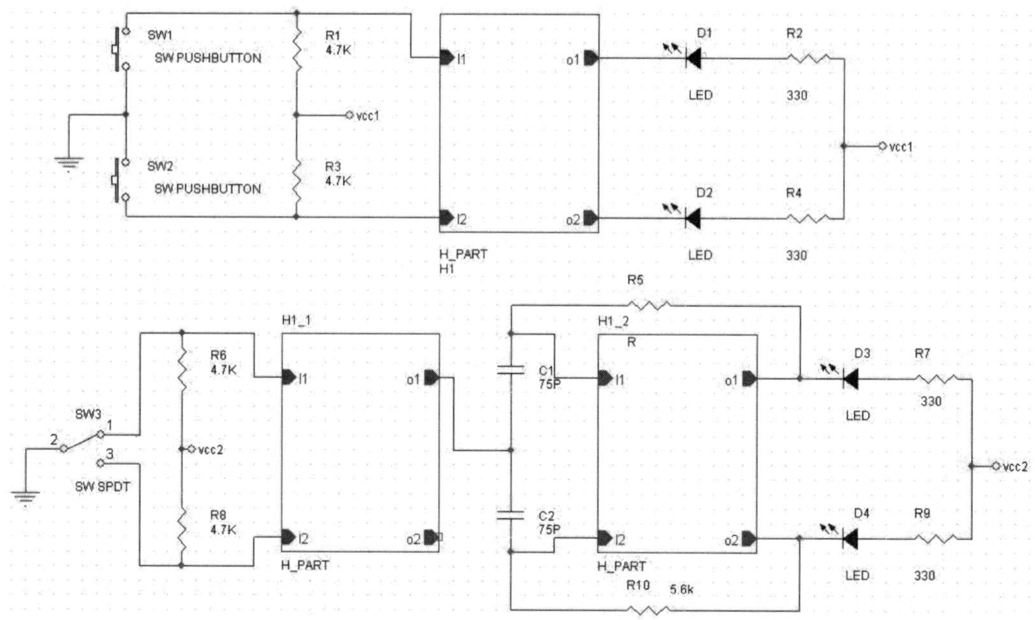

Page 1

그림 3.42 문제 3-8

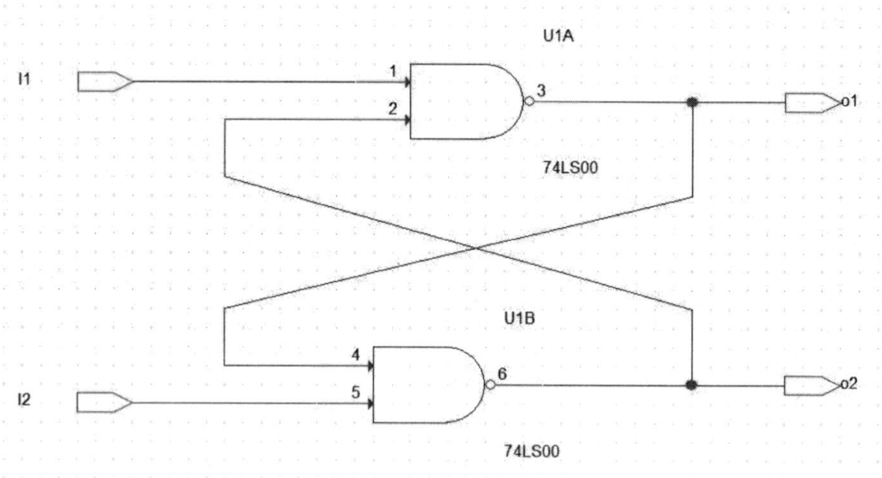

Page 2

그림 3.43 문제 3-8

제2단원

Allegro OrCAD PCB Editor 배우기

단일 도면 1(Single Stage Amplifier)_제4장
단일 도면 2(데이터 전송 장치)_제5장
평면 도면(동기식 카운터)_제6장
계층 도면(가산기)_제7장

제4장 단일 도면 1 (Single Stage Amplifier)

01 작업 도면

1 회로도

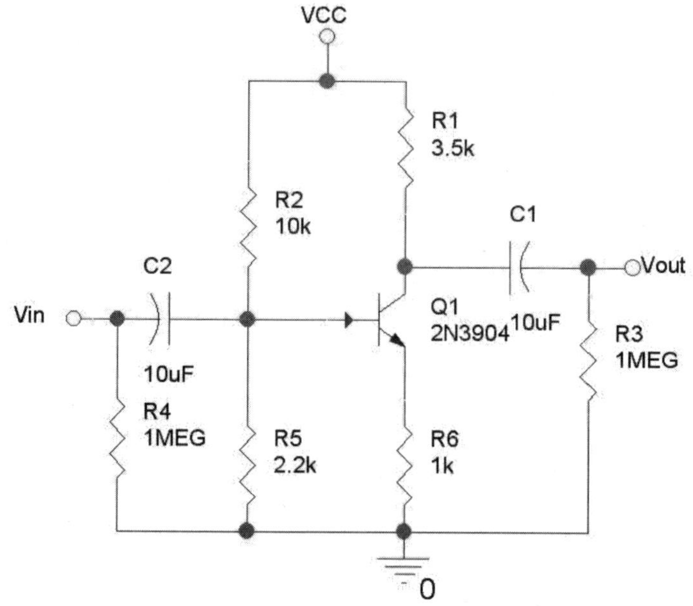

그림 4.1 회로도

2 부품 리스트

표 4.1 부품 리스트

번호	부품 이름	부품 값	필요 수량	라이브러리
1	Transistor	2N3904	1	Transistor.olb
2	Capacitor	10uF	2	Discrete.olb
3	Resistor	1k	1	Discrete.olb
4	Resistor	2.2k	1	Discrete.olb
5	Resistor	3.6k	1	Discrete.olb
6	Resistor	10k	1	Discrete.olb
7	Resistor	1000k	2	Discrete.olb

3 풋 프린트

표 4.2 풋 프린트

번호	부품 이름	부품 값	풋 프린트	풋 프린트 라이브러리
1	Tr	2N3904	TO92	
2	Cap	10uF	CAP196	
3	R	1k	RES400	
4	R	2.2k	RES400	
5	R	3.5k	RES400	
6	R	10k	RES400	
7	R	1000k	RES400	

4 PCB

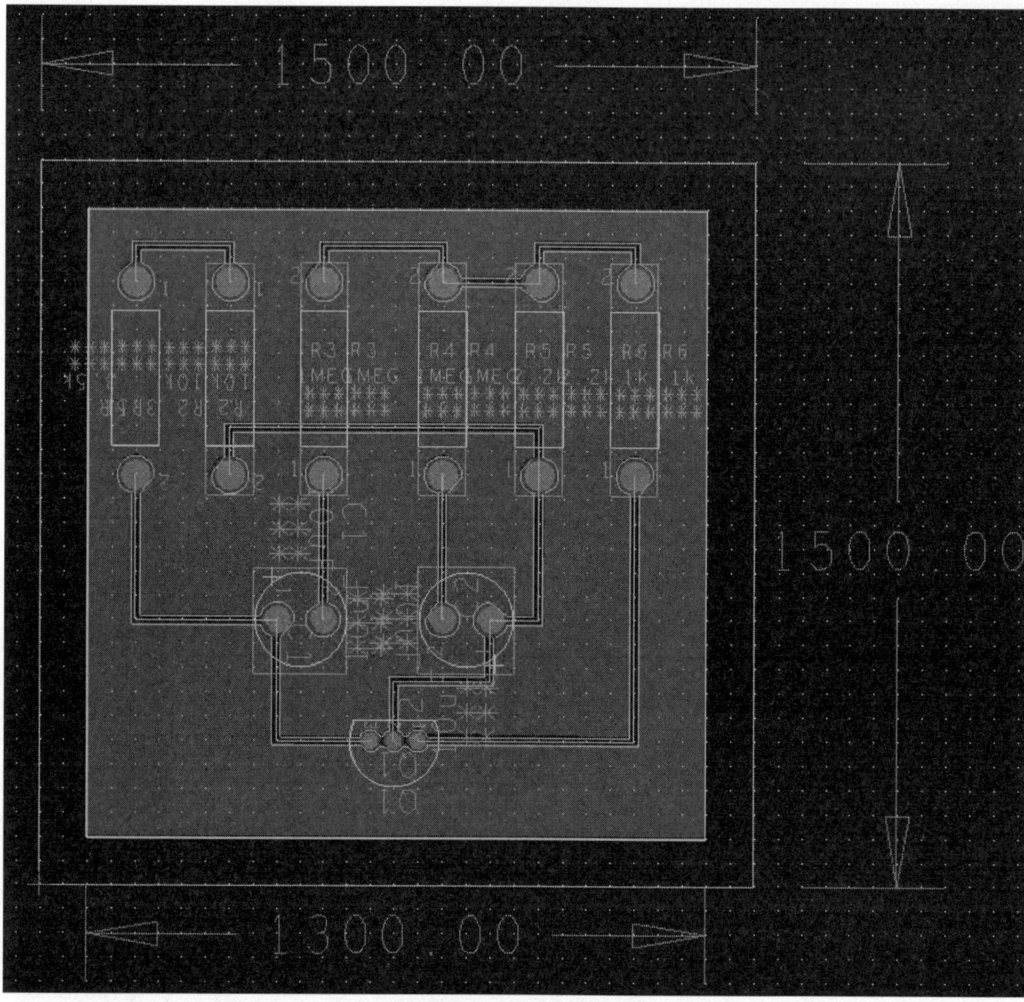

그림 4.2 PCB 도면

02 새로운 프로젝트 파일 만들기

윈도 작업 표시줄의 [시작] 버튼을 클릭하여, 모든 프로그램 C:\Cadence\Release 16.5\Capture CIS를 선택 또는 윈도 바탕화면에 Capture CIS의 단축아이콘이 있다면 이를 더블 클릭하여 실행한다. 그러면 OrCAD 16.5 Capture CIS의 기본 창이 그림 4.3과 같이 열린다.

1 Capture 시작하기

- 프로그램 시작하는 방법

▶ 시작 〉 모든 프로그램 〉 Cadence 〉 Release 16.5 〉 Capture CIS

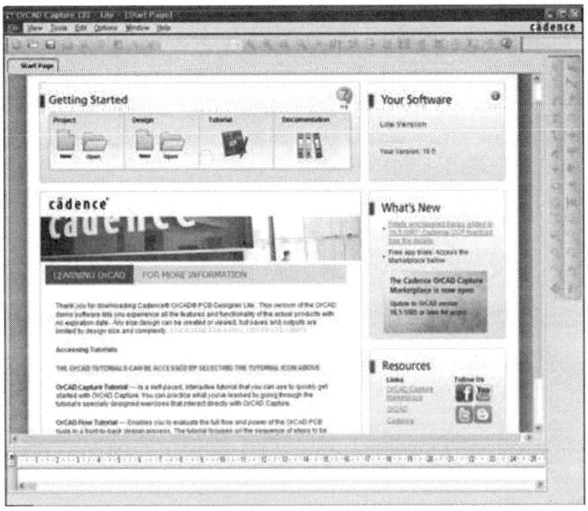

그림 4.3 시작 화면

이 시작 창에서 인터넷에 연결되어 있을 경우 다음과 같은 작업들이 자동으로 실행되어진다.

- Project 생성 및 열기
- Design 생성 및 열기
- Tutorial(사용 매뉴얼)
- Documentation(프로그램 User Guide)
- 프로그램 업데이트 정보 확인
- Cadence Home Page
- What's New
- Facebook, YouTube, Twitter 등의 SNS 접속

2 Capture 환경설정

새로운 프로젝트 또는 디자인 작업 시 현재의 설정이 기본 설정으로 지정된다. 다음과 같이 필요에 따라 기본 설정을 변경할 수 있다.

1. Grid style : dot ⇒ Line

   Junction Dot Size : Small ⇒ Medium

▶ 메뉴 Options 〉 Preference 〉 Grid Display 〉 Grid Style : Lines

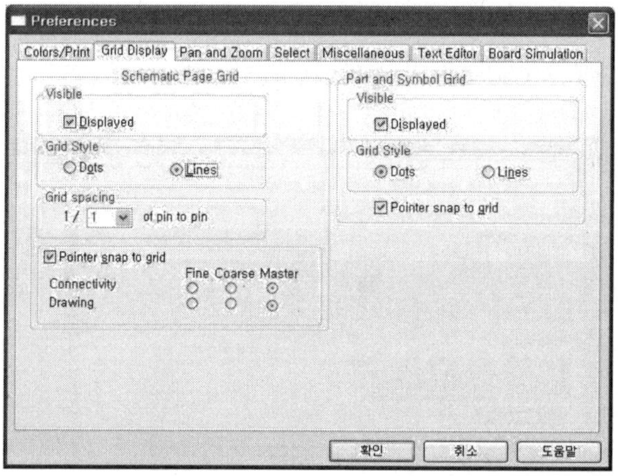

그림 4.4 Preference 창의 Grid Display

▶ 메뉴 Options 〉 Preference 〉 Miscellaneous 〉 Schematic Page Editor 〉 Junction Dot Size : Medium

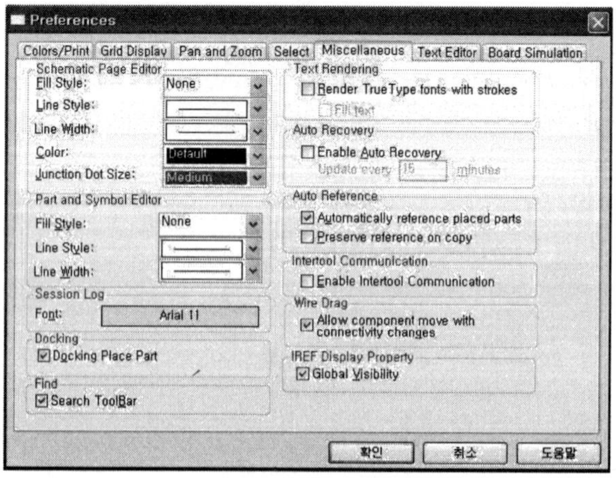

그림 4.5 Preference 창의 Miscellaneous

2. Page Size 변경 및 기재 사항

▶ 메뉴 Options 〉 Design Template 〉 Title Block 〉 Title : ch4 〉 Page Size : A4

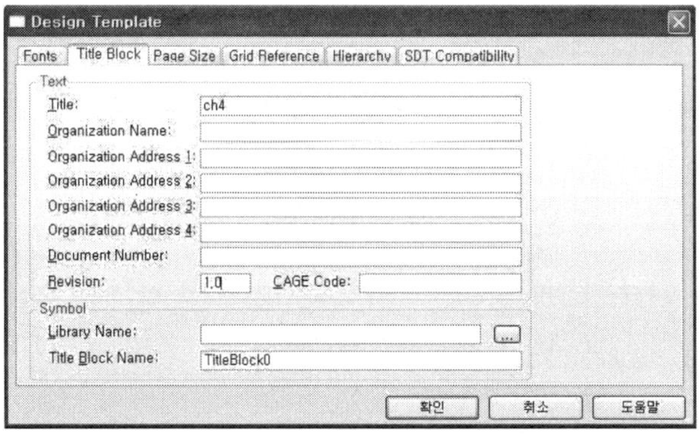

그림 4.6 Design Template 창의 Title Block

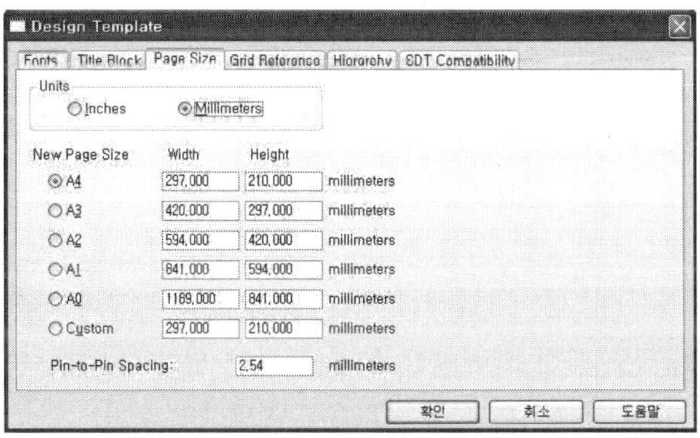

그림 4.7 Design Template 창의 Page Size

3. 파일 백업 설정

▶ 메뉴 Options 〉 Auto Backup 〉 백업 시간, 백업 파일 수, 백업 디렉터리 지정

: 백업 디렉터리는 현재 작업 디렉터리에 저장된다. 백업 파일의 이름은 확장자 DBK를 가지며, Capture에서 파일 형식을 All Files로 변경 후 불러올 수 있다. Save As로 복원할 수 있다.

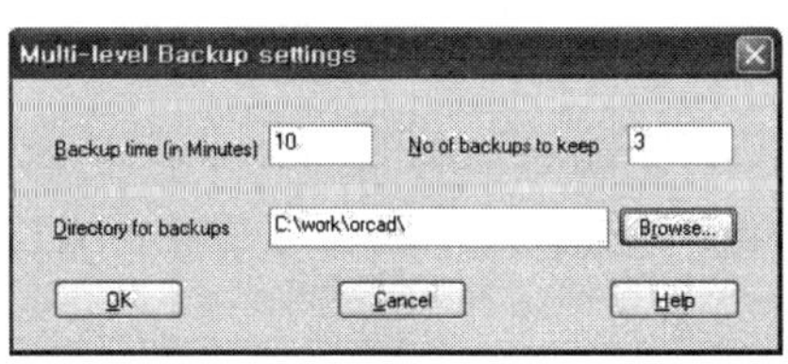

그림 4.8 Backup 창

3 새로운 프로젝트 파일 만들기

▶ 메뉴 File 〉 New 〉 Project 선택 또는 시작 화면에 나타난 Getting Started 〉 Project 〉 New 선택 : 아래와 같은 창이 열린다.

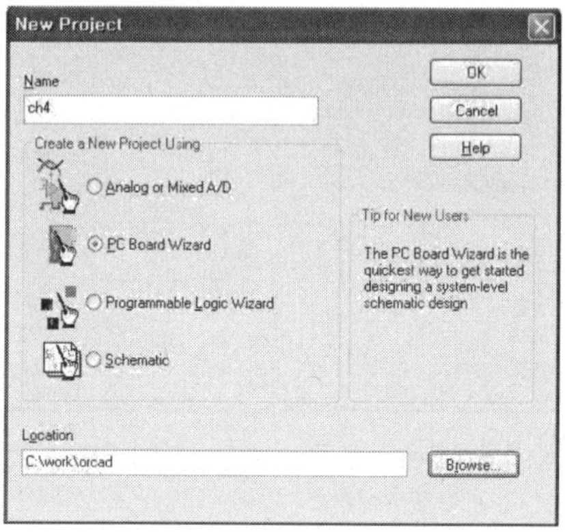

그림 4.9 New Project 창

- 그림 4.9에서 Name은 작업 프로젝트 이름이 되며, 영문이나 숫자로 구성이 되어야 한다. (한글이나 특수문자 사용은 주의하여야 한다.)
- PCB 작업까지 진행과정을 미리 결정 후 진행하기 위해 PC Board Wizard를 선택한다.
- 저장 위치는 영문이나 숫자로 구성되어야 한다.(한글이나 특수문자 사용은 주의하여야 한다.)
- 그림 4.9에서 OK를 선택하면 그림 4.10과 같이 창이 열리게 된다. 이 그림 4.10에서 모의 실험을 하지 않을 경우는 선택하지 않고 다음을 선택하면 된다.
- 그림 4.11의 창이 열리고 기본으로 제공하고 라이브러리 외에 추가로 미리 등록하고자 하는 라이브러리가 있으면 선택하면 되고 그렇지 않는 경우에는 마침을 선택하면 된다.

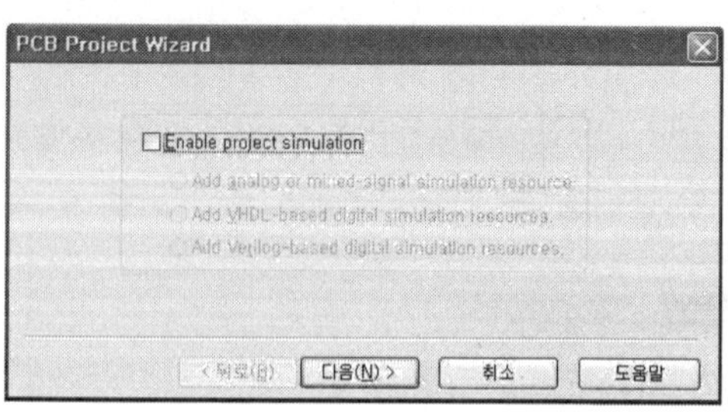

그림 4.10 PCB Project Wizard

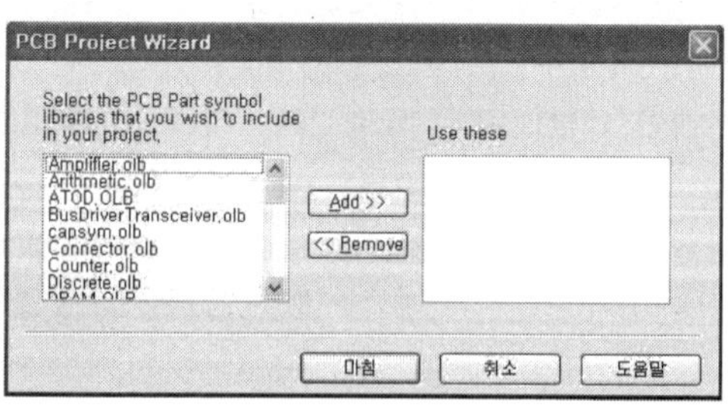

그림 4.11 PCB Project Wizard

앞의 과정을 마치면 그림 4.12과 같은 창이 나타나고 이 창을 정리하면 그림 4.13과 같이 나타낼 수 있다. 이제 나타낸 Page에 도면을 작성할 준비가 된 것이다.

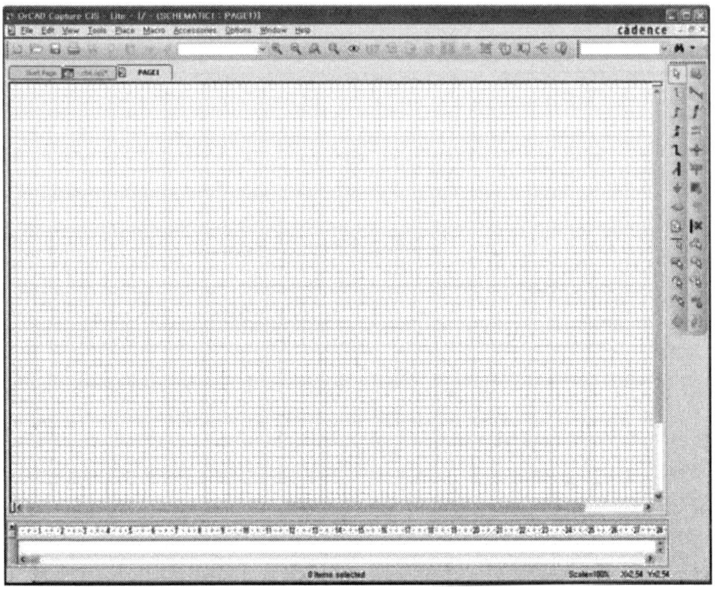

그림 4.12 초기 화면

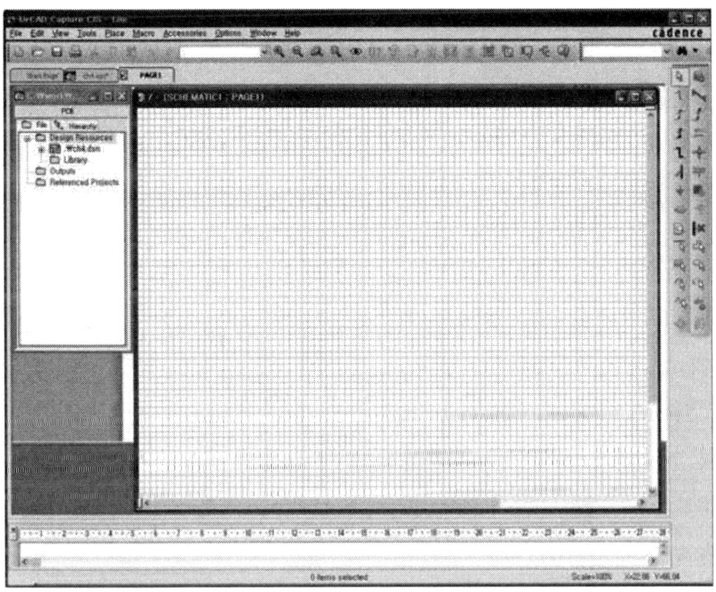

그림 4.13 작업화면

03 부품 배치

그림 4.1의 회로도와 같이 부품을 배치하기 위해서는 다음과 같은 순서로 부품을 배치한다.

01 메뉴 Place 〉 Part 선택 또는 툴 팔레트 Part 아이콘을 클릭한다. 그림 4.13이 그림 4.14으로 변경된다.

02 라이브러리 추가 : 라이브러리 항목의 Add library 버튼을 클릭 → Discrete.olb와 Transistor.olb 라이브러리를 선택하여 추가한다.

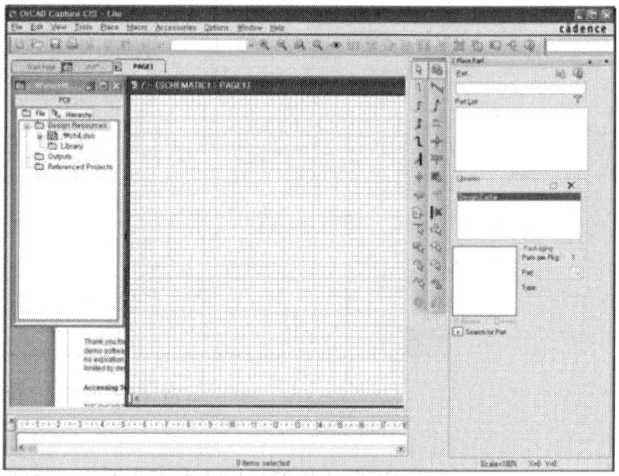

그림 4.14 부품 배치 초기 화면

03 Part 검색창에서 Part 명을2N3904를 기입 후 Place Part 아이콘을 선택하거나 enter key를 선택하면 마우스 커서에 부품이 나타나게 되고 마우스 커서를 Page의 적당한 곳에 위치한 후 오른쪽 마우스 버튼을 클릭하면 그림 4.15와 같이 배치하게 된다.

04 이번에는 Part 검색창에 Part 명으로 R을 기입하여 저항을 Page에 배치한다.

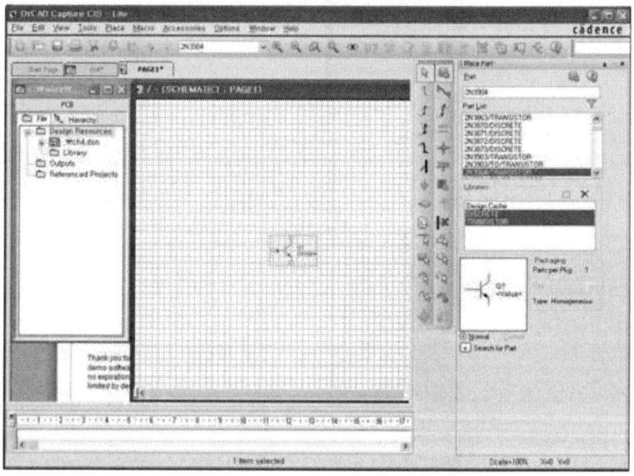

그림 4.15 Tr 배치

05 이번에는 Part 검색창에 Part 명으로 CAP를 기입하여 커패시터를 Page에 배치한다. 부품 배치 시 회전은 RMB(마우스 오른쪽 버튼)를 클릭하여 팝업 창에서 rotate를 선택 또는 keyboard 상에 R을 선택하면 90도 회전하게 된다. 배치된 회로는 그림 4.16에 나타나 있다.

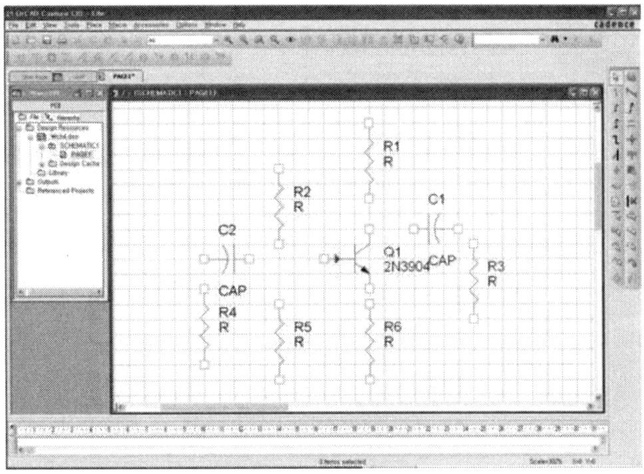

그림 4.16 부품 배치

04 선 그리기

배치된 부품들의 핀과 핀을 연결하는 선을 그리기 위해 다음과 같이 한다.

01 메뉴 Place 〉 Wire 선택 또는 툴 팔레트에 있는 Place Wire 아이콘을 클릭한다.

02 핀의 끝과 끝을 연결하는 방법으로 그림 4.17과 같이 배선한다.

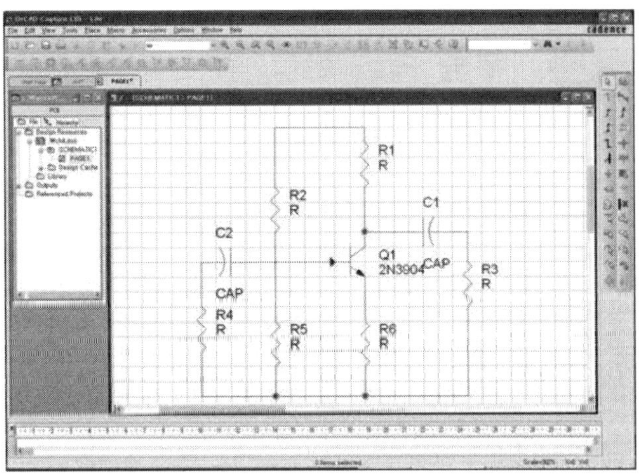

그림 4.17 선 그리기

05 Symbol 배치

01 메뉴 Place 〉 Power 선택 또는 툴 팔레트에 있는 Place Power 아이콘을 클릭한 후 VCC/ CAPSYM을 선택하여 그림 4.18과 같이 배치한다.

02 메뉴 Place 〉 Ground 선택 또는 툴 팔레트에 있는 Place Ground 아이콘을 클릭한 후 0/CAPSYM을 선택하여 그림 4.18과 같이 배치한다.

03 입출력 신호 단자에 Power를 이용하여 그림 4.18과 같이 완성한다.

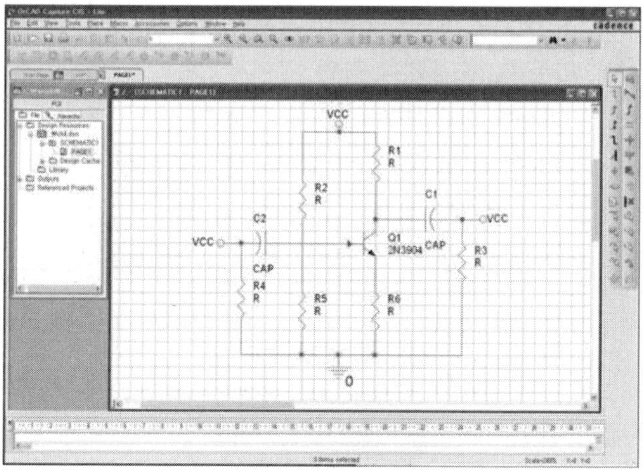

그림 4.18 심벌 배치

06 부품 속성 편집

01 부품 이름을 더블 클릭하여 열리는 창에서 각 부품의 부품 값을 입력하여 그림 4.19와 같이 변경한다.

02 입출력 단자의 VCC를 더블 클릭하여 입력 단자는 Vin으로 그리고 출력 단자는 Vout으로 변경하여 그림 4.19와 같이 완성한다.

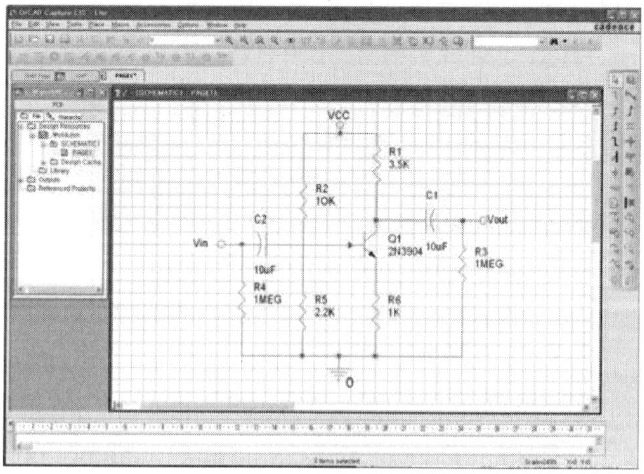

그림 4.19 부품 속성 편집

03 다음은 각 부품을 선택하여 아래 주어진 풋 프린트와 같이 그림 4.20과 같은 방법으로 풋 프린트를 지정한다.

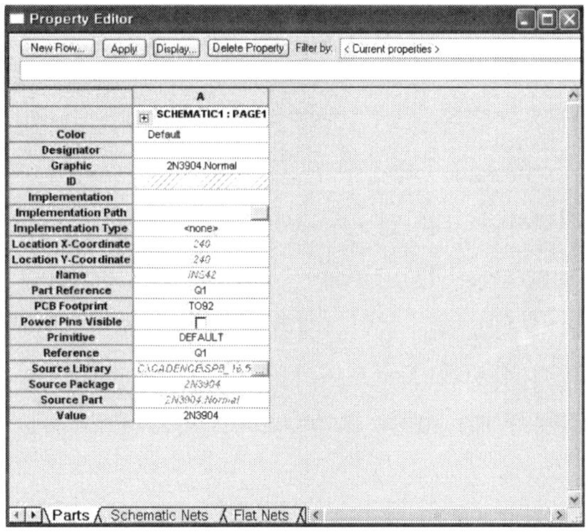

그림 4.20 풋 프린트 지정

표 4.1 풋 프린트

번호	부품 이름	부품 값	풋 프린트	풋 프린트 라이브러리
1	Tr	2N3904	TO92	
2	Cap	10μF	CAP196	
3	R	1k	RES400	
4	R	2.2k	RES400	
5	R	3.5k	RES400	
6	R	10k	RES400	
7	R	1000k	RES400	

07 유틸리티

schematic 페이지 편집 창에서 도면 작성 작업을 끝낸 다음에는 툴바의 Project Manager를 선택하여 디자인 매니저 창을 활성화 시킨다. 활성화된 유틸리티 6개 Annotate, Back Annotate, DRC, Create Netlist, Cross Reference Parts 그리고 Bill of Material 중 PCB 작업을 하기 위한 필수적인 3개의 유틸리티는 Annotate, DRC, 그리고 Create Netlist이다.

이 유틸리티는 도면의 부품 번호를 정리, 작성된 도면의 전기적인 검사 그리고 PCB 설계를 위해서 네트리스트를 만든다. 요약하면 다음과 같다.

PCB 설계 작업을 위한 필수 유틸리티 작업		
1	Annotate	도면의 부품 번호를 일괄로 정리하여 주는 필수 기능
2	DRC(Design Rule Check)	작성된 도면의 전기적인 그리고 물리적인 검사를 해주는 기능
3	Create Netlist	PCB 설계 작업을 위한 Netlist 파일 생성해 주는 기능

1 Annotate

부품 번호를 정리하기 위한 일반적인 순서는 다음과 같다.

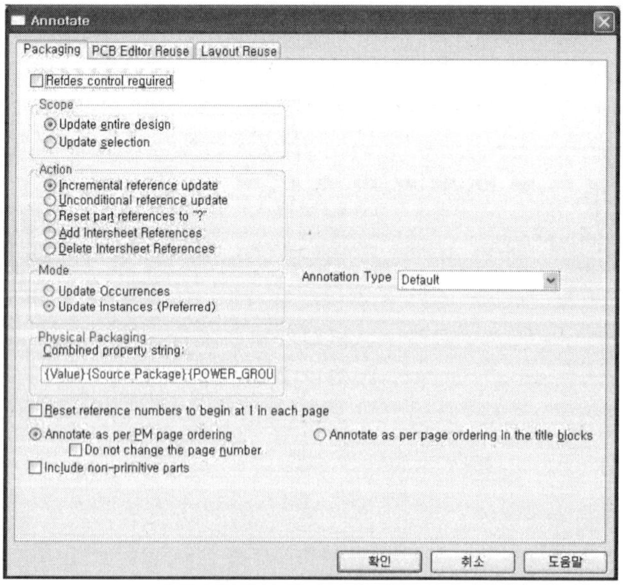

그림 4.21 Annotate 창

01 Annotate 툴을 더블 클릭한다. 그림 4.21와 같은 Annotate 창이 열린다.

02 Annotate 창의 Action 항목에서 Reset part reference to "?"를 선택한 후에 [OK] 버튼을 선택한다. 도면의 부품 번호가 "?"로 바뀐다.

03 한 번 더 Annotate 툴을 더블 클릭한다. Annotate 창이 열린다.

04 Annotate 창의 Action 항목에서 Incremental reference update를 선택한 후에 [OK] 버튼을 선택한다. 도면의 부품 번호가 다시 부여되면서 정리된다.

2 Design Rules Check

회로의 전기적인 검사를 하기 위한 순서는 다음과 같다.

01 DRC 툴을 선택한다. 그림 4.22와 같은 DRC 창이 열린다.

02 특정한 검사 또는 특정한 검사 결과를 보기 위해서는 Report 항목의 View Output 체크 박스를 선택한다. 이는 메모장이나 워드 패드로 실행 결과를 바로 보기 위함이다. 물론 모든 실행 결과는 실행 결과 창인 Session Log 창에 기록된다.

03 Report File 상자에는 DRC 실행 결과 파일의 경로와 파일 이름이 기본적으로 설정된다. 기본적으로 설정되는 경로는 디자인 파일이 저장된 폴더이다. 파일 이름도 디자인 파일과 동일하다. 이때 파일의 확장자는 DRC이다.

04 [확인] 버튼을 선택한다.

05 그림 4.23과 같은 검사 항목과 에러가 기록되어 있는 실행 결과 파일이 열린다. 그림과 같이 나타나야 한다.

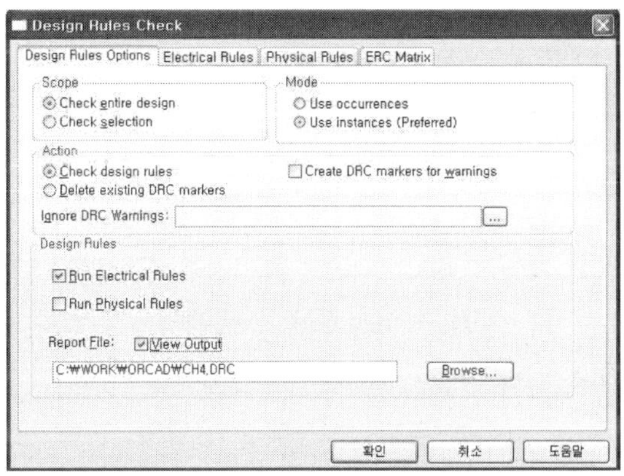

그림 4.22 Design Rules Check

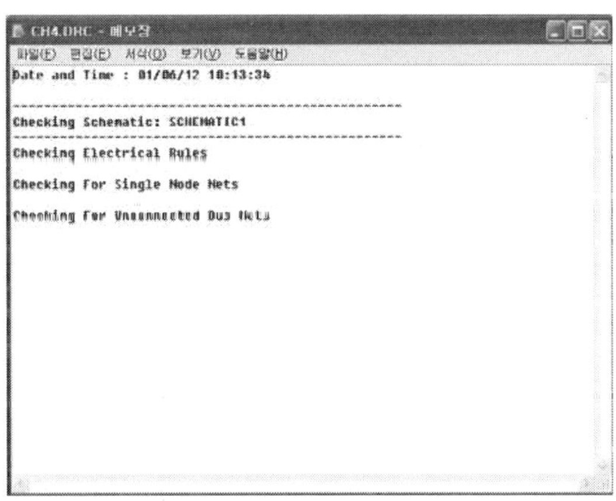

그림 4.23 DRC 파일 내용

▶ DRC를 실행한 후 에러가 있으면 나타나는 에러 표시를 삭제하는 방법

01 DRC 툴을 선택한다.

02 Action 항목에서 그림 4.24와 같이 Delete existing DRC markers를 선택한 후에 [확인] 버튼을 선택한다.

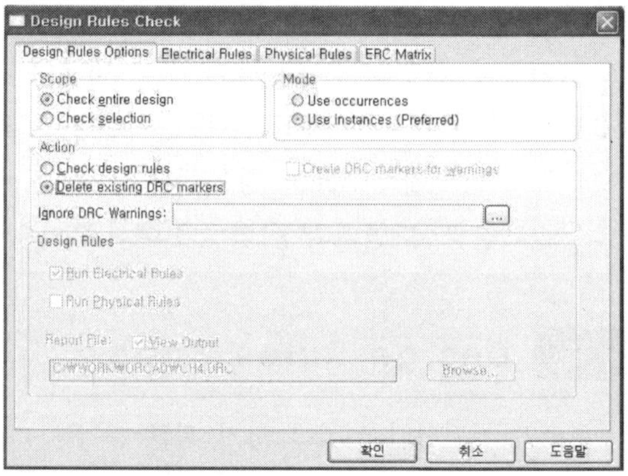

그림 4.24 DRC 오류표시 제거

3 Create Netlist

Netlist 파일을 생성하기 위한 과정은 다음과 같다.

01 메뉴 Tools 〉 Create Netlist를 클릭하거나 Create Netlist 툴을 선택한다.

02 열린 Create Netlist 창의 Option 항목에서 Netlist의 저장 폴더를 선택할 수 있고, 기본적으로 작업 폴더 내에 allegro 폴더를 생성하여 저장한다.

03 Create or Update PCB Editor Board (Netrev) : 열린 Create Netlist 창에서 그림 4.25와 같이 PCB를 신규 생성하거나 업데이트 할 수 있는 Option이다.

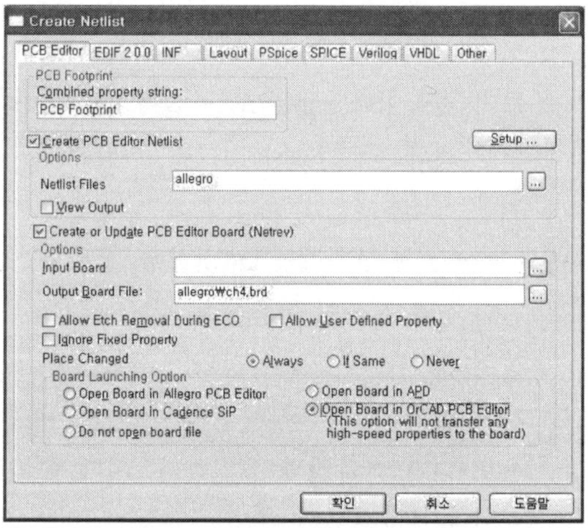

그림 4.25 Netlist 파일 생성

- Input Board : 업데이트 시 기존 작업된 보드를 기입
- Output Board : 신규 또는 업데이트 시 새롭게 생성되는 파일명을 기입
- Allow Etch Removal During ECO : ECO 하는 동안 변경된 배선의 제거 허용
- Allow User Defined Property : 사용자가 지정한 설계 속성을 허용
- Ignore Fixed Property : 기존 Board에서 고정된 속성 값의 무시를 허용

04 Board Launching Option : 그림 4.25와 같이 product 중 해당되는 제품군을 선택한다.

05 확인 버튼을 클릭하면 자동적으로 Allegro OrCAD PCB Editor가 실행되어 시작 화면이 나타나게 된다.

08 새로운 보드 파일 만들기

윈도 작업 표시줄의 [시작] 버튼을 클릭하여, 모든 프로그램 C:\Cadence\Release 16.5\OrCAD PCB Editor를 선택 또는 윈도 바탕화면에 OrCAD PCB Editor의 단축아이콘이 있다면 이를 더블클릭하여 실행한다. 그러면 OrCAD 16.5 PCB Editor의 기본 창이 그림 4.26과 같이 열린다.

1 OrCAD PCB Editor 시작하기

- 프로그램 시작하는 방법

▶ 시작 〉 모든 프로그램 〉 Cadence 〉 Release 16.5 〉 OrCAD PCB Editor

그림 4.26과 같이 초기 화면이 나타나게 되고 타이틀 바에 나타난 것처럼 파일 이름이 unnamed.brd로 나타나게 된다.

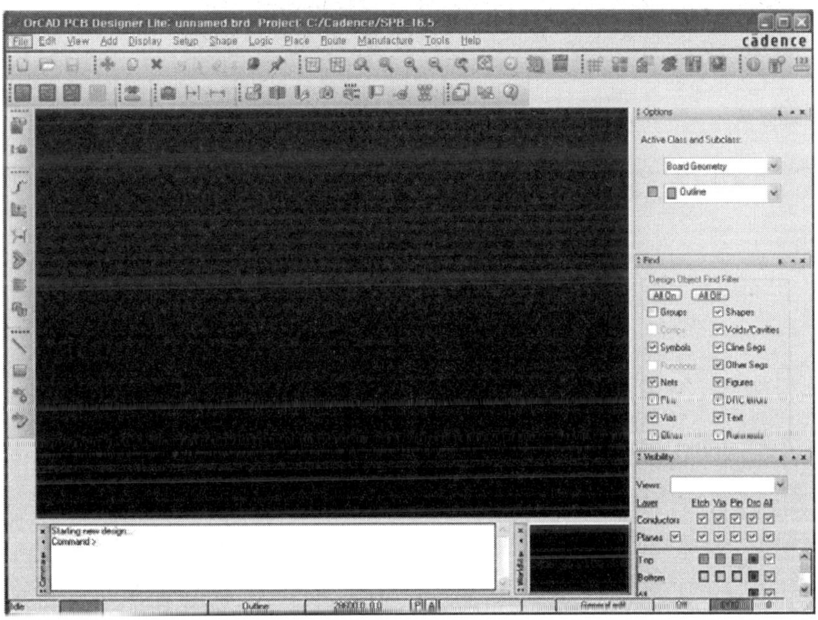

그림 4.26 초기 화면

앞 절에서 마지막 단계에서 Create Netlist를 한 후 자동적으로 PCB Editor가 실행된 초기 화면은 아래 그림 4.27과 같이 나타나게 된다. 여기에서 타이틀 바에 나타난 파일 이름은 작업파일 이름인 ch4.brd로 나타나게 된다. 본 4장에서는 이 상태를 시작으로 PCB 설계과정을 설명하고 차후에 5장에서 그림 4.26에서 시작하여 새로운 보드 파일 만드는 과정을 설명하기로 하겠다. 그림 4.27에서는 작업 디렉터리가 C:/work/orcad이고 그 밑에 subdirectory인 allegro에 보드 파일이 생기게 된다.

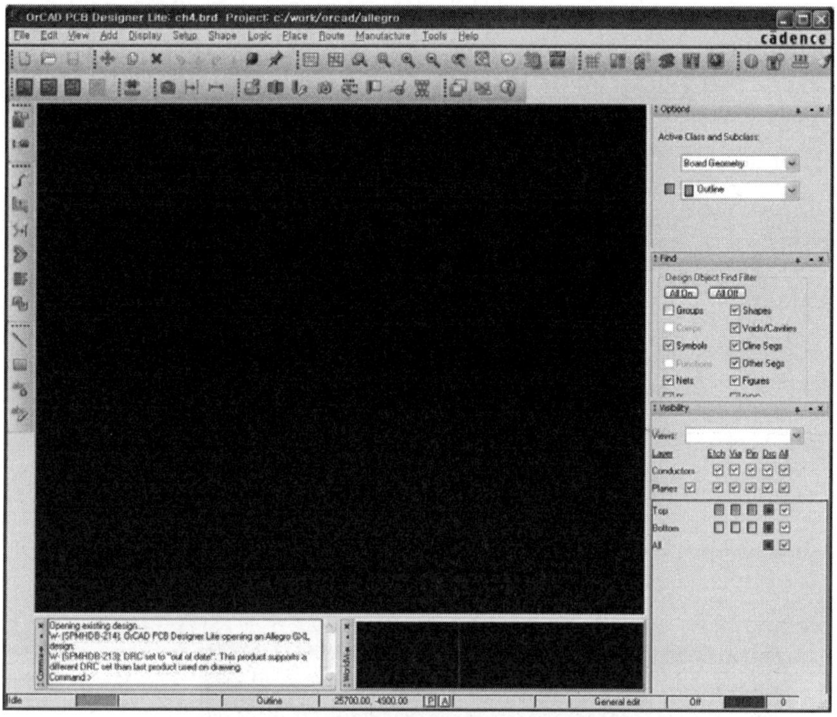

그림 4.27 자동으로 실행된 PCB Editor의 초기화면

09 Allegro OrCAD PCB Editor Setup

PCB 설계를 하기 위한 전반적인 Setup을 위해서 다음과 같은 순서에 따라 설정하면 된다.

01 OrCAD Designer(또는 Allegro PCB Editor) 창의 메뉴 바 Setup 〉 Design Parameters...를 선택한다.

02 그림 4.28과 같이 Design Parameter Editor 창이 열리고 Design 탭 메뉴에서 그림과 같이 단위 Mils, Size A, Accuracy 0, Extents 항목의 Left X -3000, Lower Y -3000으로 설정 및 입력한 후 Shapes 탭 메뉴로 이동한다.

03 Shape 탭 메뉴로 이동 후 Edit global dynamic shape parameters...를 선택한다.

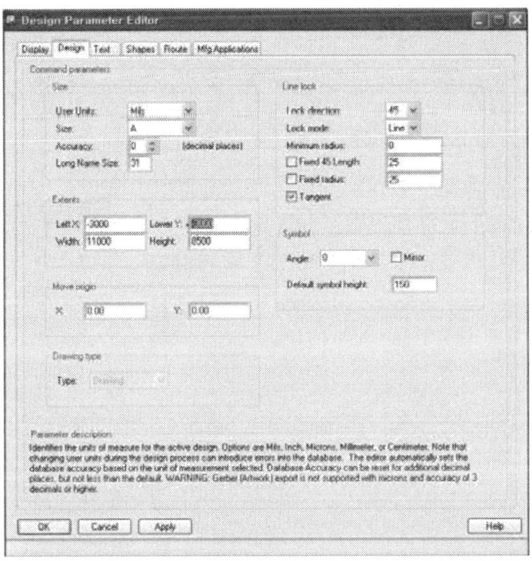

그림 4.28 Design Parameter Editor 창

04 Global Dynamic Shape Parameters 창에서 Void controls 탭 메뉴로 이동하여 그림 4.29와 같이 Artwork format을 Gerber RS274X로 변경한 후 OK 버튼을 선택한다.

05 Design Parameter Editor 창의 OK 버튼을 선택하여 창을 닫는다.

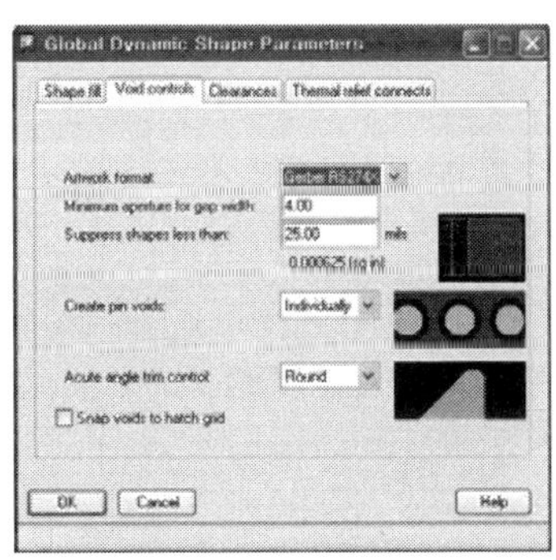

그림 4.29 Global Dynamic Shape Parameters 창

06 PCB 설계 층수를 확인하기 위하여 메뉴 바 Set 〉 Cross Section...을 선택한 후 그림 4.30과 같은 Layout Cross Section 창에서 기본 설정 값인 2층 Layer를 확인한다.

07 Layout Cross Section 창의 OK 버튼을 선택하여 창을 닫는다.

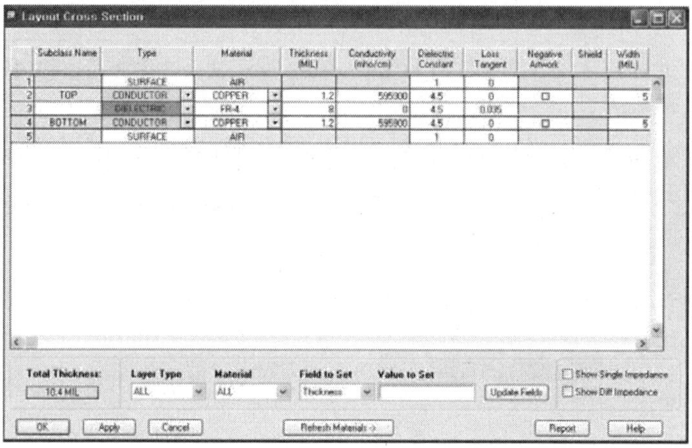

그림 4.30 Layout Cross Section 창

08 Grid의 설정을 위해서 메뉴 바 Setup 〉 Grids...를 선택한 후 그림 4.31과 같이 Grids On 체크박스에 체크하고 Non-Etch의 Spacing x, y를 50으로 변경한 후 OK 버튼을 선택하여 창을 닫는다.

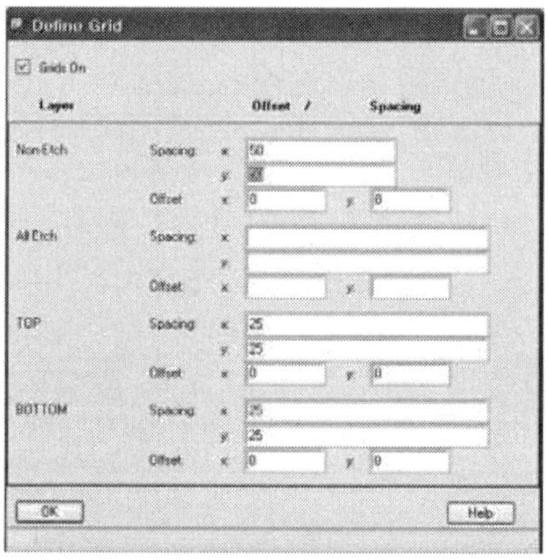

그림 4.31 Define Grid 창

10 Board Outline 그리기

보드 아웃라인을 생성하기 위해서 다음과 같은 순서로 한다.

01 메뉴 바 Setup 〉 Outlines 〉 Board Outline...을 선택한 후 그림 4.32와 같이 Board Outline 창의 Board Edge Clearance를 100 MIL로 변경한 후 그대로 창을 유지한다.

02 Board Outline 창이 반드시 떠 있는 상태에서 Command 창에 소문자 x, 한 칸 띄우고, 숫자 0, 한 칸 띄우고, 숫자 0을 입력한 후 enter 키를 누른다.(사각 형이 나타남)

03 0, 0 지점에서 사각형이 시작되는 것을 확인한 후 다시 Command 창에 소문자 x, 한 칸 띄우고, 숫자 1500, 한 칸 띄우고, 숫자 1500을 입력한 후 enter 키를 누른다.(그림 4.33과 같이 사각형이 나타남)

04 Board Outline 창의 OK 버튼을 선택하여 창을 닫으면 그림 4.34와 같이 사각형이 두 개 나타나게 된다.(외곽 흰색 라인은 보드 아웃라인이고 안쪽 주황색 라인은 배치 및 배선 제한 영역을 나타냄)

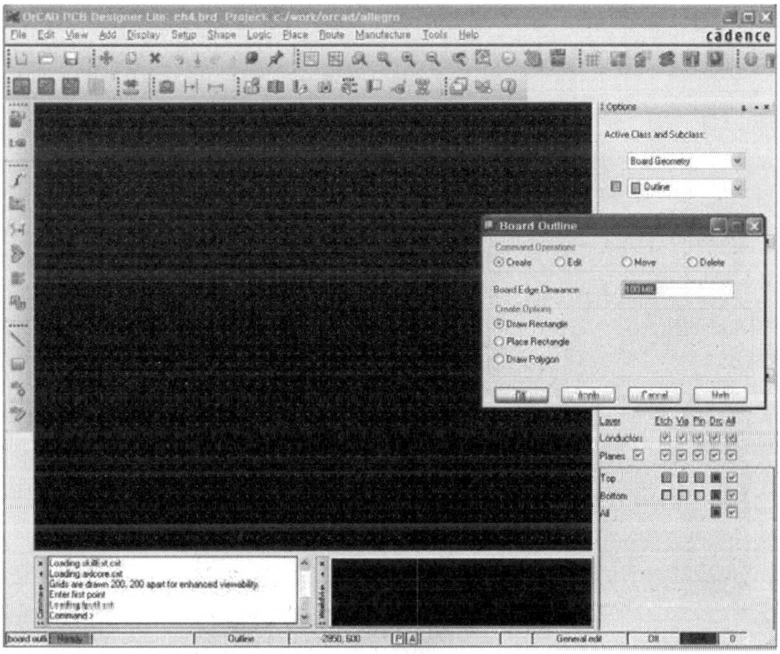

그림 4.32 Outlines 그리기 초기 화면

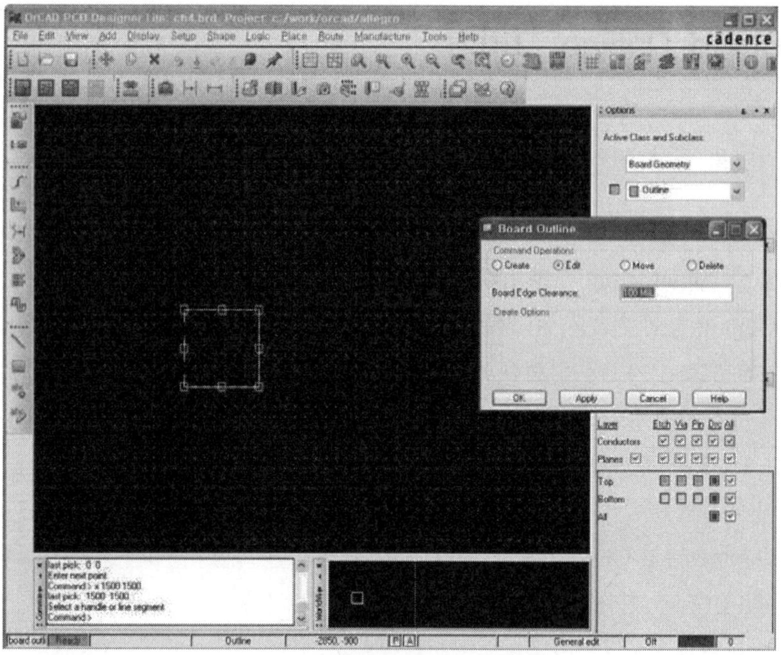

그림 4.33 Outlines 수치 입력

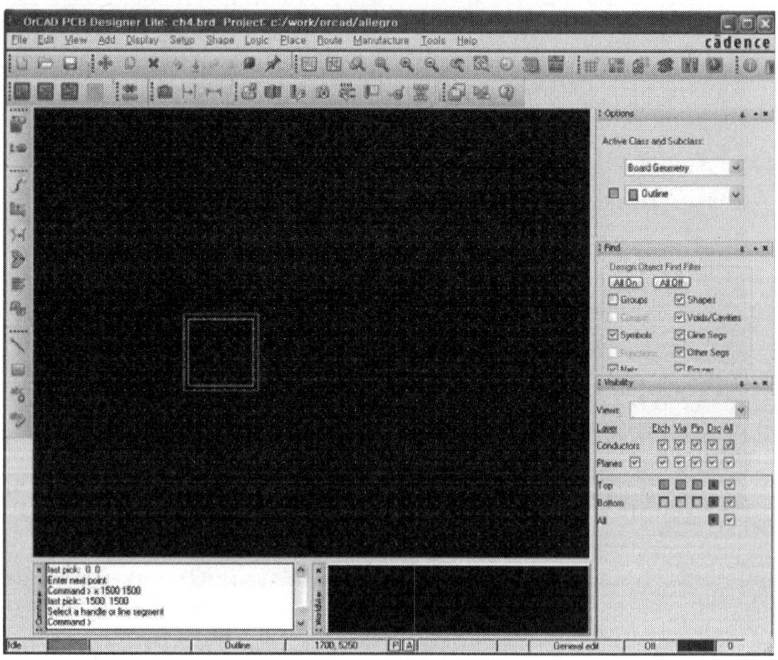

그림 4.34 Outlines 완성

11 부품 배치하기

부품을 PCB Outline 내부에 위치하도록 배치하기 위해서는 다음과 같은 순서에 따라 배치한다.

01 Place 메뉴를 이용하여 부품을 배치하기 위해서 메뉴바 Place 〉 Quickplace...를 선택한 후 그림 4.35와 같은 Quickplace 창 아래의 Place 버튼을 선택한다. 이때 도면에 Outline 위에 작업 회로의 부품들이 나타나게 된다.

02 Quickplace 창 OK 버튼을 클릭하여 창을 닫는다.

03 툴바에서 Zoom Points를 이용하여 화면에 맞게 크기를 조정하면 그림 4.36과 같이 나타나게 된다.

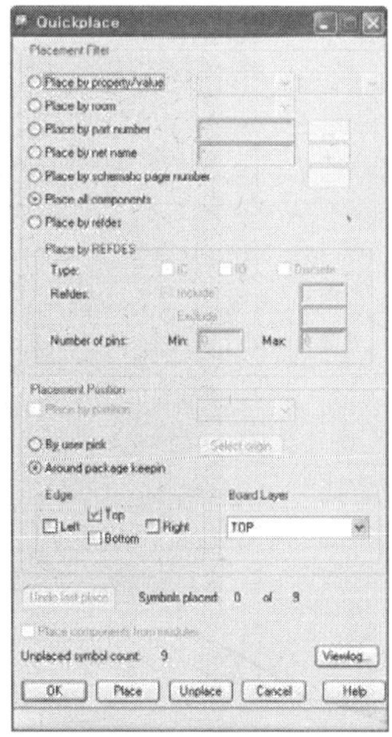

그림 4.35 Quickplace 창

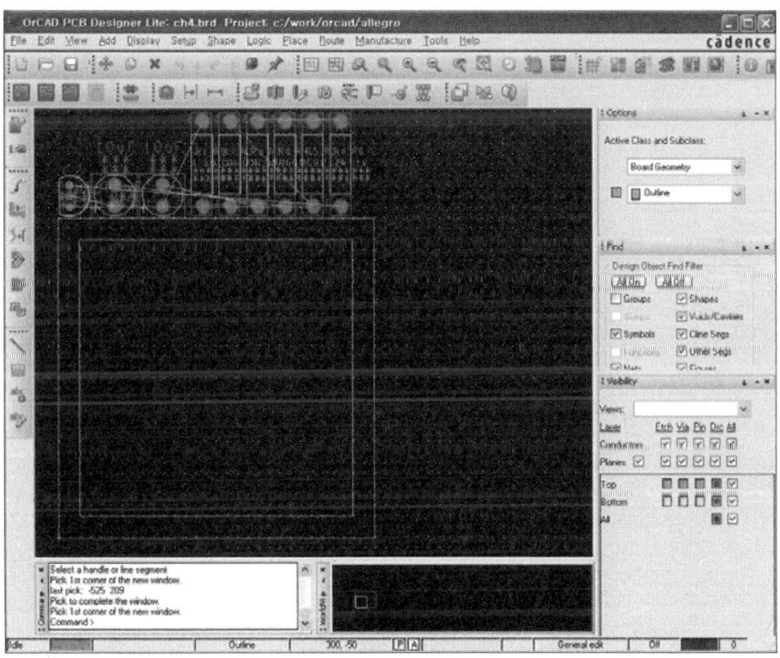

그림 4.36 부품 배치

04 툴바의 Move 아이콘을 선택한 후 R1을 선택하면 부품이 마우스를 따라 움직이며, 마우스의 오른쪽 버튼을 클릭하면 나타나는 팝업 메뉴에서 Rotate를 활용하여 배치한 후 그림 4.37과 같이 동일한 방법으로 부품을 배치한다. Move 중 회전은 Rotate, 배치 후 회전은 Spin으로 한다.

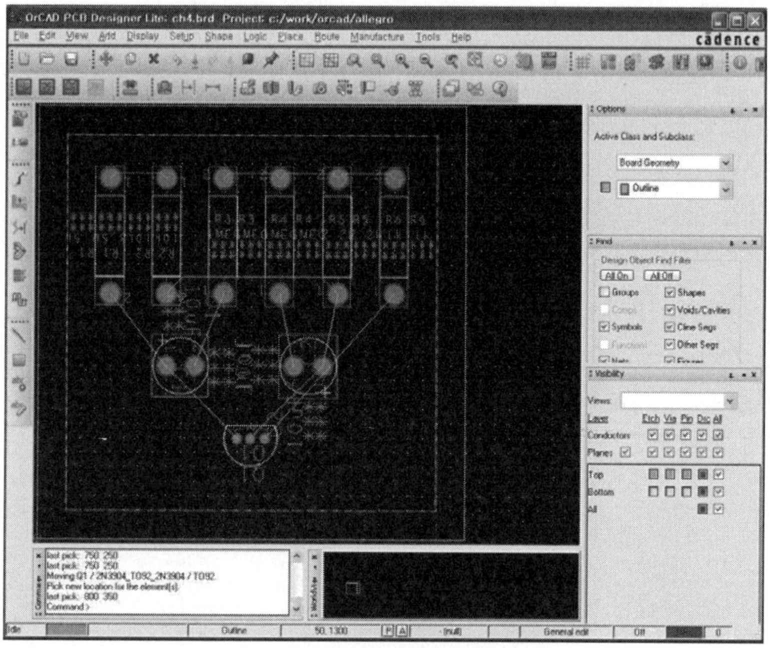

그림 4.37 부품 배치 완료

12 부품 배선하기

부품의 핀과 핀을 연결하는 선들을 실제의 물리적인 선으로 만드는 과정으로 선을 배선하기 위해서 다음과 같이 한다.

01 메뉴 바 Route 〉 Connect를 선택한다.

02 파란색 Ratsnest 라인이 연결된 대로 R1의 핀을 클릭하면 마우스를 따라 배선이 이어지며, 그 선이 연결된 R2의 핀을 클릭한 다음 마우스 오른쪽 버튼을 클릭한다. 그때 나타나는 팝업 메뉴의 Done을 선택하면 연결되어 있던 Ratsnest 라인이 사라지면서 녹색의 배선으로 연결이 완료된다.

03 동일한 방법으로 다른 선들을 그림 4.38과 같이 배선한다.(TOP Layer에서 배선)

- Top Layer에서 배선이 되지 않은 선이 있는 경우는 Bottom Layer로 Layer를 변경하여 배선을 할 수 있으며, 그림 4.38에서 배선되지 않은 한 개의 선을 Bottom Layer에서 배선하고자 한다.

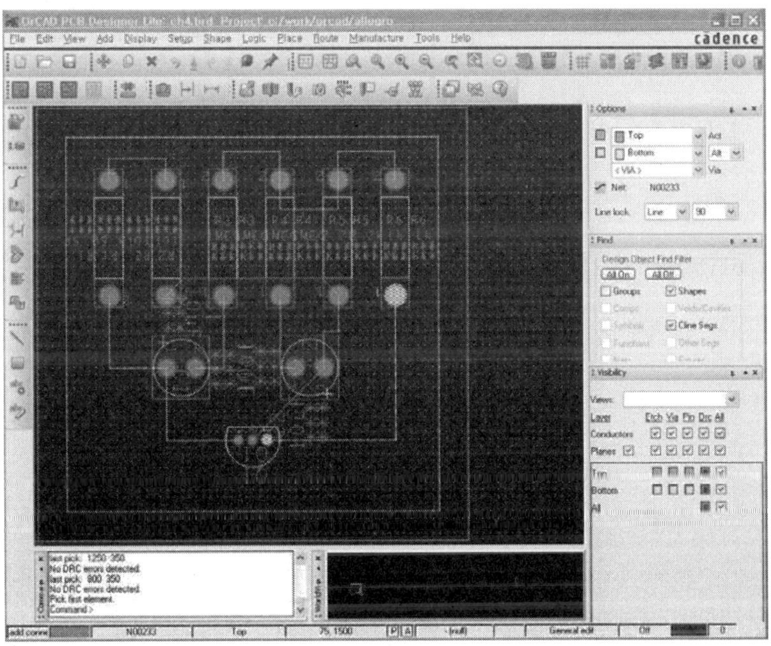

그림 4.38 배선하기

04 마우스를 화면 오른쪽으로 이동하여 Option 항목 창에서 상단 Act 필드에서 Top을 Bottom으로 그림 4.39과 같이 변경한다.(Bottom Layer 배선)

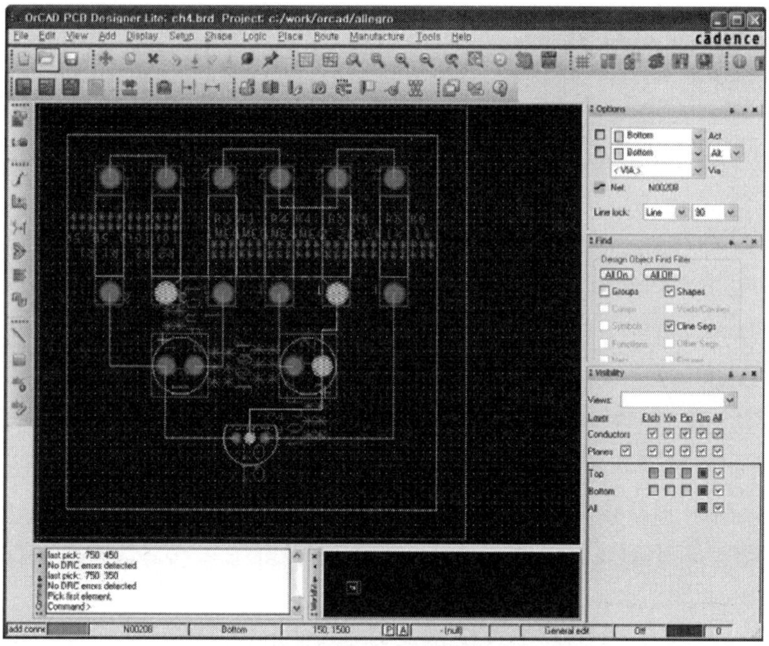

그림 4.39 배선 완료

05 배치 및 배선 결과를 알기 위해서 메뉴 바 Display 〉 Status...를 선택하여 Unplaced symbol 및 Unrouted nets 항목 등이 그림 4.40과 같이 0%인지를 확인한 후 OK 한다.

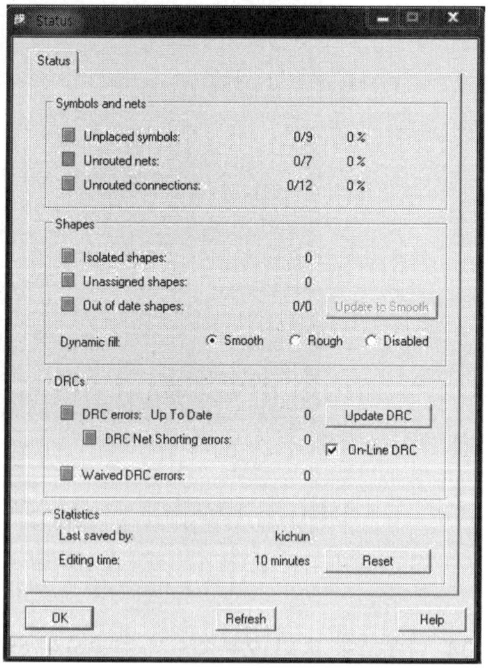

그림 4.40 부품 배치 및 배선 확인

13 Copper Pour 설정하기

모든 부품의 배치와 배선을 한 후 보드 전체에 대한 동박 영역을 설정해 줄 필요가 있을 때 설정하여 주는 것은 기본적 ground 속성으로 메뉴 바에서 Shape를 사용하여 지정한 모양으로 영역을 지정해 준다. 본 장에서는 가장 간단하게 보드 전체의 정사각형 모양에 대하여 동박을 다음과 같이 배치하기로 한다.

메뉴 바에서 Shape 〉 Rectangular를 선택한 후 마우스를 보드의 모서리 한 곳을 선택하여 드래그 하여 대각선으로 보드의 또 다른 모서리를 클릭하면 아래 그림 4.41와 같이 부품과 배선을 제외한 부분에 대하여 동박을 형성할 수 있게 된다.

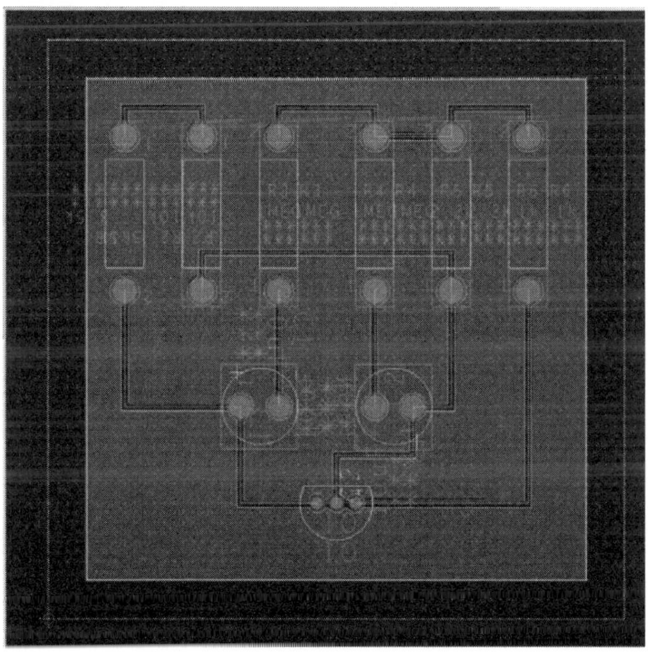

그림 4.41 동박 만들기

14 Gerber File 만들기

PCB 제작을 위한 Gerber File을 만들기 위한 순서는 다음과 같은 순서로 한다.

1 드릴 차트 만들기

01 드릴 차트를 만들기 위해서 사용될 드릴 홀 데이터 생성이 필요하게 된다. 드릴 홀 데이터 생성은 메뉴 바 Manufacture 〉 NC 〉 Drill Customization을 선택하면 그림 4.42와 같은 창이 열리고 Auto generate symbols 를 클릭하여 홀 데이터를 생성하면 된다.

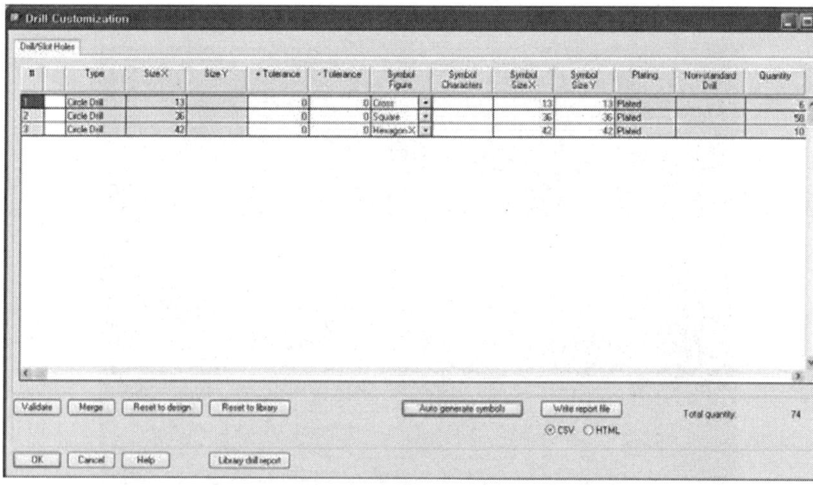

그림 4.42 홀 데이터 생성

02 드릴 차트를 생성하기 위해서 메뉴 바 Manufacture 〉 NC 〉 Drill Legend...를 선택한다.

03 그림 4.43과 같은 Drill Legend 창이 나타나면 OK 버튼을 선택한다. 드릴 차트가 마우스에 따라 이동하며 보드 아웃라인 아래쪽에 클릭하여 그림 4.44와 같이 배치 완료한다.

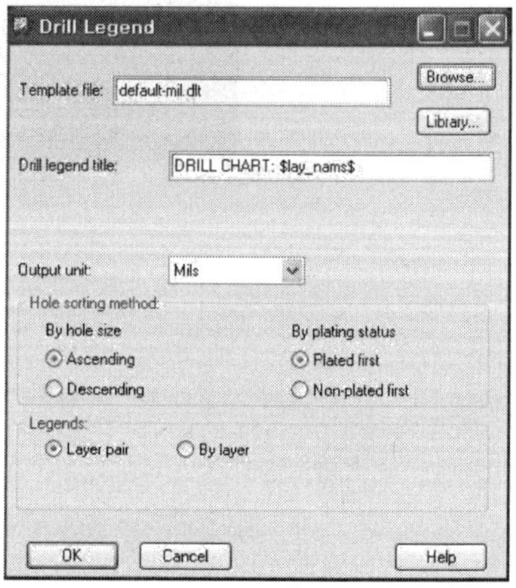

그림 4.43 Drill Legend 창

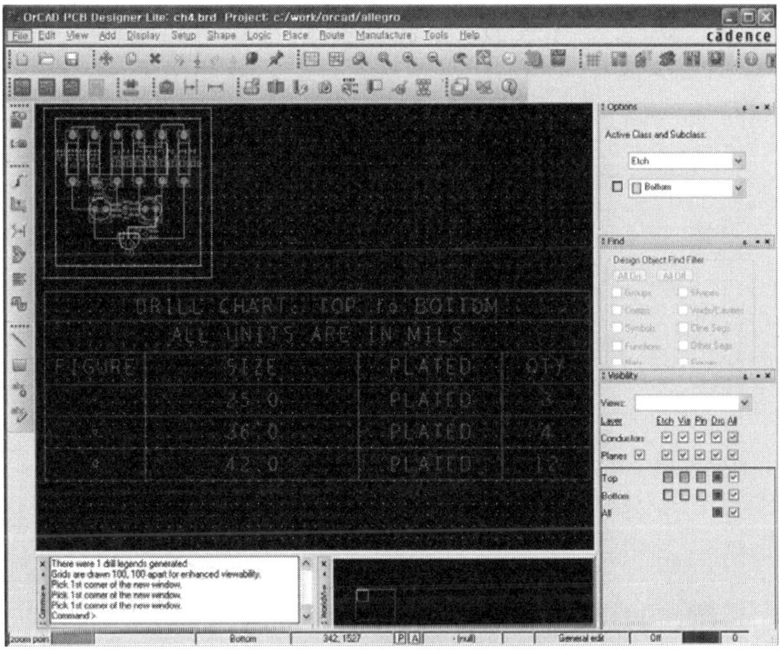

그림 4.44 그릴 차트 배치된 창

2 Gerber File 만들기

01 Gerber File을 만들기 위해서 메뉴 바 Manufacture 〉 Artwork...를 택한다. Artwork Control Form 창이 나타나면 General Parameters 탭 메뉴로 이동한다.

02 그림 4.45와 같이 Device type 항목에서 Gerber RS274X를 체크하고, Format 항목의 Decimal places를 5로 변경한 후 Film Control 탭 메뉴로 다시 이동한 후 창을 유지한다.

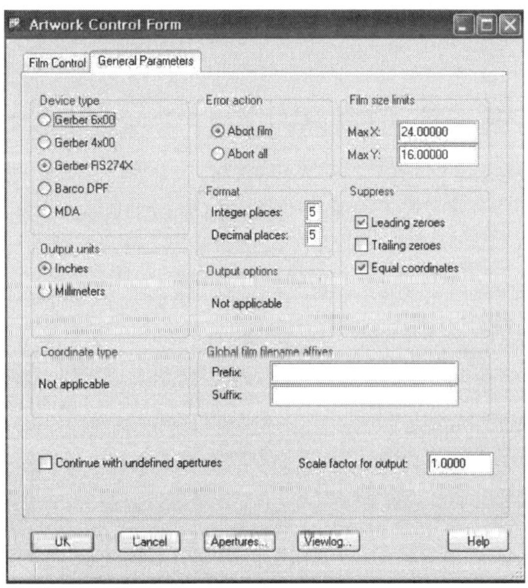

그림 4.45 Artwork Control Form 창

03 메뉴 바 Display 〉 Color/Visibility...를 선택하여 Color Dialog 창이 나타나면 상단의 Global visibility On/Off 스위치 중 Off 버튼을 선택한 후 Apply 버튼을 선택하여 그림 4.46와 같이 한다. Color Dialog 창을 닫지 않고 유지한다.

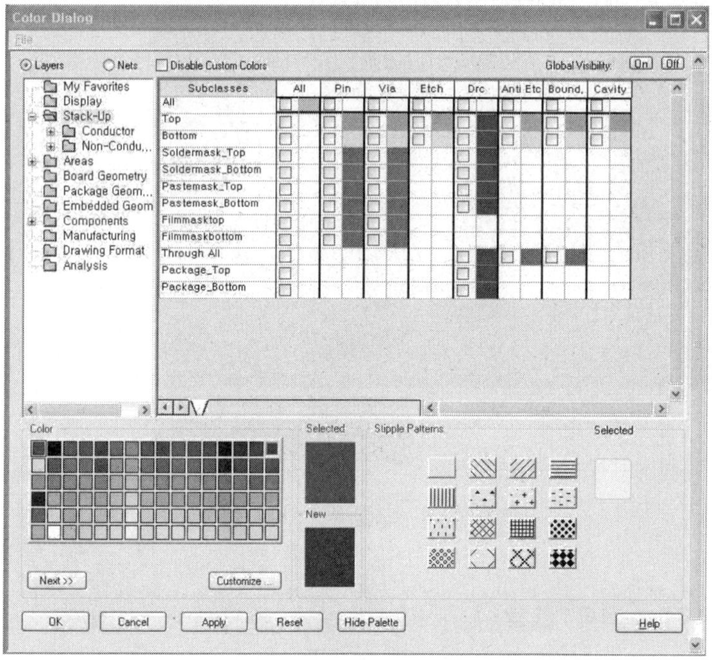

그림 4.46 Color Dialog 창

04 그림 4.47과 같이 Color Dialog 창에서 왼쪽의 Stack-Up 폴더를 선택한 후, 오른쪽 Subclasses 항목 중 Soldermask_Top의 Pin, Via 항목을 체크한 후 Apply 버튼을 선택한 다음 OK 버튼을 선택하여 Color Dialog 창을 닫는다.

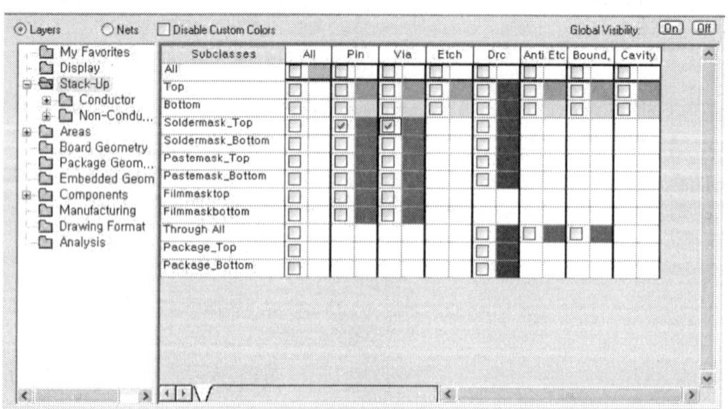

그림 4.47 Soldermask_Top

05 그림 4.48와 같이 Artwork Control Form 창의 Top을 선택 후 마우스 오른쪽 버튼을 클릭하면 나타나는 팝업 메뉴의 Add를 선택한다.

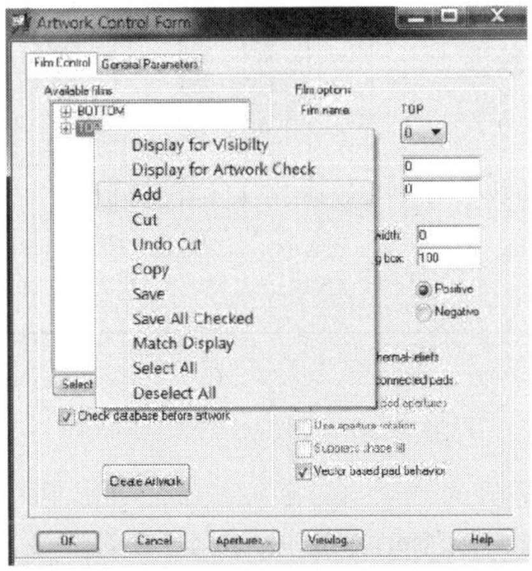

그림 4.48 Artwork Control Form창

06 OrCAD PCB Designer 창이 열리면 그림 4.49와 같이 Soldermask_top이라고 입력한 후 OK 버튼을 선택한다.

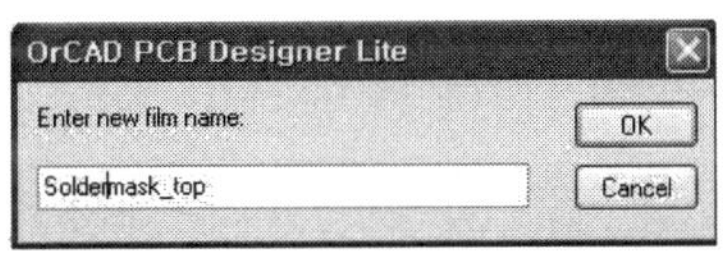

그림 4.49 OrCAD PCB Designer 창

07 다시 메뉴 바 Display 〉 Color/Visibility...를 선택하여 Color Dialog 창이 나타나면 상단의 Global visibility On/Off 스위치 중 Off 버튼을 선택한 후 Apply 버튼을 선택하여 그림 4.46과 같이 한다. Color Dialog 창을 닫지 않고 유지한다.

08 그림 4.50과 같이 Color Dialog 창에서 왼쪽의 Stack-Up 폴더를 선택한 후, 오른쪽 Subclasses 항목 중 Soldermask_Bottom의 Pin, Via 항목을 체크한 후 Apply 버튼을 선택한 다음 OK 버튼을 선택하여 Color Dialog 창을 닫는다.

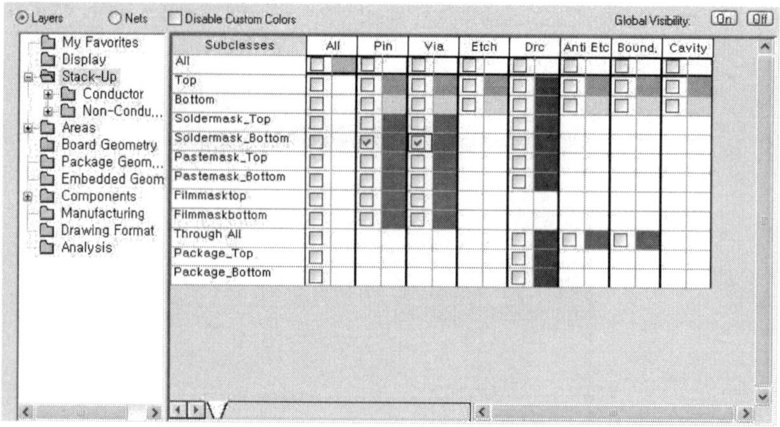

그림 4.50 Soldermask_Bottom

09 Artwork Control Form창의 Soldermask_top을 선택 후 마우스 오른쪽 버튼을 클릭하면 나타나는 팝업 메뉴의 Add를 선택하여 Soldermask_Bottom이라고 입력한 후 OK 한다.

10 다시 메뉴 바 Display 〉 Color/Visibility...를 선택하여 Color Dialog 창이 나타나면 상단의 Global visibility On/Off 스위치 중 Off 버튼을 선택한 후 Apply 버튼을 선택하여 그림 4.46과 같이 한다. Color Dialog 창을 닫지 않고 유지한다.

11 그림 4.51과 같이 Color Dialog 창에서 왼쪽의 Package Geometry 폴더를 선택한 후, 오른쪽 Subclasses 항목 중 Silkscreen_Top을 체크한다.

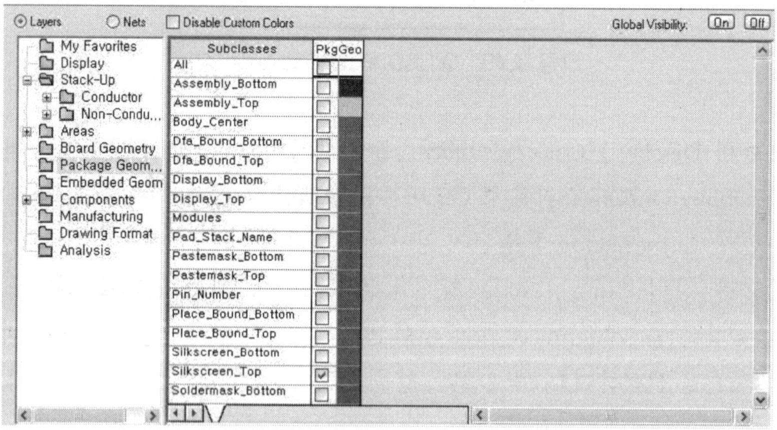

그림 4.51 Silkscreen_Top

12 그림 4.52과 같이 Color Dialog 창에서 왼쪽의 Component 폴더를 선택한 후, 오른쪽 Subclasses 항목 중 Silkscreen_Top의 RefDes 항목을 체크한 후 Apply, OK 버튼을 선택한다.

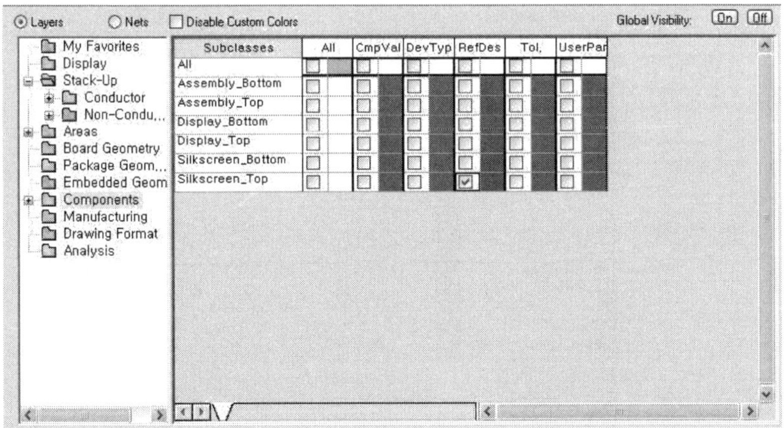

그림 4.52 Silkscreen_Top

13 Artwork Control Form창의 Soldermask_Bottom을 선택 후 마우스 오른쪽 버튼을 클릭하면 나타나는 팝업 메뉴의 Add를 선택하여, Silkscreen_Top이라고 입력한 후 OK 한다.

14 다시 메뉴 바 Display 〉 Color/Visibility...를 선택하여 Color Dialog 창이 나타나면 상단의 Global visibility On/Off 스위치 중 Off 버튼을 선택한 후 Apply 버튼을 선택하여 그림 4.46과 같이 한다. Color Dialog 창을 닫지 않고 유지한다.

15 그림 4.53과 같이 Color Dialog 창에서 왼쪽의 Board Geometry 폴더를 선택한 후, 오른쪽 Subclasses 항목 중 Outline을 체크한다.

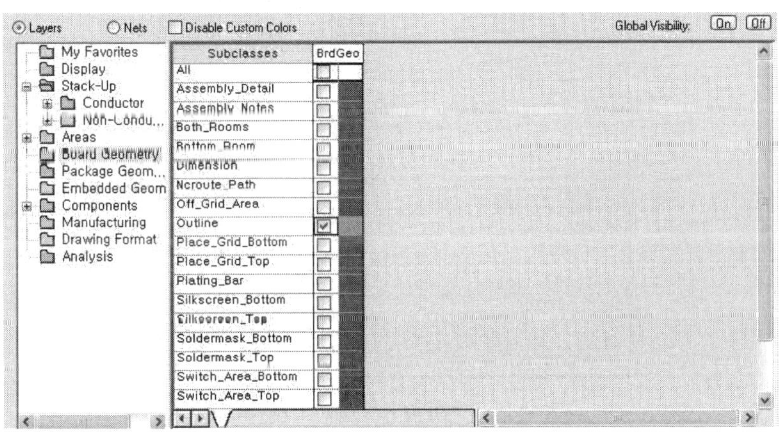

그림 4.53 Outline

16 그림 4.54과 같이 Color Dialog 창에서 Manufacturing 폴더를 선택한 후, 오른쪽 Subclasses 항목 중 Nclegend-1-2를 체크 후 Apply, OK 버튼을 선택한다.

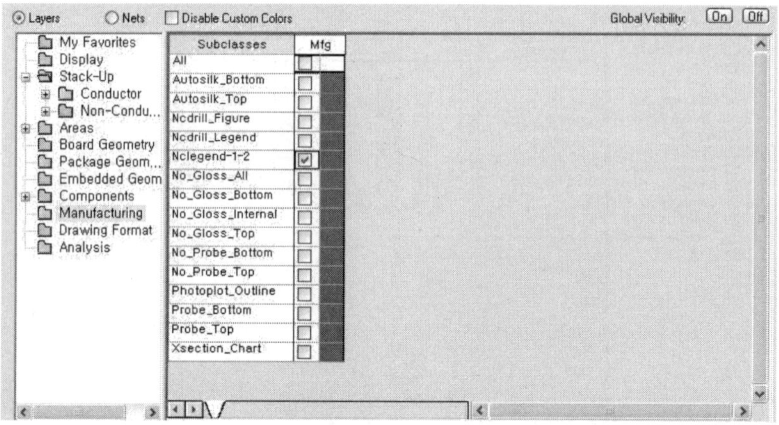

그림 4.54 Nclegend-1-2

17 Artwork Control Form 창의 Silkscreen_top을 선택 후 마우스 오른쪽 버튼을 클릭하면 나타나는 팝업 메뉴의 Add를 선택하여, Drill_drawing이라고 입력한 후 OK 한다.

18 그림 4.55와 같이 Select all 버튼을 선택한 후 Create Artwork 버튼을 선택한다. Gerber File이 생성되어지며, OK 버튼을 선택하여 Artwork Control Form 창을 닫는다.

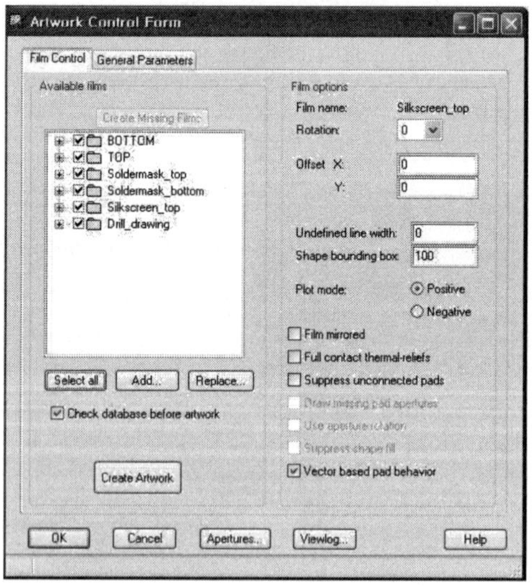

그림 4.55 Artwork Control Form 창

19 NC-Drill 파일 생성을 위해서 메뉴 바 Manufacture 〉 NC 〉 NC Drill...을 선택한다.

20 그림 4.56과 같은 NC-Drill창에서 NC Parameters... 버튼을 선택하여 그림 4.57과 같이 Excellon format 항목의 format을 5로 수정한 후 Close 버튼을 선택한다.

21 NC Drill창의 Drill 버튼을 선택하여 NC Drill 파일을 생성한 후 Close를 선택한다.

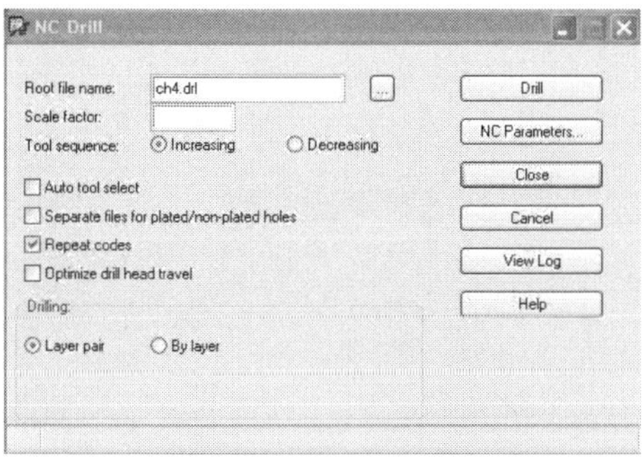

그림 4.56 NC Drill 창

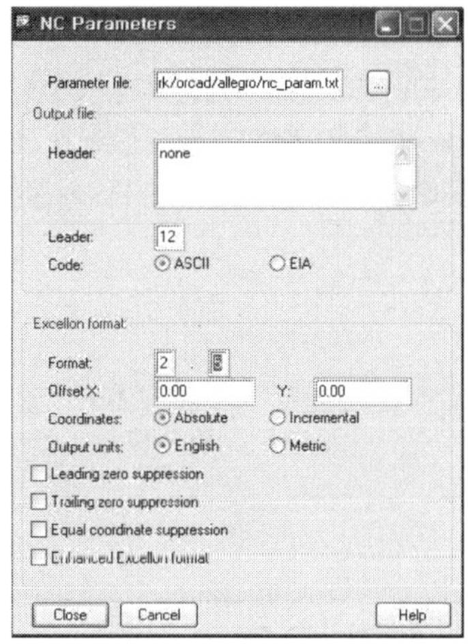

그림 4.57 NC Parameters 창

22 타이틀 바의 저장 경로에 *.art 파일과 *.drl 파일의 Gerber file이 그림 4.58과 같이 생성 완료된다.

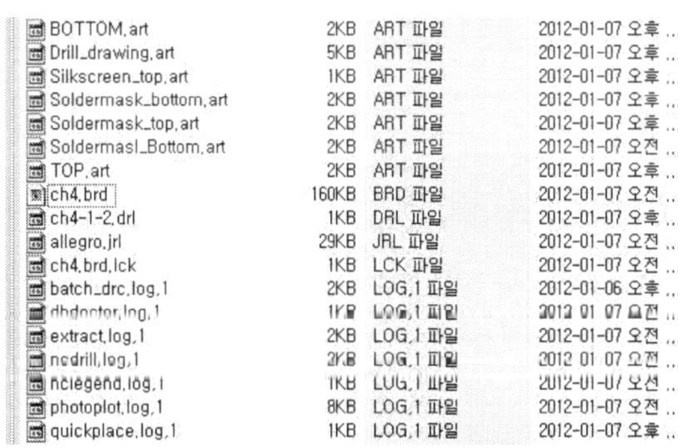

그림 4.58 Gerber file 생성

제5장 단일 도면 2(데이터 전송 장치)

01 작업 도면 **02** 도면 작성하기 **03** 유틸리티 **04** 새로운 보드 파일 만들기
05 Allegro OrCAD PCB Editor Setup **06** Board Outline 그리기 **07** 부품 배치하기
08 부품 배선하기 **09** Copper Pour 설정하기 **10** Gerber File 만들기 **11** Gerber File 출력

01 작업 도면

1 회로도

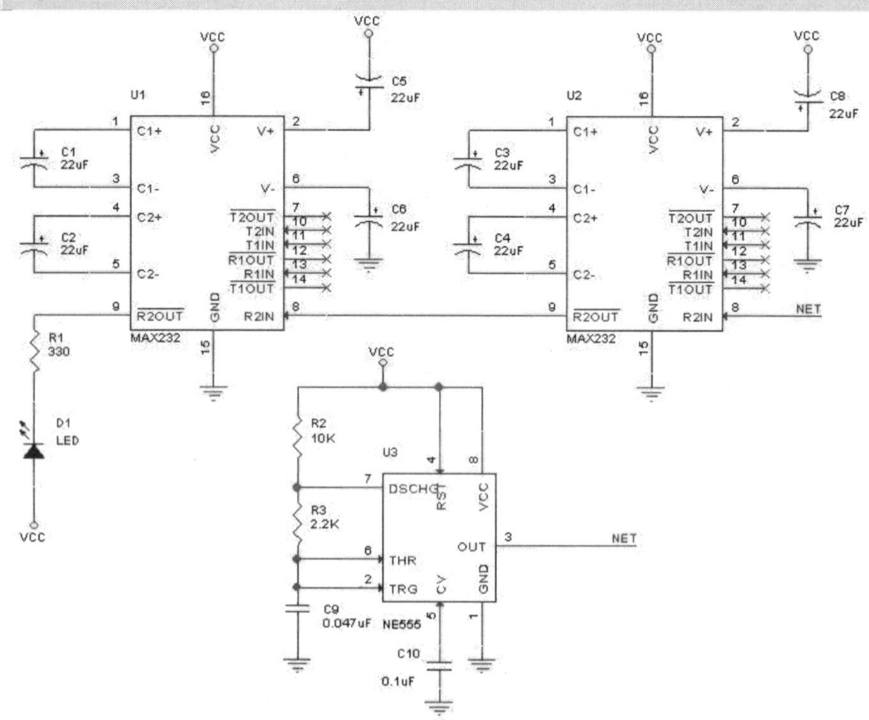

그림 5.1 작업 도면

2 부품 리스트

표 5.1 부품 리스트

번호	부품 이름	부품 값	필요 수량	라이브러리
1	IC	NE555	1	MiscLinear.olb
2	IC	MAX232	2	LineDriverReceiver.olb
3	LED	LED	1	Discrete.olb
4	Cap POL	22μF	8	Discrete.olb
5	Cap NP	0.047μF	1	Discrete.olb
6	Cap NP	0.1μF	1	Discrete.olb
7	Resistor	2.2k	1	Discrete.olb
8	Resistor	10k	1	Discrete.olb
9	Resistor	330	1	Discrete.olb

3 풋 프린트

표 5.2 풋 프린트

번호	부품 이름	부품 값	풋 프린트 값	라이브러리
1	IC	NE555	DIP8_3	
2	IC	MAX232	DIP16_3	
3	LED	LED	CAP196	
4	Cap POL	22μF	CAP196	
5	Cap NP	0.047μF	CAP400	
6	Cap NP	0.1μF	CAP400	
7	Resistor	2.2k	RES400	
8	Resistor	10k	RES400	
9	Resistor	330	RES400	

4 PCB

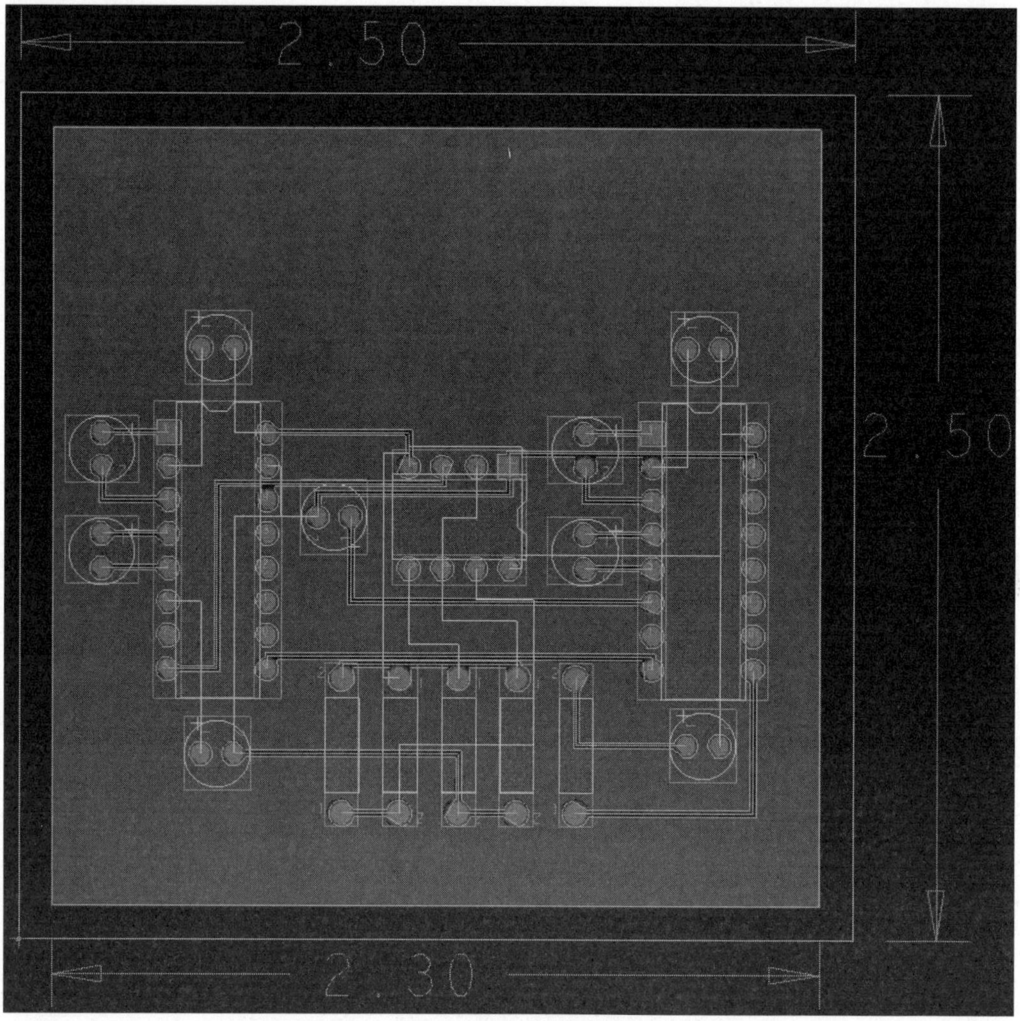

그림 5.2 PCB

02 도면 작성하기

윈도 작업 표시줄의 [시작] 버튼을 클릭하여, 모든 프로그램 〉 Cadence 〉 Release 16.5 〉 OrCAD Capture CIS를 선택 또는 윈도 바탕화면에 Capture CIS의 단축아이콘이 있다면 이를 더블 클릭하여 실행한다.

1 Capture 시작하기

- 프로그램 시작하는 방법

▶ 시작 〉 모든 프로그램 〉 Cadence 〉 Release 16.5 〉 OrCAD Capture CIS

2 Capture 환경설정

새로운 프로젝트 또는 디자인 작업 시 현재의 설정이 기본 설정으로 사용된다.
다음과 같이 필요에 따라 기본 설정을 변경할 수 있다.

1. Grid style : Dots

Junction Dot Size : Small ⇒ Medium

▶ 메뉴 Options 〉 Preference 〉 Grid Display 〉 Grid Style : Dots

▶ 메뉴 Options 〉 Preference 〉 Miscellaneous 〉 Schematic Page Editor 〉 Junction Dot Size : Medium

2. Page Size 변경 및 기재 사항

▶ 메뉴 Options 〉 Design Template 〉 Title Block 〉 Title : ch5 〉 Page Size : A

3. 파일 백업 설정

▶ 메뉴 Options 〉 Auto Backup 〉 백업 시간, 백업 파일 수, 백업 디렉터리 지정

3 새로운 프로젝트 파일 만들기

▶ 메뉴 File 〉 New 〉 Project 선택 또는 시작 화면에 나타난 Getting Started 〉 Project 〉 New 선택 : 아래 그림 5.3과 같은 창이 열린다.

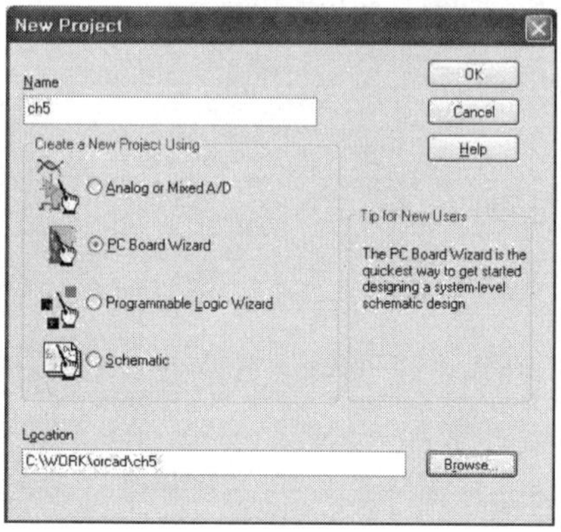

그림 5.3 New Project 창

프로젝트 name : ch5

Create a New Project Using : PC Board Wizard

Location : c:\work\orcad\ch5 로 입력한 후 OK를 선택한다.

그림 5.4와 같이 화면을 조정하여 배치하면 작업할 준비가 된 것이다.

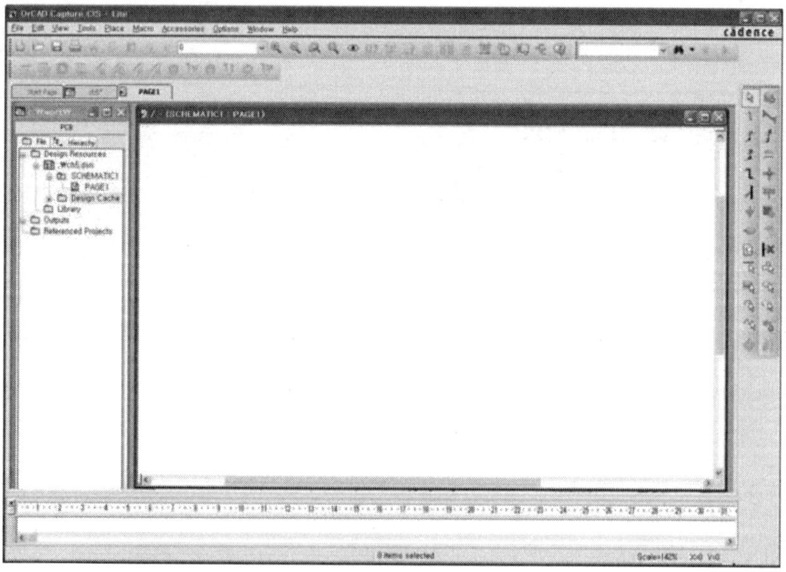

그림 5.4 작업 준비가 된 화면

4 부품 수정

부품을 배치하기 전에 라이브러리에 있는 부품 기호와 회로도의 부품 기호가 동일하지 않는 경우는 라이브러리에서 가져온 부품 기호를 수정하여 사용한다.

1 부품 수정

MAX232 부품은 도면에 있는 부품과 다르므로 도면에 있는 부품처럼 부품을 수정하여 사용하고자 한다. 다음은 라이브러리에서 불러온 부품을 수정하는 과정을 보여 준다.

01 라이브러리에서 불러 올 부품을 선택한다.

02 오른쪽 마우스 버튼을 눌러 팝업 창이 나타나게 하고 그 창에서 Edit Part를 선택한다.

03 라이브러리 편집 창이 열리고 부품을 수정할 수 있는 상태가 된다.

2 라이브러리 몸체 크기를 조정하는 방법

04 라이브러리 편집 창에서 몸체를 선택하면 몸체의 모서리점이 나타난다.

05 크기를 조정하고자 하는 쪽의 모서리 점을 누른 상태에서 아래로 이동하여 적당한 위치에 마우스를 놓으면 된다.

3 부품 핀을 이동하는 방법

06 핀을 마우스 왼쪽 버튼을 누른 상태에서 이동한 후 마우스 버튼을 놓으면 이동된다.

07 나머지 핀을 도면에 있는 것과 같이 이동한다.

4 전원과 접지 핀을 보이게 하는 방법

08 전원 핀은 VCC 핀이고 접지 핀은 GND 핀을 의미한다. 이들 핀을 더블 클릭하면 그림 5.5와 같은 창이 나타나게 된다.

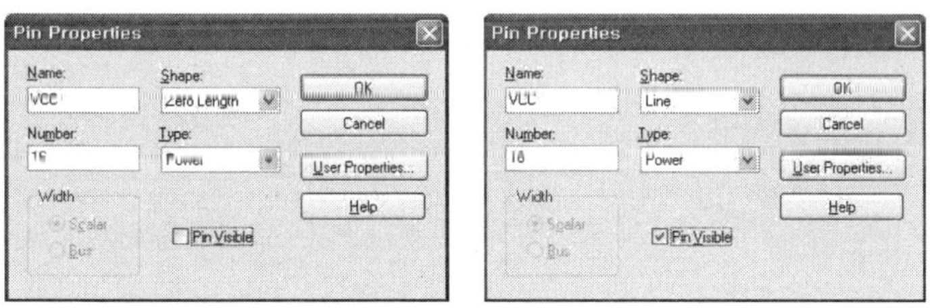

그림 5.5 Pin Properties 창

09 그림 5.5와 같이 Pin Properties 창에서 Shape 상자의 Zero Length를 Line으로 변경하고 핀 번호를 보이게 하기 위해서 Pin Visible을 체크한 후에 OK 버튼을 선택한다.

10 나머지 핀도 같은 방법으로 보이게 한다.

11 전원과 접지 핀도 도면과 같은 위치로 이동한다.

5 부품 수정을 완료하는 방법

12 수정이 완료가 되면 라이브러리 편집 창을 닫으면 그림 5.6과 같은 부품 수정 완료를 위한 창이 나타나게 된다. 상황에 따라 아래 다섯 가지 중에 하나를 선택하면 된다.

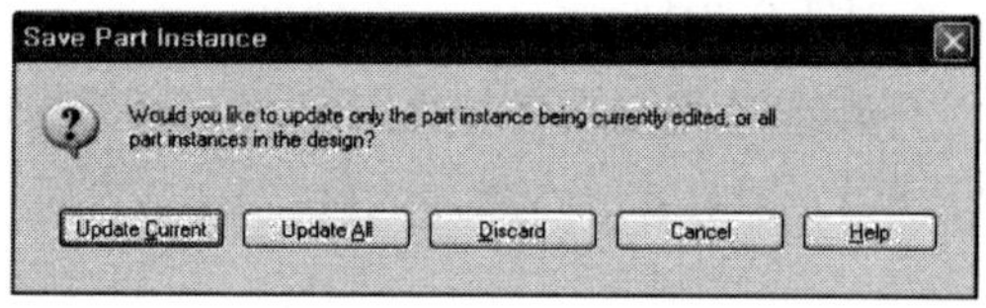

그림 5.6 부품 수정 완료

- update current : 라이브러리 편집 창으로 들어오기 위해서 선택한 부품에만 수정 사항이 적용되어 schematic 페이지 창으로 돌아간다.
- update all : 디자인 파일에 있는 동일한 모든 부품에 수정 사항이 모두 적용되어 schematic 페이지 창으로 돌아간다.
- Discard : 수정한 사항을 무시하고 schematic 페이지 창으로 돌아간다.
- cancel : 라이브러리 편집 창으로 돌아간다.

13 MAX232는 회로도에서 두 개가 있으므로 하나를 수정한 다음 복사를 하거나, 두 개의 MAX232를 회로에 배치한 다음 두 개 모두에 부품 수정사항을 적용하기 위해서는 Save Part Instance 창에서 update all 버튼을 선택하여 수정하면 편리하다.

14 IC NE555도 동일하게 부품을 수정하여 배치한다.

5 부품 배치

그림 5.7의 작업 도면과 같이 부품을 배치하기 위해서는 다음과 같은 순서로 부품을 배치한다.

01 메뉴 Place 〉 Part 선택 또는 툴 팔레트 Part 아이콘을 클릭한다.

02 Part 검색 창에서 Part 명으로 LED를 기입 후 Place Part 아이콘을 선택하거나 enter key를 선택하면 마우스 커서에 부품이 나타나게 되고 마우스 커서를 Page의 적당한 곳에 위치한 후 오른쪽 마우스 버튼을 클릭하면 그림 5.7과 같이 배치하게 된다.

03 이번에는 Part 검색창에 Part 명으로 R을 기입하여 저항을 Page에 배치한다.

04 이번에는 Part 검색창에 Part 명으로 CAP POL과 CAP NP를 기입하여 커패시터를 Page에 배치한다. 부품 배치 시 회전은 RMB(마우스 오른쪽 버튼을 클릭하여 팝업 창에서 rotate를 선택 또는 keyboard 상에 R을 선택하면 90도 회전하게 된다.) 배치된 회로는 그림 5.7에 나타나 있다.

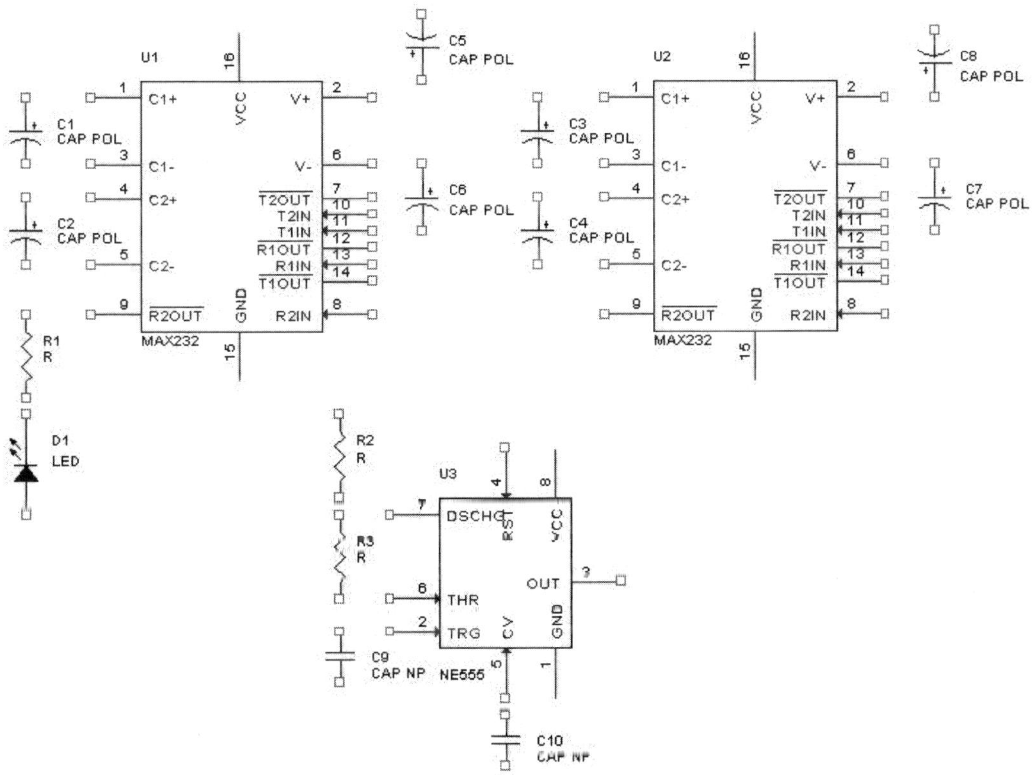

그림 5.7 부품 배치

6 선 그리기 및 네트 이름 지정

1 선 그리기

배치된 부품들의 핀과 핀을 연결하는 선을 그리기 위해 다음과 같이 한다.

01 메뉴 Place 〉 Wire 선택 또는 툴 팔레트에 있는 Place Wire 아이콘을 클릭한다.

02 핀의 끝과 끝을 연결하는 방법으로 배선한다.

2 네트 이름 지정

01 Place Net Alias 툴을 선택한다.

02 Place Net Alias 창이 열리고 창의 Alias 상자에 네트 이름 NET을 입력한 후에 OK 버튼을 선택한다.

03 창이 닫히고 마우스 커서에 네트 이름 NET이 붙어 있게 된다. 마우스 커서를 선 위에 올려놓고 클릭하면 선에 네트 이름이 붙게 되어 이름이 지정된다.

7 Symbol 배치

01 메뉴 Place 〉 Power 선택 또는 툴 팔레트에 있는 Place Power 아이콘을 클릭한 후 VCC/CAPSYM을 선택하여 그림 5.8과 같이 배치한다.

02 메뉴 Place 〉 Ground 선택 또는 툴 팔레트에 있는 Place Ground 아이콘을 클릭한 후 0/CAPSYM을 선택하여 그림 5.8과 같이 배치한다.

03 그림 5.8과 같이 완성한다.

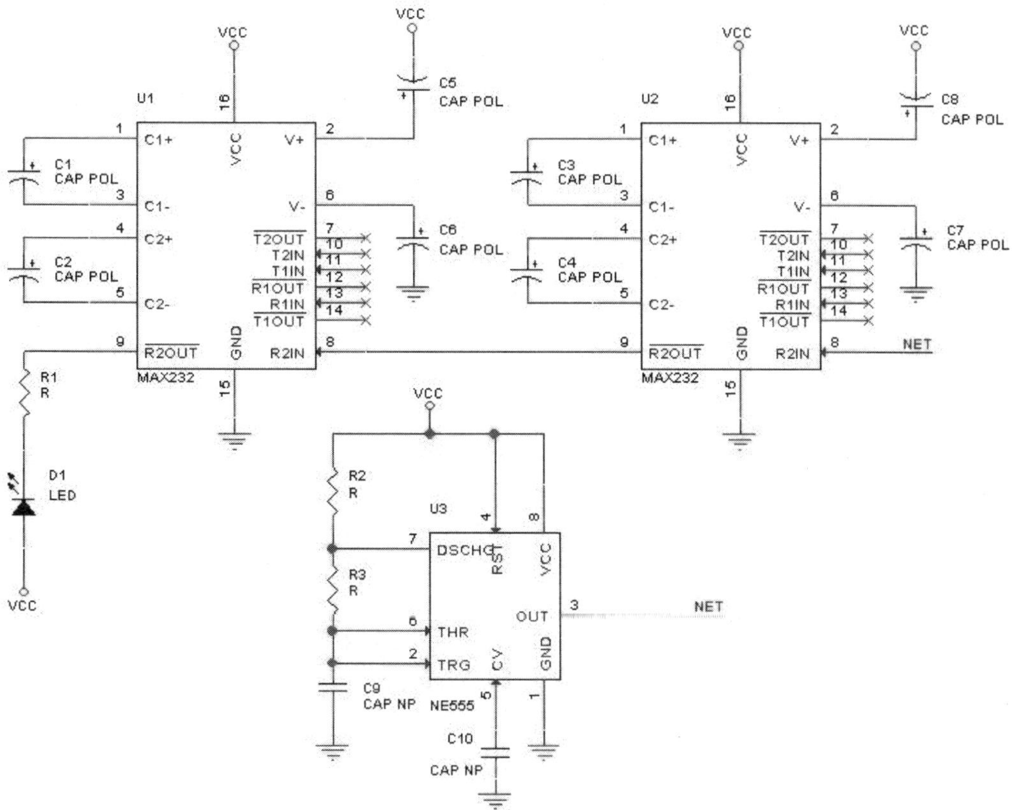

그림 5.8 선 연결된 도면

8 부품 속성 편집

01 부품 이름을 더블 클릭하여 열리는 창에서 각 부품의 부품 값을 입력하여 그림 5.9와 같이 변경한다.

02 부품 값과 함께 표 5.2에 주어진 각 부품의 주어진 풋 프린터 값을 4장에서 지정한 방법으로 입력한다.

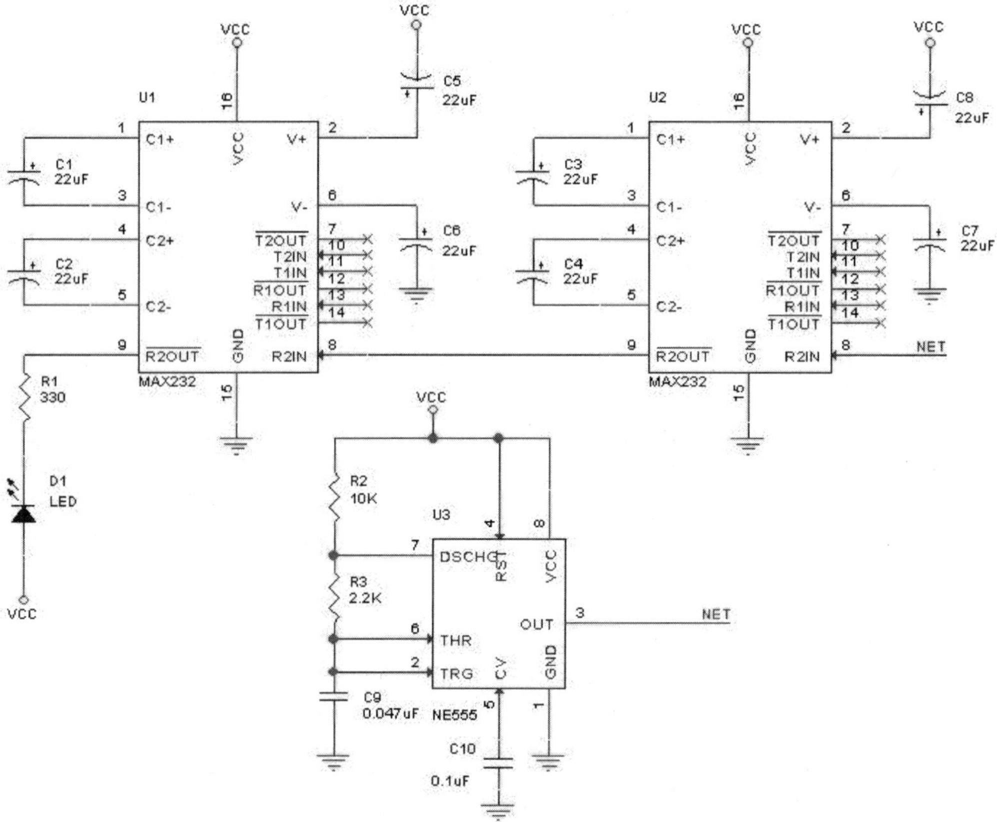

그림 5.9 완성된 도면

표 5.2 풋 프린트

번호	부품 이름	부품 값	풋 프린트 값	라이브러리
1	IC	NE555	DIP8_3	
2	IC	MAX232	DIP16_3	
3	LED	LED	CAP196	
4	Cap POL	22uF	CAP196	
5	Cap NP	0.047μF	CAP400	
6	Cap NP	0.01μF	CAP400	
7	Resistor	2.2k	RES400	
8	Resistor	10k	RES400	
9	Resistor	330	RES400	

03 유틸리티

schematic 페이지 편집 창에서 도면 작성 작업을 끝낸 다음에는 툴바의 Project Manager를 선택하여 디자인 매니저 창을 활성화시킨다. 활성화된 유틸리티 6개 Annotate, Back Annotate, DRC, Create Netlist, Cross Reference Parts 그리고 Bill of Material 중 PCB 작업을 하기 위한 필수적인 3개의 유틸리티는 Annotate, DRC, 그리고 Create Netlist이다.

이 유틸리티는 도면의 부품 번호를 정리, 작성된 도면의 전기적인 검사 그리고 PCB 설계를 위해서 네트리스트를 만들다. 요약하면 다음과 같다.

PCB 설계 작업을 위한 필수 유틸리티 작업		
1	Annotate	도면의 부품 번호를 일괄로 정리하여 주는 필수 기능
2	DRC(Design Rule Check)	작성된 도면의 전기적인 그리고 물리적인 검사를 해 주는 기능
3	Create Netlist	PCB 설계 작업을 위한 Netlist 파일 생성해 주는 기능

1 Annotate

부품 번호를 정리하기 위한 일반적인 순서는 다음과 같다.

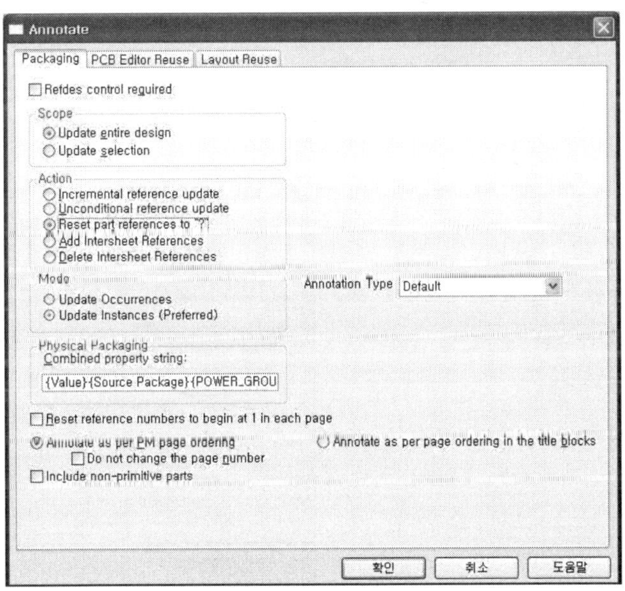

그림 5.10 Annotate 창

01 Annotate 툴을 더블 클릭한다. 그림 5.10과 같은 Annotate 창이 열린다.

02 Annotate 창의 Action 항목에서 Reset part reference to "?"를 선택한 후에 [OK] 버튼을 선택한다. 도면의 부품 번호가 "?"로 바뀐다.

03 한 번 더 Annotate 툴을 더블 클릭한다. Annotate 창이 열린다.

04 Annotate 창의 Action 항목에서 Incremental reference update를 선택한 후에 [OK] 버튼을 선택한다. 도면의 부품 번호가 다시 부여 되면서 정리된다.

2 Design Rules Check

회로의 전기적인 검사와 물리적인 검사를 하기 위한 순서는 다음과 같다.

01 DRC 툴을 선택한다. 그림 5.11과 같은 DRC 창이 열린다.

02 특정한 검사 또는 특정한 검사 결과를 보기 위해서는 Report 항목의 View Output 체크 박스를 선택한다. 이는 메모장이나 워드 패드로 실행 결과를 바로 보기 위함이다. 물론 모든 실행 결과는 실행 결과 창인 Session Log 창에 기록된다.

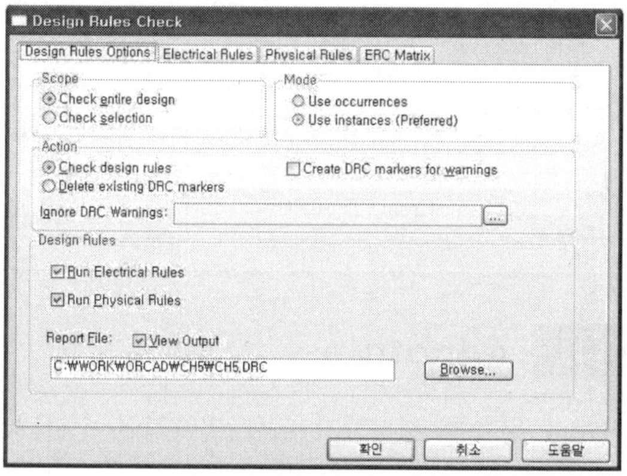

그림 5.11 DRC 창

03 Report File 상자에는 DRC 실행 결과 파일의 경로와 파일 이름이 기본적으로 설정된다. 기본적으로 설정되는 경로는 디자인 파일이 저장된 폴더이다. 파일 이름도 디자인 파일과 동일하다. 이때 파일의 확장자는 DRC이다.

04 [확인] 버튼을 선택한다.

05 그림 5.12와 같은 검사 항목과 에러가 기록되어 있는 실행 결과 파일이 열린다. 그림 5.12와 같이 나타나야 한다.

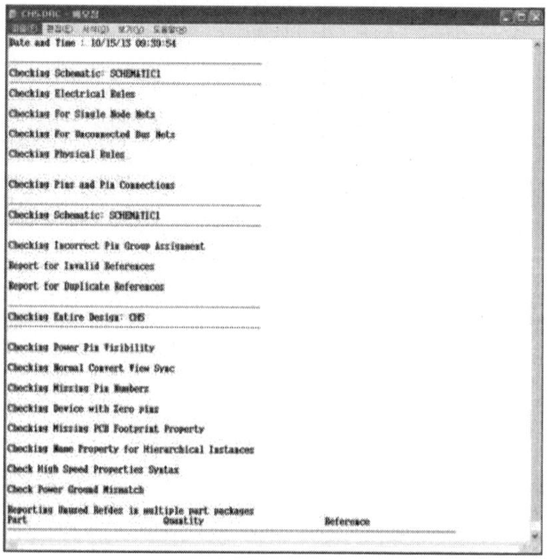

그림 5.12 DRC 결과 창

3 Create Netlist

Netlist 파일을 생성하기 위한 과정은 다음과 같다.

01 메뉴 Tools 〉 Create Netlist를 클릭하거나 또는 Create Netlist 툴을 선택한다.

02 열린 Create Netlist 창의 Option 항목에서 Netlist의 저장 폴더를 선택할 수 있고, 기본적으로 작업 폴더 내에 allegro 폴더를 생성하여 저장한다.

03 Create or Update PCB Editor Board (Netrev) : 열린 Create Netlist 창에서 그림 5.13과 같이 PCB를 신규 생성하거나 업데이트 할 수 있는 Option이다.

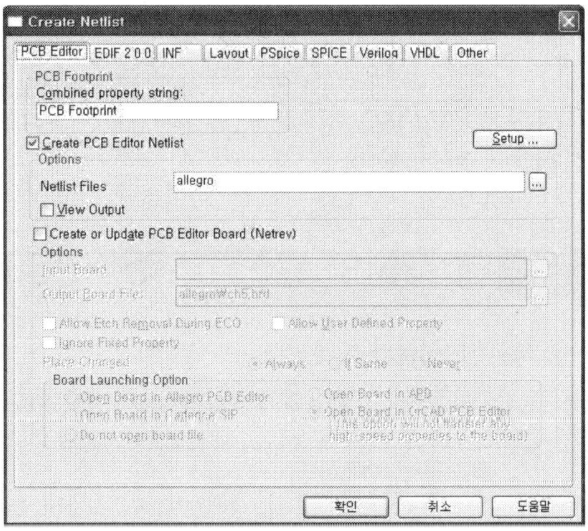

그림 5.13 Create Netlist 창

이번 장에서는 앞장 4장과 다른 방법으로 버튼을 클릭하면 자동적으로 Allegro OrCAD PCB Editor가 실행되지 않게 하고 수동으로 Allegro OrCAD PCB Editor를 실행하여 새로운 보드 파일을 만들면서 지금 만들어진 Netlist 파일을 import하여 만드는 방법을 사용하고자 한다. 그러므로 이것을 선택하지 않은 상태인 그림 5.13과 같이 하여 실행시키게 된다. 이렇게 하면 앞장에서와는 다르게 아무런 변화가 일어나지 않고 단지 만들어진 Netlist File만 작업 디렉터리에 저장되고 Allegro OrCAD PCB Editor가 실행되지 않는 상태가 된다.

04 새로운 보드 파일 만들기

윈도 작업 표시줄의 [시작] 버튼을 클릭하여, 모든 프로그램 〉 Cadence 〉 Release 16.5 〉 OrCAD PCB Editor를 선택 또는 윈도 바탕화면에 Allegro OrCAD PCB Editor의 단축아이콘이 있다면 이를 더블 클릭하여 실행한다. 그러면 Allegro OrCAD PCB Editor의 기본 창이 그림 5.14와 같이 열린다.

1 Allegro OrCAD PCB Editor 시작하기

- 프로그램 시작하는 방법

▶ 시작 〉 모든 프로그램 〉 Cadence 〉 Release 16.5 〉 OrCAD PCB Editor

그림 5.14와 같이 초기 화면이 나타나게 되고 타이틀 바에 나타난 것처럼 파일 이름이 unnamed.brd로 나타나게 된다.

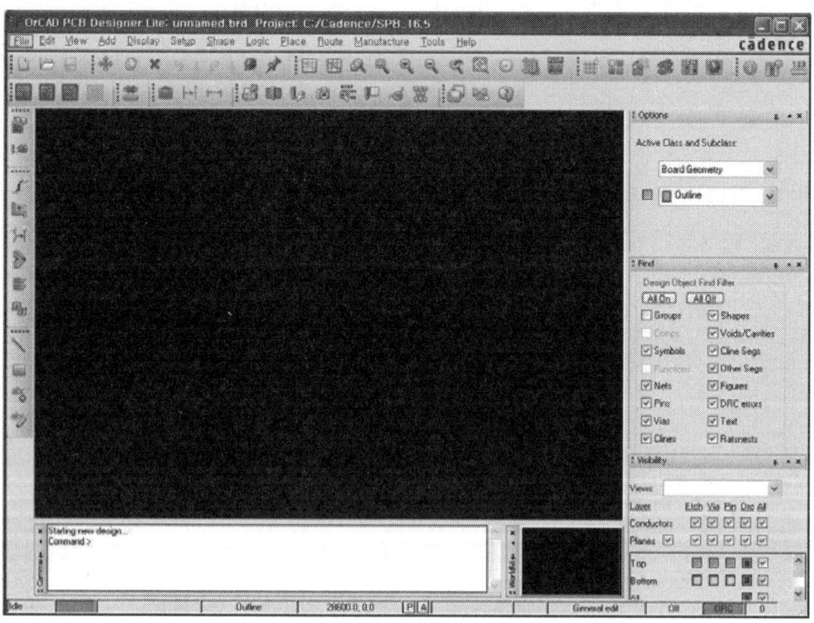

그림 5.14 초기 화면-1

4장에서는 Create Netlist를 한 후 자동적으로 PCB Editor가 실행되어 Create Netlist 창에서 지정한 이름으로 파일 이름이 된 초기 화면이 나타났으나 이번 장에서는 자동적으로 PCB Editor가 실행되지 않게 하였으므로 새롭게 보드 파일 이름을 지정하는 과정을 거쳐야 한다.

메뉴에서 File 〉 New를 선택하면 아래 그림 5.15와 같이 New Drawing 창이 나타나게 된다. 여기에서 보드 파일 이름은 ch5.brd Drawing Type을 Board로 입력한 후 Browse를 선택하여 디렉터리를 C:/work/orcad/ch5/allegro로 설정한 후 OK를 클릭한다. 그림 5.16과 같이 화면이 나타나게 되고 타이틀 바에 나타난 것처럼 파일 이름이 ch5.brd로 나타나게 된다.

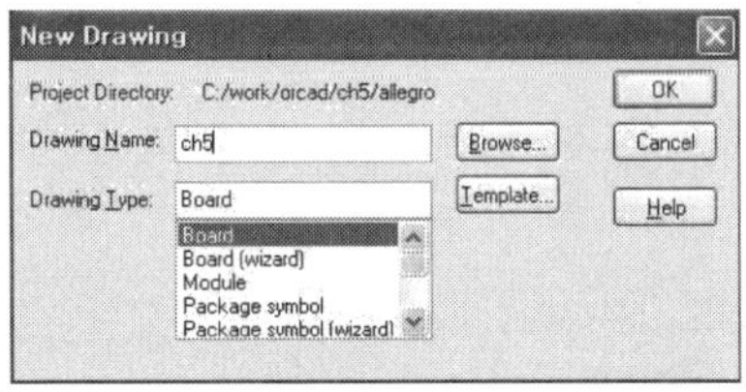

그림 5.15 New Drawing 창

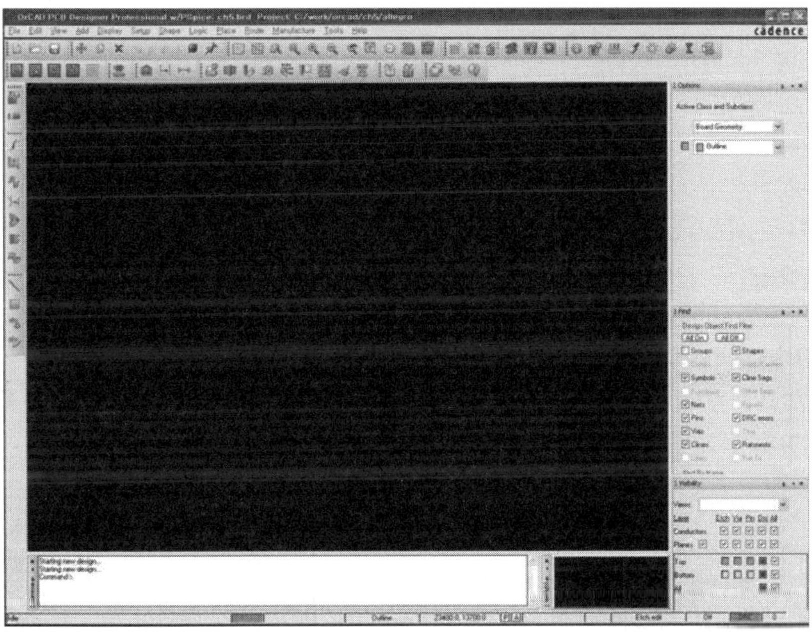

그림 5.16 초기 화면-2

05 Allegro OrCAD PCB Editor Setup

PCB 설계를 하기 위한 전반적인 Setup을 위해서 다음과 같은 순서에 따라 설정하면 된다.

01 OrCAD Designer(또는 Allegro PCB Editor) 창의 메뉴 바 Setup 〉 Design Parameters...를 선택한다.

02 그림 5.17과 같이 Design Parameter Editor 창이 열리고 Design 탭 메뉴에서 그림과 같이 단위 Mils, Size A, Accuracy 0, Extents 항목의 Left X -3000, Lower Y -3000으로 설정 및 입력한 후 Shapes 탭 메뉴로 이동한다.

03 Shape 탭 메뉴로 이동 후 Edit global dynamic shape parameters...를 선택한다.

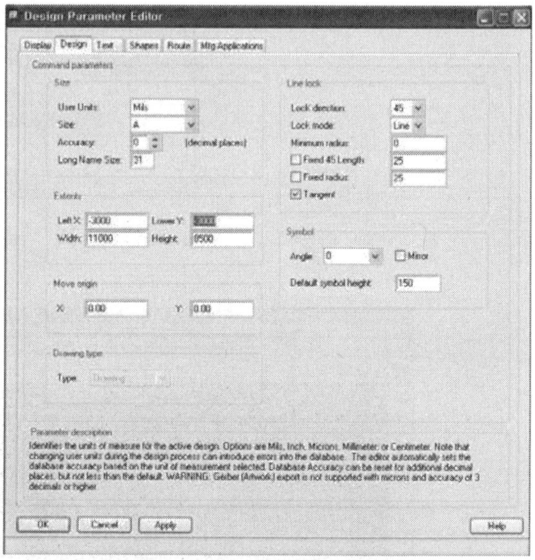

그림 5.17 Design Parameter Editor 창

04 Global Dynamic Shape Parameters 창에서 Void controls 탭 메뉴로 이동하여 그림 5.18과 같이 Artwork format을 Gerber RS274X로 변경한 후 OK 버튼을 선택한다.

05 Design Parameter Editor 창의 OK 버튼을 선택하여 창을 닫는다.

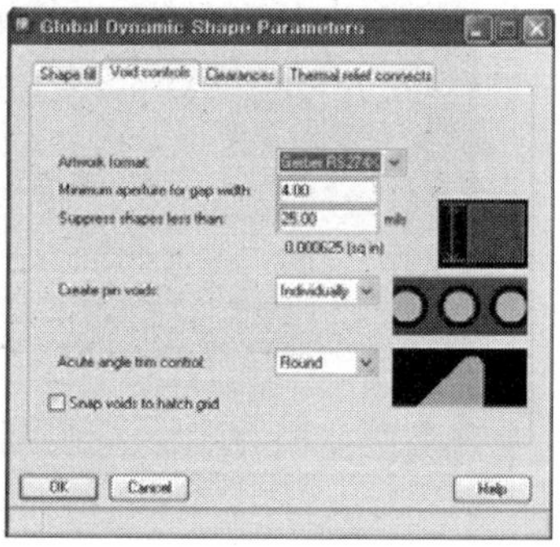

그림 5.18 Global Dynamic Shape Parameters 창

06 PCB 설계 층수를 확인하기 위하여 메뉴 바 Setup 〉 Cross Section ...을 선택한 후 그림 5.19과 같은 Layout Cross Section 창에서 기본 설정 값인 2층 Layer 를 확인한다.

07 Layout Cross Section 창의 OK 버튼을 선택하여 창을 닫는다.

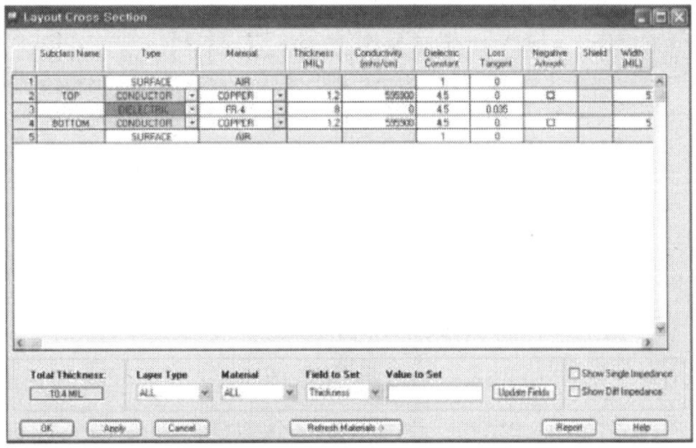

그림 5.19 Layout Cross Section 창

08 Grid의 설정을 위해서 메뉴 바 Setup 〉 Grids...를 선택한 후 그림 5.20과 같이 Grids On 체크박스에 체크하고 Non-Etch의 Spacing x, y를 50으로 변경한 후 OK 버튼을 선택하여 창을 닫는다.

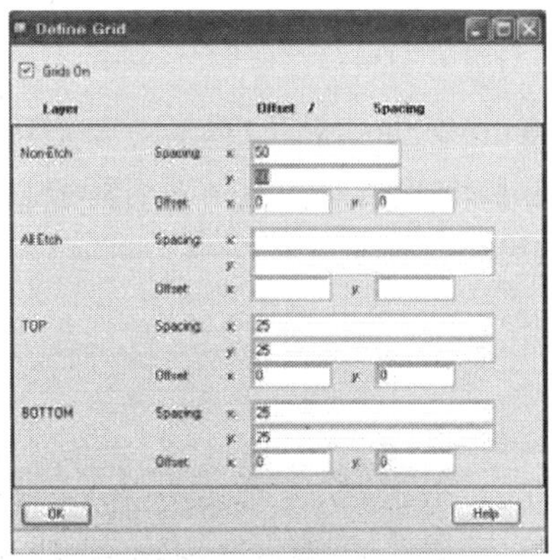

그림 5.20 Define Grid 창

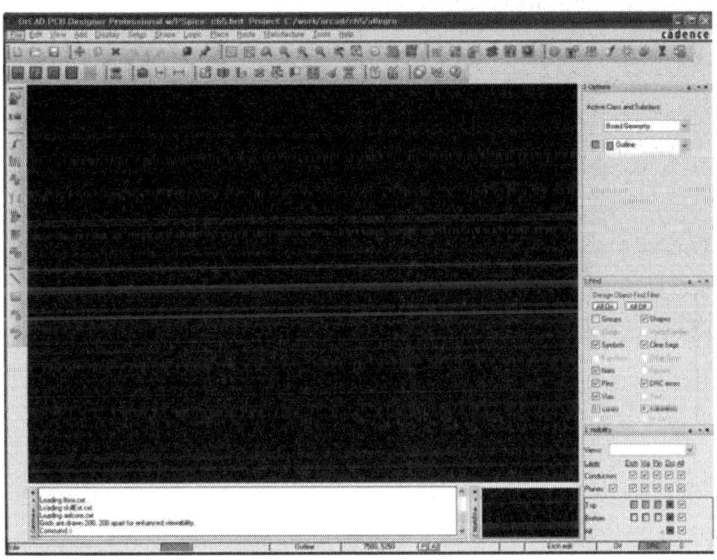

그림 5.21 설정 후 메인 창

06 Board Outline 그리기

보드 아웃라인을 생성하기 위해서 다음과 같은 순서로 한다.

01 메뉴 바 Setup 〉 Outlines 〉 Board Outline...을 선택한 후 그림 5.22와 같이 Board Outline 창의 Board Edge Clearance를 100 MIL로 변경한 후 그대로 창을 유지한다.

02 Board Outline 창이 반드시 떠 있는 상태에서 Command 창에 소문자 x, 한 칸 띄우고, 숫자 0, 한 칸 띄우고, 숫자 0을 입력한 후 enter 키를 누른다.(사각형이 나타남)

03 0, 0 지점에서 사각형이 시작되는 것을 확인한 후 다시 Command 창에 소문자 x, 한 칸 띄우고, 숫자 2500, 한 칸 띄우고, 숫자 2500을 입력한 후 enter 키를 누른다.(그림 5.23과 같이 사각형이 나타남)

04 Board Outline 창의 OK 버튼을 선택하여 창을 닫으면 그림 5.24와 같이 사각형이 두 개 나타나게 된다.(외곽 흰색 라인은 보드 아웃라인이고 안쪽 주황색 라인은 배치 및 배선 제한 영역을 나타냄)

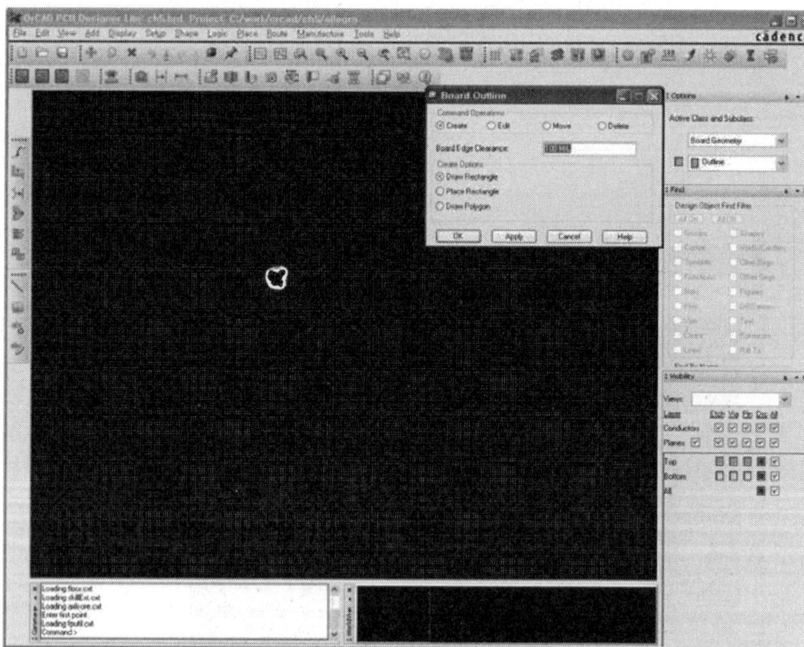

그림 5.22 Board Outline 창-1

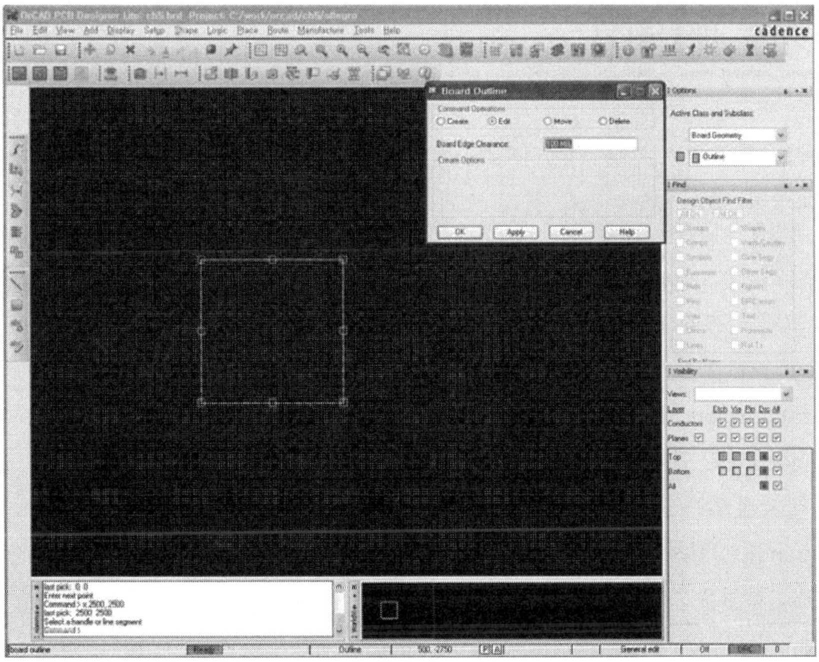

그림 5.23 Board Outline 창-2

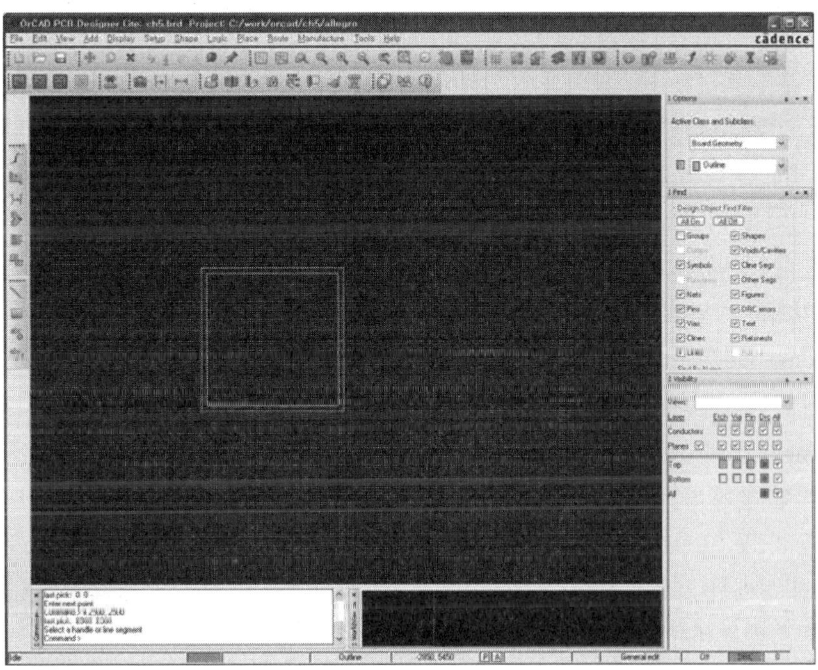

그림 5.24 Board Outline 창-3

07 부품 배치하기

부품을 PCB Outline 내부에 위치하도록 배치하기 위해서는 먼저 Capture CIS에서 만들어 놓은 Netlist 파일이 필요하고 이것을 불러 오기 위해서는 다음과 같은 과정을 거쳐야 한다.

메뉴 창에서 File 〉 Import 〉 logic...를 선택하면 다음 그림 5.25와 같은 Import Logic 창이 열린다. import logic type은 design entry CIS(Capture), import directory : C:/work/orcad/ch5/allegro로 선택한다. import logic 창 오른쪽 상단에 있는 import Cadence를 클릭하면 import를 실행하면서 잠시 후 오류가 없으면 Netlist 파일을 가져오게 된다.

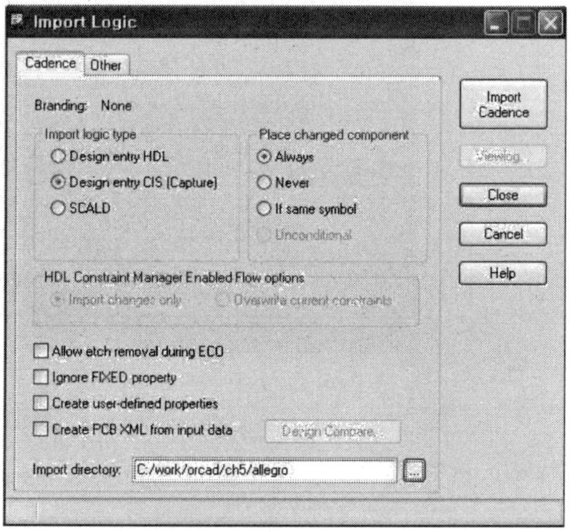

그림 5.25 import logic 창

수동으로 부품 하나하나를 배치하기 위해서는 다음과 같은 순서에 따라 배치한다.

01 Place 메뉴를 이용하여 부품을 배치하기 위해서 메뉴 바 Place 〉 Manually...를 선택한 후 그림 5.26과 같은 Placement 창이 열리고 그림과 같이 부품을 선택하면 Quick view에 그림과 같이 부품의 모양이 나타나게 된다.

02 Placement 창에서 부품을 선택 후 마우스를 작업 창에 가져가면 마우스에 선택한 부품의 풋 프린트가 붙어 다니고 이때 작업 창에서 부품을 놓을 위치에 마우스의 오른쪽 버튼을 클릭하면 그 부품이 배치된다.

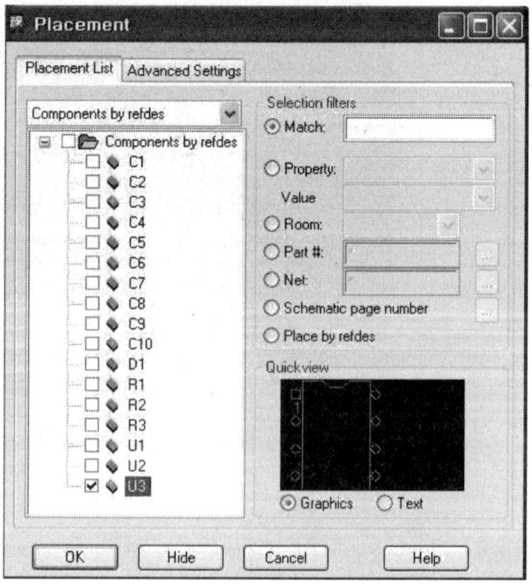

그림 5.26 Placement 창

03 부품을 하나씩 배치하여 모두 부품이 배치하게 되면 Placement 창이 그림 5.27과 같이 변경이 되고 그림 5.28과 같이 부품 배치가 완료된다.

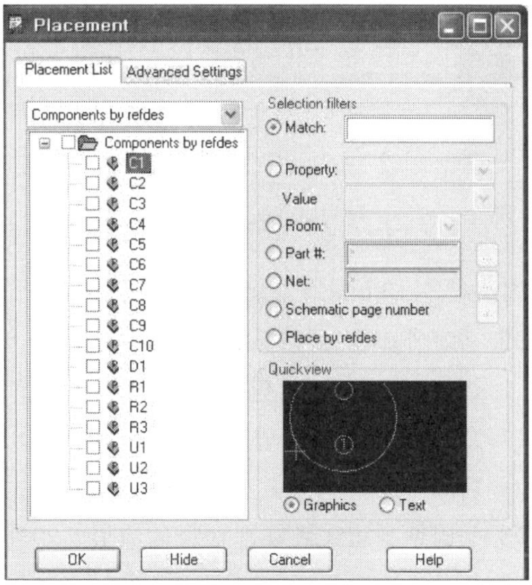

그림 5.27 변경된 Placement 창

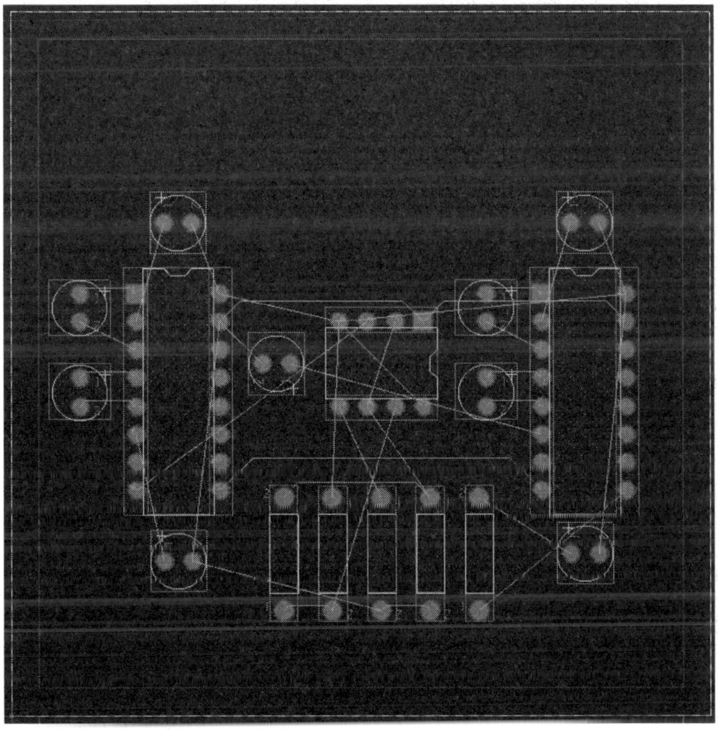

그림 5.28 배치된 부품

08 부품 배선하기

부품의 핀과 핀을 연결하는 선들을 실제의 물리적인 선으로 만드는 과정으로 선을 배선하기 위해서 다음과 같이 한다.

01 메뉴 바 Route 〉 Connect를 선택한다.

02 파란색 Ratsnest 라인이 연결된 대로 R1의 핀을 클릭하면 마우스를 따라 배선이 이어지며, 그 선이 연결된 LED의 핀을 클릭한 다음 마우스 오른쪽 버튼을 클릭하면 나타나는 팝업 메뉴의 Done을 선택하면 연결되어 있던 Ratsnest 라인이 사라지면서 녹색의 배선으로 연결이 완료된다.

03 동일한 방법으로 다른 선들을 그림 5.29와 같이 배선한다.(양면을 모두 사용하여 배선)

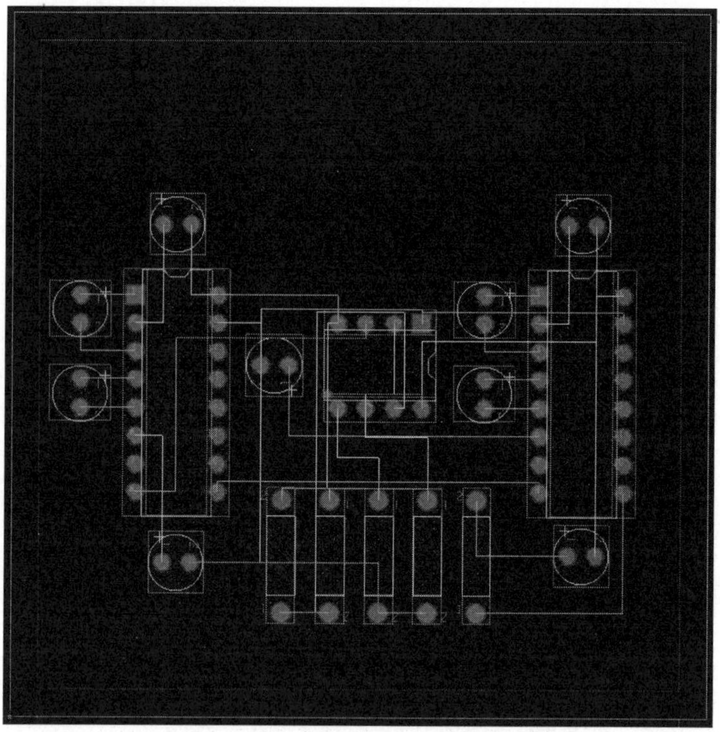

그림 5.29 배선된 회로

04 배치 및 배선 결과를 알기 위해서 메뉴 바 Display 〉 Status...를 선택하여 Unplaced symbol 및 Unrouted nets 항목 등이 그림 5.30과 같이 0% 인지를 확인한 후 OK 한다.

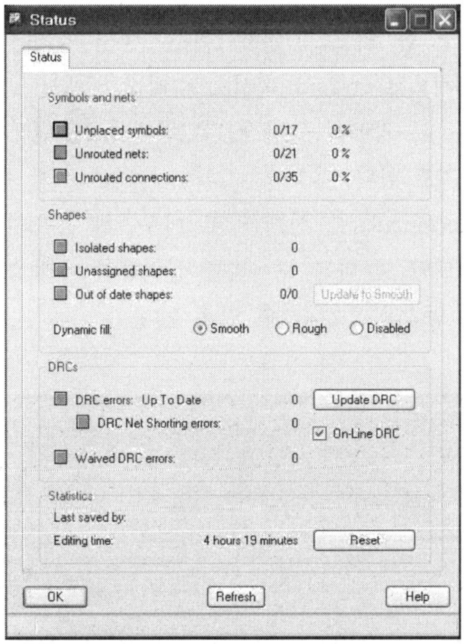

그림 5.30 배선 상태 확인

09 Copper Pour 설정하기

모든 부품의 배치와 배선을 한 후 보드 전체에 대한 동박 영역을 설정해 줄 필요가 있을 때 설정하여 주는 것으로 기본적으로 ground 속성으로 메뉴 바에서 Shape를 사용하여 지정한 모양으로 영역을 지정해 준다. 본 장에서는 가장 간단하게 보드 전체의 정사각형 모양에 대하여 동박을 다음과 같이 배치하기로 한다.

메뉴 바에서 Shape 〉 Rectangular를 선택한 후 마우스를 보드의 모서리 한 곳을 선택하여 드래그 하여 대각선으로 보드의 또 다른 모서리를 클릭하면 아래 그림 5.31와 같이 부품과 배선을 제외한 부분에 대하여 동박을 형성할 수 있게 된다.

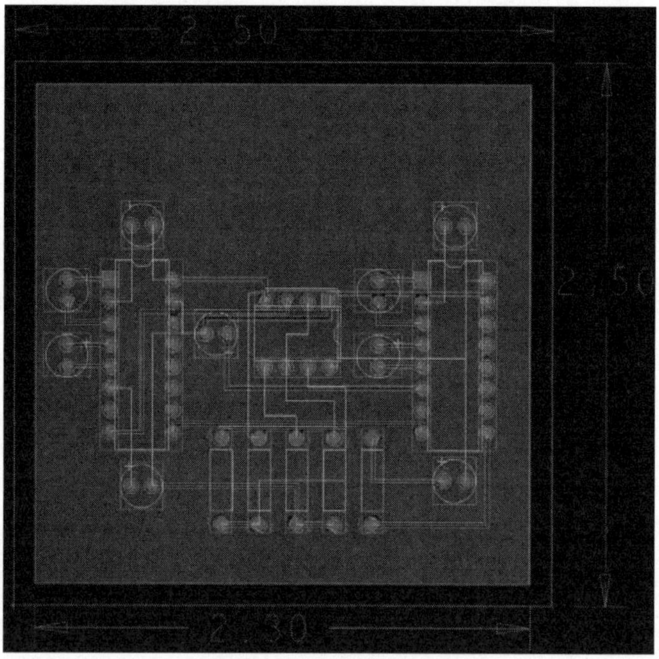

그림 5.31 Copper Pour

10 Gerber File 만들기

PCB 제작을 위한 Gerber File을 만들기 위한 순서는 다음과 같은 순서로 한다.

1 드릴 차트 만들기

01 드릴 차트를 만들기 위해서 사용된 드릴 홀 데이터 생성이 필요하게 된다. 드릴 홀 데이터 생성은 메뉴 바 Manufacture 〉 NC 〉 Drill Customization을 선택하면 그림 5.32와 같은 창이 열리고 Auto generate symbols를 클릭하여 홀 데이터를 생성하면 된다.

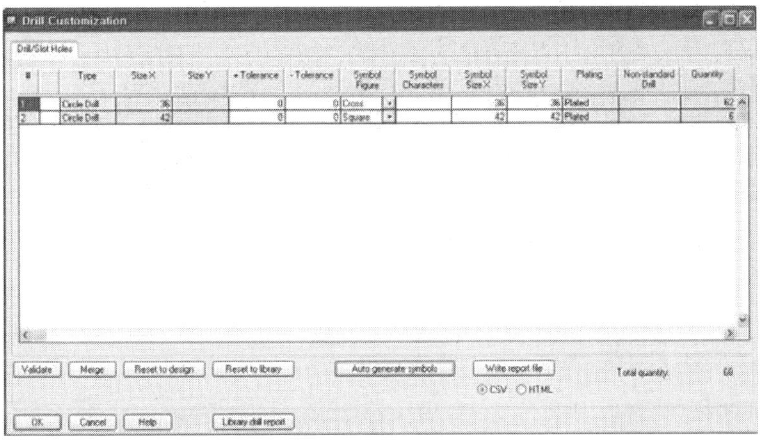

그림 5.32 홀 데이터 생성

02 드릴 차트를 생성하기 위해서 메뉴 바 Manufacture 〉 NC 〉 Drill Legend...를 선택한다.

03 그림 5.33과 같은 Drill Legend 창이 나타나면 OK 버튼을 선택한다. 드릴 차트가 마우스에 따라 이동하며 보드 아웃라인 아래쪽에 클릭하여 그림 5.34와 같이 배치 완료한다.

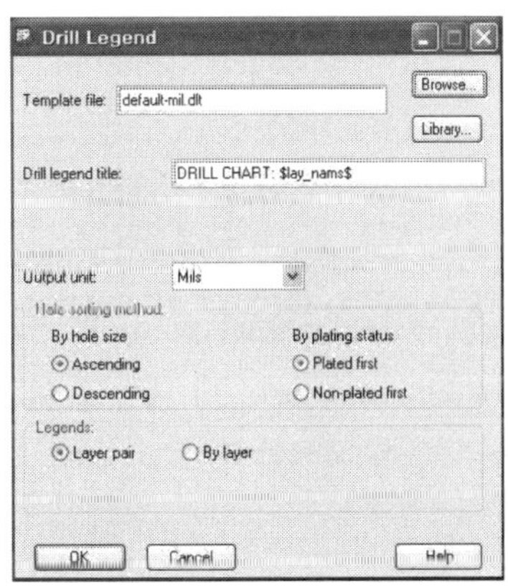

그림 5.33 Drill Legend 창

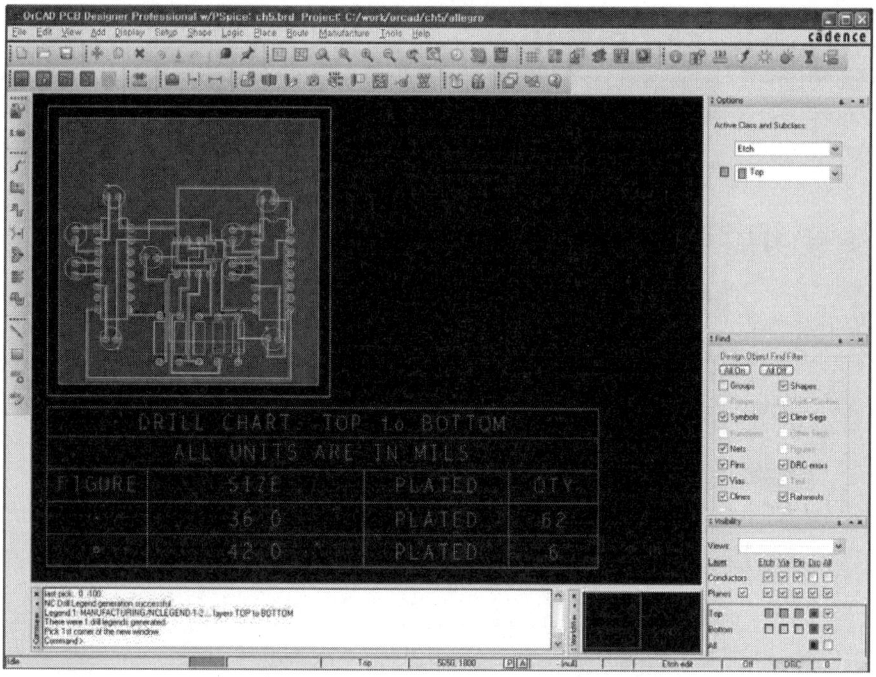

그림 5.34 그릴 차트 배치된 창

2 Gerber File 만들기

01 Gerber File을 만들기 위해서 메뉴 바 Manufacture 〉 Artwork...를 택한다. 그림 5.35와 같이 Artwork Control Form 창이 나타나면 General Parameters 탭 메뉴로 이동한다.

02 그림 5.35와 같이 Device type 항목에서 Gerber RS274X를 체크하고, Format 항목의 Decimal places를 5로 변경한 후 Film Control 탭 메뉴로 다시 이동한 후 창을 유지한다.

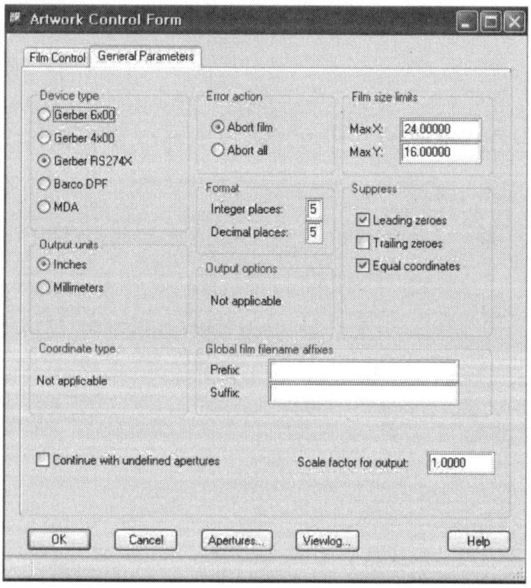

그림 5.35 Artwork Control Form 창

03 메뉴 바 Display 〉 Color/Visibility...를 선택하여 Color Dialog 창이 나타나면 상단의 Global visibility On/Off 스위치 중 Off 버튼을 선택한 후 Apply 버튼을 선택하여 그림 5.36과 같이 한다. Color Dialog 창을 닫지 않고 유지한다.

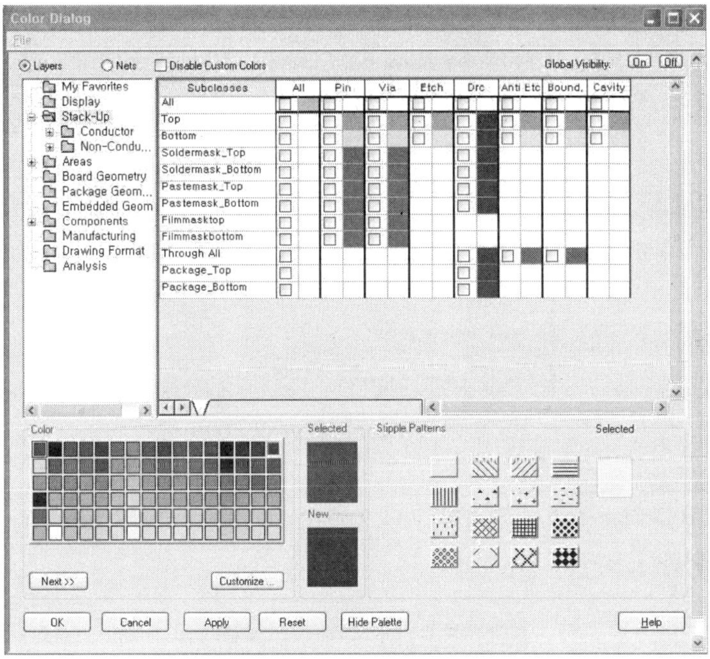

그림 5.36 Color Dialog 창

04 그림 5.37과 같이 Color Dialog 창에서 왼쪽의 Stack-Up 폴더를 선택한 후, 오른쪽 Subclasses 항목 중 Soldermask_Top의 Pin, Via 항목을 체크한 후 Apply 버튼을 선택한 다음 OK 버튼을 선택하여 Color Dialog 창을 닫는다.

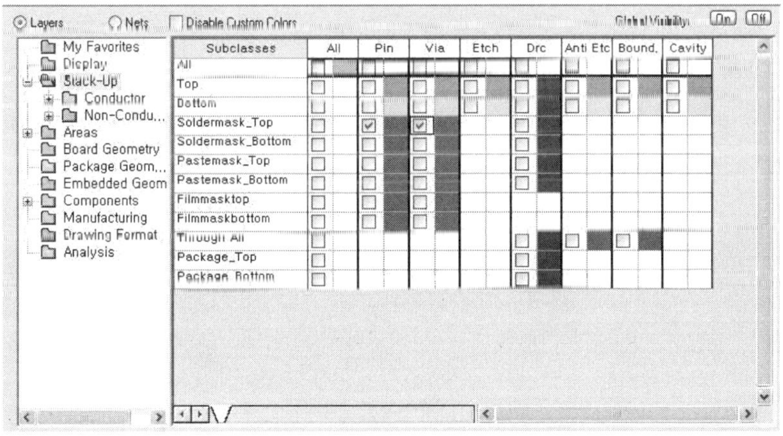

그림 5.37 Soldermask_Top

05 그림 5.38와 같이 Artwork Control Form 창의 Top을 선택 후 마우스 오른쪽 버튼을 클릭하면 나타나는 팝업 메뉴의 Add를 선택한다.

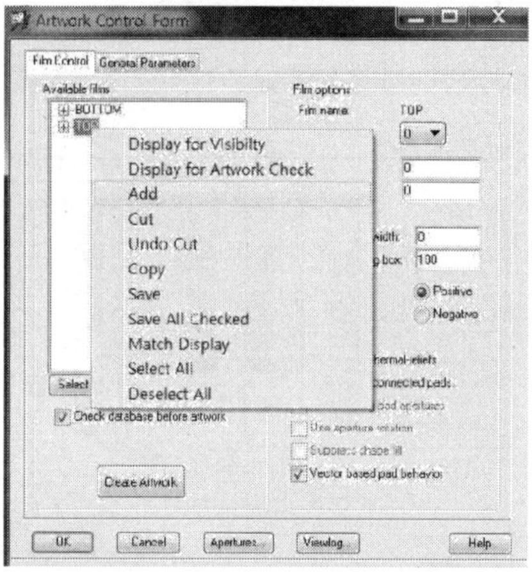

그림 5.38 Artwork Control Form 창

06 OrCAD PCB Designer 창이 열리면 그림 5.39과 같이 Soldermask_top 이라고 입력한 후 OK 버튼을 선택한다.

그림 5.39 OrCAD PCB Designer 창

07 다시 메뉴 바 Display 〉 Color/Visibility...를 선택하여 Color Dialog 창이 나타나면 상단의 Global visibility On/Off 스위치 중 Off 버튼을 선택한 후 Apply 버튼을 선택하여 그림 5.36과 같이 한다. Color Dialog 창을 닫지 않고 유지한다.

08 그림 5.40과 같이 Color Dialog 창에서 왼쪽의 Stack-Up 폴더를 선택한 후, 오른쪽 Subclasses 항목 중 Soldermask_Bottom의 Pin, Via 항목을 체크한 후 Apply 버튼을 선택한 다음 OK 버튼을 선택하여 Color Dialog 창을 닫는다.

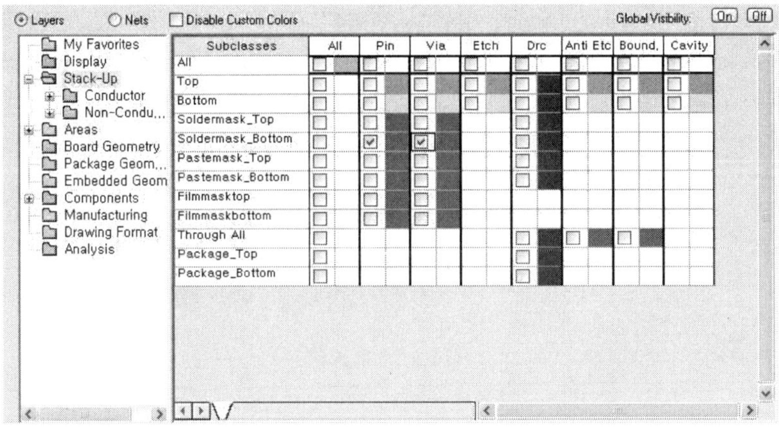

그림 5.40 Soldermask_Bottom

09 Artwork Control Form 창의 Soldermask_top을 선택 후 마우스 오른쪽 버튼을 클릭하면 나타나는 팝업 메뉴의 Add를 선택하여, Soldermask_Bottom이라고 입력한 후 OK 한다.

10 다시 메뉴 바 Display 〉 Color/Visibility...를 선택하여 Color Dialog 창이 나타나면 상단의 Global visibility On/Off 스위치 중 Off 버튼을 선택한 후 Apply 버튼을 선택하여 그림 5.36과 같이 한다. Color Dialog 창을 닫지 않고 유지한다.

11 그림 5.41과 같이 Color Dialog 창에서 왼쪽의 Package Geometry 폴더를 선택한 후, 오른쪽 Subclasses 항목 중 Silkscreen_Top을 체크한다.

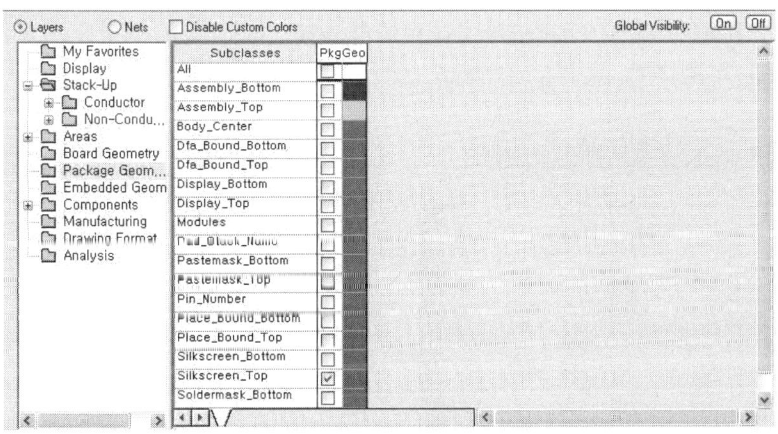

그림 5.41 Silkscreen_Top

12 그림 5.42와 같이 Color Dialog 창에서 왼쪽의 Component 폴더를 선택한 후, 오른쪽 Subclasses 항목 중 Silkscreen_Top의 RefDes 항목을 체크한 후 Apply, OK 버튼을 선택한다.

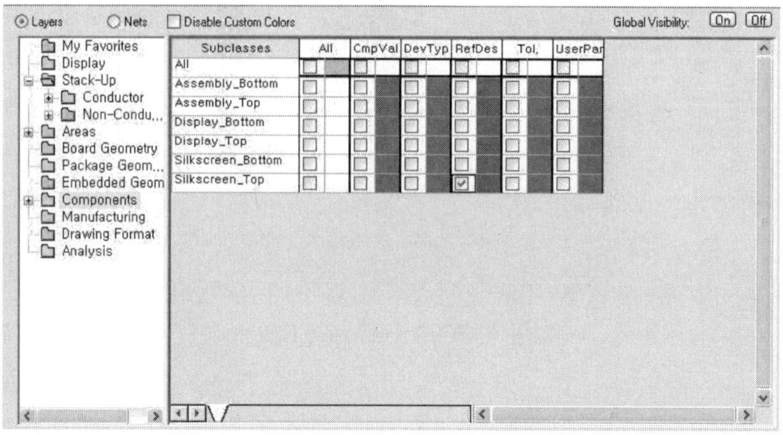

그림 5.42 Silkscreen_Top

13 Artwork Control Form 창의 Soldermask_Bottom을 선택 후 마우스 오른쪽 버튼을 클릭하면 나타나는 팝업 메뉴의 Add를 선택하여, Silkscreen_Top이라고 입력한 후 OK 한다.

14 다시 메뉴 바 Display 〉 Color/Visibility...를 선택하여 Color Dialog 창이 나타나면 상단의 Global visibility On/Off 스위치 중 Off 버튼을 선택한 후 Apply 버튼을 선택하여 그림 5.36과 같이 한다.

15 그림 5.43과 같이 Color Dialog 창에서 왼쪽의 Board Geometry 폴더를 선택한 후, 오른쪽 Subclasses 항목 중 Outline을 체크한다.

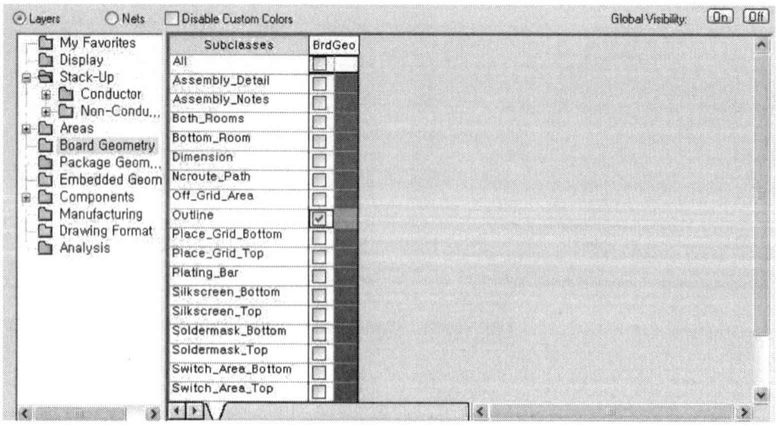

그림 5.43 Outline

16 그림 5.44와 같이 Color Dialog 창에서 Manufacturing 폴더를 선택한 후, 오른쪽 Subclasses 항목 중 Nclegend-1-2를 체크 후 Apply, OK버튼을 선택한다.

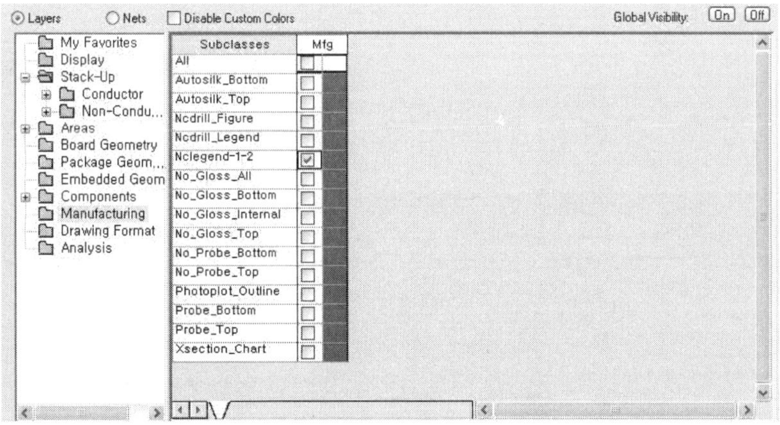

그림 5.44 Nclegend-1-2

17 Artwork Control Form 창의 Silkscreen_top을 선택 후 마우스 오른쪽 버튼을 클릭하면 나타나는 팝업 메뉴의 Add를 선택하여, Drill_drawing이라고 입력 한 후 OK 한다.

18 그림 5.45과 같이 Select all 버튼을 선택한 후 Create Artwork 버튼을 선택한다. Gerber File이 생성되어지며, OK 버튼을 선택하여 Artwork Control Form 창을 닫는다.

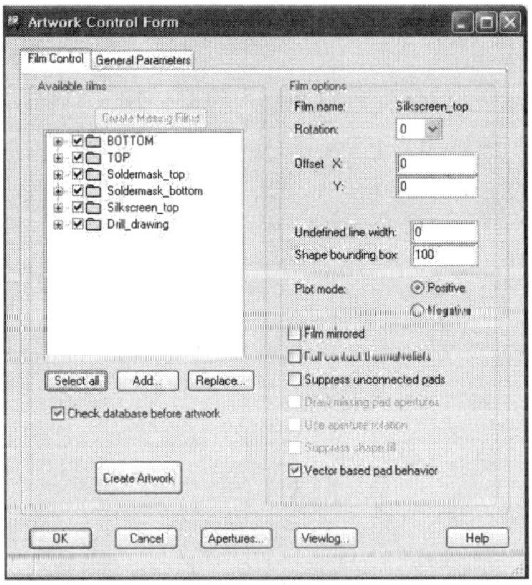

그림 5.45 Artwork Control Form 창

19 NC-Drill 파일 생성을 위해서 메뉴 바 Manufacture 〉 NC 〉 NC Drill...을 선택한다.

20 그림 5.46과 같은 NC-Drill창에서 NC Parameters... 버튼을 선택하여 그림 5.47과 같이 Excellon format 항목의 format을 5로 수정한 후 Close 버튼을 선택한다.

21 NC Drill창의 Drill 버튼을 선택하여 NC Drill 파일을 생성한 후 Close를 선택한다.

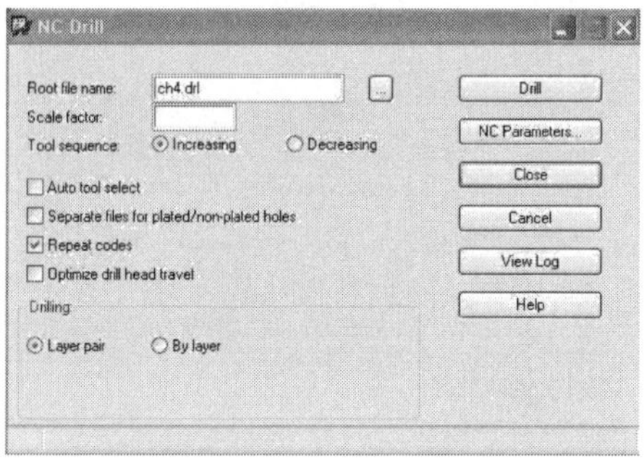

그림 5.46 NC-Drill창

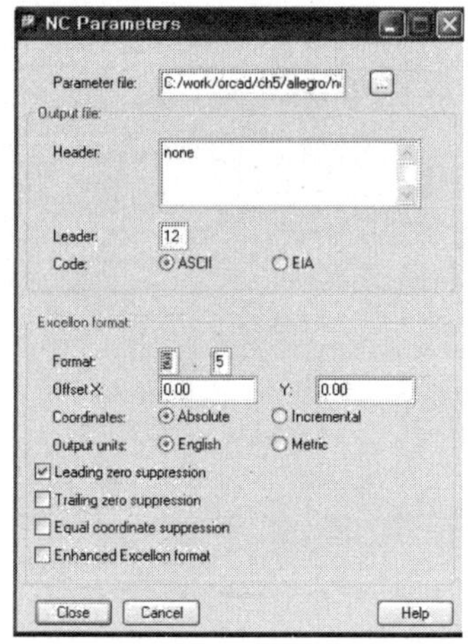

그림 5.47 NC Parameters 창

22 타이틀 바의 저장 경로에 *.art 파일과 *.drl 파일의 Gerber file이 그림 5.48과 같이 생성 완료되었다.

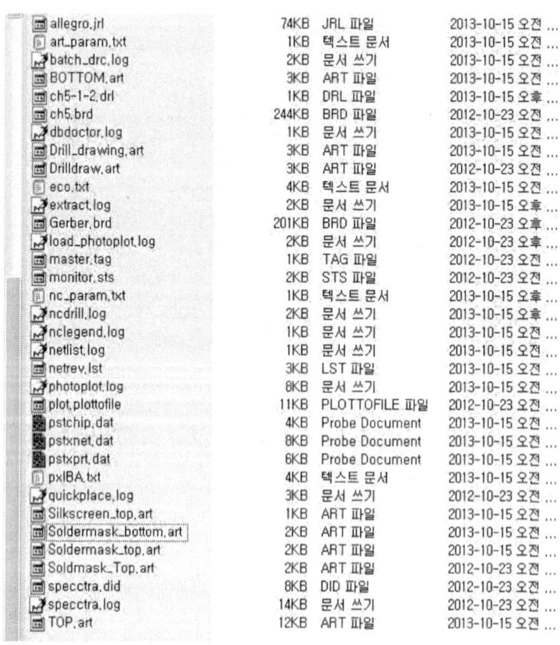

그림 5.48 Gerber file

11 Gerber File 출력

확장자가 art로 끝나는 만들어진 거버 파일을 불러와서 프린터로 출력하기 위해서는 다음과 같이 한다. NC-Drill 데이터는 출력되지 않는다.

01 메뉴 바 File 〉 New ...를 선택한다. New Drawing 창이 열린다.

02 그림 5.49와 같이 Drawing Name에 Gerber / Drawing Type에 Board를 선택 후 OK 버튼 선택하여 창을 닫는다.

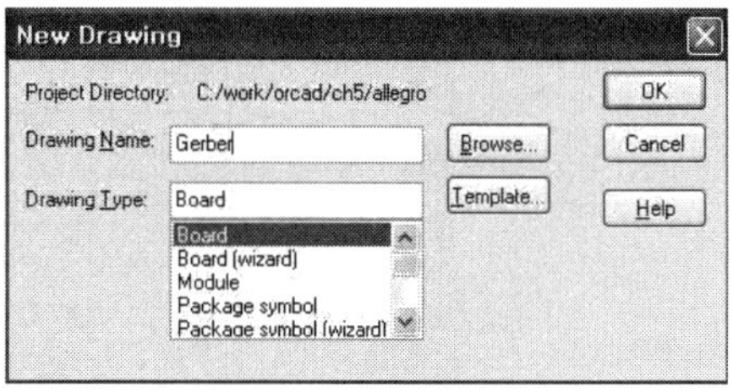

그림 5.49 New Drawing 창

03 메뉴 Setup 〉 Subclasses...를 선택한다. 그림 5.50과 같이 Define Subclasses 창이 열린다.

04 Define Subclasses 창에서 DRAWING FORMAT을 선택하면 그림 5.51과 같이 Define Subclasses 창이 열리고 New Subclass에 아래와 같이 입력하고 ENTER를 눌러 항목을 만든다.

- TOP
- BOTTOM
- SOLDERMASK_TOP
- SOLDERMASK_BOTTOM
- SILKSCREEN_TOP
- DRILL_DRAW

05 닫기를 눌러 창을 닫고 OK를 선택하여 창을 닫는다.

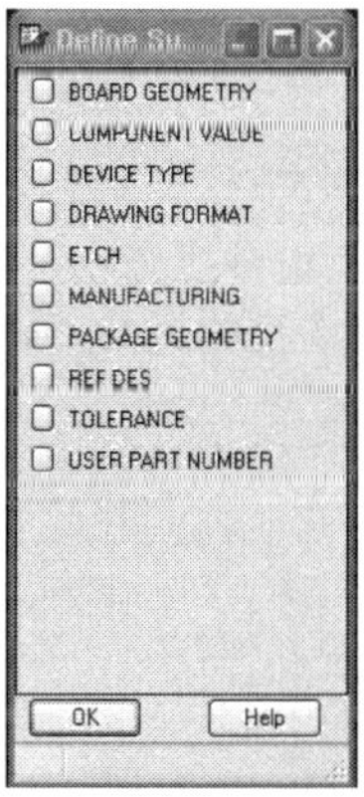

그림 5.50 Define Subclasses 창

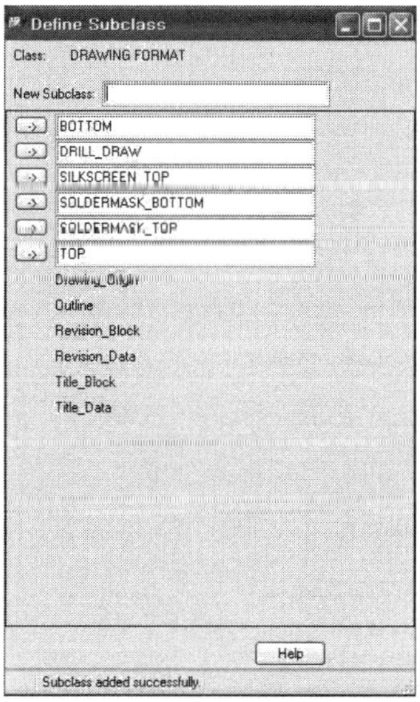

그림 5.51 Define Subclasses 창

06 메뉴 바 Display 〉 Color/Visibility...를 선택하여 Color Dialog 창이 나타나면 상단의 Global visibility On/Off 스위치 중 Off 버튼을 선택한 후 Apply 버튼을 선택하여 모든 레이어의 Color가 보이지 않게 설정한다.

07 그림 5.52와 같이 DRAWING FORMAT 항목의 방금 추가한 레이어만 보이게 설정한다.

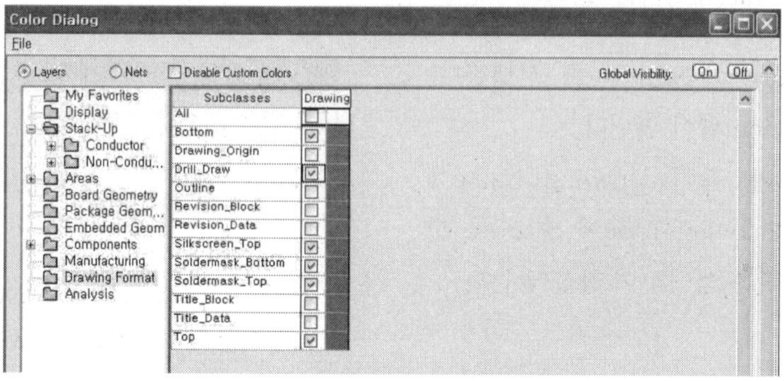

그림 5.52 Color Dialog 창

08 메뉴 바 File 〉 Import 〉 Artwork...을 선택하면 그림 5.53과 같은 Load Cadence Artwork 창이 열린다.

09 Load Cadence Artwork 창에서 Filename의 Browse 아이콘을 눌러 TOP.art를 불러 온다. Class는 Drawing Format을 선택, Subclass는 TOP을 선택한다.

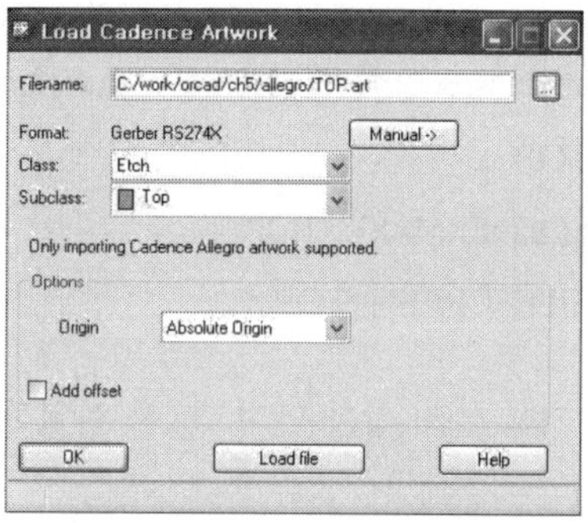

그림 5.53 Load Cadence Artwork 창

10 Load file을 선택한다. 마우스에 TOP.art 파일이 따라 다니고 그림 5.54와 같이 화면 중앙쯤에 놓는다.(또는 Command 창에 좌표 x 0 0 입력후 ENTER 선택)

11 화면이 배치하고 나면 다시 Load Cadence Artwork 창이 열리고 Origin을 Absolute Origin으로 하여 Re-Use last mirror/rotation/location을 체크한 후 OK를 클릭하면 겹쳐서 배치된다.

12 Color 설정 창을 열어 Drawing Format/TOP 만 보이게 설정한다.

13 메뉴 File 〉 Plot Setup...을 선택한다. 그림 5.55와 같이 Plot Setup 창이 열린다.

14 메뉴 File 〉 Plot...을 선택한다.

15 Setup을 눌러 프린터, 용지 및 방향을 선택한다.

16 OK를 눌러 출력한다.

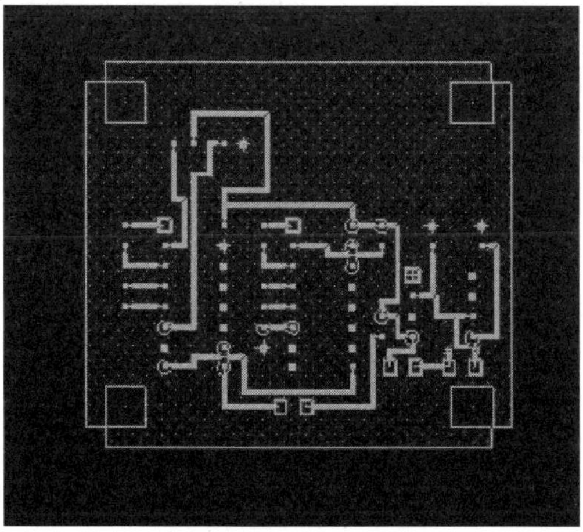

그림 5.54 TOP.art 파일

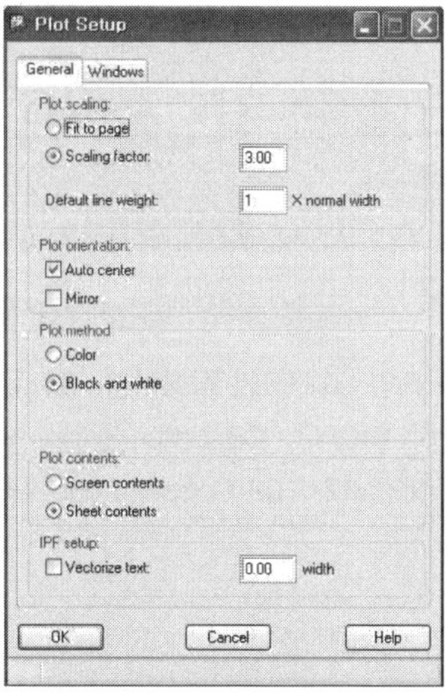

그림 5.55 Plot Setup 창

제6장 평면 도면(동기식 카운터)

01 작업 도면

1 작업도면

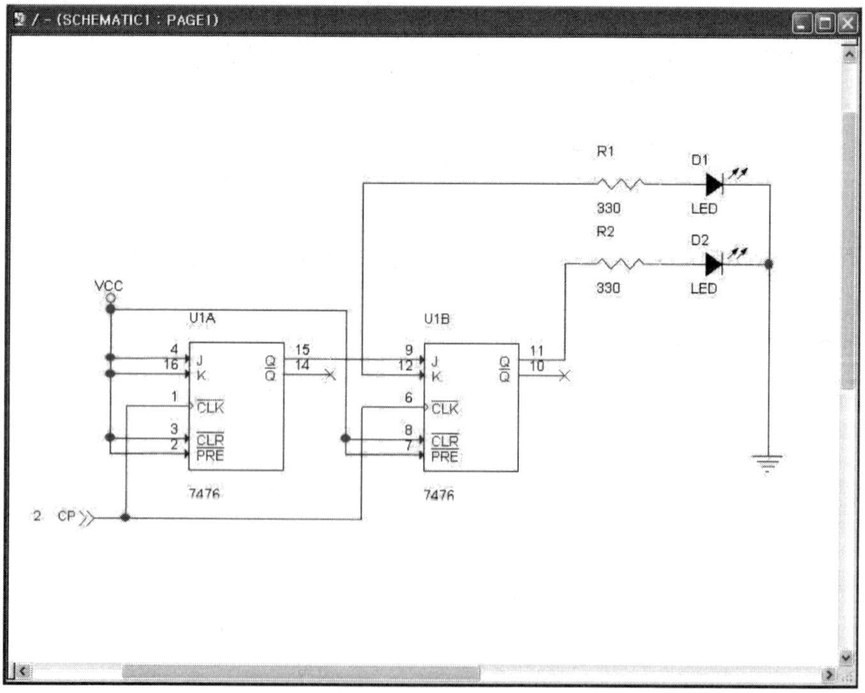

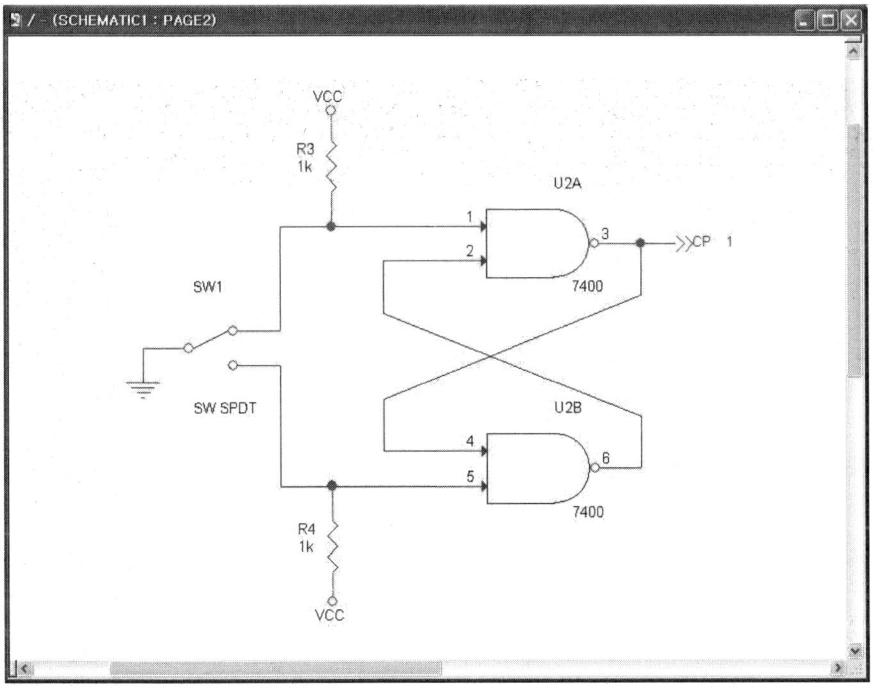

그림 6.1 작업 도면

2 부품 리스트 및 풋 프린트 값

표 6.1 부품 리스트 및 풋 프린트 값

번호	부품 이름	부품 값	필요 수량	라이브러리	풋 프린트값
1	IC	7476	1	LATCH.OLB	DIP16_3
2	IC	7400	1	GATE.OLB	DIP14_3
3	LED	LED	2	DISCRETE.OLB	CAP196
4	Resistor	330	2	DISCRETE.OLB	SMDRES
5	Resistor	1k	2	DISCRETE.OLB	SMDRES
6	Switch	SW SPDT	1	DISCRETE.OLB	JUMPER3

2 PCB

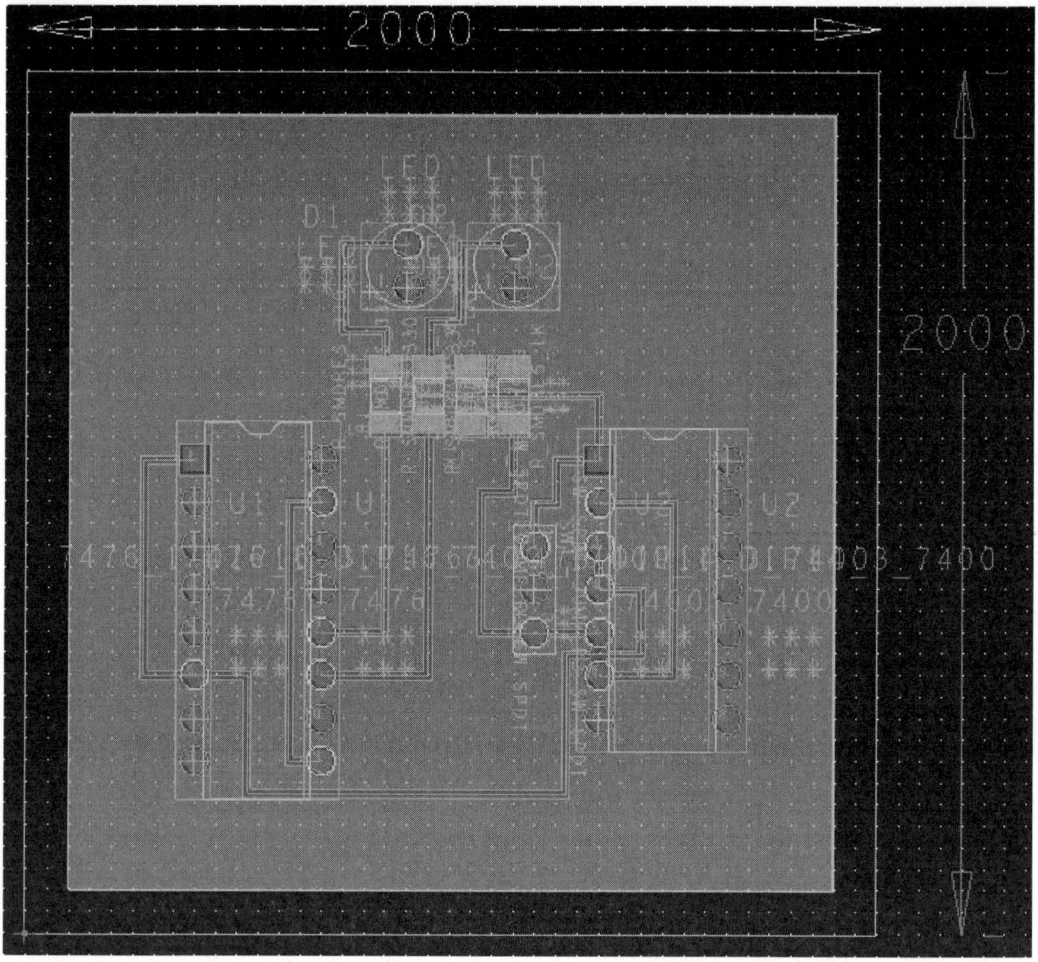

그림 6.2 PCB

02 도면 작성하기

윈도 작업 표시줄의 [시작] 버튼을 클릭하여, 모든 프로그램₩Cadence₩Release 16.5₩OrCAD Capture CIS를 선택 또는 윈도 바탕화면에 Capture CIS의 단축아이콘이 있다면 이를 더블 클릭하여 실행한다.

1 Capture 시작하기

- 프로그램 시작하는 방법

▶ 시작 〉 모든 프로그램 〉 Cadence 〉 Release 16.5 〉 OrCAD Capture CIS

2 Capture 환경설정

새로운 프로젝드 또는 디자인 작업 시 현새의 설정이 기본 설정으로 지성된다.
다음과 같이 필요에 따라 기본 설정을 변경할 수 있다.

1. Grid style : not Displayed

Junction Dot Size : Small ⇒ Medium

▶ 메뉴 Options 〉 Preference 〉 Grid Display 〉 Visible : not Displayed

▶ 메뉴 Options 〉 Preference 〉 Miscellaneous 〉 Schematic Page Editor 〉 Junction Dot Size : Medium

2. Page Size 변경 및 기재 사항

▶ 메뉴 Options 〉 Design Template 〉 Title Block 〉 Title : ch6 〉 Page Size : A4

3 새로운 프로젝트 파일 만들기

메뉴 File 〉 New 〉 Project 선택 또는 시작화면에 나타난 Getting Started 〉 Project 〉 New 선택 : 아래 그림 6.3과 같은 창이 열린다.

- 프로젝트 name : ch6

Create a New Project Using : PC Board Wizard

Location : c:\work\orcad\ch6 로 입력한 후 OK를 선택한다.

그림 6.4와 같이 화면을 조정하여 배치하면 작업할 준비가 된 것이다.

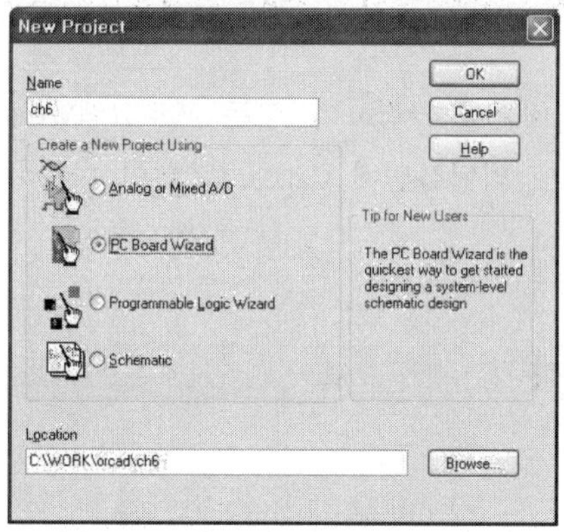

그림 6.3 New Project 창

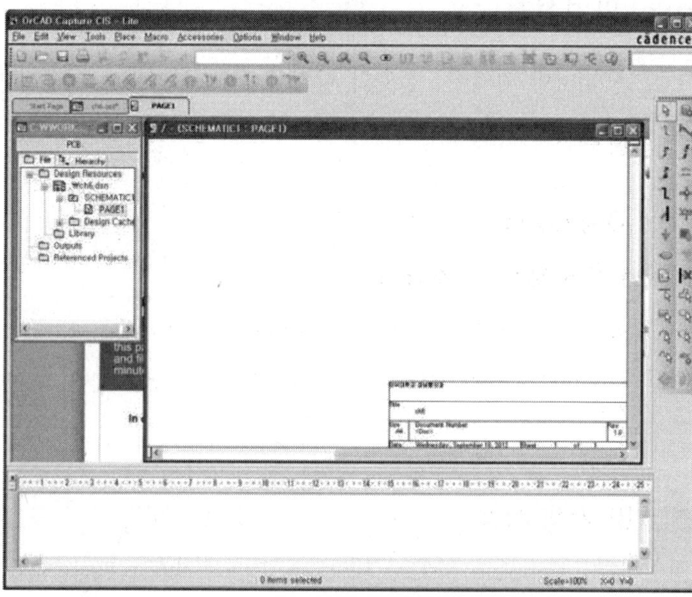

그림 6.4 작업 준비가 된 화면

4 작업 페이지 추가 및 삭제

본 장에서 작업하고자 하는 도면이 평면 도면이므로 두 장 이상의 페이지를 사용하여야 한다. 그러므로 작업 페이지를 추가 하여야 한다. 추가와 삭제하는 방법은 다음과 같다.

1 새로운 작업 페이지 추가

01 그림 6.4와 같은 상태에서 디자인 매니저 창에서 schematic 폴더를 선택한 후 마우스 오른쪽 버튼을 클릭하여 그림 6.5와 같이 팝업 창이 나타나면 New Page를 선택한다.

02 New Page in Schematic 창의 Name 상자에 새로운 페이지 이름을 입력한 후 OK 버튼을 선택하여 창을 닫는다. 그러면 그림 6.5와 같이 schematic 폴더에 새로운 페이지가 생기게 된다. 이 새로운 페이지를 마우스로 더블 클릭하면 페이지가 열리게 된다.

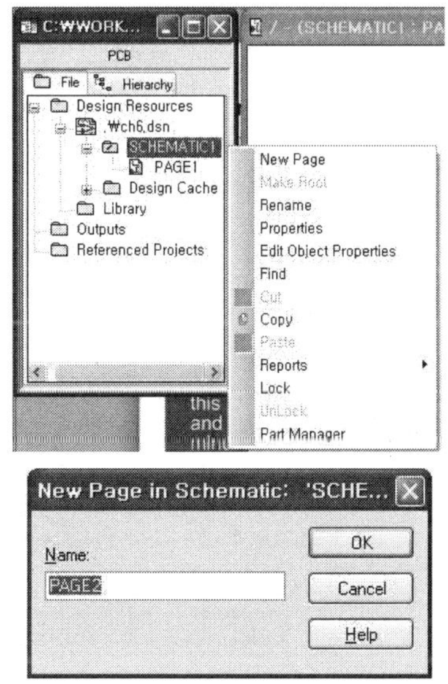

그림 6.5 새로운 페이지 추가

2 schematic 페이지를 삭제

01 프로젝트 매니저 창에서 삭제할 페이지를 선택한 후에 마우스 오른쪽 버튼을 클릭하여 그림 6.6과 같이 팝업 창이 나타나면 Cut을 선택하여 삭제하면 된다. 이때 삭제할 페이지 창이 열려 있는 경우는 삭제가 되지 않는다.

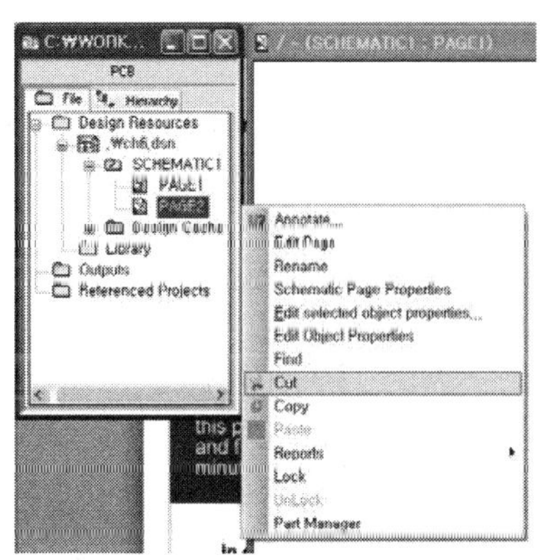

그림 6.6 페이지 삭제

5 부품 배치

부품을 배치하기 전에 필요한 라이브러리가 등록되어 있는지 확인한다.

1 부품 배치

부품 배치는 각 페이지에서 중요한 부품부터 배치하는 것이 좀 더 효율적으로 부품을 배치할 수 있게 된다. 그 순서는 다음과 같다.

01 툴 팔레트에서 Place Part 툴을 선택한다.

02 Part 상자에 찾고자 하는 부품 이름을 입력하고 선택한 다음 OK 버튼을 클릭하면 마우스에 부품 기호가 따라 다니게 된다.

03 부품이 커서를 따라 움직이므로 페이지의 원하는 곳에 마우스를 위치하고 클릭하면 부품이 놓이게 된다.

04 다른 부품도 그림 6.7과 6.8과 같이 배치하면 된다.

05 부품의 배치를 마치게 되면 esc 키를 선택, 툴 팔레트에 select 툴을 선택 또는 팝업 창에서 End Mode를 선택하면 된다.

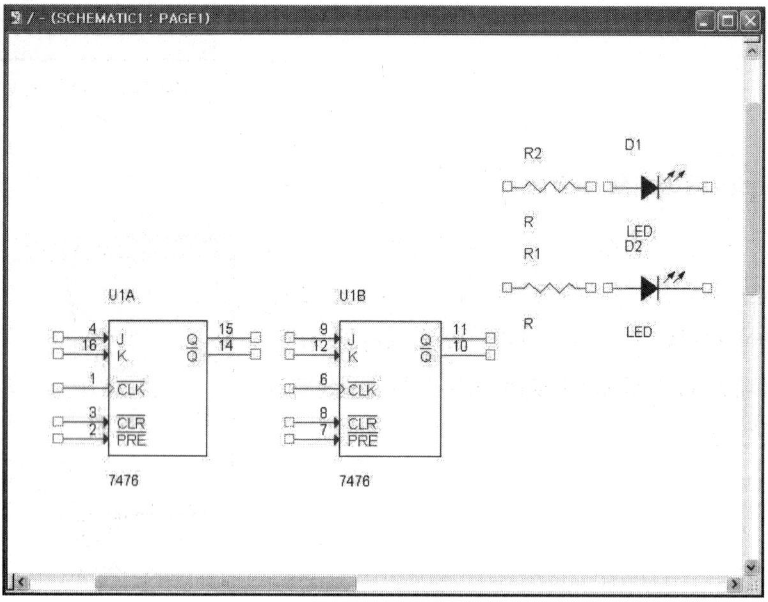

그림 6.7 페이지-1

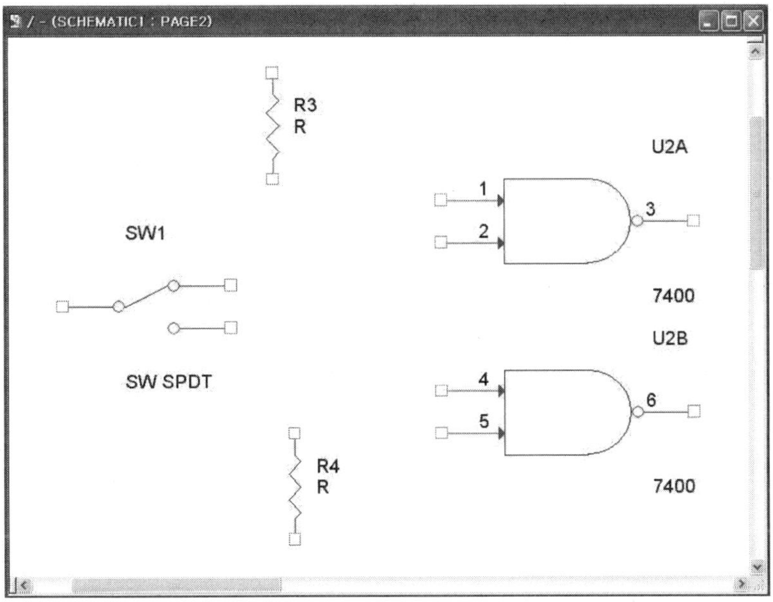

그림 6.8 페이지-2

2 선 그리기

툴 팔레트에서 Place Wire 툴을 선택하여 그림 6.9와 같이 선 그리기를 한다.

3 심벌 배치

툴 팔레트에서 Place Power 툴과 Place Ground 툴을 이용하여 전원과 접지 심벌을 배치한다. 또한 Place Off-Page Connector 툴을 선택하여 오프 페이지 커넥터를 그림 6.9와 같이 연결한다.

4 부품 속성 고치기

각 부품의 이름 또는 부품 값을 선택하여 더블 클릭하면 그림 6.9와 같은 Display Properties 창에서 값을 수정하거나, 각 부품을 선택하여 마우스로 더블 클릭하면 부품 속성창이 열린다. 여기에서 부품 값을 그림 6.10과 같이 입력하여 수정하면 된다. 이때 부품 번호는 수정하지 않는다. 부품 번호는 유틸리티에서 전체적으로 정리를 하게 된다.

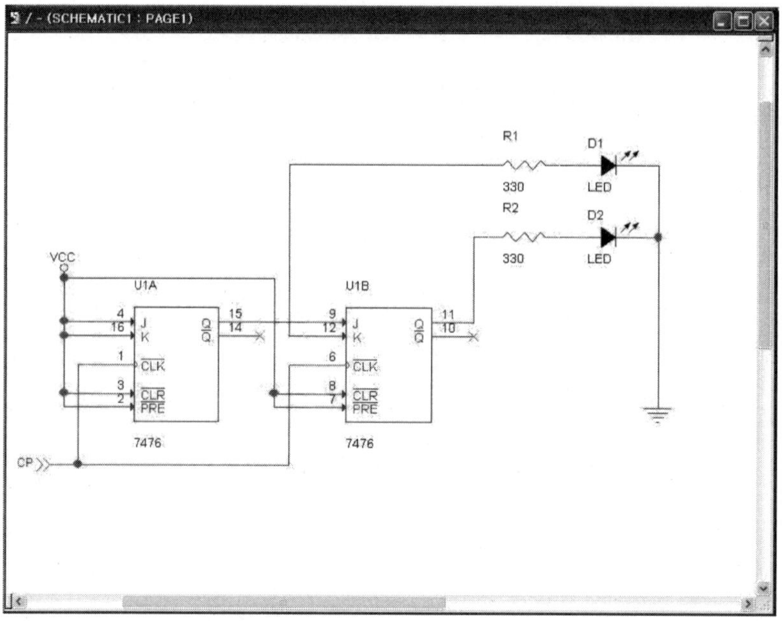
/ - (SCHEMATIC1 : PAGE1)
R1
D1
330
LED
R2
D2
330
LED
VCC
U1A
U1B
7476
7476
CP

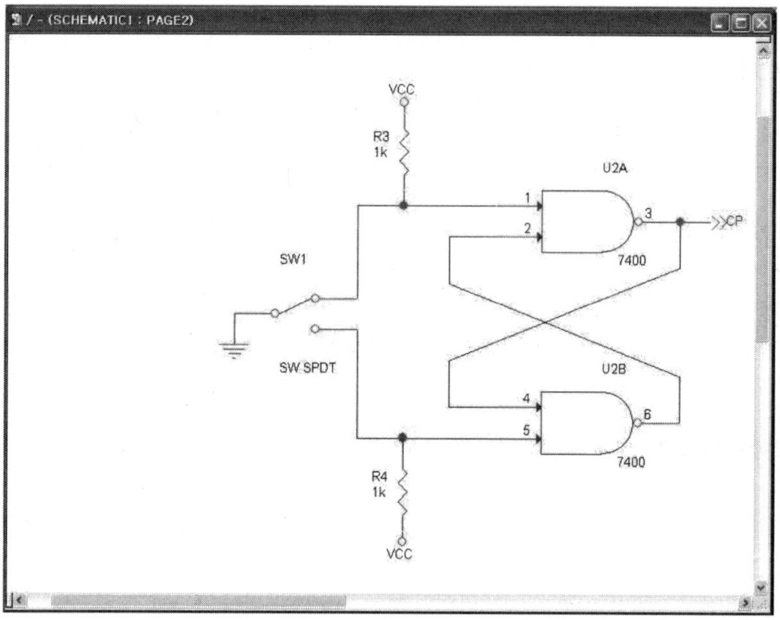
/ - (SCHEMATIC1 : PAGE2)
VCC
R3
1k
U2A
7400
SW1
SW SPDT
U2B
7400
R4
1k
VCC
CP

그림 6.9 완성된 회로도

5 부품 Footprint 지정하기

표 6.1 부품 리스트 및 풋 프린트 값

번호	부품 이름	부품 값	필요 수량	라이브러리	풋 프린트값
1	IC	7476	1	LATCH.OLB	DIP16_3
2	IC	7400	1	GATE.OLB	DIP14_3
3	LED	LED	2	DISCRETE.OLB	CAP196
4	Resistor	330	2	DISCRETE.OLB	SMDRES
5	Resistor	1k	2	DISCRETE.OLB	SMDRES
6	Switch	SW SPDT	1	DISCRETE.OLB	JUMPER3

PCB Editor에서 작업하기 위해 필요한 Footprint를 지정해 주어야 하는데 지정하는 방법은 두 가지가 있다.

01 각 부품을 선택하여 마우스로 더블 클릭하면 부품 속성창이 열리고 여기에서 부품 Footprint를 입력하면 된다. 그림 6.10과 그림 6.11에서는 마우스로 각 페이지에 있는 부품들을 전체 선택하여 속성 창을 열고 주어진 풋 프린트 값을 입력한 것이다.

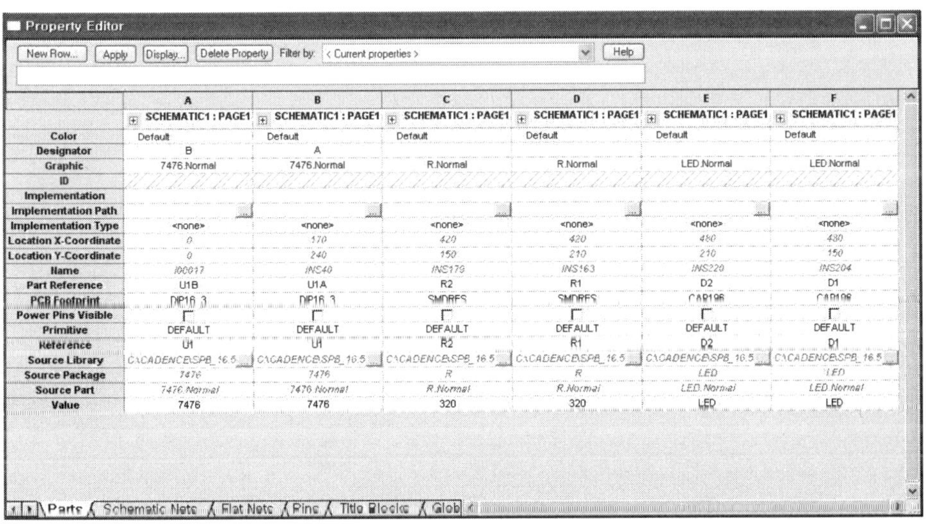

그림 6.10 페이지 1의 부품 속성 창

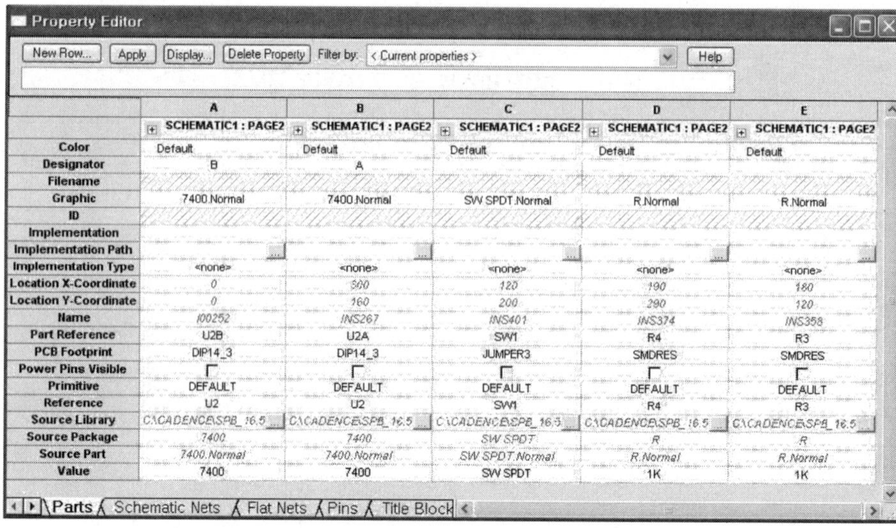

그림 6.11 페이지 2의 부품 속성 창

02 UPD 파일을 작성하여 메뉴에서 Tools 메뉴를 선택 그리고 Update Properties를 선택하여 일괄 지정하는 방법이 있다.

03 유틸리티

schematic 페이지 편집 창에서 도면 작성 작업을 끝낸 다음에는 툴바의 Project Manager를 선택하여 디자인 매니저 창을 활성화시킨다. 활성화된 유틸리티 6개 중 PCB 작업을 하기 위한 필수적인 3개의 유틸리티는 Annotate, DRC, 그리고 Create Netlist이다. 이장에서는 6개의 유틸리티 중 Back Annotate를 제외한 5개의 유틸리티 모두 사용하여 보고자 한다.

1 Annotate

부품 번호를 정리하기 위한 일반적인 순서는 다음과 같다.

01 Annotate 툴을 더블 클릭하면 Annotate 창이 열린다.

02 창의 Action 항목에서 그림 6.12(a)와 같이 Reset part reference to “?”를 선택한 후에 [OK] 버튼을 선택한다. 도면의 부품 번호가 “?”로 바뀐다.

03 한 번 더 Annotate 툴을 더블 클릭한다. Annotate 창이 열린다.

04 Annotate 창의 Action 항목에서 그림 6.12(b)와 같이 Incremental reference update를 선택한 후에 [OK] 버튼을 선택한다. 도면의 부품 번호를 다시 부여 되면서 정리된다.

05 한 번 더 Annotate 툴을 더블 클릭한다. Annotate 창이 열린다.

06 창의 Action 항목에서 그림 6.13과 같이 Add Intersheet References를 선택한 후에 [OK] 버튼을 선택한다. 도면의 off-page connector의 이름 뒤에 연결 페이지 번호가 붙는다.

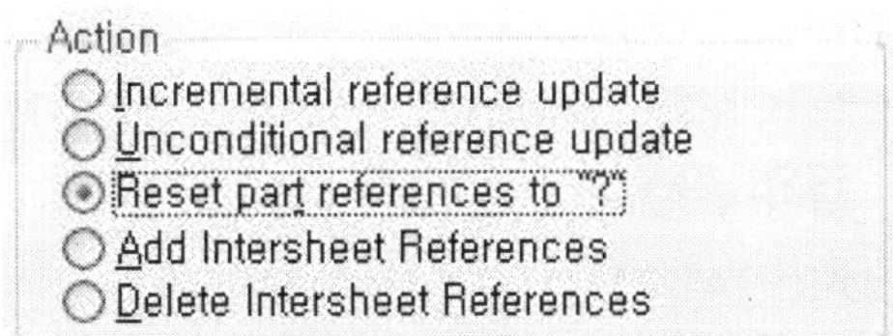

(a)

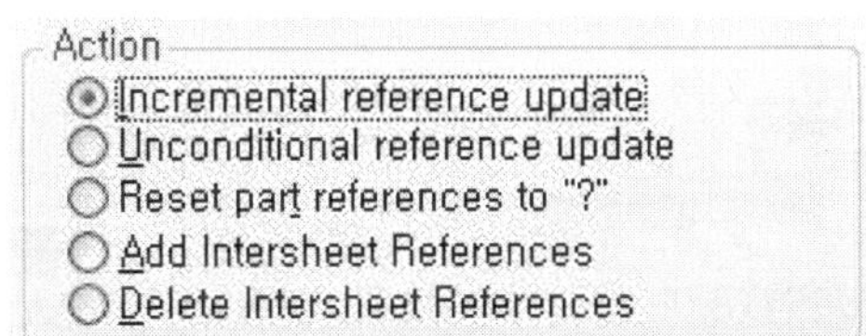

(b)

그림 6.12 Annotate 창

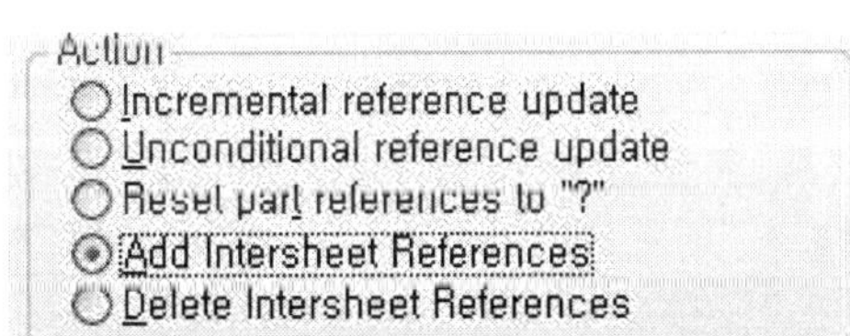

그림 6.13 Add Intersheet References

2 Design Rules Check

회로의 전기적인 검사를 하기 위한 순서는 다음과 같다.

01 DRC 툴을 선택한다. 그림 6.14와 같은 DRC 창이 열린다.

02 특정한 검사 또는 특정한 검사 결과를 보기 위해서는 Report 항목의 View Output 체크 박스를 선택한다. 이는 메모장이나 워드 패드로 실행 결과를 바로 보기 위함이다. 물론 모든 실행 결과는 실행 결과 창인 Session Log 창에 기록된다.

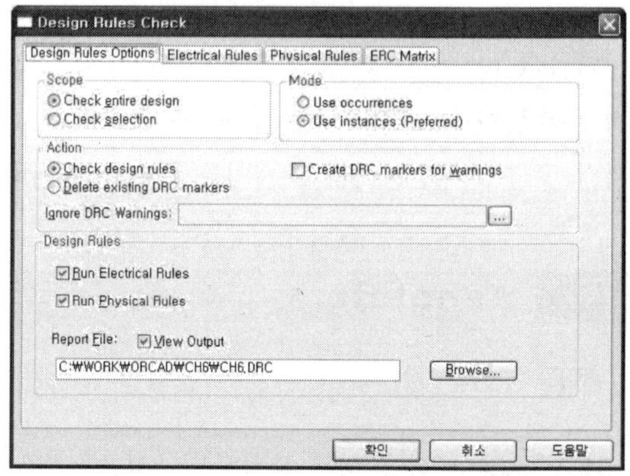

그림 6.14 Design Rules Check 창

03 Report File 상자에는 DRC 실행 결과 파일의 경로와 파일 이름이 기본적으로 설정된다. 기본적으로 설정되는 경로는 디자인 파일이 저장된 폴더이다. 파일 이름도 디자인 파일과 동일하다. 이때 파일의 확장자는 DRC이다.

04 [확인] 버튼을 선택한다.

05 그림 6.15와 같은 검사 항목과 에러가 기록되어 있는 실행 결과 파일이 열린다. 그림과 같이 나타나야 한다.

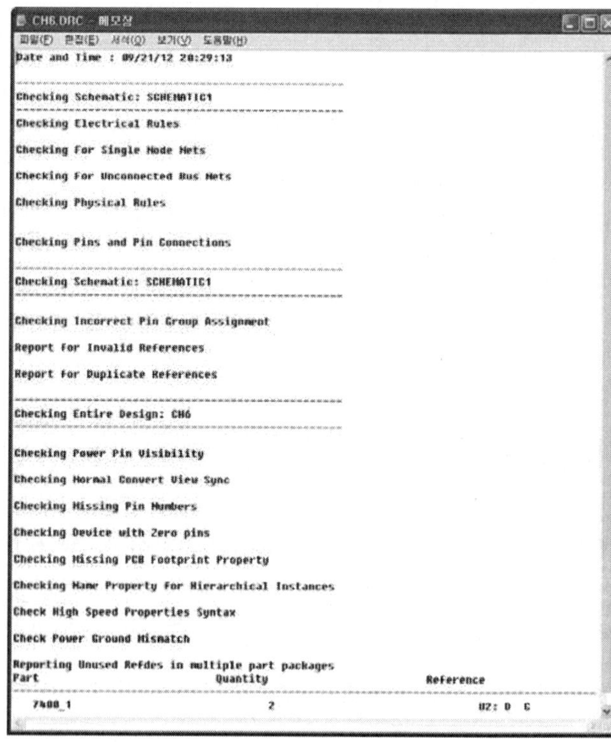

그림 6.15 DRC 결과 창

3 Cross reference Parts

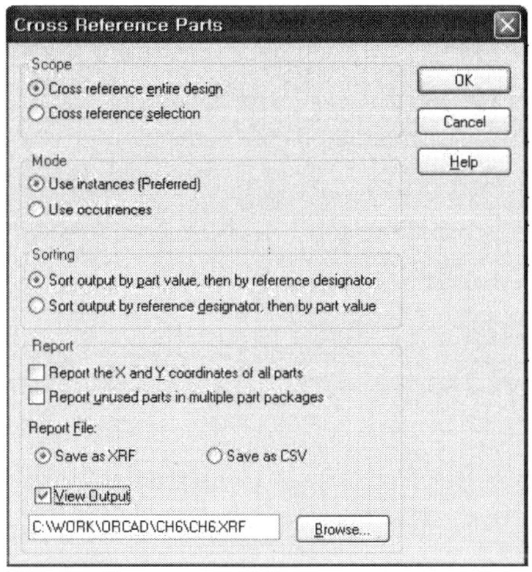

그림 6.16 Cross reference Parts 창

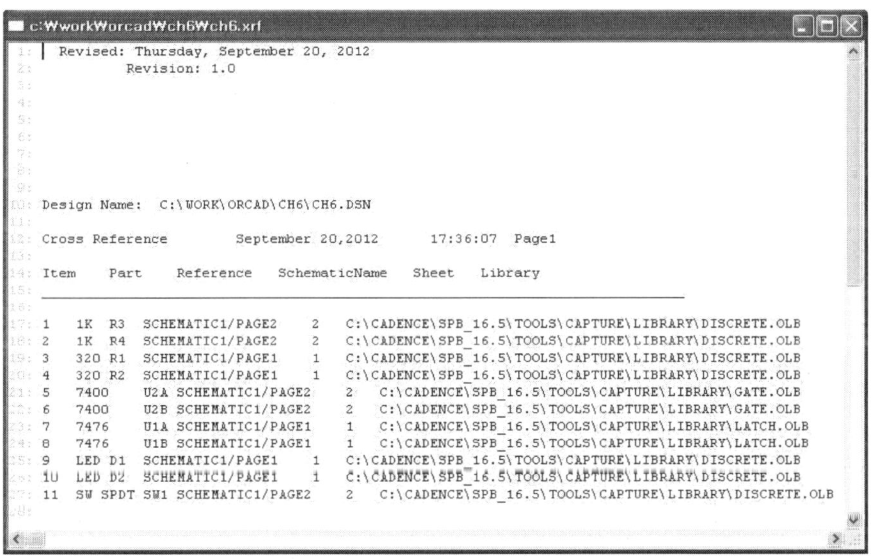


```
 Revised: Thursday, September 20, 2012
         Revision: 1.0








Design Name:  C:\WORK\ORCAD\CH6\CH6.DSN

Cross Reference         September 20,2012       17:36:07  Page1

Item    Part    Reference   SchematicName   Sheet   Library
______________________________________________________________________________

1    1K   R3   SCHEMATIC1/PAGE2    2   C:\CADENCE\SPB_16.5\TOOLS\CAPTURE\LIBRARY\DISCRETE.OLB
2    1K   R4   SCHEMATIC1/PAGE2    2   C:\CADENCE\SPB_16.5\TOOLS\CAPTURE\LIBRARY\DISCRETE.OLB
3    320 R1   SCHEMATIC1/PAGE1    1   C:\CADENCE\SPB_16.5\TOOLS\CAPTURE\LIBRARY\DISCRETE.OLB
4    320 R2   SCHEMATIC1/PAGE1    1   C:\CADENCE\SPB_16.5\TOOLS\CAPTURE\LIBRARY\DISCRETE.OLB
5    7400     U2A SCHEMATIC1/PAGE2   2   C:\CADENCE\SPB_16.5\TOOLS\CAPTURE\LIBRARY\GATE.OLB
6    7400     U2B SCHEMATIC1/PAGE2   2   C:\CADENCE\SPB_16.5\TOOLS\CAPTURE\LIBRARY\GATE.OLB
7    7476     U1A SCHEMATIC1/PAGE1   1   C:\CADENCE\SPB_16.5\TOOLS\CAPTURE\LIBRARY\LATCH.OLB
8    7476     U1B SCHEMATIC1/PAGE1   1   C:\CADENCE\SPB_16.5\TOOLS\CAPTURE\LIBRARY\LATCH.OLB
9    LED D1   SCHEMATIC1/PAGE1    1   C:\CADENCE\SPB_16.5\TOOLS\CAPTURE\LIBRARY\DISCRETE.OLB
10   LED D2   SCHEMATIC1/PAGE1    1   C:\CADENCE\SPB_16.5\TOOLS\CAPTURE\LIBRARY\DISCRETE.OLB
11   SW SPDT SW1 SCHEMATIC1/PAGE2    2   C:\CADENCE\SPB_16.5\TOOLS\CAPTURE\LIBRARY\DISCRETE.OLB
```

그림 6.17 Cross reference Parts 결과

4 Bill of Material

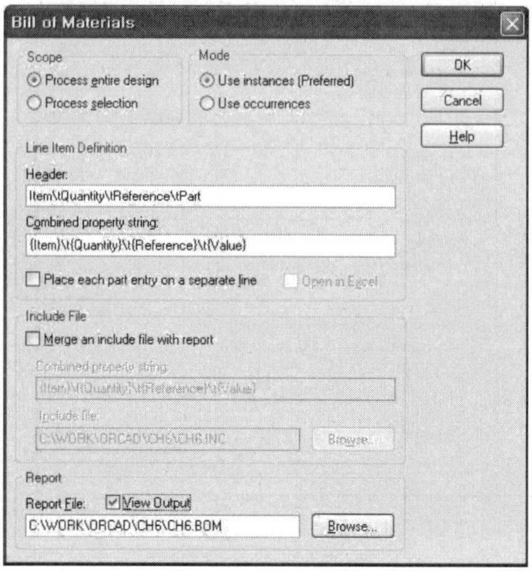

그림 6.18 Bill of Material 창

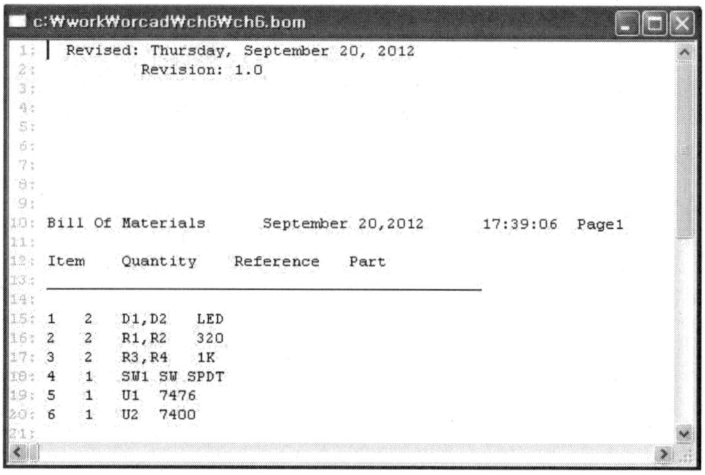

그림 6.19 Bill of Material 결과

5 Create Netlist

Netlist 파일을 생성하기 위한 과정은 다음과 같다.

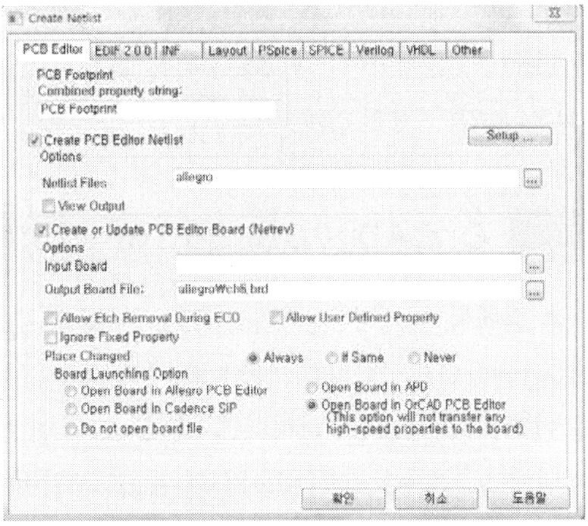

그림 6.20 Netlist 파일 생성

01 메뉴 Tools 〉 Create Netlist를 클릭 또는 Create Netlist 툴을 선택한다.

02 열린 Create Netlist 창의 Option 항목에서 Netlist의 저장 폴더를 선택할 수 있고, 기본적으로 작업 폴더 내에 allegro 폴더를 생성하여 저장한다.

03 Create or Update PCB Editor Board (Netrev) : 열린 Create Netlist 창에서 그림 6.20과 같이 PCB를 신규 생성하거나 업데이트 할 수 있는 Option이다.

- Input Board : 업데이트 시 기존 작업된 보드를 기입
- Output Board : 신규 또는 업데이트 시 새롭게 생성되는 파일명을 기입
- Allow Etch Removal During ECO : ECO 하는 동안 변경된 배선을 제거 허용
- Allow User Defined Property : 사용자가 지정한 설계 속성을 허용
- Ignore Fixed Property : 기존 Board에서 고정된 속성 값의 무시를 허용

04 Board Launching Option : 그림 6.20과 같이 product 중 해당되는 제품군을 선택한다.

05 확인 버튼을 클릭하면 자동적으로 Allegro OrCAD PCB Editor가 실행되어 시작화면이 나타나게 된다.

04 새로운 보드 파일 만들기

OrCAD Capture CIS 유틸리티 Create Netlist에서 Create or Update PCB Editor Board (Netrev)를 선택하여 OrCAD PCB Editor가 바로 구동되도록 하였으므로 OrCAD 16.5 PCB Editor의 기본 창이 열린다.

1 OrCAD PCB Editor 시작하기

앞 절에서 마지막 단계에서 Create Netlist를 한 후 자동적으로 PCB Editor가 실행된 초기 화면은 아래 그림 6.21과 같이 나타나게 된다. 여기에서 타이틀 바에 나타난 파일 이름은 작업파일 이름인 ch6.brd로 나타나게 된다. 그림 6.21에서는 작업 디렉터리가 C:/work/orcad/ch6이고 그 밑에 subdirectory인 allegro에 보드 파일이 생기게 된다.

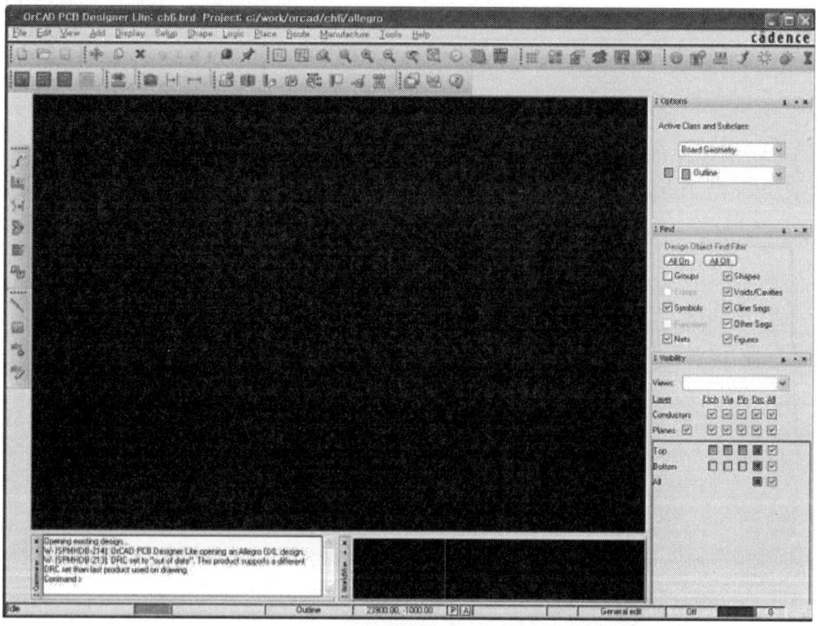

그림 6.21 자동으로 실행된 PCB Editor의 초기화면

05 Allegro OrCAD PCB Editor Setup

PCB 설계를 하기 위한 전반적인 Setup을 위해서 다음과 같은 순서에 따라 설정하면 된다.

01 OrCAD Designer(또는 Allegro PCB Editor) 창의 메뉴 바 Setup 〉 Design Parameters...를 선택한다.

02 Design Parameter Editor 창이 열리고 Design 탭 메뉴에서 단위 Mils, Size A, Accuracy 0, Extents 항목의 Left X -3000, Lower Y -3000으로 설정 및 입력한 후 Shapes 탭 메뉴로 이동한다.

03 Shape 탭 메뉴로 이동 후 Edit global dynamic shape parameters...를 선택한다.

04 Global Dynamic Shape Parameters 창에서 Void controls 탭 메뉴로 이동하여 Artwork format을 Gerber RS274X로 변경한 후 OK 버튼을 선택한다.

05 Design Parameter Editor 창의 OK 버튼을 선택하여 창을 닫는다.

06 PCB 설계 층수를 확인하기 위하여 메뉴 바 Set 〉 Cross Section...을 선택한 후 Layout Cross Section 창에서 기본 설정 값인 2층 Layer를 확인한다.

07 Layout Cross Section 창의 OK 버튼을 선택하여 창을 닫는다.

08 Grid의 설정을 위해서 메뉴 바 Setup 〉 Grids...를 선택한 후 Grids On 체크 박스에 체크하고 Non-Etch의 Spacing x, y를 50으로 변경한 후 OK 버튼을 선택하여 창을 닫는다.

06 Board Outline 그리기

정사각형의 보드 아웃라인을 생성하기 위해서 다음과 같은 순서로 한다.

01 메뉴 바 Setup 〉 Outlines 〉 Board Outline...을 선택한 후 그림 6.22와 같이 Board Outline 창의 Board Edge Clearance를 100 MIL로 변경한 후 그대로 창을 유지한다.

02 Board Outline 창이 반드시 떠 있는 상태에서 Command 창에 소문자 x, 한 칸 띄우고, 숫자 0, 한 칸 띄우고, 숫자 0을 입력한 후 enter 키를 누른다.(사각형이 나타남)

03 0, 0 지점에서 사각형이 시작되는 것을 확인한 후 다시 Command 창에 소문자 x, 한 칸 띄우고, 숫자 2000, 한 칸 띄우고, 숫자 2000을 입력한 후 enter 키를 누른다.(그림 6.23와 같이 사각형이 나타남)

04 Board Outline 창의 OK 버튼을 선택하여 창을 닫으면 그림 6.24와 같이 사각형 이 두 개 나타나게 된다.(외곽 흰색 라인은 보드 아웃라인이고 안쪽 주황색 라인은 배치 및 배선 제한 영역을 나타냄)

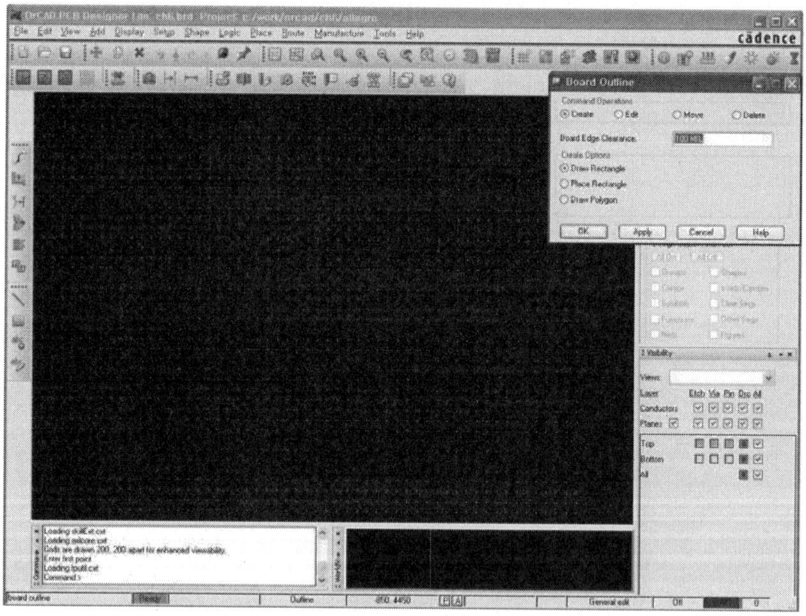

그림 6.22 Board Outline를 위한 준비 창

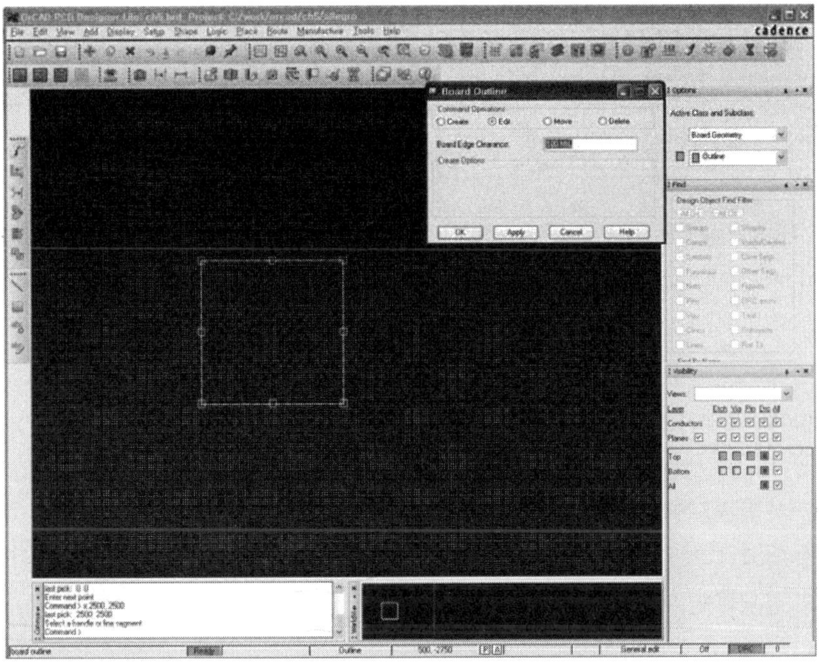

그림 6.23 Board Outline를 위한 좌표 입력

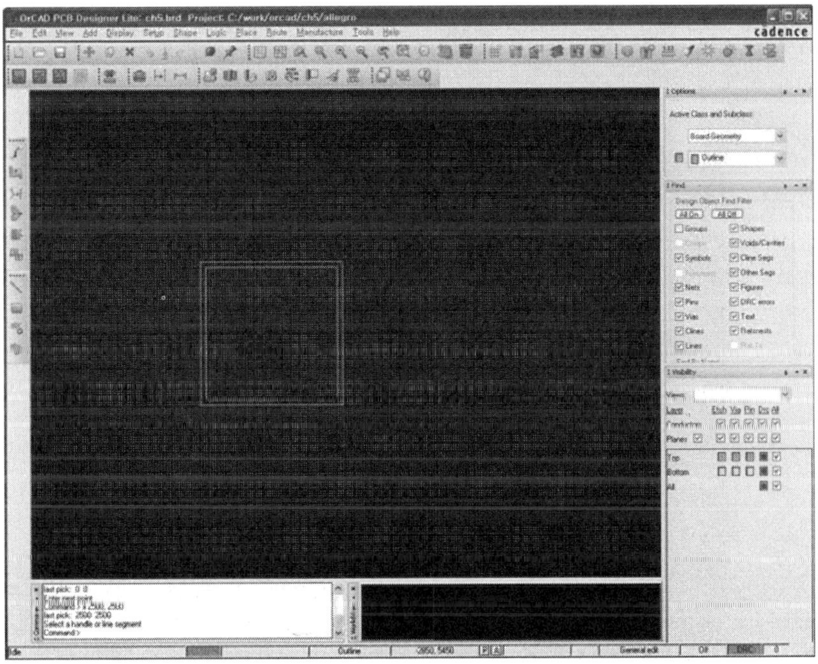

그림 6.24 완성된 Board Outline

07 부품 배치하기

부품을 PCB Outline 내부에 위치하도록 배치하기 위해서 다음과 같은 순서에 따라 배치한다.

01 Place 메뉴를 이용하여 부품을 배치하기 위해서 메뉴 바 Place 〉 Manually...를 선택한 후 그림 6.25와 같은 Placement 창이 열린다.

02 Placement 창에서 Placement List에 있는 부품 번호 앞의 네모 박스를 마우스로 선택하면 마우스에 그 부품이 따라다니게 되고 그것을 PCB Outline 내부에 놓고 클릭하면 위치하게 된다.

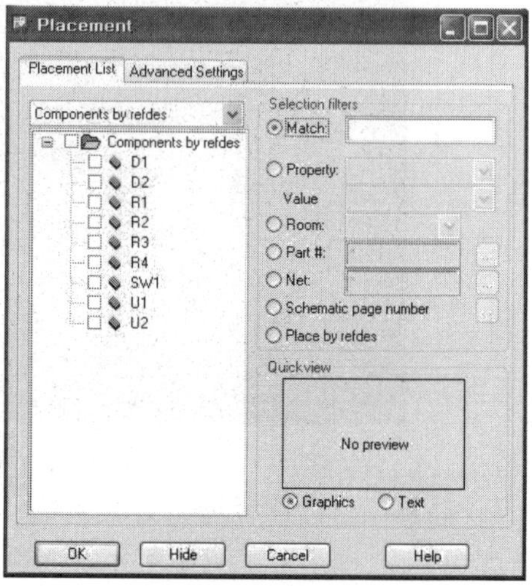

그림 6.25 Placement 창

03 나머지 부품도 **02**와 같은 방법으로 배치하고 OK를 선택하여 창을 닫으면 그림 6.26과 같이 배치된다.

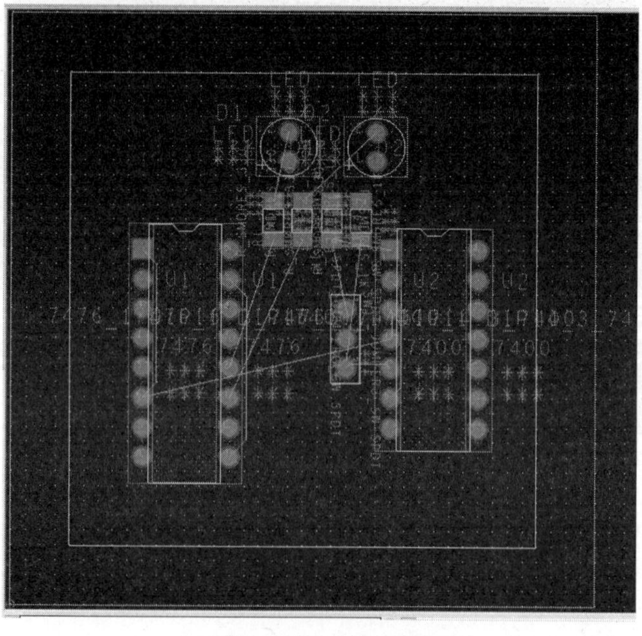

그림 6.26 부품 배치

08 부품 배선하기

부품의 핀과 핀을 연결하는 선들을 실제의 물리적인 선으로 만드는 과정으로 선을 배선하기 위해서 다음과 같이 한다.

01 메뉴 바 Route 〉 Connect를 선택한다.

02 파란색 Ratsnest 라인이 연결된 대로 R1의 핀을 클릭하면 마우스를 따라 배선이 이어지며, 연결되어 있던 Ratsnest 라인이 사라지면서 녹색의 배선으로 연결이 완료된다.

03 동일한 방법으로 다른 선들을 그림 6.27과 같이 배선한다.(TOP Layer에서 배선) 모든 선을 배선한 후 마우스 오른쪽 버튼을 선택하면 나타나는 팝업 메뉴의 Done을 선택하여 배선 작업을 마친다.

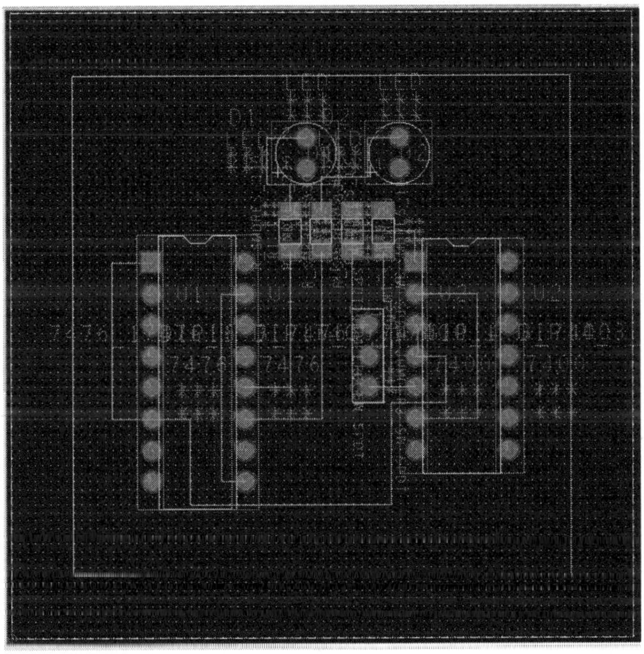

그림 6.27 배선된 회로

04 배치 및 배선 결과를 알기 위해서 메뉴 바 Display 〉 Status...를 선택하여 Unplaced symbol 및 Unrouted nets 항목 등이 그림 6.28과 같이 0% 되지 않음을 알 수 있다.

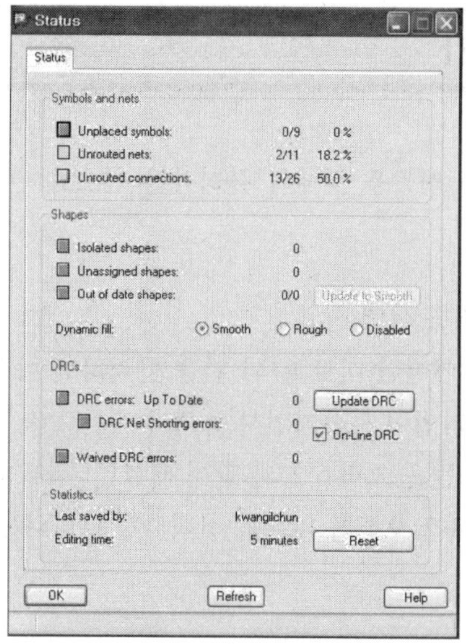

그림 6.28 상태 확인

05 unrouted connections의 □을 클릭하면 그림 6.29와 같은 창이 열리고 이 창에서 연결되지 않은 것은 GND와 VCC로 차후에 COPPER를 통하여 연결할 수 있다.

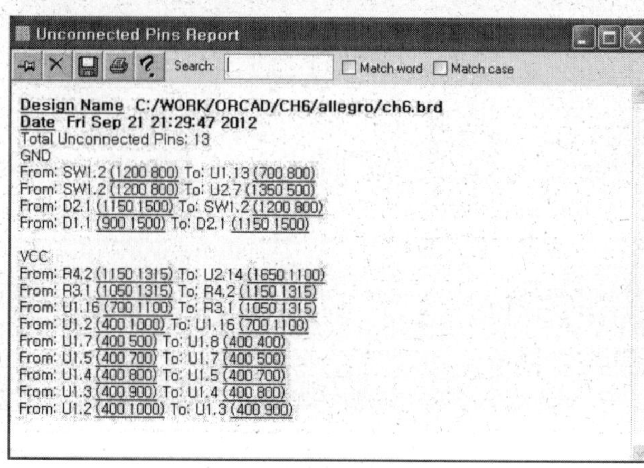

그림 6.29

09 Copper Pour 설정하기

모든 부품의 배치와 배선을 한 후 보드 전체에 대한 동막 영역을 설정해 줄 필요가 있을 때 설정하여 주는 것으로 기본적으로 ground 속성으로 메뉴 바에서 Shape를 사용하여 지정한 모양으로 영역을 지정해 준다. 본 장에서는 가장 간단하게 보드 전체의 정사각형 모양에 대하여 동박을 다음과 같이 배치하기로 하며, TOP면의 동박은 회로의 VCC 연결하고 BOTTOM면의 동박은 GND와 연결하고자 한다.

01 메뉴 바에서 Shape 〉 Rectangular를 선택한다.

02 오른쪽 Options 팝업창에서 Active Class and Subclass에 Etch/Top을 선택한다.

03 Assign net name의 Browse를 선택한다.

04 VCC를 선택한다.

05 마우스를 보드의 모서리 한 곳을 선택하여 드래그 하여 대각선으로 보드의 또 다른 모서리를 클릭하면 아래 그림 6.30과 같이 부품과 배선을 제외한 부분에 대하여 동박을 형성할 수 있게 된다.

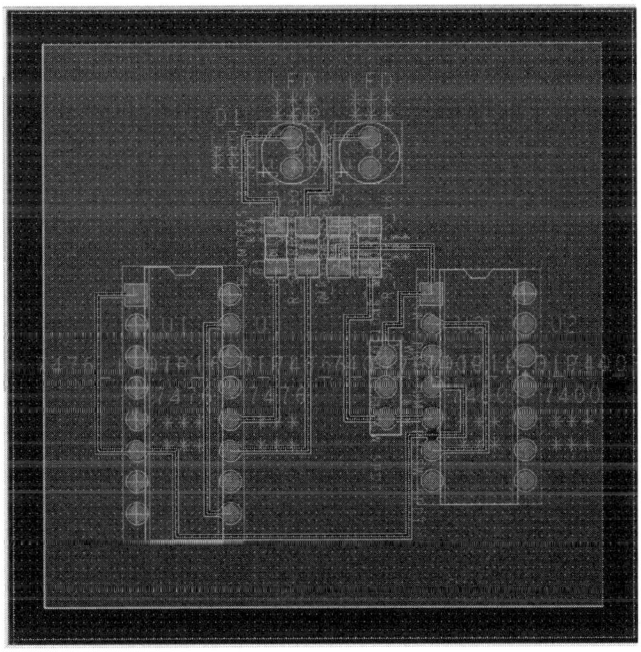

그림 6.30 Copper Pour TOP 면배치

그림 6.30에서 IC 7476과 7400의 VCC에 해당하는 핀들이 동박에 연결되어 있음을 알 수 있다. GND에 대해서도 연결하기 위해서 다음과 같이 한다.

06 다시 메뉴 바에서 Shape 〉 Rectangular를 선택한다.

07 오른쪽 Options 팝업창에서 Active Class and Subclass에 Etch/Bottom을 선택한다.

08 Assign net name의 Browse를 선택한다.

09 GND를 선택한다.

10 마우스를 보드의 모서리 한 곳을 선택하여 드래그 하여 대각선으로 보드의 또 다른 모서리를 클릭하면 아래 그림 6.31과 같이 부품과 배선을 제외한 부 분에 대하여 동박을 형성할 수 있게 된다.

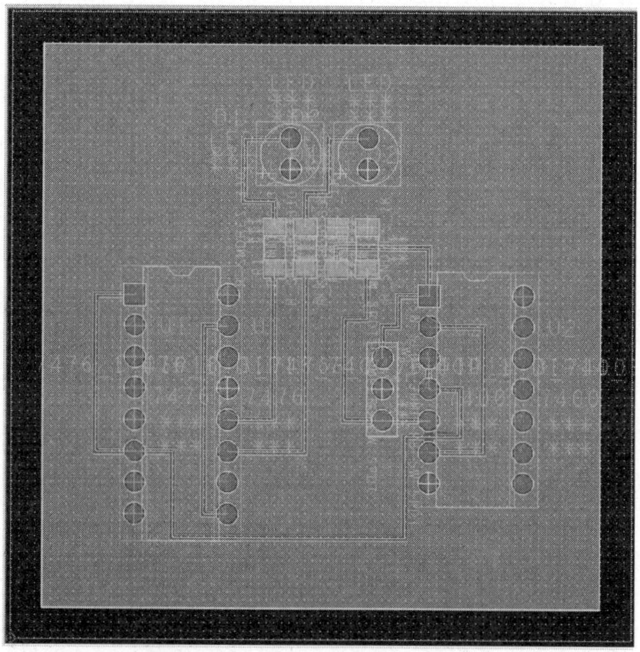

그림 6.31 Copper Pour Bottom 면배치

11 다시 배치 및 배선 결과를 알기 위해서 메뉴 바 Display 〉 Status...를 선택하여 Unplaced symbol 및 Unrouted nets 항목 등이 그림 6.32와 같이 0% 됨을 볼 수 있다.

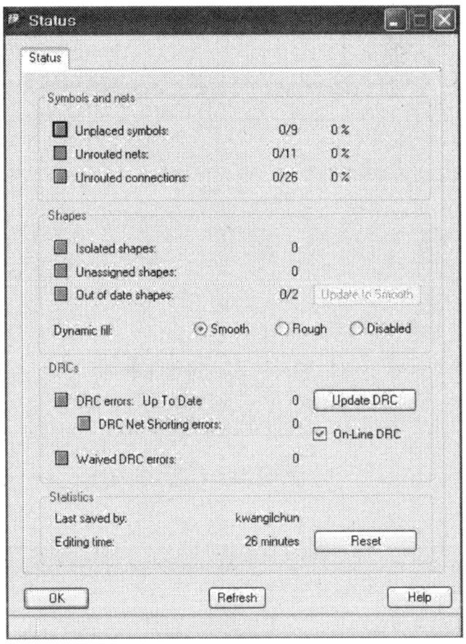

그림 6.32 Status 창

10 Gerber File 만들기

PCB 제작을 위한 Gerber File을 만들기 위한 순서는 다음과 같은 순서로 한다.

1 드릴 차트 만들기

01 드릴 차트를 만들기 위해서 사용된 드릴 홀 데이터 생성이 필요하게 된다. 드릴 홀 데이터 생성은 메뉴 바 Manufacture 〉 NC 〉 Drill Customization을 선택하면 그림 6.33과 같은 창이 열리고 Auto generate symbols를 클릭하여 홀 데이터를 생성하면 된다.

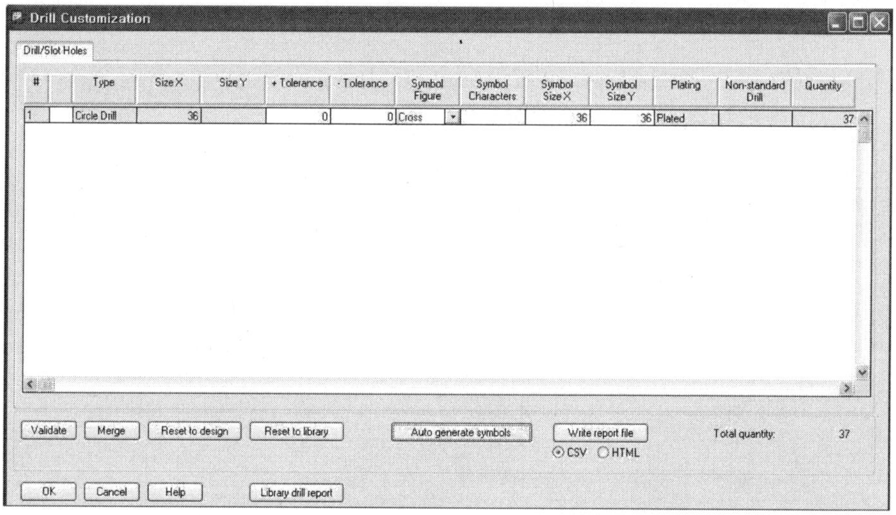

그림 6.33 홀 데이터 생성 1. 드릴 차트 만들기

02 드릴 차트를 생성하기 위해서 메뉴 바 Manufacture 〉 NC 〉 Drill Legend...를 선택한다.

03 그림 6.34와 같은 Drill Legend 창이 나타나면 OK 버튼을 선택한다. 드릴 차트가 마우스에 따라 이동하며 보드 아웃라인 아래쪽에 클릭하여 그림 6.35와 같이 배치 완료한다.

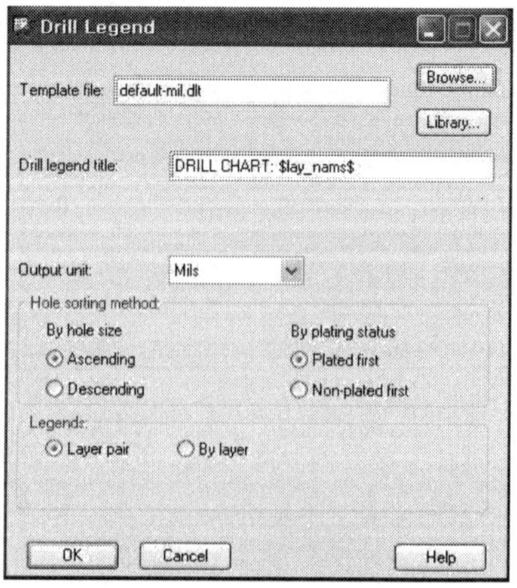

그림 6.34 Drill Legend 창

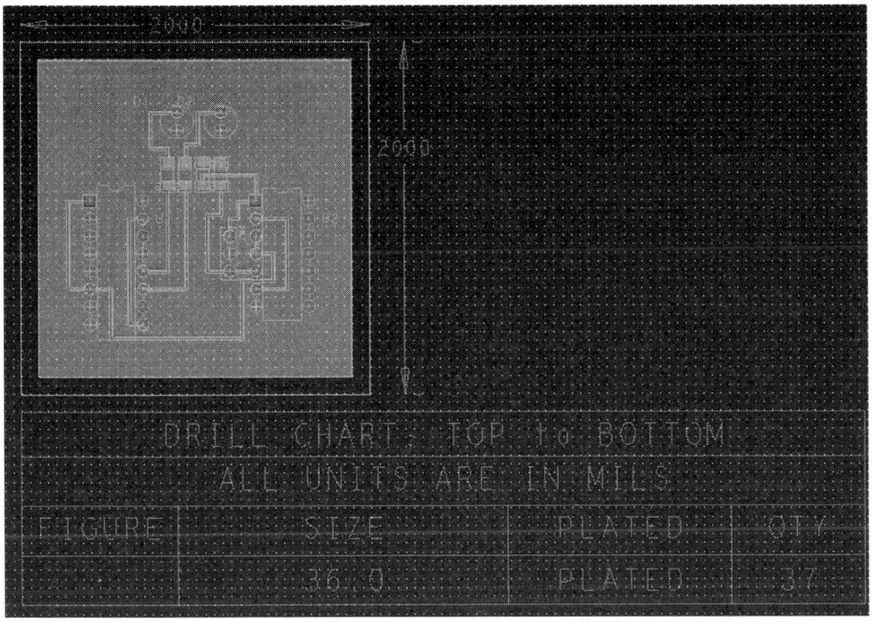

그림 6.35 Drill Legend 창 배치

2 Gerber File 만들기

01 Gerber File을 만들기 위해서 메뉴 바 Manufacture 〉 Artwork...를 택한다. Artwork Control Form 창이 나타나면 General Parameters 탭 메뉴로 이동한다.

02 그림 6.36과 같이 Device type 항목에서 Gerber RS274X를 체크하고, Format 항목의 Decimal places를 5로 변경한 후 Film Control 탭 메뉴로 다시 이동한 후 창을 유지한다.

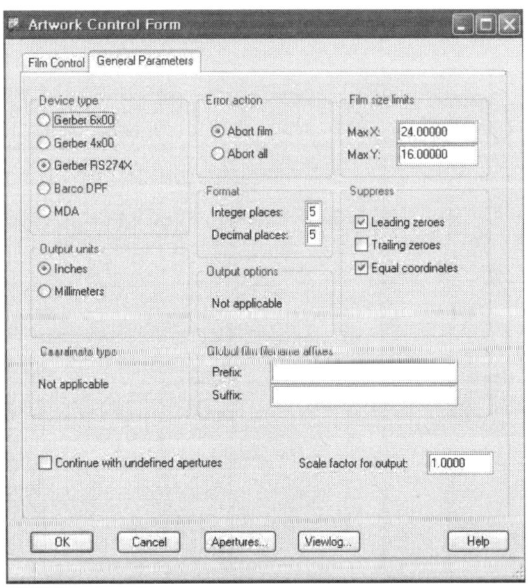

그림 6.36 Artwork Control Form 창

03 메뉴 바 Display 〉 Color/Visibility…를 선택하여 그림 6.37과 같은 Color Dialog 창이 나타나면 상단의 Global visibility On/Off 스위치 중 Off 버튼을 선택한 후 Apply 버튼을 선택하여 그림 6.37과 같이 한다. Color Dialog 창을 닫지 않고 유지한다.

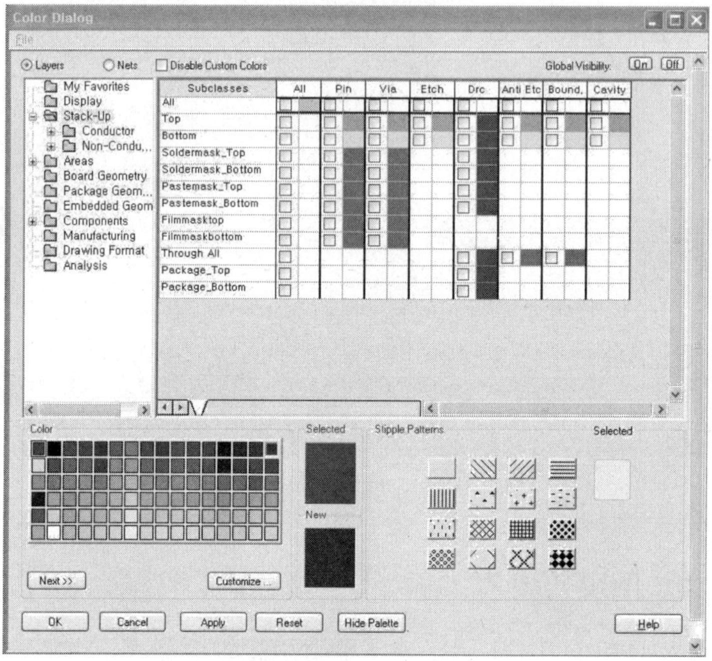

그림 6.37 Color Dialog 창

04 그림 4.38과 같이 Color Dialog 창에서 왼쪽의 Stack-Up 폴더를 선택한 후, 오른쪽 Subclasses 항목 중 Soldermask_Top의 Pin, Via 항목을 체크한 후 Apply 버튼을 선택한 다음 OK 버튼을 선택하여 Color Dialog 창을 닫는다.

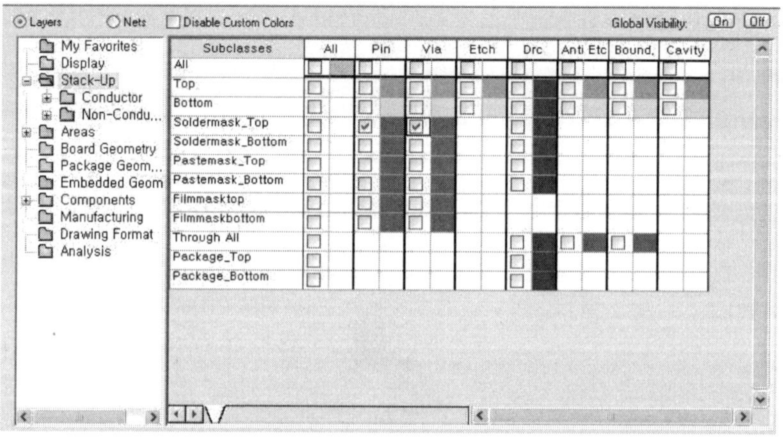

그림 6.38 Soldermask_Top

05 그림 6.39와 같이 Artwork Control Form 창의 Top을 선택한 후 마우스 오른쪽 버튼을 클릭하면 나타나는 팝업 메뉴의 Add를 선택한다.

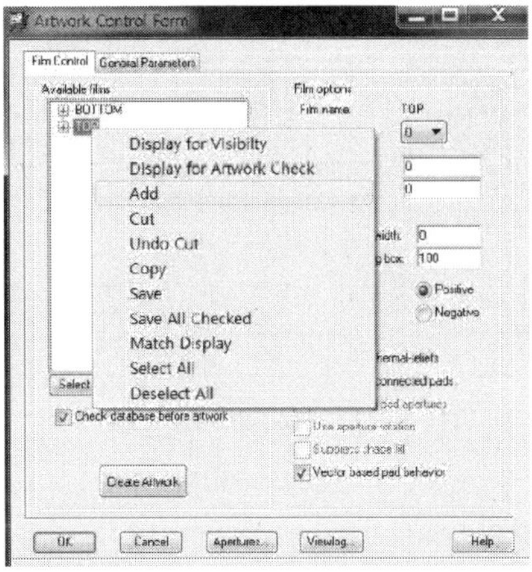

그림 6.39 Artwork Control Form 창

06 OrCAD PCB Designer 창이 열리면 그림 6.40과 같이 Soldermask_top이라고 입력한 후 OK 버튼을 선택한다.

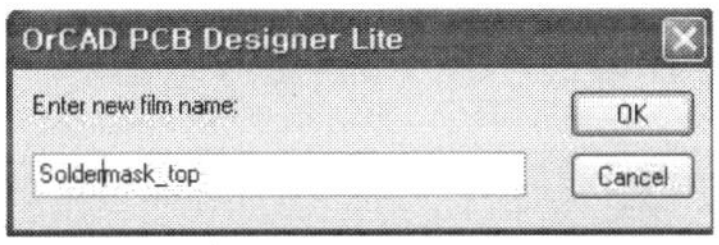

그림 6.40 OrCAD PCB Designer 창

07 다시 메뉴 바 Display 〉 Color/Visibility...를 선택하여 Color Dialog 창이 나타나면 상단의 Global visibility On/Off 스위치 중 Off 버튼을 선택한 후 Apply 버튼을 선택하여 그림 6.37과 같이 한다. Color Dialog 창을 닫지 않고 유지한다.

08 그림 6.41과 같이 Color Dialog 창에서 왼쪽의 Stack-Up 폴더를 선택한 후, 오른쪽 Subclasses 항목 중 Soldermask_Bottom의 Pin, Via 항목을 체크한 후 Apply 버튼을 선택한 다음 OK 버튼을 선택하여 Color Dialog 창을 닫는다.

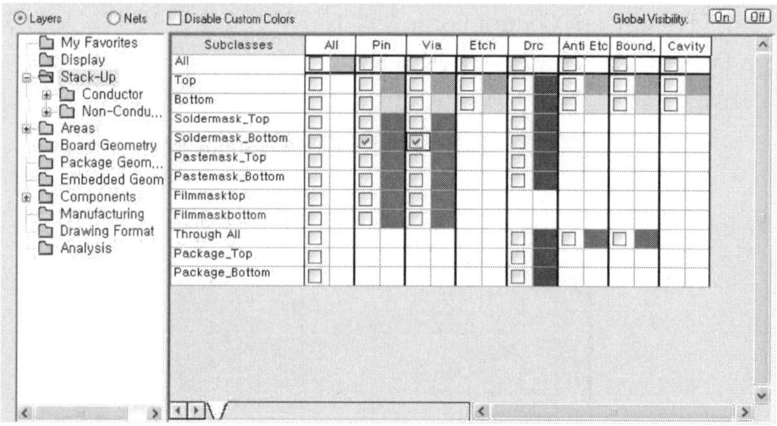

그림 6.41 Soldermask_Bottom

09 Artwork Control Form 창의 Soldermask_Top을 선택 후 마우스 오른쪽 버튼을 클릭하면 나타나는 팝업 메뉴의 Add를 선택하여, Soldermask_Bottom이라고 입력한 후 OK 한다.

10 다시 메뉴 바 Display 〉 Color/Visibility...를 선택하여 Color Dialog 창이 나타나면 상단의 Global visibility On/Off 스위치 중 Off 버튼을 선택한 후 Apply 버튼을 선택하여 그림 6.37과 같이 한다. Color Dialog 창을 닫지 않고 유지한다.

11 그림 6.42과 같이 Color Dialog 창에서 왼쪽의 Package Geometry 폴더를 선택 한 후, 오른쪽 Subclasses 항목 중 Silkscreen_Top을 체크한다.

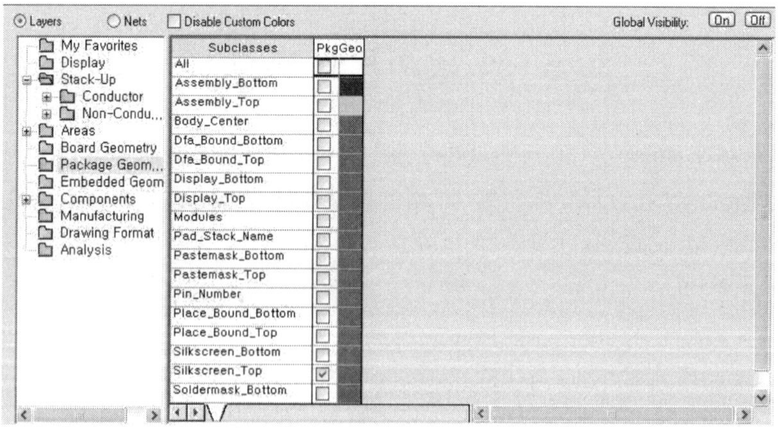

그림 6.42 Silkscreen_Top

12 그림 6.43와 같이 Color Dialog 창에서 왼쪽의 Components 폴더를 선택한 후, 오른쪽 Subclasses 항목 중 Silkscreen_Top의 RefDes 항목을 체크한 후 Apply, OK 버튼을 선택한다.

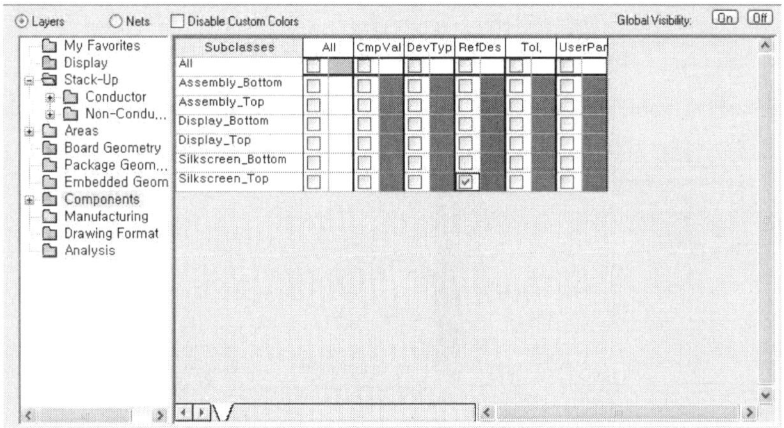

그림 6.43 Silkscreen_Top

13 Artwork Control Form 창의 Soldermask_Bottom을 선택한 후 마우스 오른쪽 버튼을 클릭하면 나타나는 팝업 메뉴의 Add를 선택하여, Silkscreen_Top이라고 입력한 후 OK 한다.

14 다시 메뉴 바 Display 〉 Color/Visibility...를 선택하여 Color Dialog 창이 나타나면 상단의 Global visibility On/Off 스위치 중 Off 버튼을 선택한 후 Apply 버튼을 선택하여 그림 6.37과 같이 한다. Color Dialog 창을 닫지 않고 유지한다.

15 그림 6.44과 같이 Color Dialog 창에서 왼쪽의 Board Geometry 폴더를 선택 한 후, 오른쪽 Subclasses 항목 중 Outline을 체크한다.

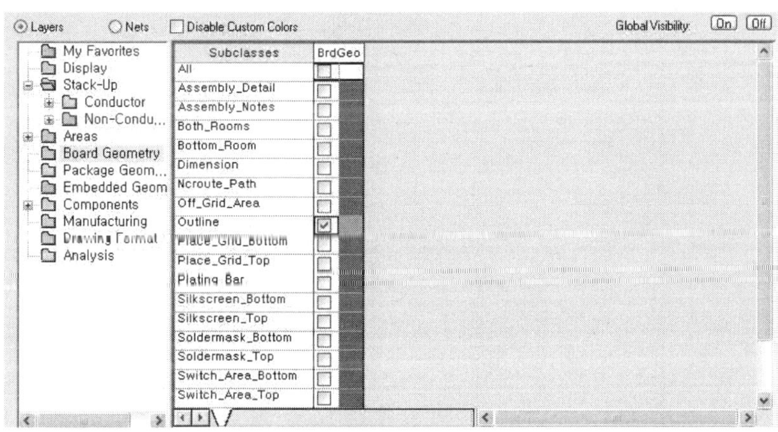

그림 6.44 Outline

16 그림 6.45와 같이 Color Dialog 창에서 Manufacturing 폴더를 선택한 후, 오른쪽 Subclasses 항목 중 Nclegend-1-2를 체크 후 Apply, OK 버튼을 선택한다.

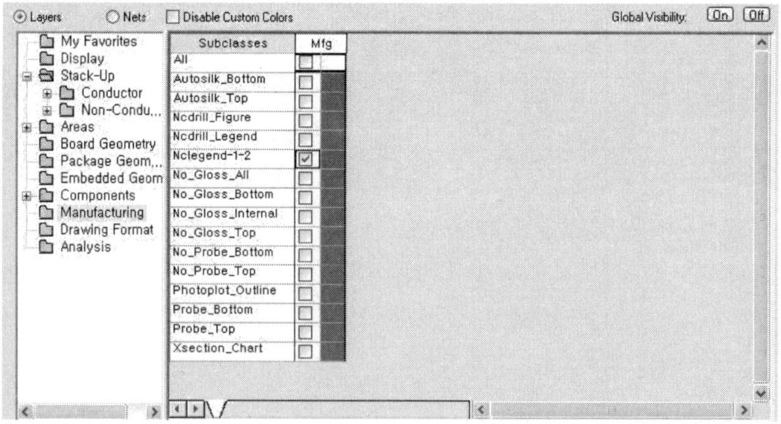

그림 6.45 Nclegend-1-2

17 Artwork Control Form 창의 Silkscreenk_top을 선택한 후 마우스 오른쪽 버튼을 클릭하면 나타나는 팝업 메뉴의 Add를 선택하여, Drill_drawing이라고 입력한 후 OK 한다.

18 그림 6.46과 같이 Select all 버튼을 선택한 후 Create Artwork 버튼을 선택한다. Gerber File이 생성되어지며, OK 버튼을 선택하여 Artwork Control Form 창을 닫는다.

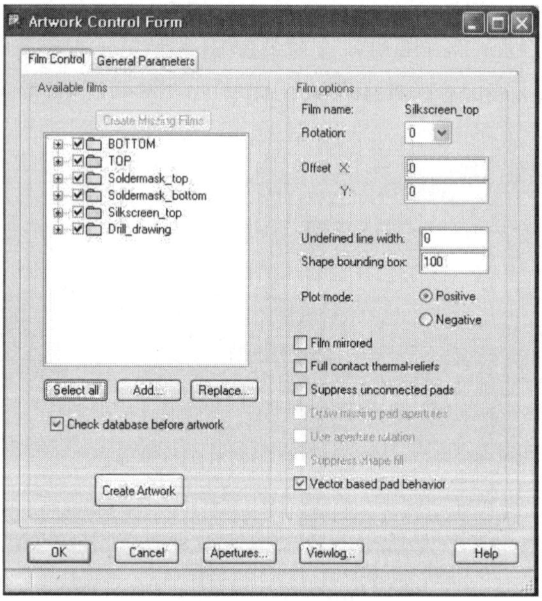

그림 6.46 Artwork Control Form 창

19 NC-Drill 파일 생성을 위해서 메뉴 바 Manufacture 〉 NC 〉 NC Drill...을 선택한다.

20 그림 6.47와 같은 NC-Drill창에서 NC Parameters... 버튼을 선택하여 그림 6.48과 같이 Excellon format 항목의 format을 5로 수정한 후 Close 버튼을 선택한다.

21 NC Drill창의 Drill 버튼을 선택하여 NC Drill 파일을 생성한 후 Close를 선택한다.

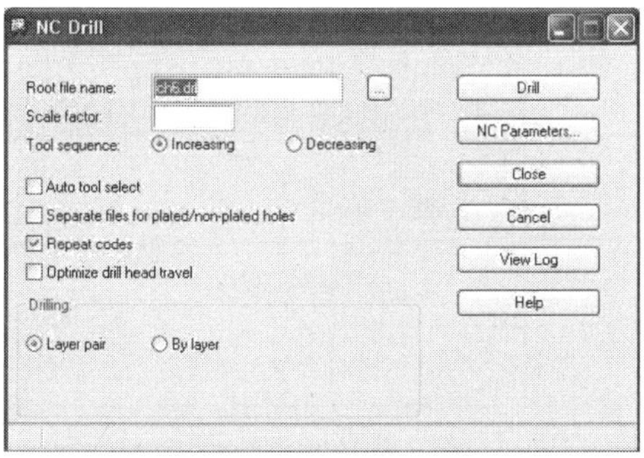

그림 6.47 NC-Drill창

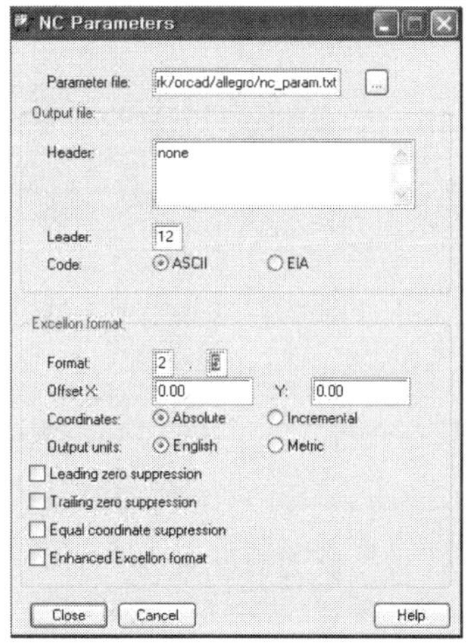

그림 6.48 NC Parameters 창

22 타이틀 바의 저장 경로에 *.art 파일과 *.drl 파일의 Gerber file이 그림 6.49와 같이 생성 완료 된다.

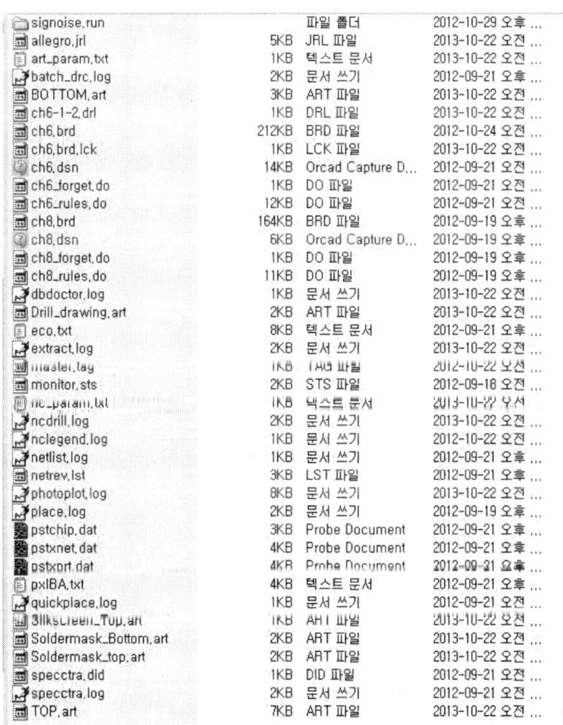

그림 6.49 Gerber file

11 Gerber File 출력

확장자가 art로 끝나는 만들어진 거버 파일을 불러와서 프린터로 출력하기 위해서는 다음과 같이 한다. NC-Drill 데이터는 출력되지 않는다.

01 메뉴 바 File 〉 New...를 선택한다. New Drawing 창이 열린다.

02 그림 6.50과 같이 Drawing Name에 Gerber/Drawing Type에 Board를 선택 후 OK 버튼을 선택하여 창을 닫는다.

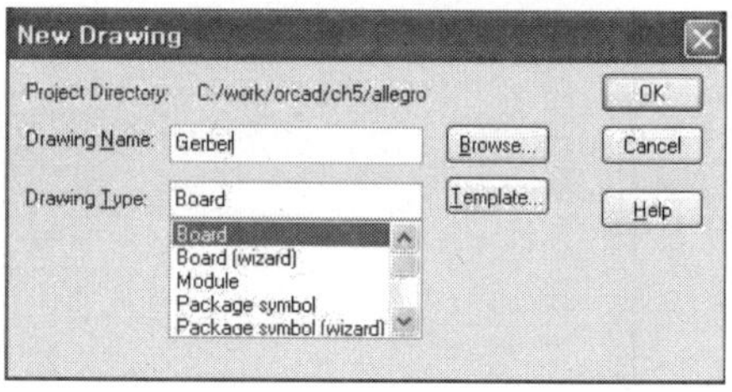

그림 6.50 New Drawing 창

03 메뉴 Setup 〉 Subclasses...를 선택한다. 그림 6.51과 같이 Define Subclasses 창이 열린다.

04 Define Subclasses 창에서 DRAWING FORMAT을 선택하면 그림 6.52와 같이 Define Subclasses 창이 열리고 New Subclass에 아래와 같이 입력하고 ENTER를 눌러 항목을 만든다.

- TOP
- BOTTOM
- SOLDERMASK_TOP
- SOLDERMASK_BOTTOM
- SILKSCREEN_TOP
- DRILL_DRAW

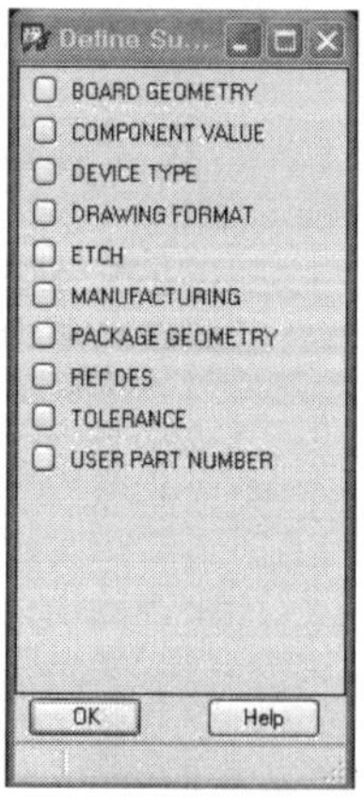

그림 6.51 Define Subclasses 창

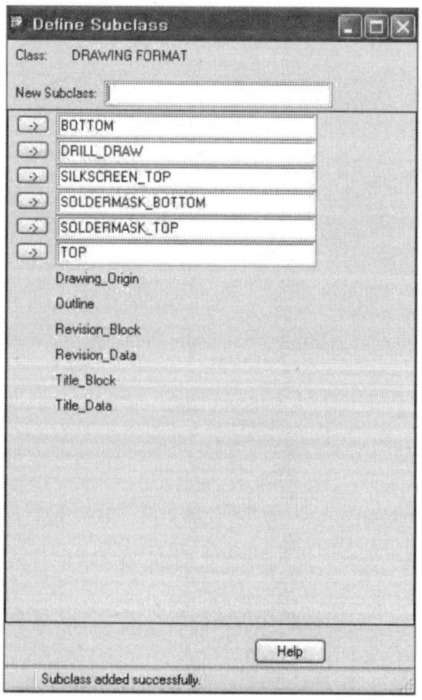

그림 6.52 Define Subclasses 창

05 닫기를 눌러 창을 닫고 OK를 선택하여 창을 닫는다.

06 메뉴 바 Display 〉 Color/Visibility...를 선택하여 Color Dialog 창이 나타나면 상단의 Global visibility On/Off 스위치 중 Off 버튼을 선택한 후 Apply 버튼을 선택하여 모든 레이어의 Color가 보이지 않게 설정한다.

07 그림 6.53과 같이 DRAWING FORMAT 항목의 방금 추가한 레이어만 보이게 설정한다.

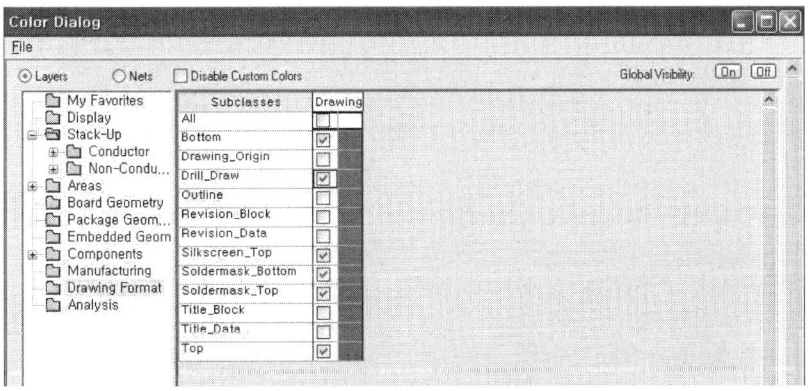

그림 6.53 Color Dialog 창

08 메뉴 바 File 〉 Import 〉 Artwork...를 선택하면 그림 6.54과 같은 Load Cadence Artwork 창이 열린다.

09 Load Cadence Artwork 창에서 Filename의 Browse 아이콘을 눌러 TOP.art를 불러 온다. Class는 Drawing Format 선택, Subclass는 TOP 선택한다.

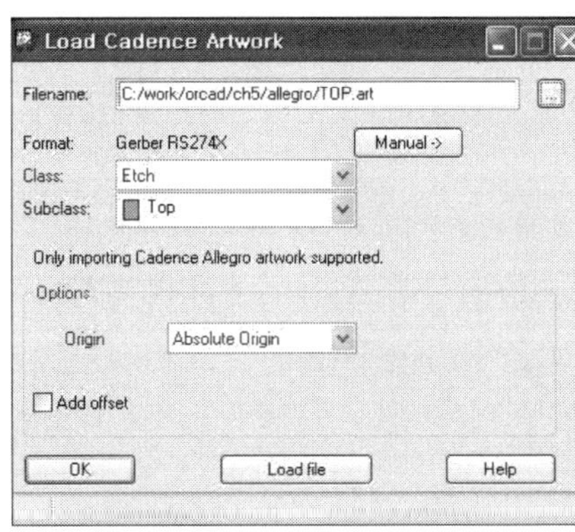

그림 6.54 Load Cadence Artwork 창

10 Load file을 선택한다. 마우스에 TOP.art 파일이 따라 다니고 그림 6.55와 같이 화면 중앙쯤에 놓는다(또는 Command 창에 좌표 x 0 0 입력 후 ENTER 선택).

11 화면에 배치하고 나면 다시 Load Cadence Artwork 창이 열리고 Origin을 Absolute Origin으로 하여 Re Use last mirror/rotation/location을 체크한 후 OK를 클릭하면 겹쳐서 배치된다.

12 Color 설정 창을 열어 Drawing Format/TOP만 보이게 설정한다.

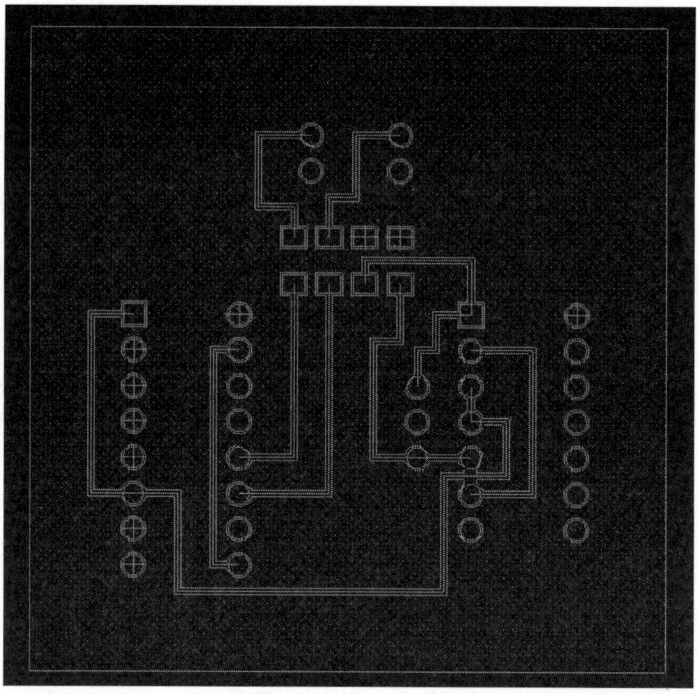

그림 6.55 TOP.art 파일

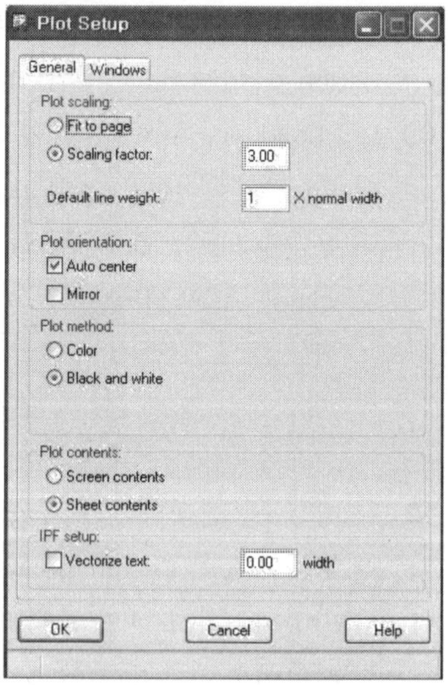

그림 6.56 Plot Setup 창

13 메뉴 File 〉 Plot Setup...을 선택한다. 그림 6.56과 같이 Plot Setup 창이 열린다.

14 메뉴 File 〉 Plot...을 선택한다.

15 Setup을 눌러 프린터, 용지 및 방향을 선택한다.

16 OK를 눌러 출력한다.

제7장 계층 도면(가산기)

01 작업 도면

1 회로도

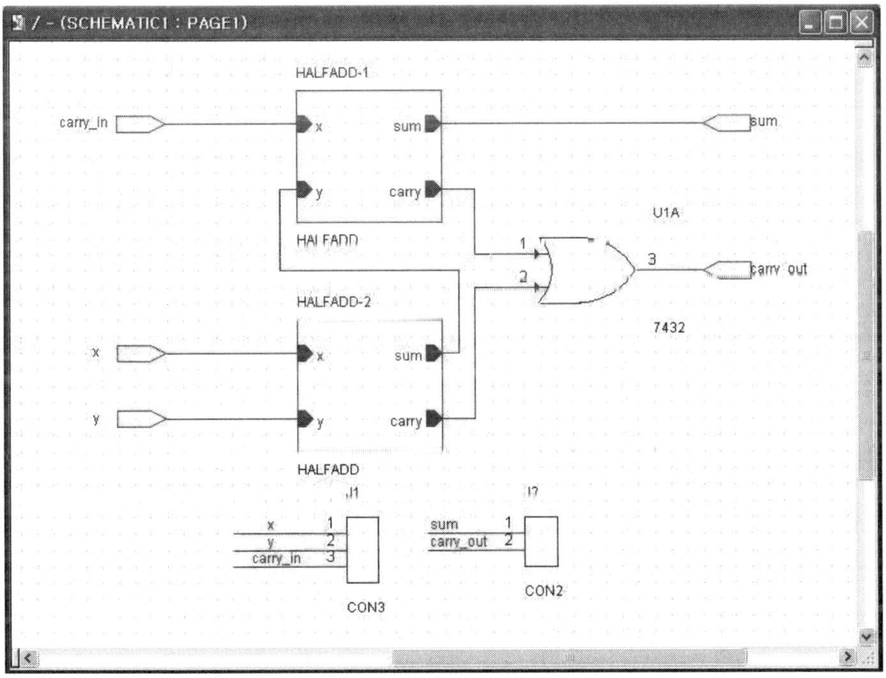

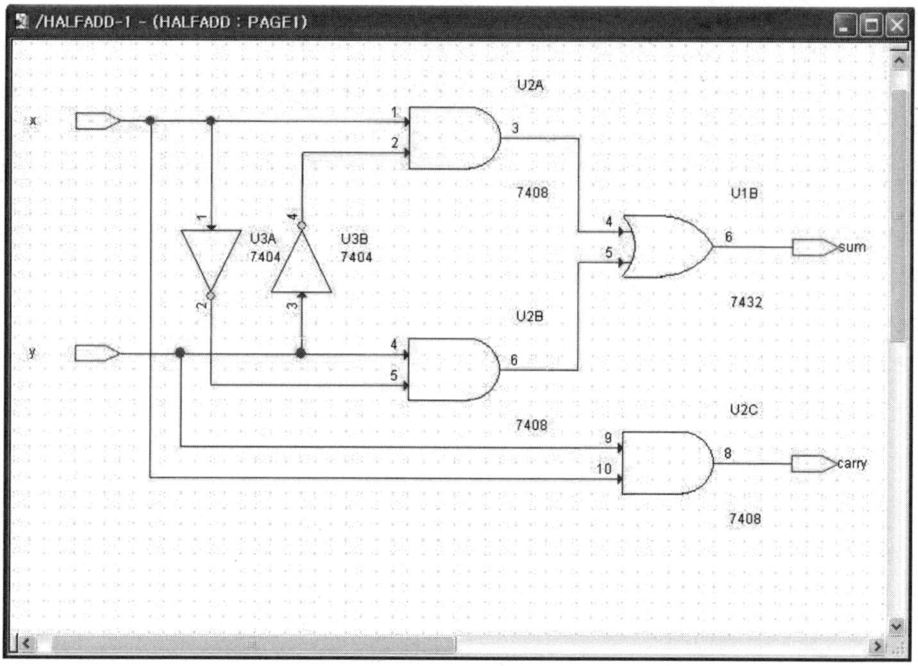

그림 7.1 회로도

2 부품 리스트 및 풋 프린트 값

표 7.1 부품 리스트 및 풋 프린트 값

번호	부품 이름	부품 값	필요 수량	라이브러리	풋 프린트값
1	IC	7408	2	GATE.OLB	DIP14_3
2	IC	7404	1	GATE.OLB	DIP14_3
3	IC	7432	1	GATE.OLB	DIP14_3
4	CONNECTOR	CON2	1	DISCRETE.OLB	JUMPER2
5	CONNECTOR	CON3	1	DISCRETE.OLB	JUMPER3

3 PCB

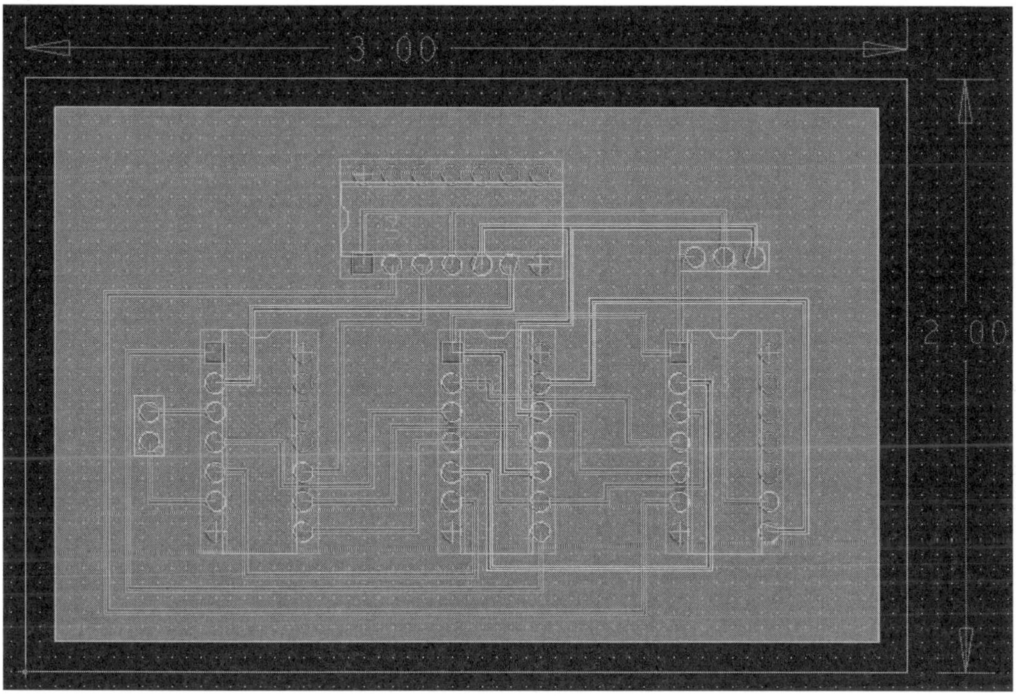

그림 7.2 PCB

02 도면 작성하기

윈도 작업 표시줄의 [시작] 버튼을 클릭하여, 모든 프로그램₩Cadence₩Release 16.5₩OrCAD Capture CIS를 선택 또는 윈도 바탕화면에 Capture CIS의 단축아이콘이 있다면 이를 더블 클릭하여 실행한다.

1 Capture 시작하기

- 프로그램 시작하는 방법

▶ 시작 〉 모든 프로그램 〉 Cadence 〉 Release 16.5 〉 OrCAD Capture CIS

2 Capture 환경설정

새로운 프로젝트 또는 디자인 작업 시 현재의 설정이 기본 설정으로 지정된다.
다음과 같이 필요에 따라 기본 설정을 변경할 수 있다.

1. Grid style : not Displayed

Junction Dot Size : Small ⇒ Medium

▶ 메뉴 Options 〉 Preference 〉 Grid Display 〉 Visible : not Displayed

▶ 메뉴 Options 〉 Preference 〉 Miscellaneous 〉 Schematic Page Editor 〉 Junction Dot Size : Medium

2. Page Size 변경 및 기재 사항

▶ 메뉴 Options 〉 Design Template 〉 Title Block 〉 Title : ch7 〉 Page Size : A4

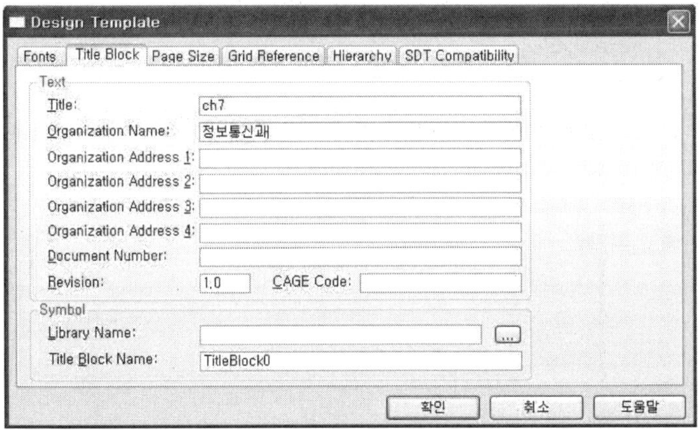

그림 7.3 Design Template 창

3 새로운 프로젝트 파일 만들기

메뉴 File 〉 New 〉 Project 선택 또는 시작화면에 나타난 Getting Started 〉 Project 〉 New 선택 : 아래 그림 7.4와 같은 창이 열린다.

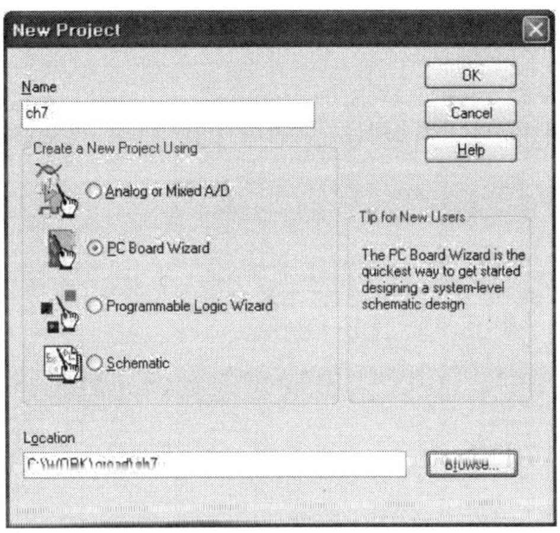

그림 7.4 New Project 창

프로젝트 name : ch7

Create a New Project Using : PC Board Wizard

Location : c:\work\orcad\ch7 로 입력한 후 OK를 선택한다.

그림 7.5와 같이 화면을 조정하면 배치하면 작업할 준비가 된 것이다.

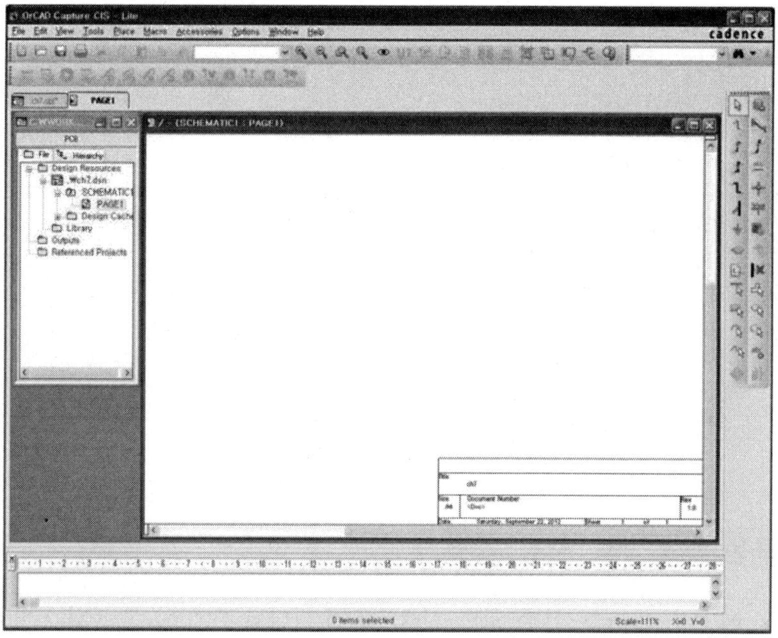

그림 7.5 작업 준비가 된 화면

4 계층 부품 만들기

본 장에서 작업하고자 하는 도면이 계층 도면이므로 계층 부품을 만들어야 하며 방법은 다음과 같다.

1 새로운 작업 페이지 추가

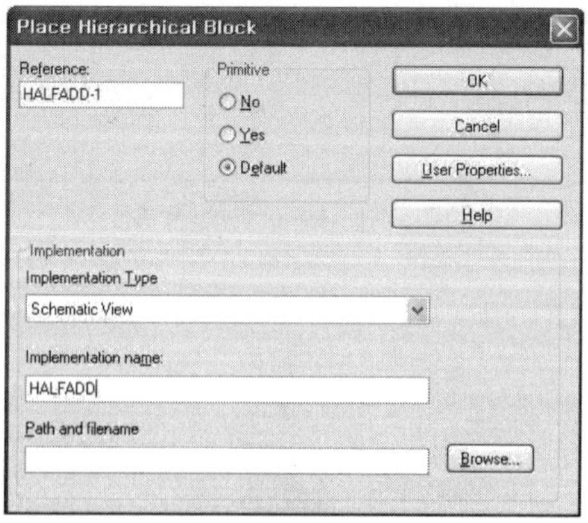

그림 7.6 Place Hierarchical Block 창

01 툴 팔레트에서 Place Hierarchical Block 툴을 선택하면 그림 7.6과 같은 Place Hierarchical Block 창이 열린다.

02 Place Hierarchical Block 창의 Reference 상자에 계층 블록이름 HALFADD-1을 입력한다.

03 Implementation Type 상자에서 Schematic View를 선택한다.

04 Implementation Name 상자에 계층 부품과 연결될 하위 도면의 schematic 폴더 이름 HALFADD를 입력한 후 OK를 선택하여 창을 닫는다.

05 계층 부품 테두리의 좌측 상단 점을 클릭한 후 우측 하단 점으로 이동하여 클릭하면 계층 부품의 테두리가 만들어진다.

06 하위 도면과 연결되는 계층 부품 핀을 설치하기 위해서 만들어진 계층 부품이 선택된 상태에서 툴 팔레트의 Place Pin 툴을 선택한다. 그림 7.7과 같이 Place Hierarchical Pin 창의 Name 상자에 핀 이름과 Type 상자에 핀 종류를 선택한 후 OK 버튼을 선택한다.

07 x, y는 input이고 sum, carry는 출력 핀으로 그림 7.7과 같이 각각 설정하여 배치할 곳에 클릭한다.

08 esc 키를 선택하여 pin 만들기를 완료한다.

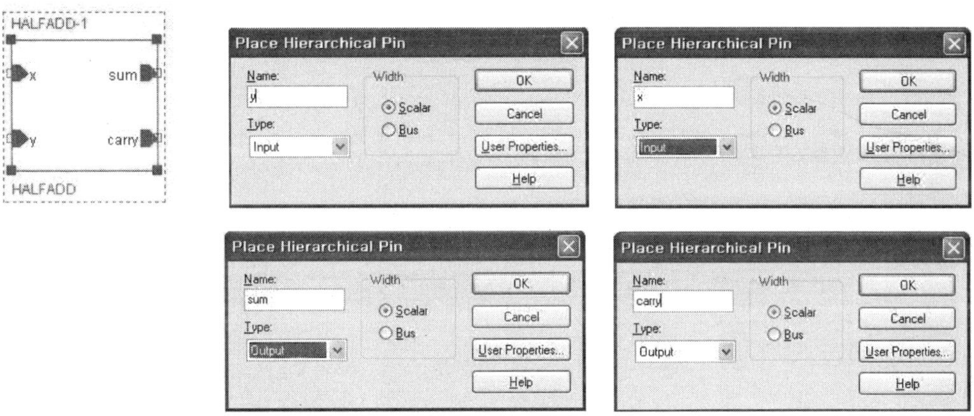

그림 7.7 Place Hierarchical Pin 창

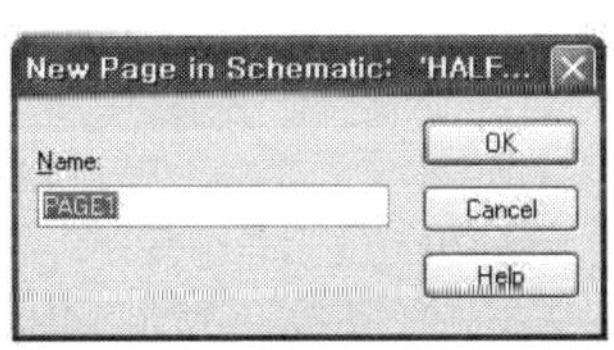

그림 7.8 New Page in Schematic창

2 하위 계층 도면으로 이동하기

01 계층 블록을 선택한 후에 마우스 오른쪽 버튼을 클릭하여 팝업 메뉴에서 Descend Hierarchy를 선택하면 그림 7.8과 같이 New Page in Schematic 창이 열린다.

02 New Page in Schematic 창에서 OK를 클릭하면 창이 닫히고 새로운 페이지 창이 그림 7.9와 같이 열린다.

그림 7.9 새로운 페이지 창

3 하위 계층 도면 작성하기

01 그림 7.10과 같이 부품 배치를 한다.

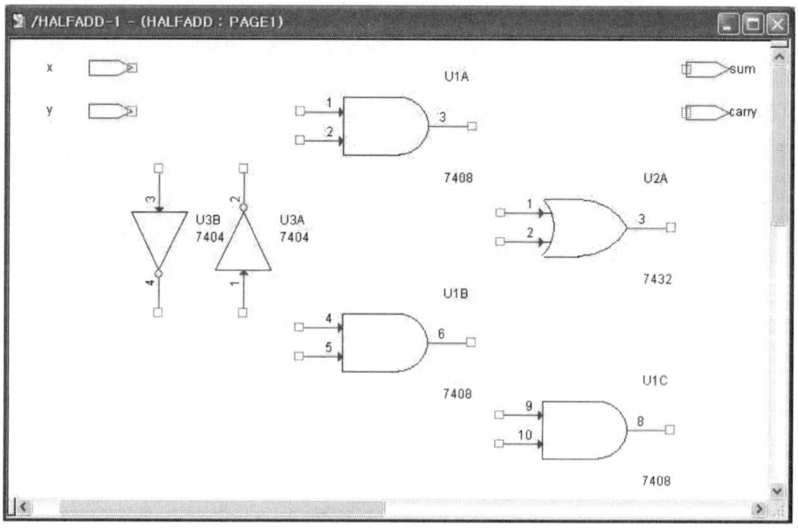

그림 7.10 부품 배치

02 그림 7.11과 같이 선 그리기를 한다.

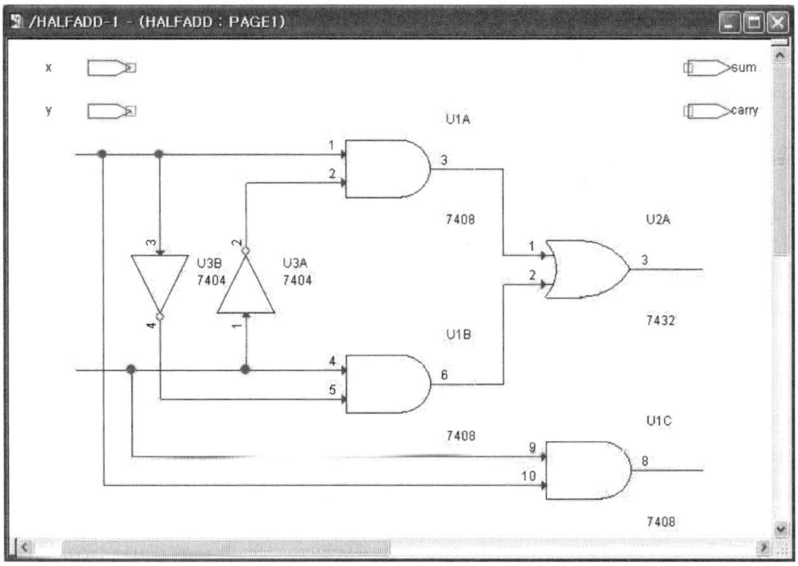

그림 7.11 선 그리기

03 그림 7.12와 같이 포트를 이동하여 연결, 완성한다.

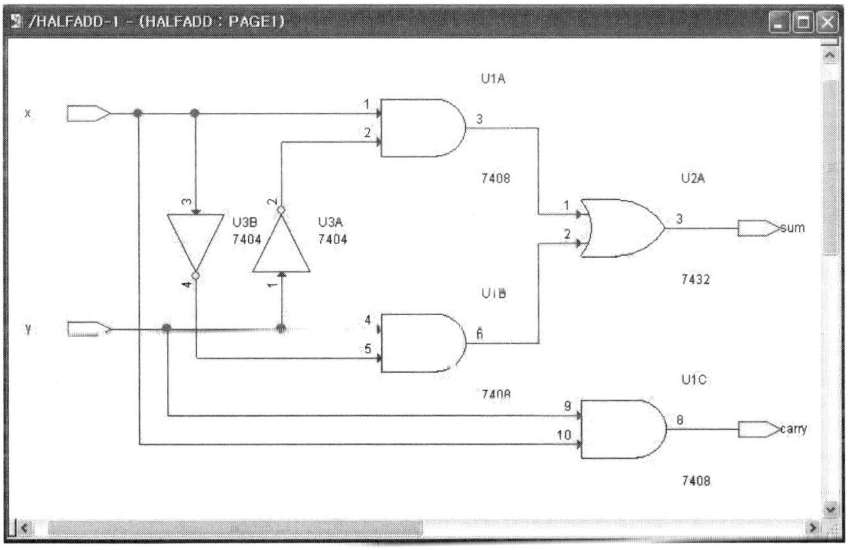

그림 7.12 포트 연결하기

4 상위 계층 도면으로 이동하기

01 하위 계층 도면을 선택한 상태에서 마우스 오른쪽 버튼을 클릭하면 팝업 창이 나타나고 이 창에서 Ascend Hierarchy를 선택하면 상위 계층 도면으로 이동하게 된다.

5 계층 부품을 복사하기

01 복사할 계층 부품을 선택한다.
02 팝업 창에서 copy를 선택한다.
03 다시 팝업 창에서 paste를 선택한다.
04 배치할 곳을 클릭하여 배치한다.

5 상위 계층 도면 완성하기

1 부품 배치하기

상위 계층 도면에서 부품들을 그림 7.13과 같이 배치한다.

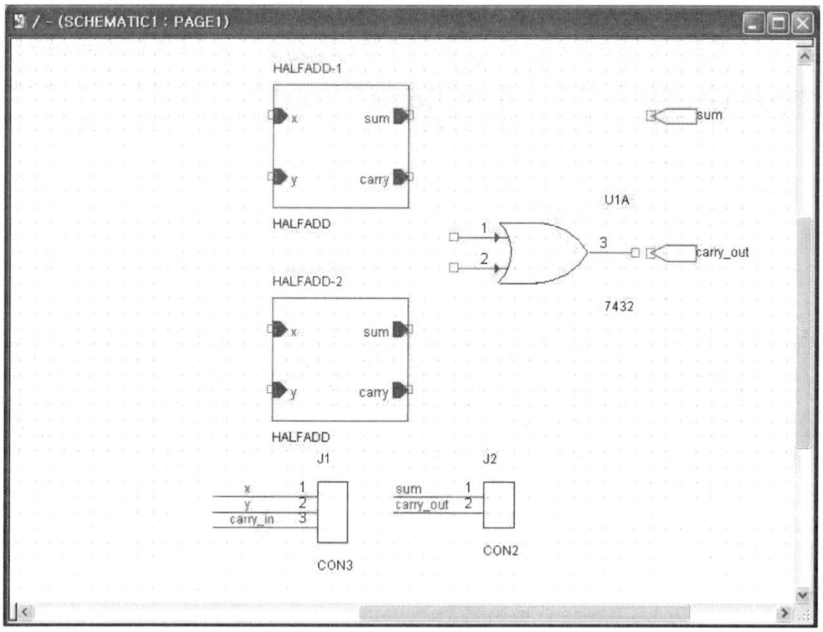

그림 7.13 부품 배치

2 선 그리기

툴 팔레트에서 Place Wire 툴을 선택하여 그림 7.14과 같이 선 그리기를 한다.

3 심벌 배치

Place Port 툴을 선택하여 Port 커넥터를 그림 7.14와 같이 연결한다.

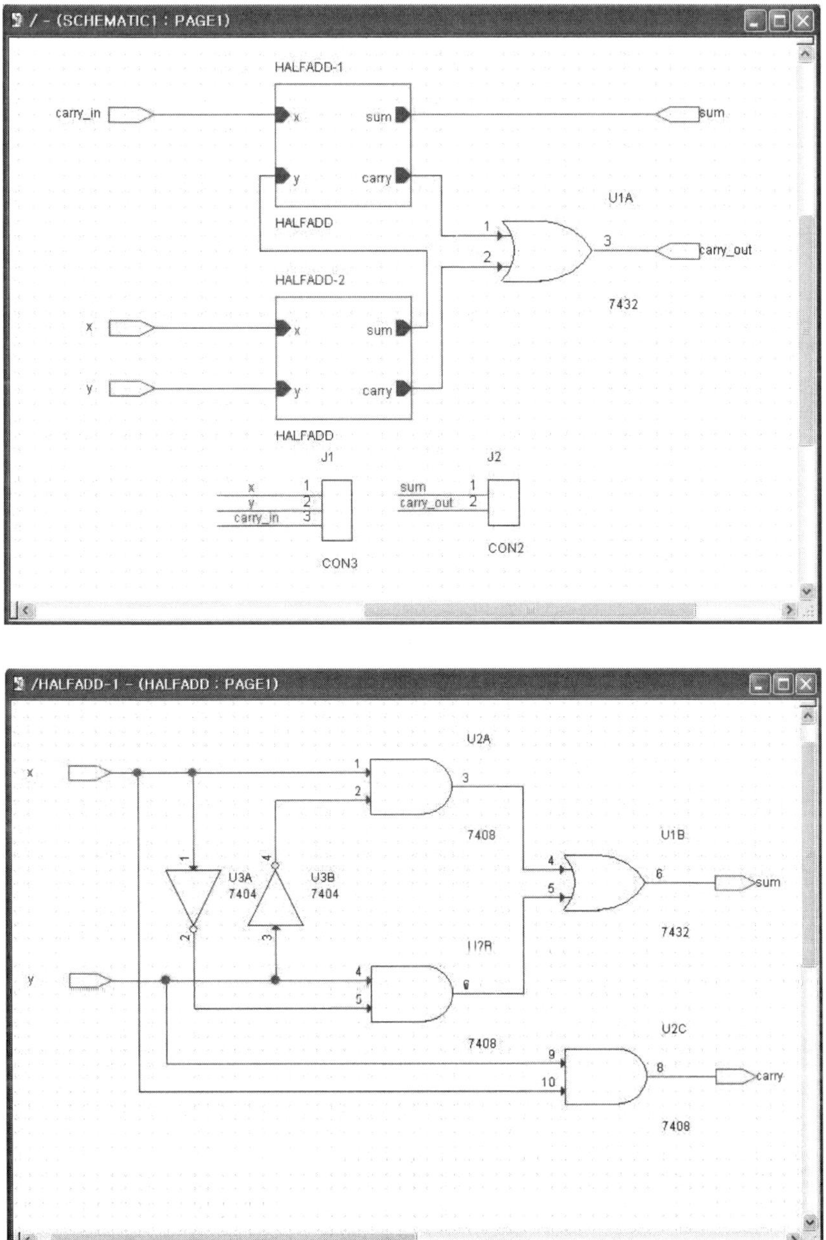

그림 7.14 완성도면

4 부품 Footprint 지정하기

표 7.1 부품 리스트 및 풋 프린트 값

번호	부품 이름	부품 값	필요 수량	라이브러리	풋 프린트값
1	IC	7408	2	GATE.OLB	DIP14_3
2	IC	7404	1	GATE.OLB	DIP14_3
3	IC	7432	1	GATE.OLB	DIP14_3
4	CONNECTOR	CON2	1	DISCRETE.OLB	JUMPER2
5	CONNECTOR	CON3	1	DISCRETE.OLB	JUMPER3

01 각 부품을 선택하여 마우스로 더블 클릭하면 부품 속성창이 열리고 여기에서 부품 Footprint를 입력하면 된다. 그림 7.15에서는 마우스로 각 페이지에 있는 부품들을 전체 선택하여 속성 창을 열고 주어진 풋 프린트 값을 입력한 것이다.

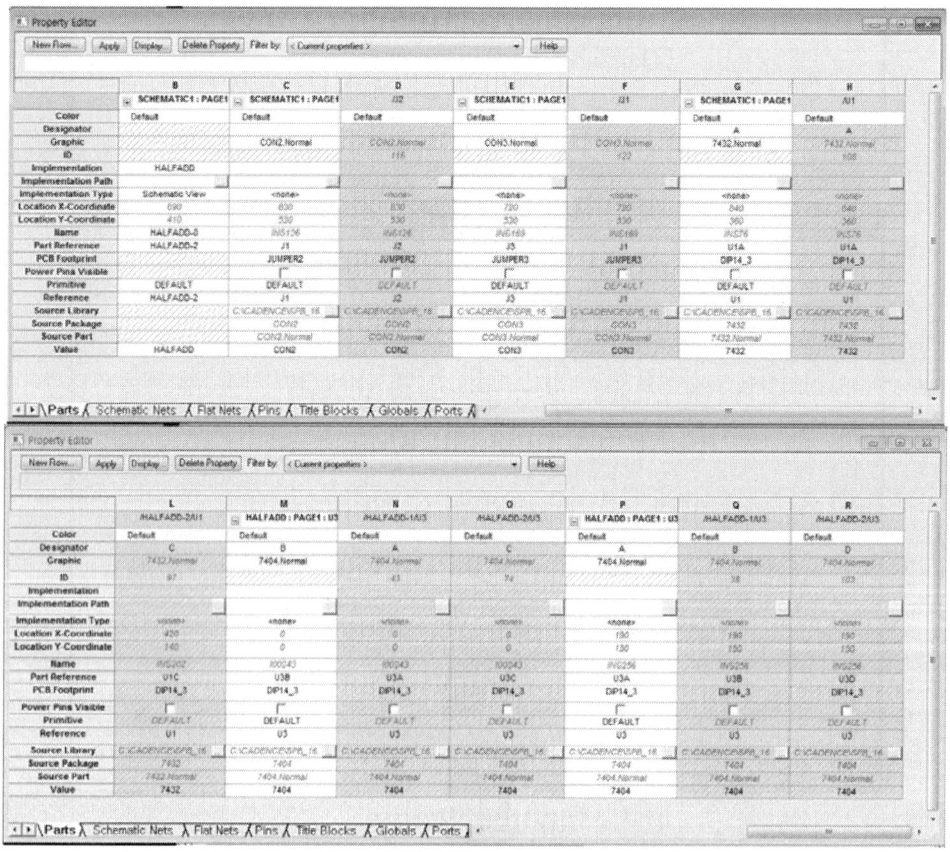

그림 7.15 전체 도면의 부품 속성 창

03 유틸리티

schematic 페이지 편집 창에서 도면 작성 작업을 끝낸 다음에는 툴바의 Project Manager를 선택하여 디자인 매니저 창을 활성화시킨다. 활성화된 유틸리티 6개 중 PCB 작업을 하기 위한 필수적인 3개의 유틸리티는 Annotate, DRC, 그리고 Create Netlist이다.

1 Annotate

부품 번호를 정리하기 위한 일반적인 순서는 다음과 같다.

01 Annotate 툴을 더블 클릭 하면 Annotate 창이 열린다.

02 창의 Action 항목에서 그림 7.16과 같이 Reset part reference to "?"를 선택한 후에 [OK] 버튼을 선택한다. 도면의 부품 번호가 "?"로 바뀐다.

03 한 번 더 Annotate 툴을 더블 클릭한다. Annotate 창이 열린다.

04 Annotate 창의 Action 항목에서 그림 7.17과 같이 Incremental reference update를 선택한 후에 [OK] 버튼을 선택한다. 도면의 부품 번호가 다시 부여 되면서 정리된다.

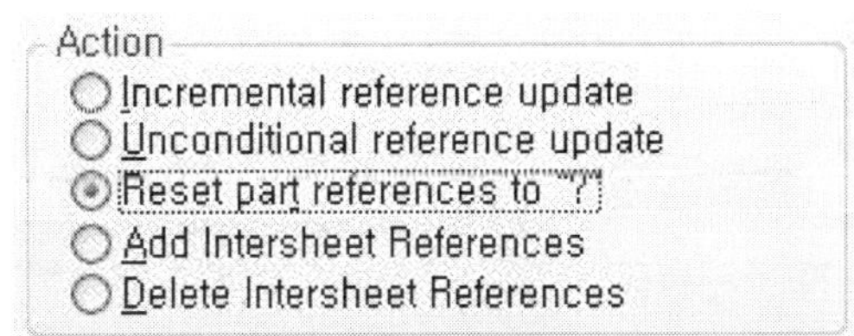

그림 7.16 Annotate 창-1

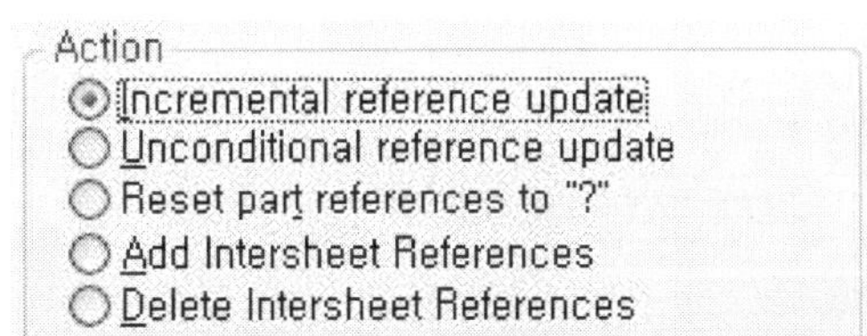

그림 7.17 Annotate 창-2

2 Design Rules Check

회로의 전기적인 검사를 하기 위한 순서는 다음과 같다.

01 DRC 툴을 선택한다. 그림 7.18과 같은 DRC 창이 열린다.

02 특정한 검사 또는 특정한 검사 결과를 보기 위해서는 Report 항목의 View Output 체크 박스를 선택한다. 이는 메모장이나 워드 패드로 실행 결과를 바로 보기 위함이다. 물론 모든 실행 결과는 실행 결과 창인 Session Log 창에 기록된다.

03 Report File 상자에는 DRC 실행 결과 파일의 경로와 파일 이름이 기본적으로 설정된다. 기본적으로 설정되는 경로는 디자인 파일이 저장된 폴더이다. 파일 이름도 디자인 파일과 동일하다. 이때 파일의 확장자는 DRC이다.

04 [확인] 버튼을 선택한다.

05 그림 7.19와 같은 검사 항목과 에러가 기록되어 있는 실행 결과 파일이 열린다. 그림과 같이 나타나야 한다.

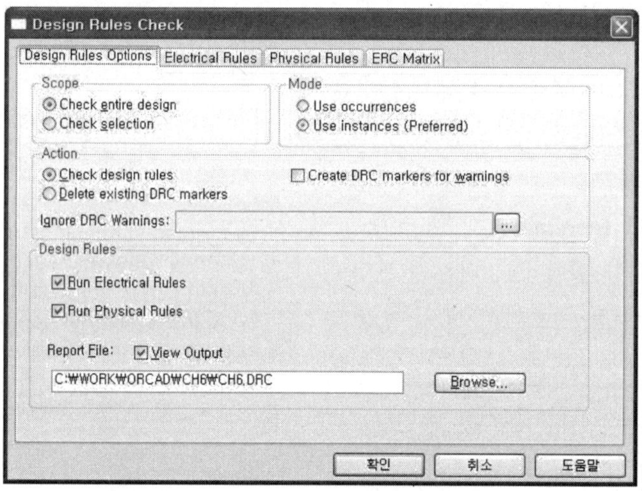

그림 7.18 Design Rules Check 창

CH7.DRC - 메모장

파일(F) 편집(E) 서식(O) 보기(V) 도움말(H)

```
Date and Time : 10/22/13 10:20:01

------------------------------------------------------------
Checking Schematic:  SCHEMATIC1
------------------------------------------------------------
Checking Electrical Rules

Checking For Single Node Nets

Checking For Unconnected Bus Nets

------------------------------------------------------------
Checking Schematic: HALFADD-1 HALFADD
------------------------------------------------------------
Checking Electrical Rules

Checking For Single Node Nets

Checking For Unconnected Bus Nets

------------------------------------------------------------
Checking Schematic: HALFADD-2 HALFADD
------------------------------------------------------------
Checking Electrical Rules

Checking For Single Node Nets

Checking For Unconnected Bus Nets

Checking Physical Rules

Checking Pins and Pin Connections

------------------------------------------------------------
Checking Schematic:  SCHEMATIC1
------------------------------------------------------------

Checking Incorrect Pin Group Assignment

Report for Invalid References

Report for Duplicate References

------------------------------------------------------------
Checking Schematic: HALFADD-1 HALFADD
------------------------------------------------------------

Checking Incorrect Pin Group Assignment

Report for Invalid References

Report for Duplicate References

------------------------------------------------------------
Checking Schematic: HALFADD-2 HALFADD
------------------------------------------------------------

Checking Incorrect Pin Group Assignment

Report for Invalid References

Report for Duplicate References

------------------------------------------------------------
Checking Entire Design: CH7
------------------------------------------------------------

Checking Power Pin Visibility

Checking Normal Convert View Sync

Checking Missing Pin Numbers

Checking Device with Zero pins

Checking Missing PCB Footprint Property

Checking Name Property for Hierarchical Instances

Check High Speed Properties Syntax

Check Power Ground Mismatch

Reporting Unused Refdes in multiple part packages
Part                           Quantity                      Reference
------------------------------------------------------------------------------------------
   7404                           2                           U3: F  E
   7408                           2                           U4: D  C
   7432                           1                           U1: D
```

그림 7.19 DRC 결과 창

3 Cross reference Parts

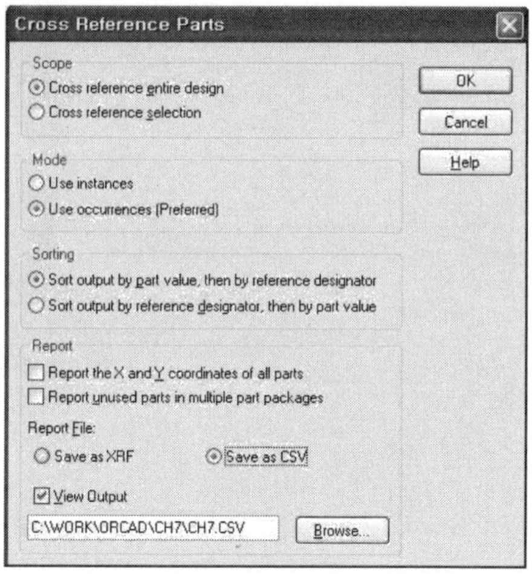

그림 7.20 Cross reference Parts 창

	A	B	C	D	E	F
1	ch7 Revis	October 2	2013			
2	Revision: 1.0					
3						
4	정보통신과					
5						
6						
7						
8						
9						
10	Design Name: C:₩WORK₩ORCAD₩CH7₩CH7.DSN					
11						
12	Cross Refe	2013	1 Page1			
13						
14	Item	Part	Reference	Schematic	Sheet	Library
15	________					
16						
17	1	7404	U3A	HALFADD	2	C:₩CADENCE₩SPB_16.5₩TOOLS₩CAPTURE₩LIBRARY₩GATE.OLB
18	2	7404	U3B	HALFADD	2	C:₩CADENCE₩SPB_16.5₩TOOLS₩CAPTURE₩LIBRARY₩GATE.OLB
19	3	7404	U3C	HALFADD	3	C:₩CADENCE₩SPB_16.5₩TOOLS₩CAPTURE₩LIBRARY₩GATE.OLB
20	4	7404	U3D	HALFADD	3	C:₩CADENCE₩SPB_16.5₩TOOLS₩CAPTURE₩LIBRARY₩GATE.OLB
21	5	7408	U2A	HALFADD	2	C:₩CADENCE₩SPB_16.5₩TOOLS₩CAPTURE₩LIBRARY₩GATE.OLB
22	6	7408	U2B	HALFADD	2	C:₩CADENCE₩SPB_16.5₩TOOLS₩CAPTURE₩LIBRARY₩GATE.OLB
23	7	7408	U2C	HALFADD	2	C:₩CADENCE₩SPB_16.5₩TOOLS₩CAPTURE₩LIBRARY₩GATE.OLB
24	8	7408	U2D	HALFADD	3	C:₩CADENCE₩SPB_16.5₩TOOLS₩CAPTURE₩LIBRARY₩GATE.OLB
25	9	7408	U4A	HALFADD	3	C:₩CADENCE₩SPB_16.5₩TOOLS₩CAPTURE₩LIBRARY₩GATE.OLB
26	10	7408	U4B	HALFADD	3	C:₩CADENCE₩SPB_16.5₩TOOLS₩CAPTURE₩LIBRARY₩GATE.OLB
27	11	7432	U1A	/PAGE1	1	C:₩CADENCE₩SPB_16.5₩TOOLS₩CAPTURE₩LIBRARY₩GATE.OLB
28	12	7432	U1B	HALFADD	2	C:₩CADENCE₩SPB_16.5₩TOOLS₩CAPTURE₩LIBRARY₩GATE.OLB
29	13	7432	U1C	HALFADD	3	C:₩CADENCE₩SPB_16.5₩TOOLS₩CAPTURE₩LIBRARY₩GATE.OLB
30	14	CON2	J2	/PAGE1	1	C:₩CADENCE₩SPB_16.5₩TOOLS₩CAPTURE₩LIBRARY₩CONNECTOR.OLB
31	15	CON3	J1	/PAGE1	1	C:₩CADENCE₩SPB_16.5₩TOOLS₩CAPTURE₩LIBRARY₩CONNECTOR.OLB

그림 7.21 Cross reference Parts 결과

4 Bill of Material

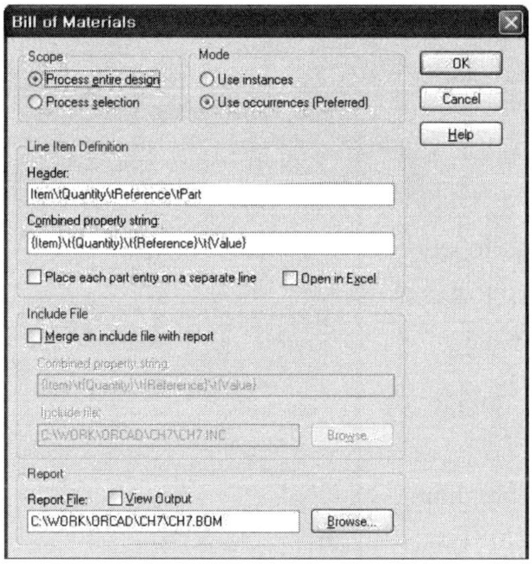

그림 7.22 Bill of Material 장

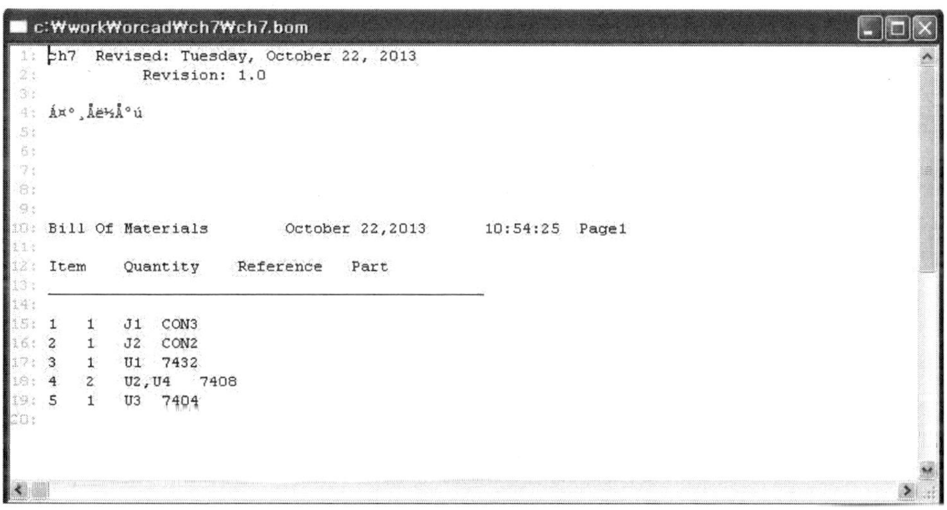

그림 7.23 Bill of Material 결과

5 Create Netlist

Netlist 파일을 생성하기 위한 과정은 다음과 같다.

01 메뉴 Tools 〉 Create Netlist를 클릭 또는 Create Netlist 툴을 선택한다.

02 열린 Create Netlist 창의 Option 항목에서 Netlist의 저장 폴더를 선택할 수 있고, 기본적으로 작업 폴더 내에 allegro 폴더를 생성하여 저장한다.

03 Create or Update PCB Editor Board(Netrev) : 열린 Create Netlist 창에서 그림 7.24와 같이 PCB를 신규 생성하거나 업데이트 할 수 있는 Option이다.

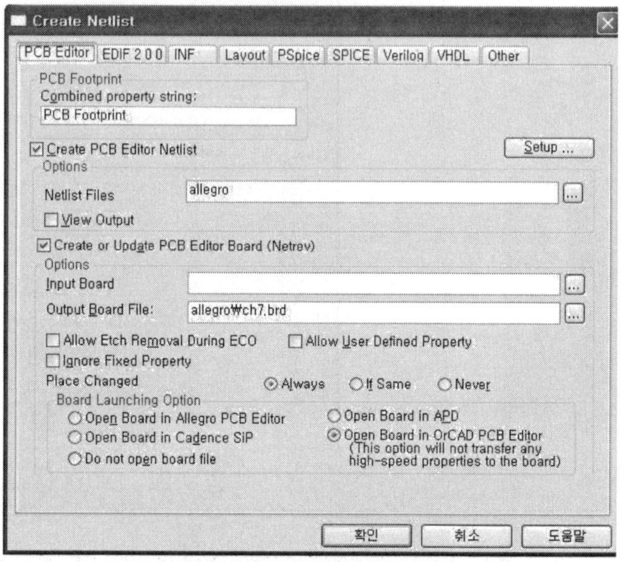

그림 7.24 Netlist 파일 생성

- Input Board : 업데이트 시 기존 작업된 보드를 기입
- Output Board : 신규 또는 업데이트 시 새롭게 생성되는 파일명을 기입
- Allow Etch Removal During ECO : ECO 하는 동안 변경된 배선의 제거 허용
- Allow User Defined Property : 사용자가 지정한 설계 속성을 허용
- Ignore Fixed Property : 기존 Board에서 고정된 속성 값의 무시를 허용

04 Board Launching Option : 그림 7.24와 같이 product 중 해당되는 제품군을 선택한다.

05 확인 버튼을 클릭하면 자동적으로 Allegro OrCAD PCB Editor가 실행되어 시작화면이 나타나게 된다.

04 새로운 보드 파일 만들기

OrCAD Capture CIS 유틸리티 Create Netlist에서 Create or Update PCB Editor Board(Netrev)를 선택하여 OrCAD PCB Editor가 바로 구동되도록 하였으므로 OrCAD 16.5 PCB Editor의 기본 창이 열린다.

1 OrCAD PCB Editor 시작하기

앞 절에서 마지막 단계에서 Create Netlist를 한 후 자동적으로 PCB Editor가 실행된 초기 화면은 아래 그림 7.25와 같이 나타나게 된다. 여기에서 타이틀 바에 나타난 파일 이름은 작업파일 이름인 ch7.brd로 나타나게 된다. 그림 7.25에서는 작업 디렉터리가 C:/work/orcad/ch7이고 그 밑에 subdirectory인 allegro에 보드 파일이 생기게 된다.

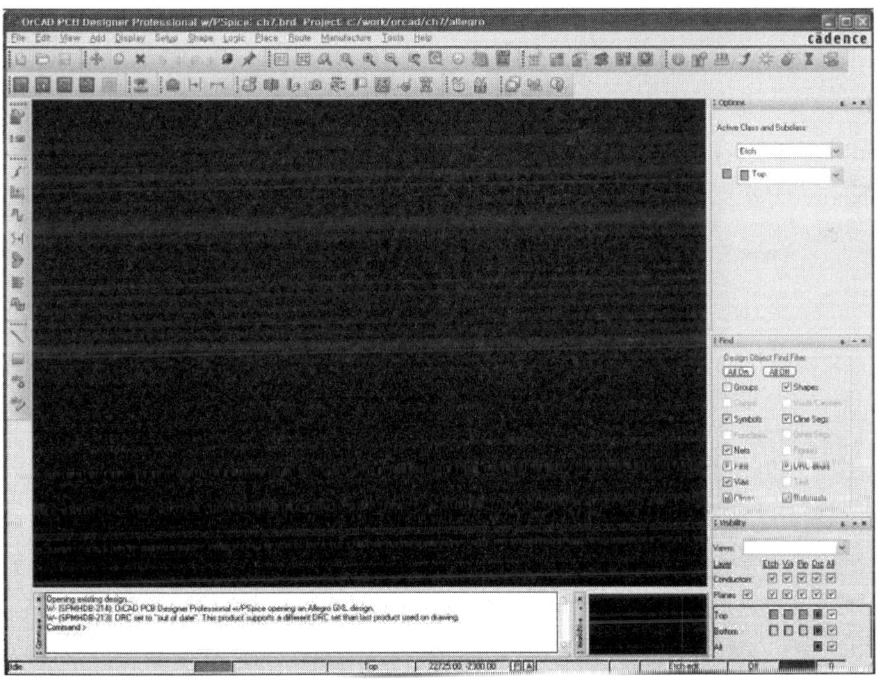

그림 7.25 자동으로 실행된 PCB Editor의 초기화면

05 Allegro OrCAD PCB Editor Setup

PCB 설계를 하기 위한 전반적인 Setup을 위해서 다음과 같은 순서에 따라 설정하면 된다.

01 OrCAD Designer(또는 Allegro PCB Editor) 창의 메뉴 바 Setup 〉 Design Parameters...를 선택한다.

02 Design Parameter Editor 창이 열리고 Design 탭 메뉴에서 단위 Mils, Size A, Accuracy 0, Extents 항목의 Left X -3000, Lower Y -3000으로 설정 및 입력한 후 Shapes 탭 메뉴로 이동한다.

03 Shape 탭 메뉴로 이동 후 Edit global dynamic shape parameters...를 선택한다.

04 Global Dynamic Shape Parameters 창에서 Void controls 탭 메뉴로 이동하여 Artwork format을 Gerber RS274X로 변경한 후 OK 버튼을 선택한다.

05 Design Parameter Editor 창의 OK 버튼을 선택하여 창을 닫는다.

06 PCB 설계 층수를 확인하기 위하여 메뉴 바 Set 〉 Cross Section...을 선택한 후 Layout Cross Section 창에서 기본 설정 값인 2층 Layer를 확인한다.

07 Layout Cross Section 창의 OK 버튼을 선택하여 창을 닫는다.

08 Grid의 설정을 위해서 메뉴 바 Setup 〉 Grids...를 선택한 후 Grids On 체크 박스에 체크하고 Non-Etch의 Spacing x, y를 50으로 변경한 후 OK 버튼을 선택하여 창을 닫는다.

06 Board Outline 그리기

정사각형인 보드 아웃라인을 생성하기 위해서 다음과 같은 순서로 한다.

01 메뉴 바 Setup 〉 Outlines 〉 Board Outline...을 선택한 후 그림 7.26과 같이 Board Outline 창의 Board Edge Clearance를 100 MIL로 변경한 후 그대로 창을 유지한다.

02 Board Outline 창이 반드시 떠 있는 상태에서 Command 창에 소문자 x, 한 칸 띄우고, 숫자 0, 한 칸 띄우고, 숫자 0을 입력한 후 enter 키를 누른다.(사각형이 나타남)

03 0, 0 지점에서 사각형이 시작되는 것을 확인한 후 다시 Command 창에 소문자 x, 한 칸 띄우고, 숫자 3000, 한 칸 띄우고, 숫자 2000을 입력한 후 enter 키를 누른다.(그림 7.27과 같이 사각형이 나타남)

04 Board Outline 창의 OK 버튼을 선택하여 창을 닫으면 그림 7.28과 같이 사각형이 두 개 나타나게 된다.(외곽 흰색 라인은 보드 아웃라인이고 안쪽 주황색 라인은 배치 및 배선 제한 영역을 나타냄)

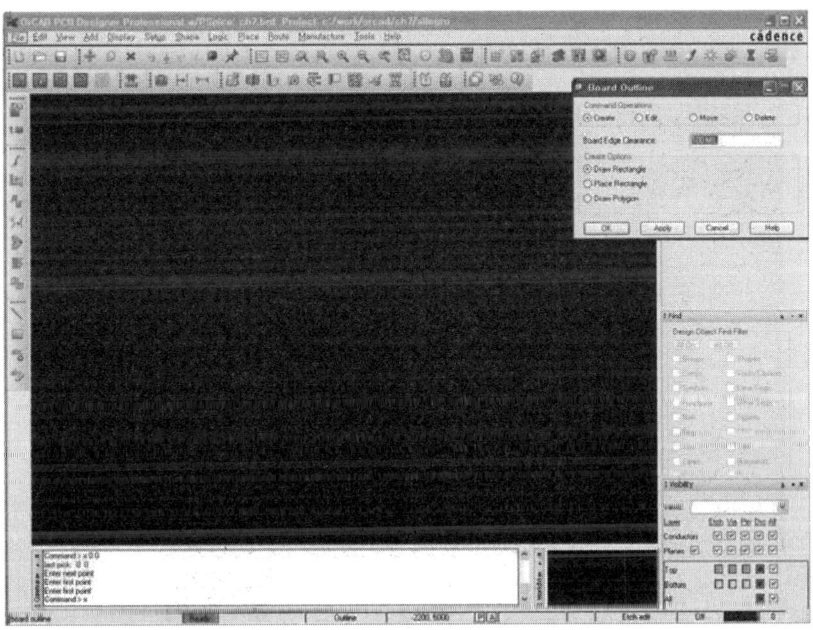

그림 7.26 보드 outline 1

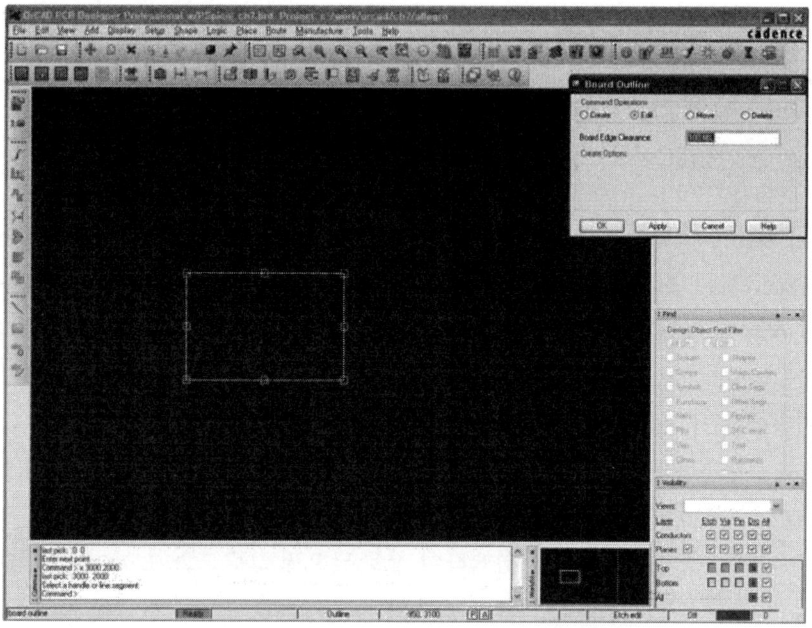

그림 7.27 Board Outline를 위한 준비 창

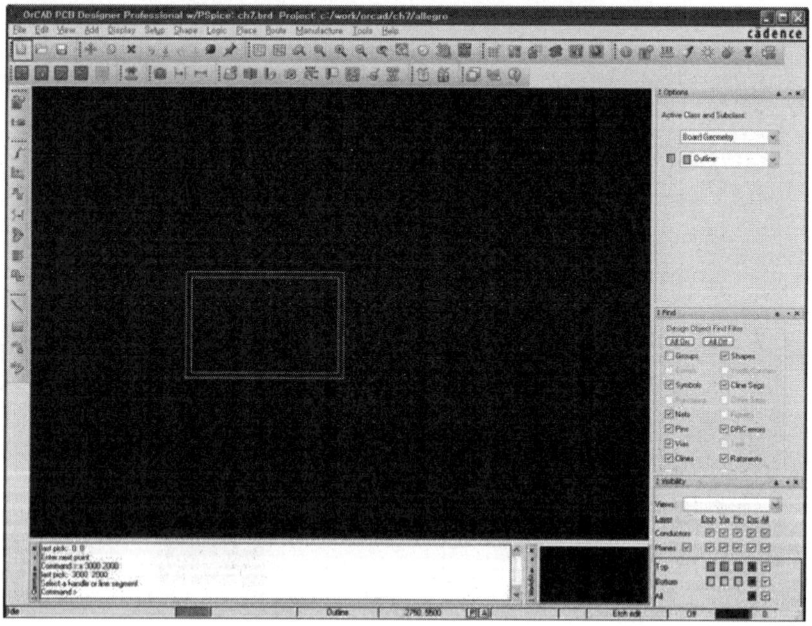

그림 7.28 완성된 보드 outline

07 부품 배치하기

부품을 PCB Outline 내부에 위치하도록 배치하기 위해서 다음과 같은 순서에 따라 배치한다.

01 Place 메뉴를 이용하여 부품을 배치하기 위해서 메뉴 바 Place 〉 Manually...를 선택한 후 그림 7.29와 같은 Placement 창이 열린다.

02 Placement 창에서 Placement List에 있는 부품 번호 앞의 네모 박스를 마우스로 선택하면 마우스에 그 부품이 따라다니게 되고 그것을 PCB Outline 내부에 놓고 클릭하면 위치하게 된다.

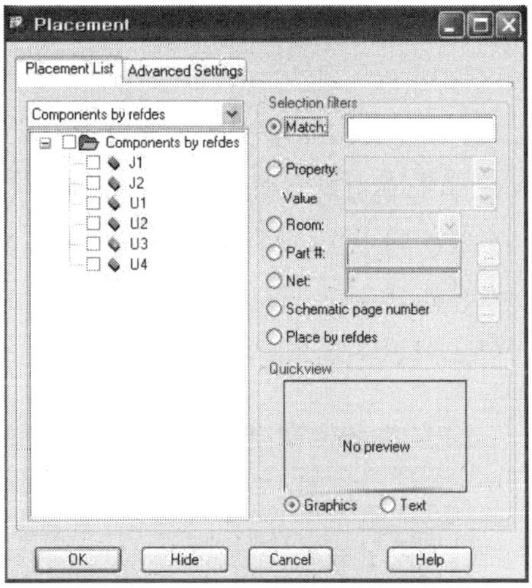

그림 7.29 Placement 창

03 나머지 부품도 **02**와 같은 방법으로 배치하고 OK를 선택하여 창을 닫으면 그림 7.30과 같이 배치된다.

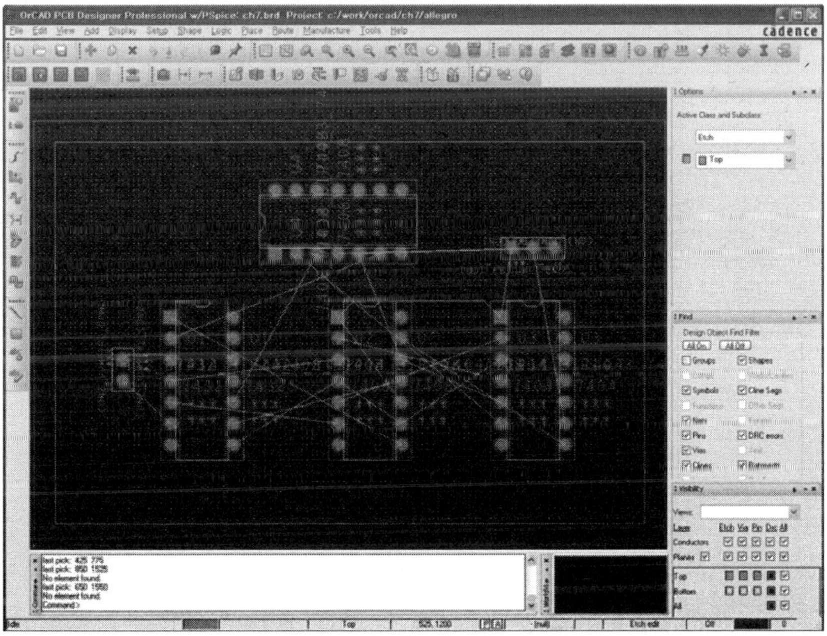

그림 7.30 부품 배치

08 부품 배선하기

부품의 핀과 핀을 연결하는 선들을 실제의 물리적인 선으로 만드는 과정으로 선을 배선하기 위해서 다음과 같이 한다.

01 메뉴 바 Route 〉 Connect를 선택한다.

02 파란색 Ratsnest 라인이 연결된 대로 CON2의 1번 핀을 클릭하면 마우스를 따라 배선이 이어지며, 연결되어 있던 Ratsnest 라인이 사라지면서 녹색의 배선으로 연결이 완료된다.

03 동일한 방법으로 다른 선들을 그림 7.31과 같이 배선한다(TOP Layer에서 배선). 모든 선을 배선한 후 마우스 오른쪽 버튼을 선택하면 나타나는 팝업 메뉴의 Done을 선택하여 배선 작업을 마친다.

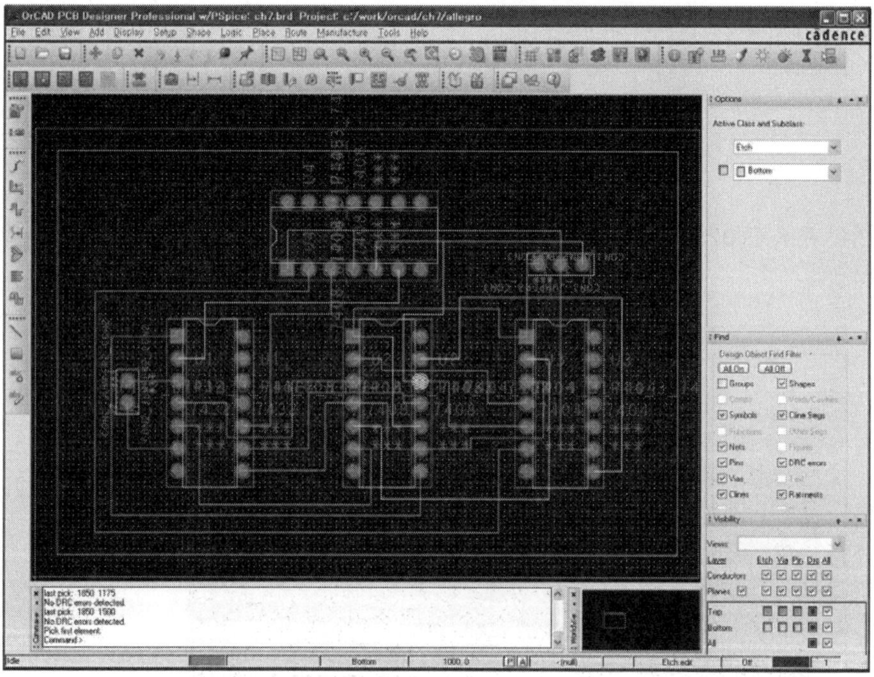

그림 7.31 배선된 회로

04 배치 및 배선 결과를 알기 위해서 메뉴 바 Display 〉 Status...를 선택하여 Unplaced symbol 및 Unrouted nets 항목 등이 그림 7.32와 같이 0% 되지 않음을 알 수 있다.

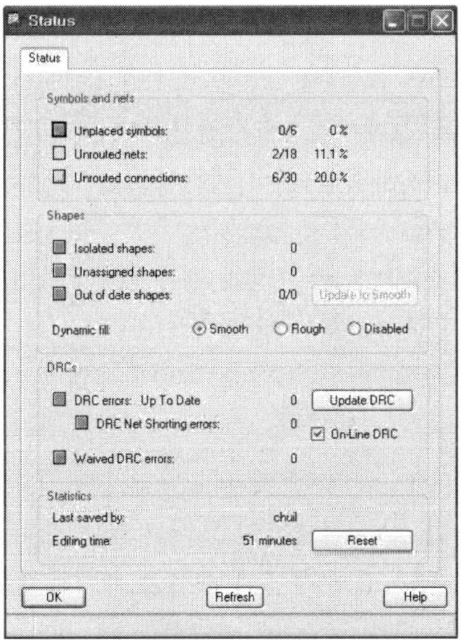

그림 7.32 상태 확인

05 unrouted connections의 □을 클릭하면 그림 7.33과 같은 창이 열리고 이 창에서 연결되지 않은 것은 GND와 VCC로 차후에 COPPER를 통하여 연결할 수 있다.

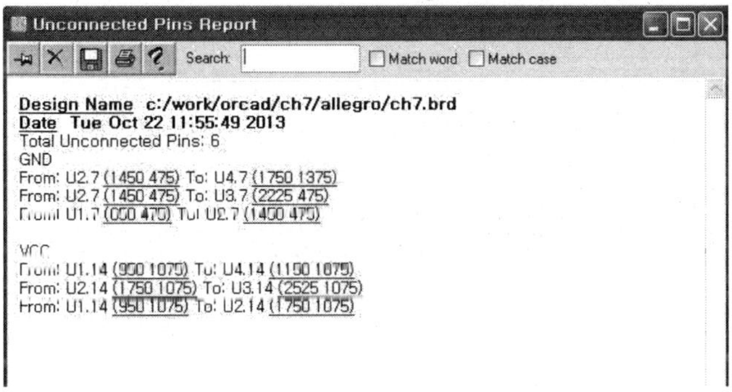

그림 7.33 Unconnected Pins Report

09 Copper Pour 설정하기

모든 부품의 배치와 배선을 한 후 보드 전체에 대한 동박 영역을 설정해 줄 필요가 있을 때 설정하여 주는 것으로 기본적으로 ground 속성으로 메뉴 바에서 Shape를 사용하여 지정한 모양으로 영역을 지정해 준다. 본 장에서는 가장 간단하게 보드 전체의 정사각형 모양에 대하여 Copper Pour를 다음과 같이 배치하기로 하며, TOP 면의 COPPER는 회로의 VCC를 연결하고 BOTTOM 면의 COPPER는 GND와 연결하고자 한다.

01 메뉴 바에서 Shape 〉 Rectangular를 선택한다.

02 오른쪽 Options 팝업창에서 Active Class and Subclass에 Etch/Top을 선택한다.

03 Assign net name의 Browse를 선택한다.

04 VCC를 선택한다.

05 마우스를 보드의 모서리 한 곳을 선택하여 드래그 하여 대각선으로 보드의 또 다른 모서리를 클릭하면 아래 그림 7.34와 같이 부품과 배선을 제외한 부분에 대하여 동박을 형성할 수 있게 된다. 그림 7.34에서 보듯이 VCC에 해당하는 핀이 동박에 연결되어 +의 모양으로 나타나게 된다.

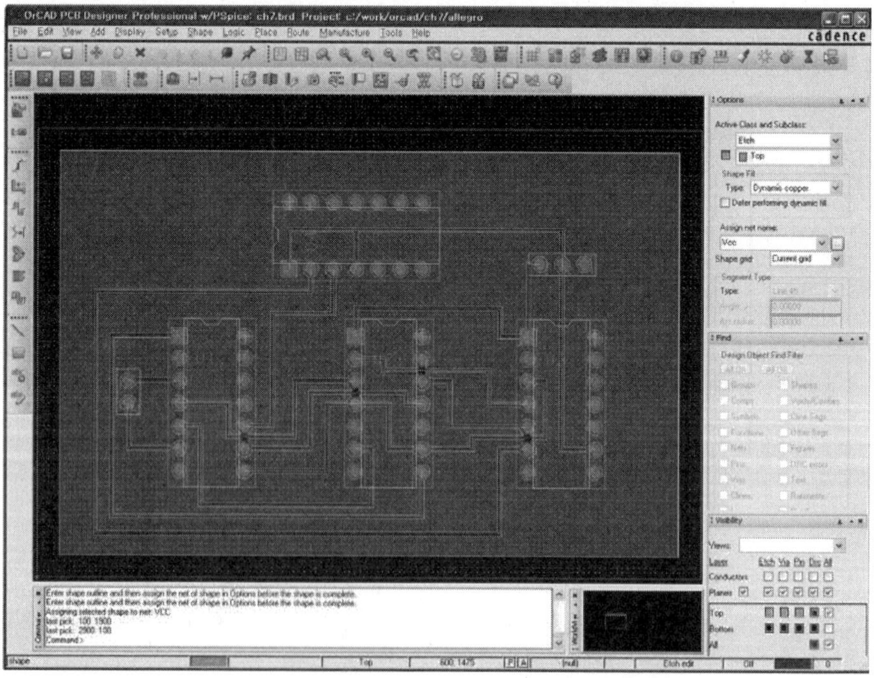

그림 7.34 VCC 연결

그림 7.35에서 IC 7476과 7400의 VCC에 해당하는 핀들이 동박에 연결되어 있음을 알 수 있다. GND에 대해서도 연결하기 위해서 다음과 같이 한다.

06 다시 메뉴 바에서 Shape 〉 Rectangular를 선택한다.

07 오른쪽 Options 팝업창에서 Active Class and Subclass에 Etch/Bottom을 선택한다.

08 Assign net name의 Browse를 선택한다.

09 GND를 선택한다.

10 마우스를 보드의 모서리 한 곳을 선택하여 드래그 하여 대각선으로 보드의 또 다른 모서리를 클릭하면 아래 그림 7.35와 같이 부품과 배선을 제외한 부 분에 대하여 동박을 형성할 수 있게 된다. 그림 7.35에서 보듯이 GND에 해당 하는 핀이 동박에 연결되어 +의 모양으로 나타나게 된다.

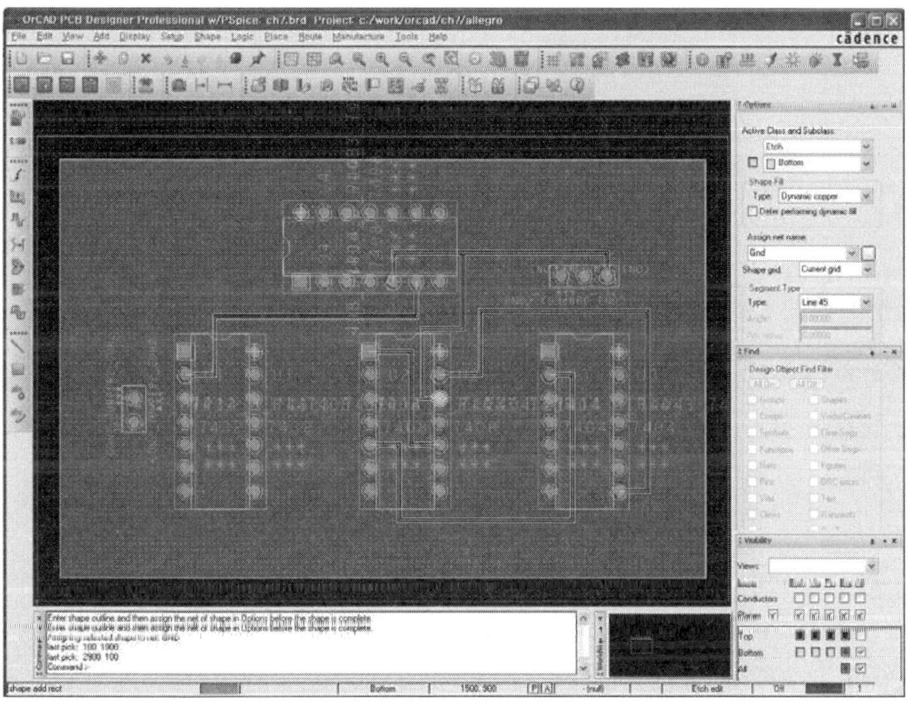

그림 7.35 GND의 연결

11 다시 배치 및 배선 결과를 알기 위해서 메뉴 바 Display 〉 Status...를 선택하여 Unplaced symbol 및 Unrouted nets 항목 등이 그림 7.36과 같이 0% 됨을 볼 수 있다.

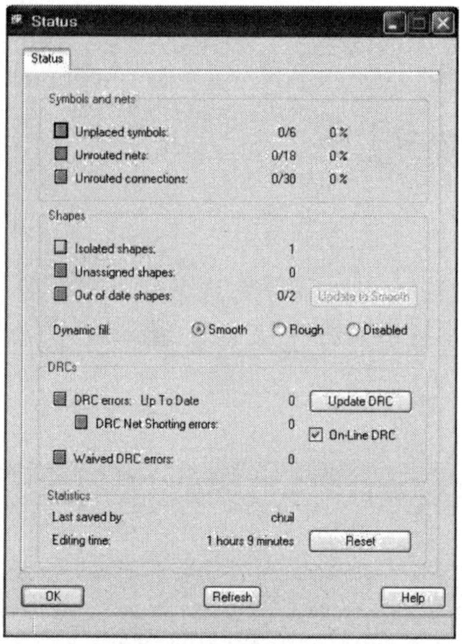

그림 7.36 배선 확인

10 설계 마무리 작업

PCB 제작을 위한 설계 마무리 작업으로 1. 수치 기입, 2. 문자 기입, 3. 드릴 차트 만들기 등의 작업을 할 수 있다.

1 수치 기입

PCB에 수치를 기입하기 위해서는 다음과 같은 방법으로 할 수 있다.

01 메뉴 Manufacture 〉 Dimension Enviroment를 선택한다.

02 마우스를 작업 창에 놓고 오른쪽 마우스 버튼을 클릭하면 팝업 창이 나타난다.

03 팝업 창에서 Parameters를 선택하면 Dimensioning Parameters 창이 나타난다.

04 그림 7.37과 같이 Dimensioning Parameters 창에서 설정하고 OK를 클릭하여 창을 닫는다.

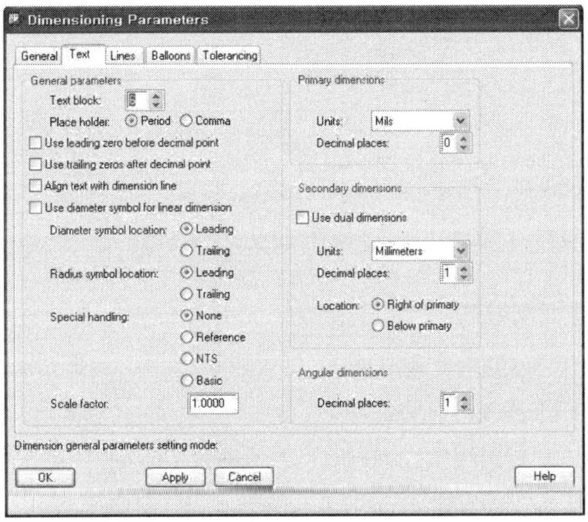

그림 7.37 Dimensioning Parameters 창

05 다시 마우스를 작업 창에 놓고 오른쪽 마우스 버튼을 클릭하면 팝업 창이 나타난다.

06 팝업 창에서 Linear Dimension을 선택하고 마우스 커서를 Outline 선에 놓고 클릭하면 마우스에 수치가 나타나고 적당한 위치에 놓고 다시 클릭하면 수치가 그림 7.38과 같이 위치하게 된다.

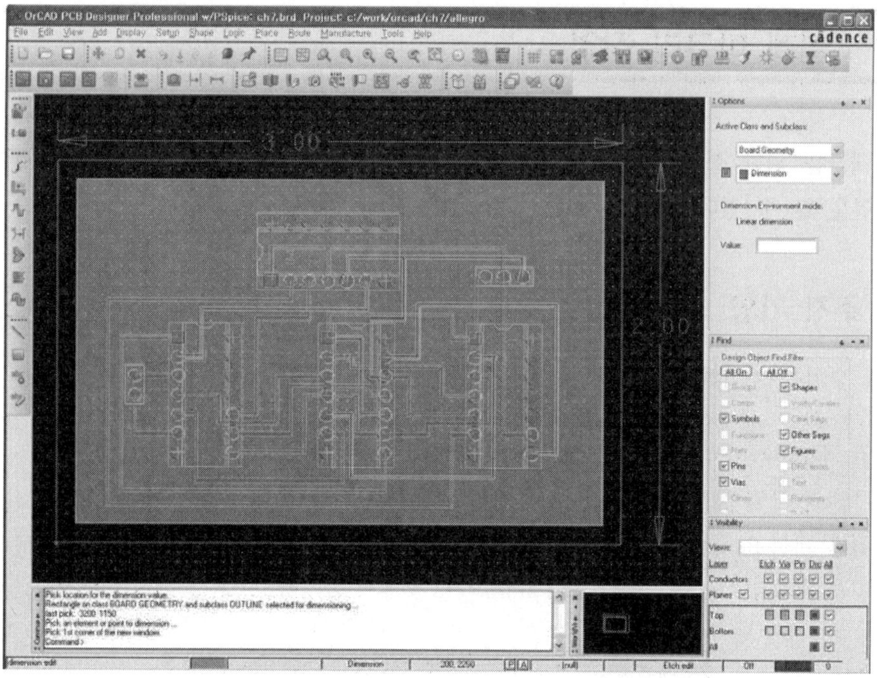

그림 7.38 수치 기입

2 문자 기입

PCB 상에 문자를 기입하기 위해서는 다음과 같은 방법으로 할 수 있다.

01 메뉴 Add 〉 Text를 선택한다.

02 Options 창에서 Active Class를 RefDes로 선택하고, Subclass를 Silkscreen_Top으로 선택한다. 그리고 Text Block을 3을 선택한다.

03 마우스를 놓고자 하는 위치에 놓고 클릭한 후 Text의 내용을 그림 7.39와 같이 입력한다.

04 마우스의 오른쪽 버튼을 선택하여 팝업창에서 Done을 선택하여 작업을 끝낸다.

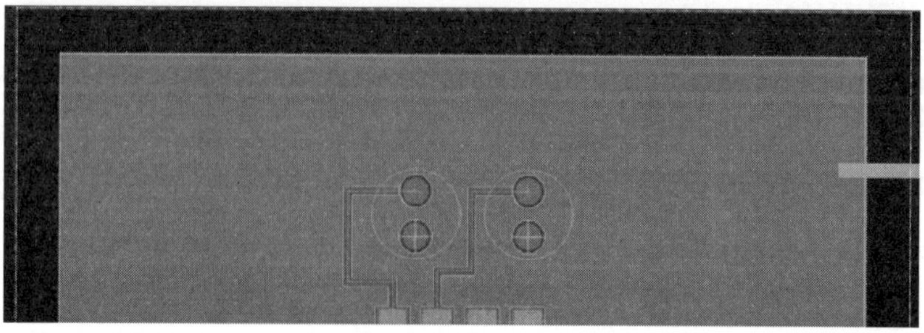

그림 7.39 문자 기입

3 드릴 차트 만들기

01 드릴 차트를 생성하기 위해서 메뉴 바 Manufacture 〉 NC 〉 Drill Customization...를 선택하여 Drill Customization 창을 연다.

02 Drill Customization 창에서 Auto Generate Symbols를 선택하여 생성시키고 OK를 선택하여 창을 닫는다.

03 다시 메뉴 바 Manufacture 〉 NC 〉 Drill Legend...를 선택한다.

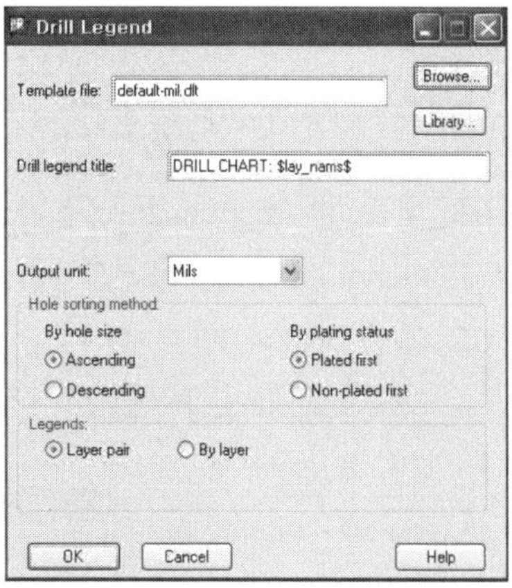

그림 7.40 Drill Legend 창

04 그림 7.40과 같은 Drill Legend 창이 나타나면 OK 버튼을 선택한다. 드릴 차트가 마우스에 따라 이동하며 보드 아웃라인 아래쪽에 클릭하여 그림 7.41과 같이 배치 완료한다.

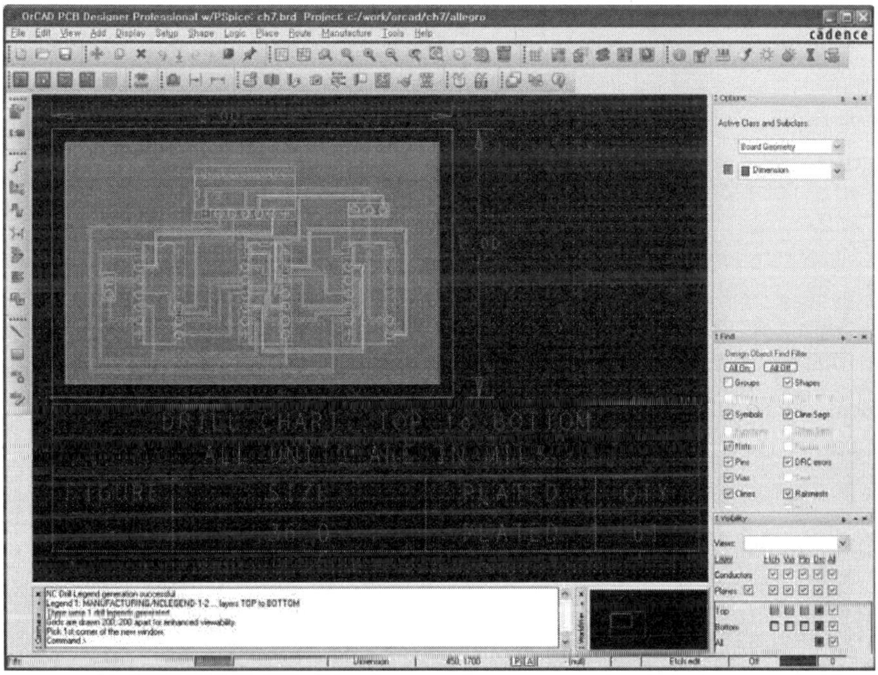

그림 7.41 드릴 차트 만들기

11 Gerber File 만들기

PCB의 Gerber File 만들기 위해서는 다음과 같은 방법으로 한다.

01 메뉴 바 Manufacture 〉 Artwork...를 택한다. Artwork Control Form 창이 나타나면 General Parameters 탭 메뉴로 이동한다.

02 그림 7.42과 같이 Device type 항목에서 Gerber RS274X를 체크하고, Format 항목의 Decimal places를 5로 변경한 후 Film Control 탭 메뉴로 다시 이동한 후 창을 유지한다.

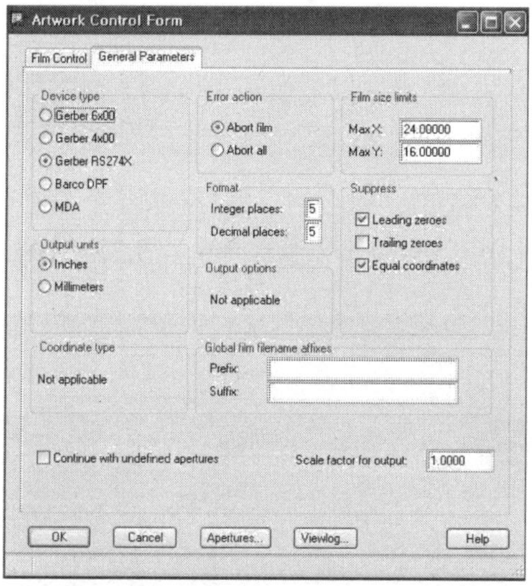

그림 7.42 Artwork Control Form

03 메뉴 바 Display 〉 Color/Visibility...를 선택하여 Color Dialog 창이 나타나면 상단의 Global visibility On/Off 스위치 중 Off 버튼을 선택한 후 Apply 버튼을 선택하여 그림 7.43과 같이 한다. Color Dialog 창을 닫지 않고 유지한다.

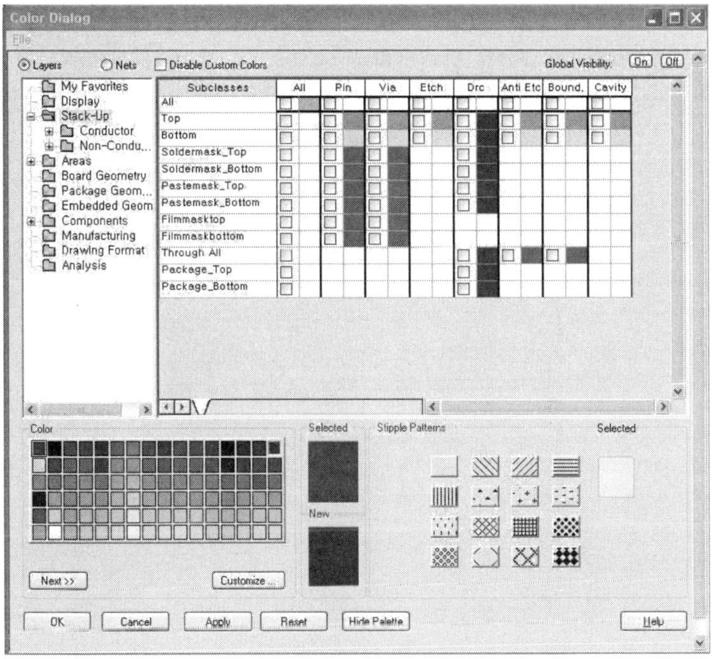

그림 7.43

04 그림 7.44와 같이 Color Dialog 창에서 왼쪽의 Stack-Up 폴더를 선택한 후, 오른쪽 Subclasses 항목 중 Soldermask_Top의 Pin, Via 항목을 체크한 후 Apply 버튼을 선택한 다음 OK 버튼을 선택하여 Color Dialog 창을 닫는다.

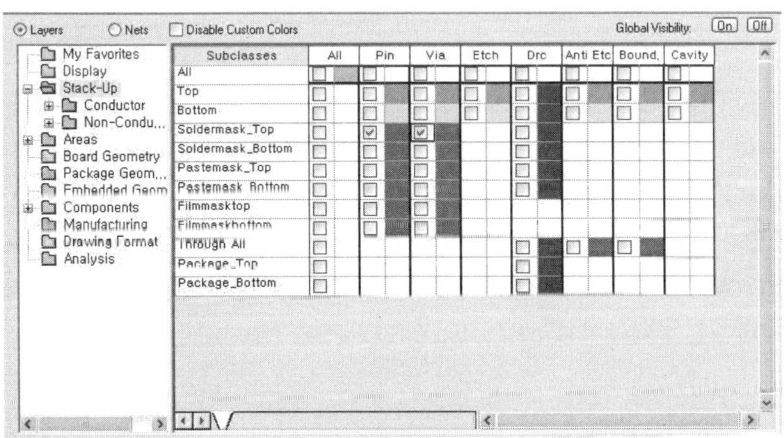

그림 7.44

05 그림 7.45와 같이 Artwork Control Form 창의 Top을 선택 후 마우스 오른쪽 버튼을 클릭하면 나타나는 팝업 메뉴의 Add를 선택한다.

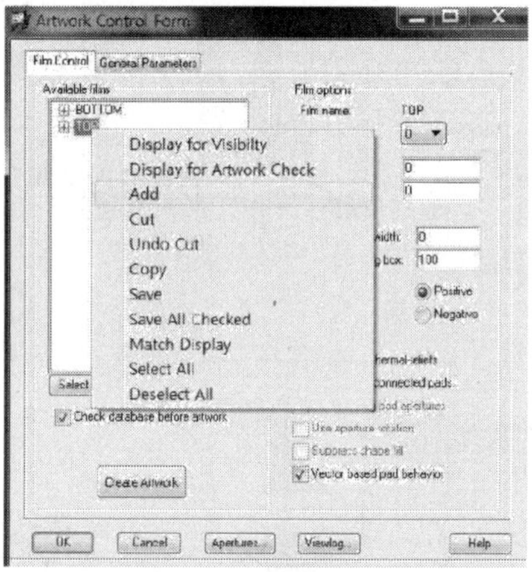

그림 7.45

06 OrCAD PCB Designer 창이 열리면 그림 7.46과 같이 Soldermask_top 이라고 입력 한 후 OK 버튼을 선택한다.

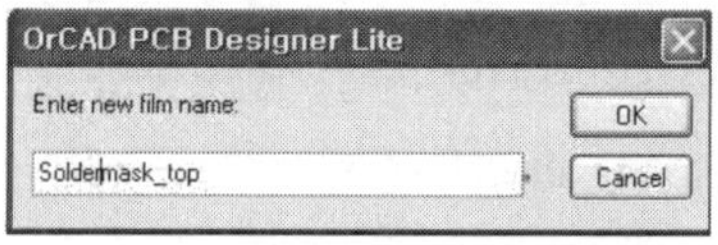

그림 7.46 OrCAD PCB Designer 창

07 다시 메뉴 바 Display 〉 Color/Visibility...를 선택하여 Color Dialog 창이 나타나면 상단의 Global visibility On/Off 스위치 중 Off 버튼을 선택한 후 Apply 버튼을 선택하여 그림 7.43과 같이 한다. Color Dialog 창을 닫지 않고 유지한다.

08 그림 7.47과 같이 Color Dialog 창에서 왼쪽의 Stack-Up 폴더를 선택한 후, 오른쪽 Subclasses 항목 중 Soldermask_Bottom의 Pin, Via 항목을 체크한 후 Apply 버튼을 선택한 다음 OK 버튼을 선택하여 Color Dialog 창을 닫는다.

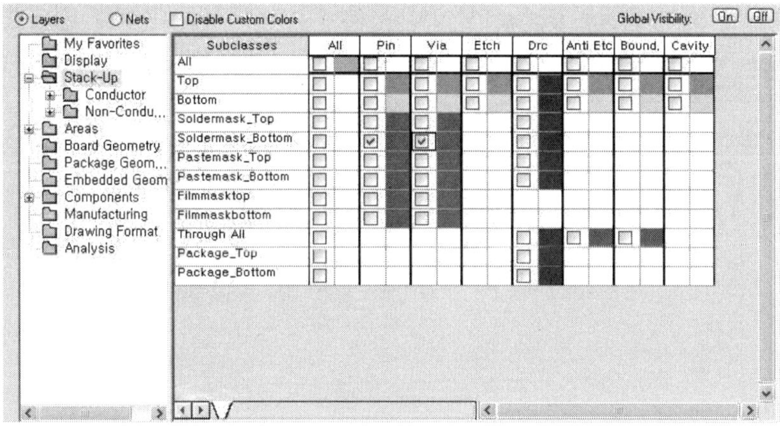

그림 7.47

09 Artwork Control Form 창의 Soldermask_top을 선택 후 마우스 오른쪽 버튼을 클릭하면 나타나는 팝업 메뉴의 Add를 선택하여, Soldermask_Bottom이라고 입력한 후 OK 한다.

10 다시 메뉴 바 Display 〉 Color/Visibility...를 선택하여 Color Dialog 창이 나타나면 상단의 Global visibility On/Off 스위치 중 Off 버튼을 선택한 후 Apply 버튼을 선택하여 그림 7.43과 같이 한다. Color Dialog 창을 닫지 않고 유지한다.

11 그림 7.48과 같이 Color Dialog 창에서 왼쪽의 Package Geometry 폴더를 선택한 후, 오른쪽 Subclasses 항목 중 Silkscreen_Top을 체크한다.

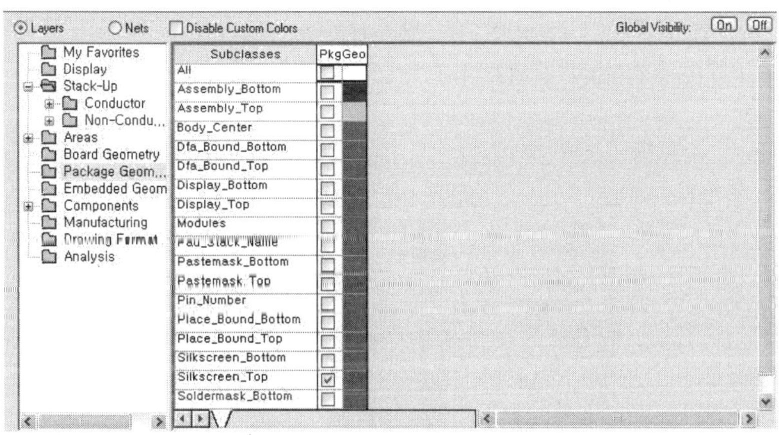

그림 7.48

12 그림 7.49와 같이 Color Dialog 창에서 왼쪽의 Component 폴더를 선택한 후, 오른쪽 Subclasses 항목 중 Silkscreen_Top의 RefDes 항목을 체크한 후 Apply, OK 버튼을 선택한다.

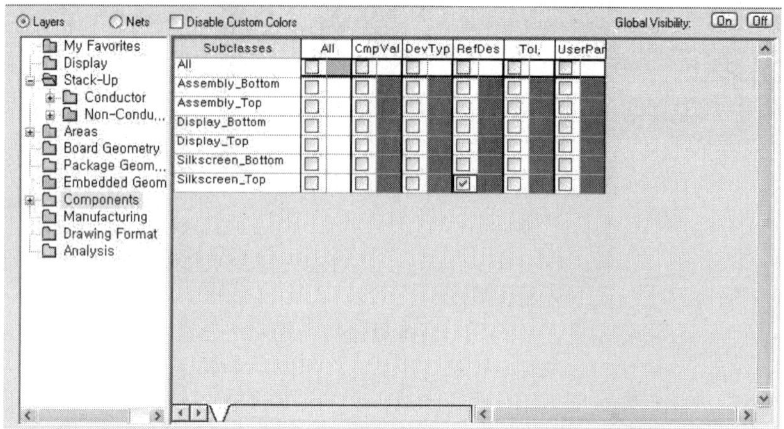

그림 7.49

13 Artwork Control Form 창의 Soldermask_Bottom을 선택 후 마우스 오른쪽 버튼을 클릭하면 나타나는 팝업 메뉴의 Add를 선택하여, Silkscreen_Top이라고 입력한 후 OK 한다.

14 다시 메뉴 바 Display 〉 Color/Visibility...를 선택하여 Color Dialog 창이 나타나면 상단의 Global visibility On/Off 스위치 중 Off 버튼을 선택한 후 Apply 버튼을 선택하여 그림 7.43과 같이 한다. Color Dialog 창을 닫지 않고 유지한다.

15 그림 7.50과 같이 Color Dialog 창에서 왼쪽의 Board Geometry 폴더를 선택한 후, 오른쪽 Subclasses 항목 중 Outline을 체크한다.

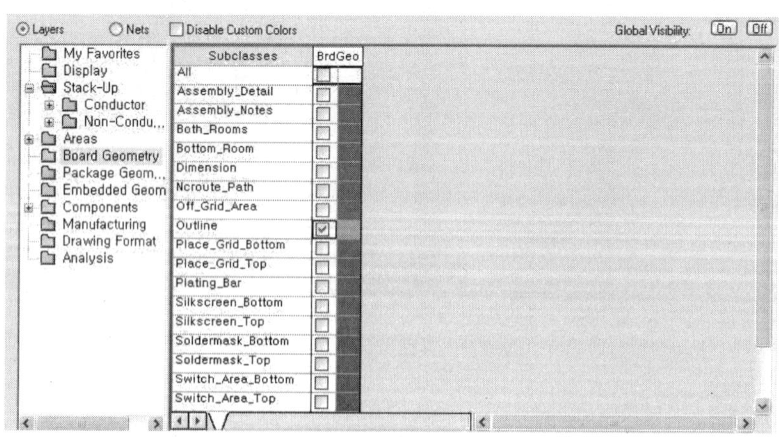

그림 7.50

16 그림 7.51과 같이 Color Dialog 창에서 Manufacturing 폴더를 선택한 후, 오른쪽 Subclasses 항목 중 Nclegend-1-2를 체크 후 Apply, OK 버튼을 선택한다.

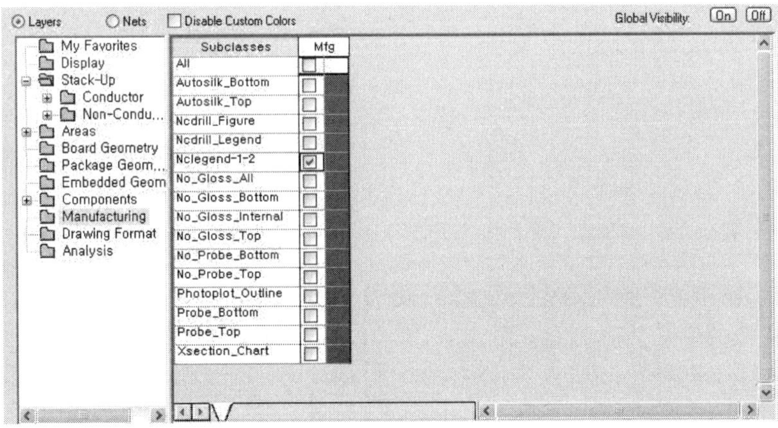

그림 7.51

17 Artwork Control Form 창의 Silkscreen_top을 선택 후 마우스 오른쪽 버튼을 클릭하면 나타나는 팝업 메뉴의 Add를 선택하여, Drill_drawing이라고 입력한 후 OK 한다.

18 그림 7.52와 같이 Select all 버튼을 선택한 후 Create Artwork 버튼을 선택한다. Gerber File이 생성되어지며, OK 버튼을 선택하여 Artwork Control Form 창을 닫는다.

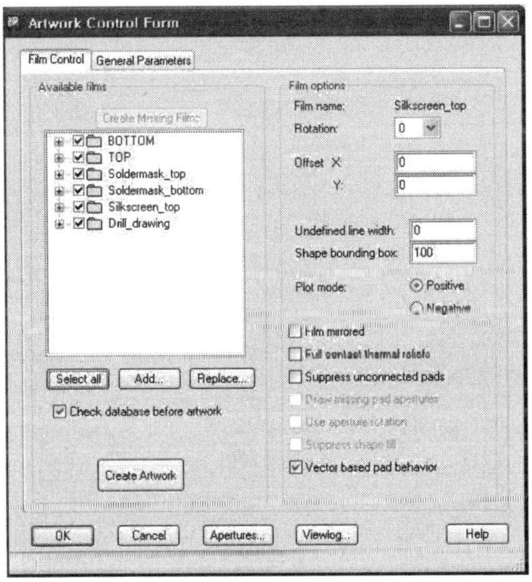

그림 7.52

19 NC-Drill 파일 생성을 위해서 메뉴 바 Manufacture 〉 NC 〉 NC Drill...을 선택한다.

20 그림 7.53와 같은 NC-Drill창에서 NC Parameters... 버튼을 선택하여 그림 7.53과 같이 Excellon format 항목의 format을 5로 수정한 후 Close 버튼을 선택한다.

21 그림 7.54와 같이 NC Drill창의 Drill 버튼을 선택하여 NC Drill 파일을 생성한 후 Close를 선택한다.

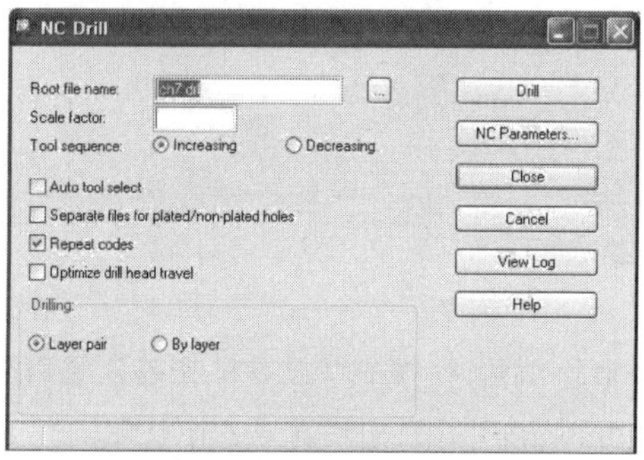

그림 7.53

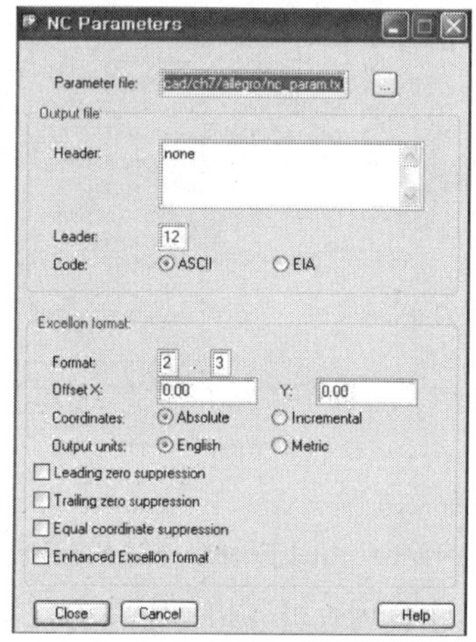

그림 7.54

22 타이틀 바의 저장 경로에 *.art 파일과 *.drl 파일의 Gerber file이 그림 7.55와 같이 생성 완료된다.

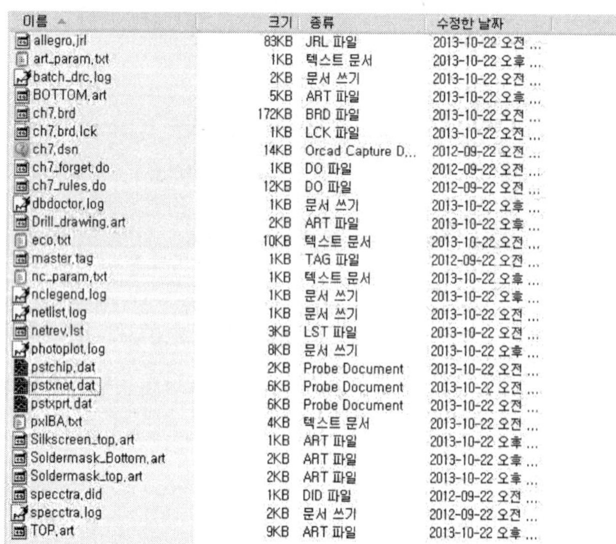

그림 7.55

제3단원

Allegro OrCAD PCB Editor 응용하기

제8장 SMD Type PCB 설계 (단안정 바이브레이터)

01 작업 도면

1 작업도면

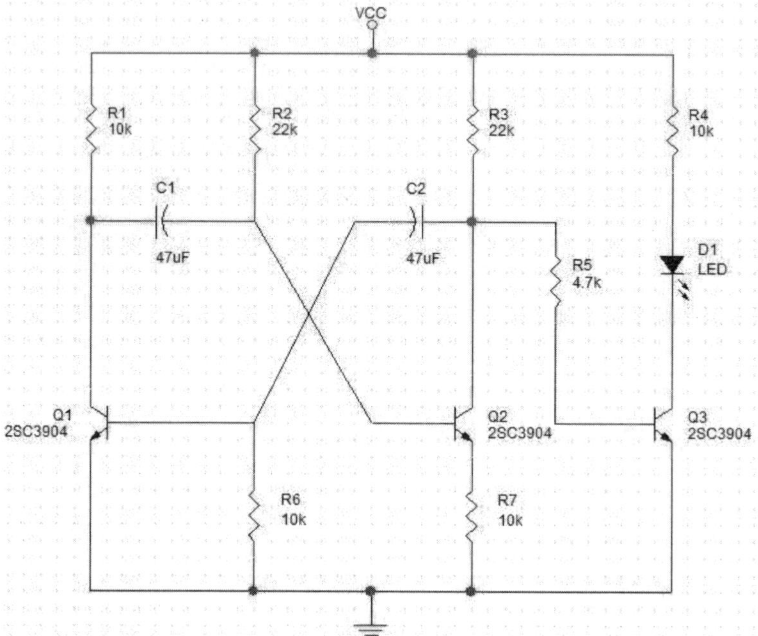

그림 8.1 작업 회로

2 부품 리스트 및 풋 프린트

표 8.1 부품 리스트 및 풋 프린트 값

번호	부품 이름	부품 값	필요 수량	라이브러리	풋 프린트
1	Transistor	2SC3904	3	Transistor.olb	TO236
2	Capacitor	47μF	2	Discrete.olb	SMDCAP
3	LED	LED	1	Discrete.olb	SMDCAP
4	Resistor	4.7k	1	Discrete.olb	SMDRES
5	Resistor	10k	4	Discrete.olb	SMDRES
6	Resistor	22k	2	Discrete.olb	SMDRES

3 PCB

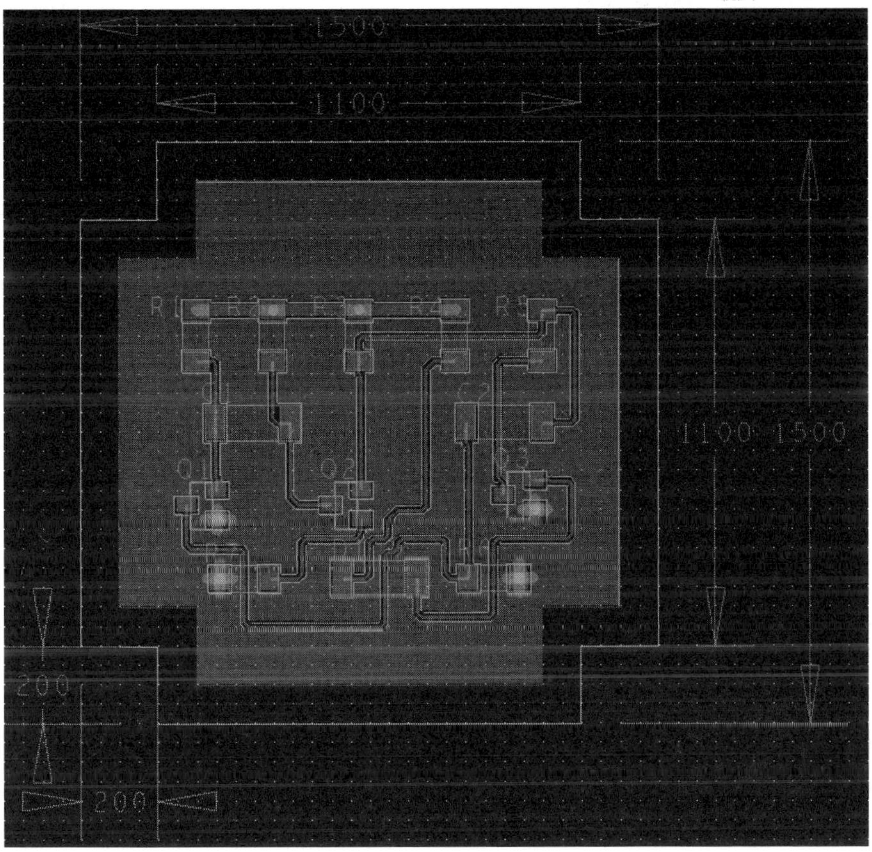

그림 8.2 작업 도면

02 새로운 프로젝트 파일 만들기

윈도 작업 표시줄의 [시작] 버튼을 클릭하여, 모든 프로그램₩Cadence₩Release 16.5₩ Capture CIS를 선택 또는 윈도 바탕화면에 Capture CIS의 단축아이콘이 있다면 이를 더블 클릭하여 실행한다. 그러면 OrCAD 16.5 Capture CIS의 기본 창이 열린다.

1 Capture 시작하기

- 프로그램 시작하는 방법

▶ 시작 〉 모든 프로그램 〉 Cadence 〉 Release 16.5 〉 Capture CIS

2 Capture 환경설정

새로운 프로젝트 또는 디자인 작업 시 현재의 설정이 기본 설정으로 지정된다. 다음과 같이 필요에 따라 기본 설정을 변경할 수 있다.

1. Grid style : Grid를 표시하지 않음
Junction Dot Size : Small ⇒ Medium

▶ 메뉴 Options 〉 Preference 〉 Grid Display 〉 Grid Style에서 Dots를 선택

▶ 메뉴 Options 〉 Preference 〉 Miscellaneous 〉 Schematic Page Editor 〉 Junction Dot Size : Medium

2. Page Size 변경 및 기재 사항

▶ 메뉴 Options 〉 Design Template 〉 Title Block 〉 Title : ch8〉 Page Size :A4

3. 파일 백업 설정

▶ 메뉴 Options 〉 Auto Backup 〉 백업 시간, 백업파일 수, 백업 디렉터리 지정
: 백업 디렉터리는 현재 작업 디렉터리에 저장된다. 백업 파일의 이름은 확장자 DBK를 가지며, Capture에서 파일 형식을 All Files로 변경 후 불러올 수 있다. Save As로 복원할 수 있다.

3 새로운 프로젝트 파일 만들기

▶ 메뉴 File 〉 New 〉 Project 선택 또는 시작화면에 나타난 Getting Started 〉 Project 〉 New 선택 : 아래와 같은 창이 열린다.

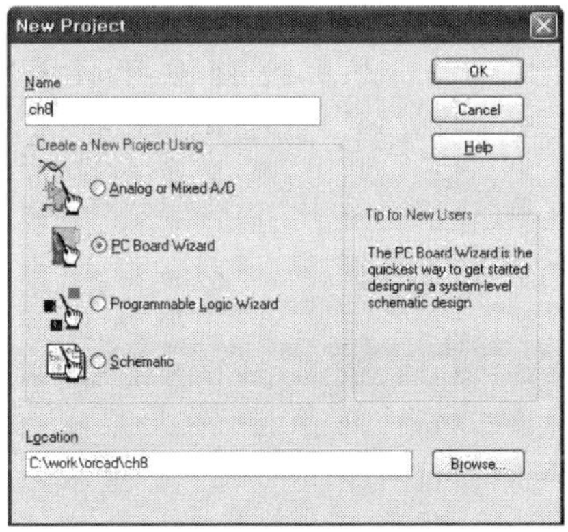

그림 8.3 New Project 창

앞의 과정을 마치면 창이 나타나고 이 창을 정리하면 그림 8.4와 같이 나타낼 수 있다. 이제 나타낸 Page에 도면을 작성할 준비가 된 것이다.

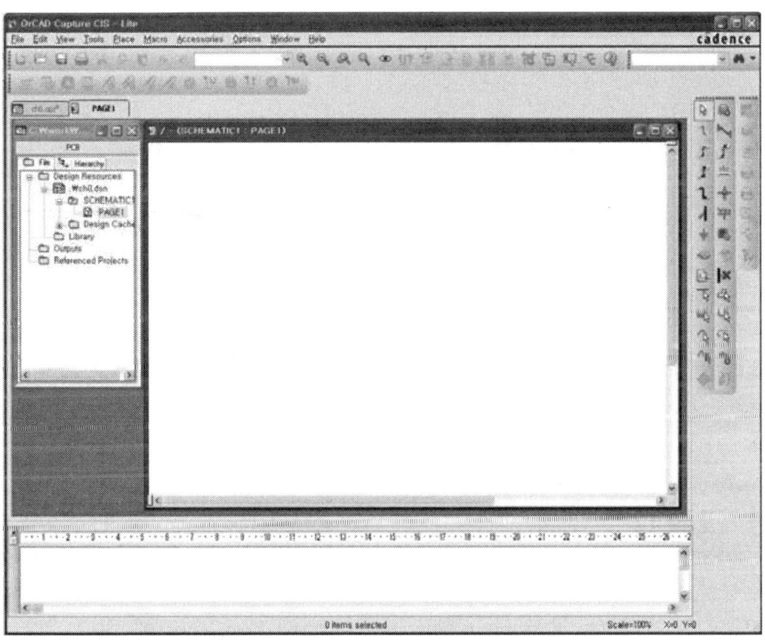

그림 8.4 초기화면

03 부품 배치

메뉴 Place 〉 Part 선택 또는 툴 팔레트 Part 아이콘 클릭하여 그림 8.5와 같이 부품을 배치한다. 부품 2SC3904 Transistor의 경우 그림 8.5와 같이 라이브러리에서 제공되는 것이 없는 경우 모양이 비슷한 NPN ECB를 사용하고 부품 이름을 SC3904변경하면 된다. 또한 그렇게 하여도 그림 8.5에서 Q1은 모양이 일치하지 않는 문제가 발생된다. 이것은 Q2를 선택하여 오른쪽 마우스 버튼을 누르면 나오는 팝업창에서 Mirror Horizontally를 선택하면 일치된 모양을 얻을 수 있다.

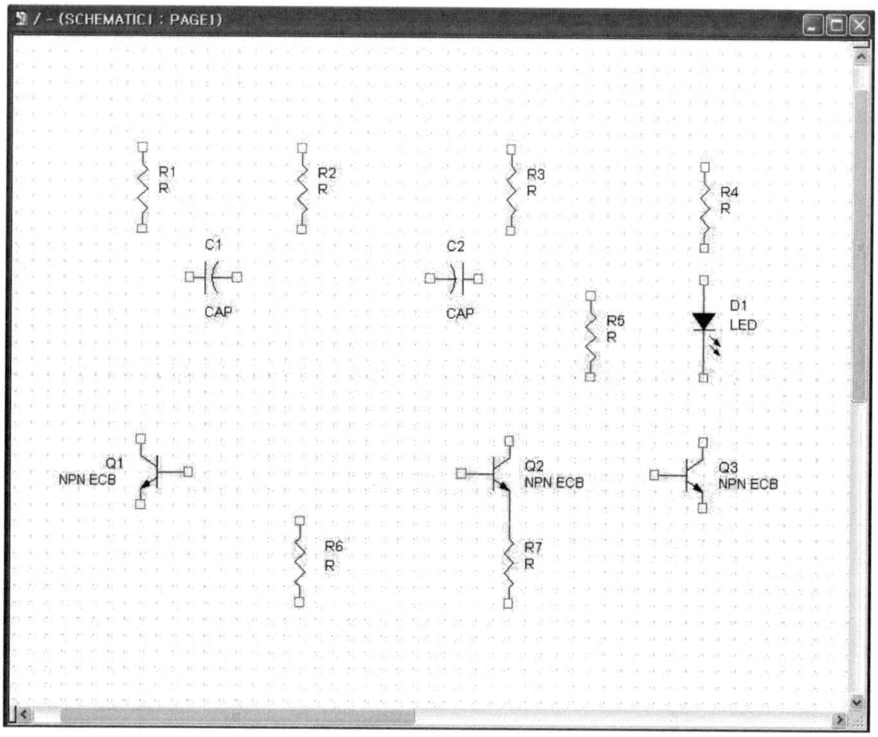

그림 8.5 부품 배치

04 선 그리기

배치된 부품들의 핀과 핀을 연결하는 선을 그리기 위해 다음과 같이 한다.

01 메뉴 Place 〉 Wire 선택 또는 툴 팔레트에 있는 Place Wire 아이콘을 클릭한다.

02 핀의 끝과 끝을 연결하는 방법으로 그림 8.6과 같이 배선한다.

05 Symbol 배치

01 메뉴 Place 〉 Power 선택 또는 툴 팔레트에 있는 Place Power 아이콘을 클릭한 후 VCC/CAPSYM을 선택하여 그림 8.6과 같이 배치한다.

02 메뉴 Place 〉 Ground 선택 또는 툴 팔레트에 있는 Place Ground 아이콘을 클릭한 후 GND/CAPSYM을 선택하여 그림 8.6과 같이 배치한다.

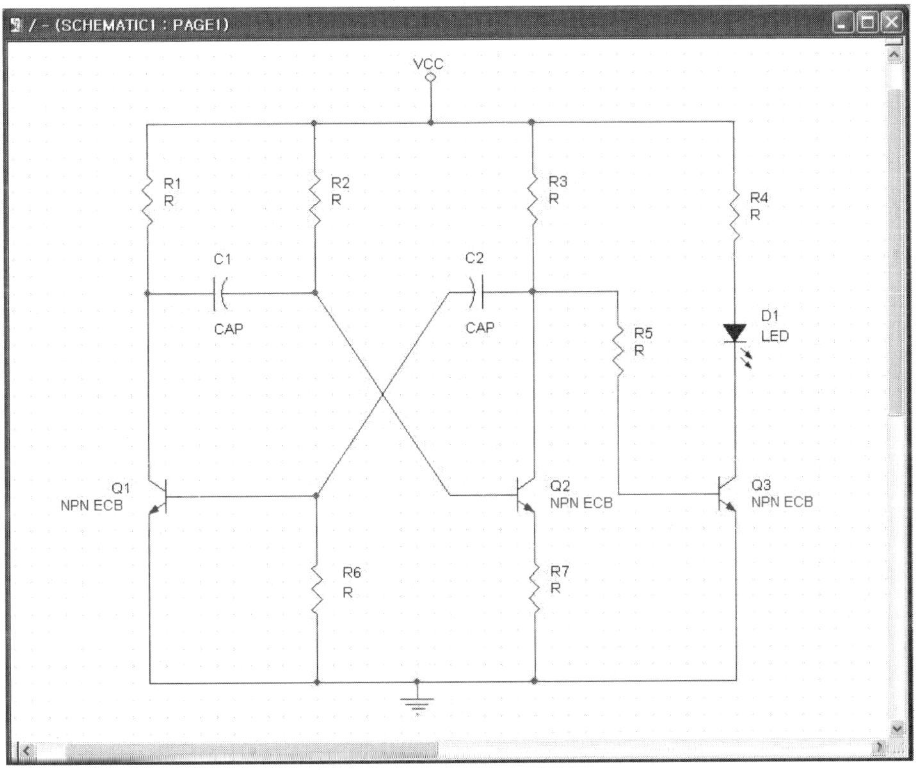

그림 8.6 선 그리기와 심벌 배치

06 부품 속성 편집

1 부품 값 입력

01 부품 이름을 더블 클릭하여 열리는 창에서 각 부품의 부품 값을 입력하여 그림 8.7과 같이 변경한다.

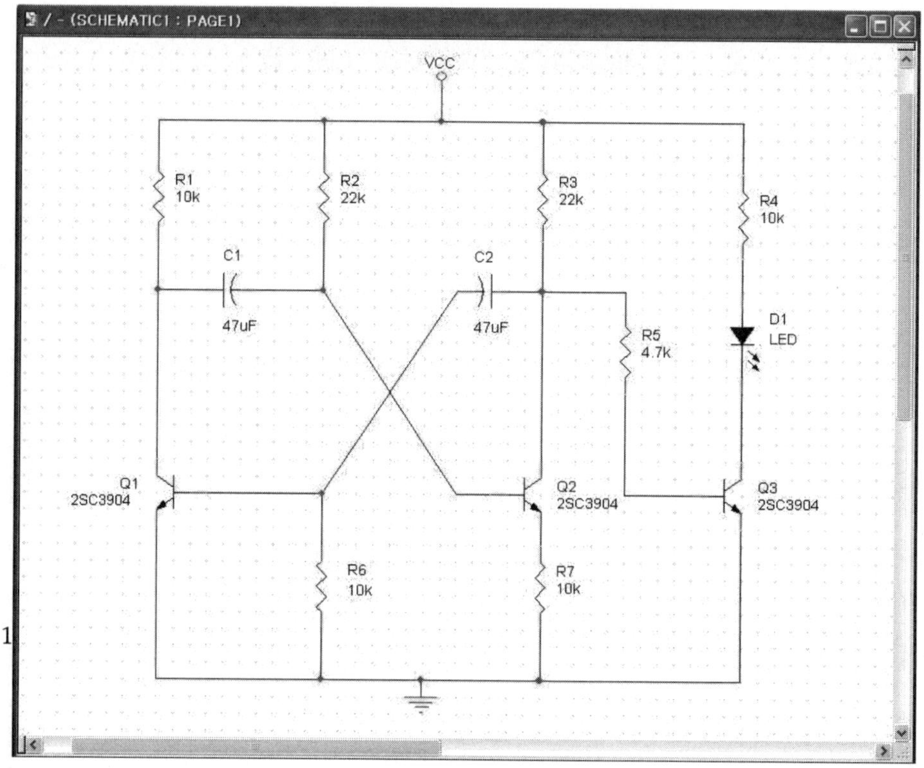

그림 8.7 부품 값 입력

2 풋 프린트 값 입력하기

표 8.1 부품 리스트 및 풋 프린트 값

번호	부품 이름	부품 값	필요 수량	라이브러리	풋 프린트
1	Transistor	2SC3904	3	Transistor.olb	TO236
2	Capacitor	47μF	2	Discrete.olb	SMDCAP
3	LED	LED	1	Discrete.olb	SMDCAP
4	Resistor	4.7k	1	Discrete.olb	SMDRES
5	Resistor	10k	4	Discrete.olb	SMDRES
6	Resistor	22k	2	Discrete.olb	SMDRES

PCB Editor에서 작업하기 위해 필요한 Footprint를 지정해 주어야 하는데 지정하는 방법은 다음과 같다.

01 TR 2SC3904 부품을 선택하여 마우스로 더블 클릭하면 그림 8.8과 같이 부품 속성창이 열리고 여기에서 표 8.1에 주어진 부품 Footprint 값을 입력하면 된다. 나머지 부품도 동일하게 하여 주어진 풋 프린트 값을 입력한다.

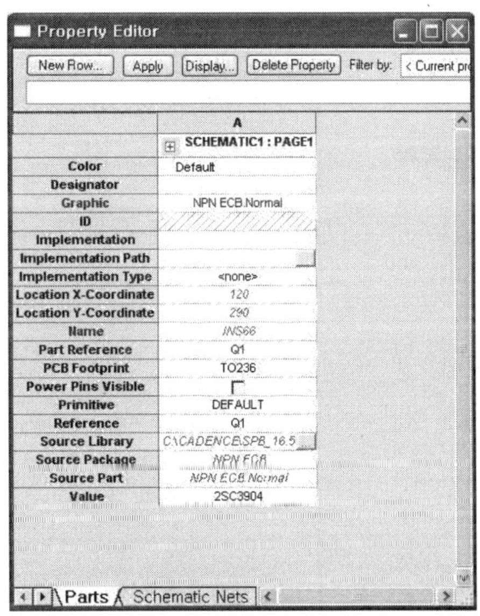

그림 8.8 풋 프린트 값 입력

07 유틸리티

스키매틱 페이지 편집 창에서 도면 작성 작업을 끝낸 다음에는 툴바의 Project Manager를 선택하여 디자인 매니저 창을 활성화시킨다.

1 Annotate

부품 번호를 정리하기 위한 일반적인 순서는 다음과 같다.

01 Annotate 툴을 더블 클릭한다. 그림 8.9와 같은 Annotate 창이 열린다.

02 Annotate 창의 Action 항목에서 Reset part reference to "?"를 선택한 후에 [OK] 버튼을 선택한다. 도면의 부품 번호가 "?"로 바뀐다.

03 한 번 더 Annotate 툴을 더블 클릭한다. Annotate 창이 열린다.

04 Annotate 창의 Action 항목에서 Incremental reference update를 선택한 후에 [OK] 버튼을 선택한다. 도면의 부품 번호가 다시 부여 되면서 정리된다.

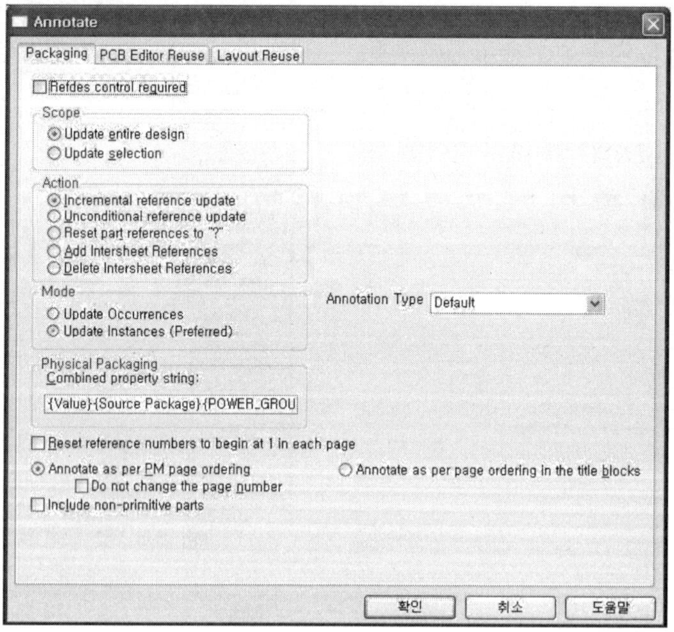

그림 8.9 Annotate 창

2 Design Rules Check

회로의 전기적인 검사를 하기 위한 순서는 다음과 같다.

01 DRC 툴을 선택한다. 그림 8.10과 같은 DRC 창이 열린다.

02 특정한 검사 또는 특정한 검사 결과를 보기 위해서는 Report 항목의 View Output 체크 박스를 선택한다. 이는 메모장이나 워드 패드로 실행 결과를 바로 보기 위함이다.

03 Report File 상자에는 DRC 실행 결과 파일의 경로와 파일 이름이 기본적으로 설정된다. 기본적으로 설정되는 경로는 디자인 파일이 저장된 폴더이다. 파일 이름도 디자인 파일과 동일하다. 이때 파일의 확장자는 DRC이다.

04 [확인] 버튼을 선택한다.

05 그림 8.11과 같은 검사 항목과 에러가 기록되어 있는 실행 결과 파일이 열린다. 그림과 같이 나타나야 한다.

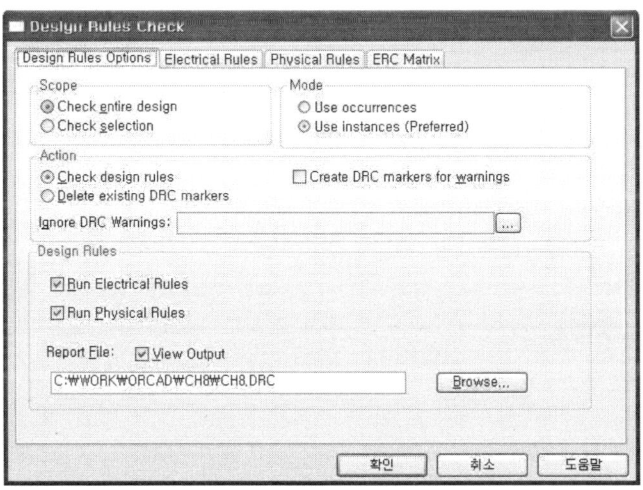

그림 8.10 Design Rules Check

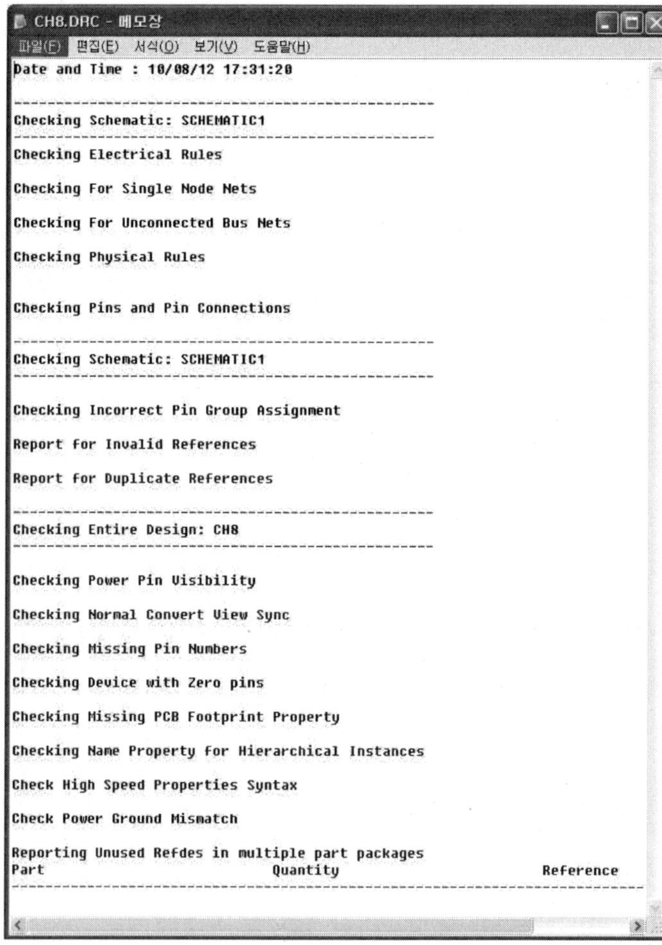


```
Date and Time : 10/08/12 17:31:20

-----------------------------------------------------
Checking Schematic: SCHEMATIC1
-----------------------------------------------------
Checking Electrical Rules

Checking For Single Node Nets

Checking For Unconnected Bus Nets

Checking Physical Rules


Checking Pins and Pin Connections

-----------------------------------------------------
Checking Schematic: SCHEMATIC1
-----------------------------------------------------

Checking Incorrect Pin Group Assignment

Report for Invalid References

Report for Duplicate References

-----------------------------------------------------
Checking Entire Design: CH8
-----------------------------------------------------

Checking Power Pin Visibility

Checking Normal Convert View Sync

Checking Missing Pin Numbers

Checking Device with Zero pins

Checking Missing PCB Footprint Property

Checking Name Property for Hierarchical Instances

Check High Speed Properties Syntax

Check Power Ground Mismatch

Reporting Unused Refdes in multiple part packages
Part                            Quantity                         Reference
--------------------------------------------------------------------------------
```

그림 8.11 DRC 파일 내용

3 Create Netlist

Netlist 파일을 생성하기 위한 과정은 다음과 같다.

01 메뉴 Tools 〉 Create Netlist를 클릭하거나 또는 Create Netlist 툴을 선택한다.

02 열린 Create Netlist 창의 Option 항목에서 Netlist의 저장 폴더를 선택할 수 있고, 기본적으로 작업 폴더 내에 allegro 폴더를 생성하여 저장한다.

03 Create or Update PCB Editor Board (Netrev) : 열린 Create Netlist 창에서 그림 8.12와 같이 PCB를 신규 생성하거나 업데이트 할 수 있는 Option이다.

04 Board Launching Option : 그림 8.12와 같이 해당되는 제품군을 선택한다.

05 확인 버튼을 클릭하면 자동적으로 Allegro OrCAD PCB Editor가 실행되어 시작화면이 나타나게 된다.

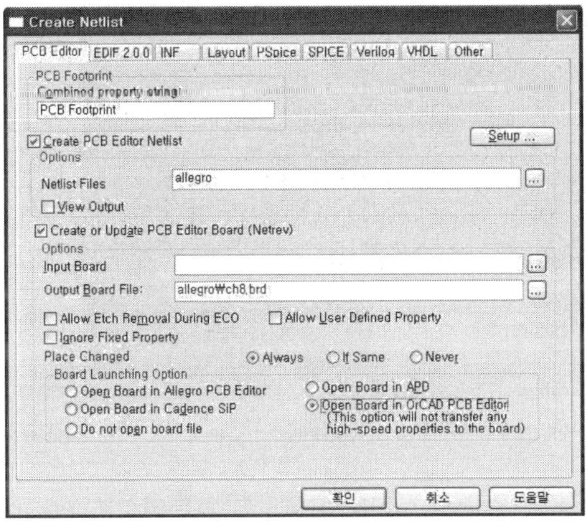

그림 8.12 Netlist 파일 생성

08 새로운 보드 파일 만들기

1 OrCAD PCB Editor 시작하기

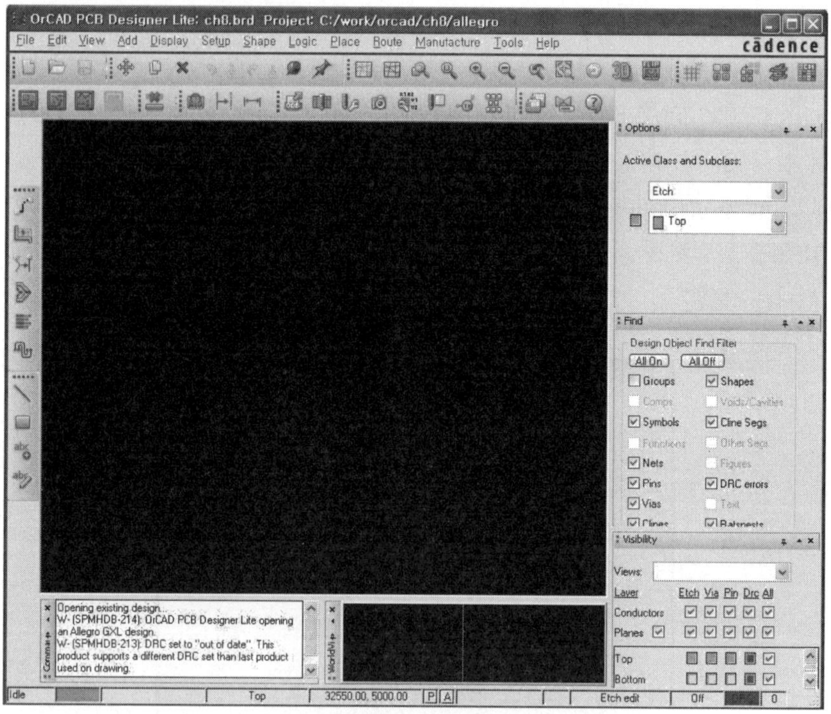

그림 8.13 자동으로 실행된 PCB Editor의 초기화면

앞 절에서 마지막 단계에서 Create Netlist를 한 후 자동적으로 PCB Editor가 실행된 초기 화면은 아래 그림 8.13과 같이 나타나게 된다. 여기에서 타이틀 바에 나타난 파일 이름은 작업파일 이름인 ch8.brd로 나타나게 된다.

09 Allegro OrCAD PCB Editor Setup

PCB 설계를 하기 위한 전반적인 Setup을 위해서 다음과 같은 순서에 따라 설정하면 된다.

01 OrCAD Designer(또는 Allegro PCB Editor) 창의 메뉴 바 Setup 〉 Design Parameters...를 선택한다.

02 그림 8.14와 같이 Design Parameter Editor 창이 열리고 Design 탭 메뉴에서 그림과 같이 단위 Mils, Size A, Accuracy 0, Extents 항목의 Left X -3000, Lower Y -3000으로 설정 및 입력한 후 Shapes 탭 메뉴로 이동한다.

03 Shape 탭 메뉴로 이동 후 Edit global dynamic shape parameters...를 선택한다.

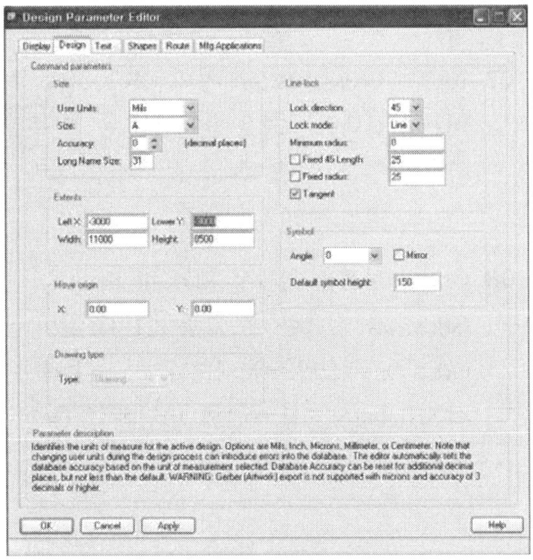

그림 8.14 Design Parameter Editor 창

04 Global Dynamic Shape Parameters 창에서 Void controls 탭 메뉴로 이동하여 그림 8.15와 같이 Artwork format을 Gerber RS274X로 변경한 후 OK 버튼을 선택한다.

05 Design Parameter Editor 창의 OK 버튼을 선택하여 창을 닫는다.

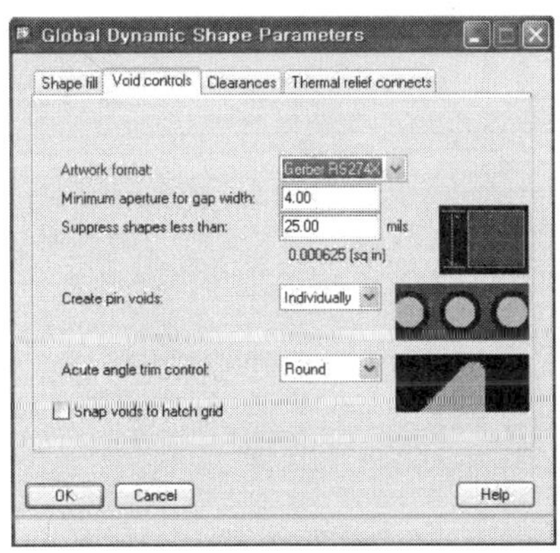

그림 8.15 Global Dynamic Shape Parameters 창

06 PCB 설계 층수를 확인하기 위하여 메뉴 바 Set 〉 Cross Section... 을 선택한 후 그림 8.16과 같은 Layout Cross Section 창에서 기본 설정 값인 2층 Layer를 확인한다.

07 Layout Cross Section 창의 OK 버튼을 선택하여 창을 닫는다.

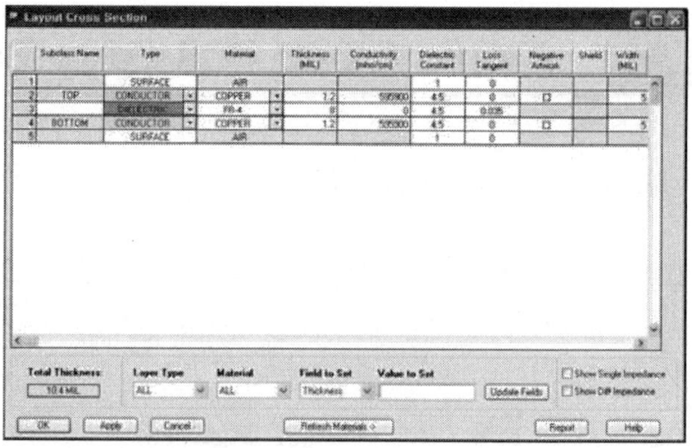

그림 8.16 Layout Cross Section 창

08 Grid의 설정을 위해서 메뉴 바 Setup 〉 Grids...를 선택한 후 그림 8.17과 같이 Grids On 체크박스에 체크하고 Non-Etch의 Spacing x, y를 50으로 변경한 후 OK 버튼을 선택하여 창을 닫는다.

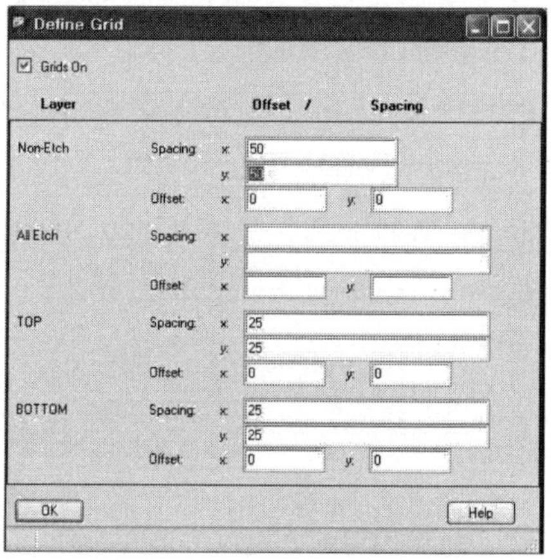

그림 8.17 Define Grid 창

10 Board Outline 그리기

보드 아웃라인을 생성하기 위해서 다음과 같은 순서로 한다.

01 메뉴 바 Shape 〉 Polygon을 선택한 후 그림 8.18과 같이 Options 창에서 Active Class와 Subclass가 Board Geometry와 Outline이 되게 설정한다.

02 그림 8.19와 같이 각 모서리 좌표에서 클릭하여 그림과 같은 Outline을 그린다.

03 320페이지에 있는 APPENDIX A2-5에 나타나 있는 것과 같이 PACKAGE KEEPIN AREA를 설정한다.

04 앞 단계에서와 같이 동일한 방법으로 ROUTE KEEPIN AREA를 설정하면 그림 8.20과 같이 Outline이 완성된다.

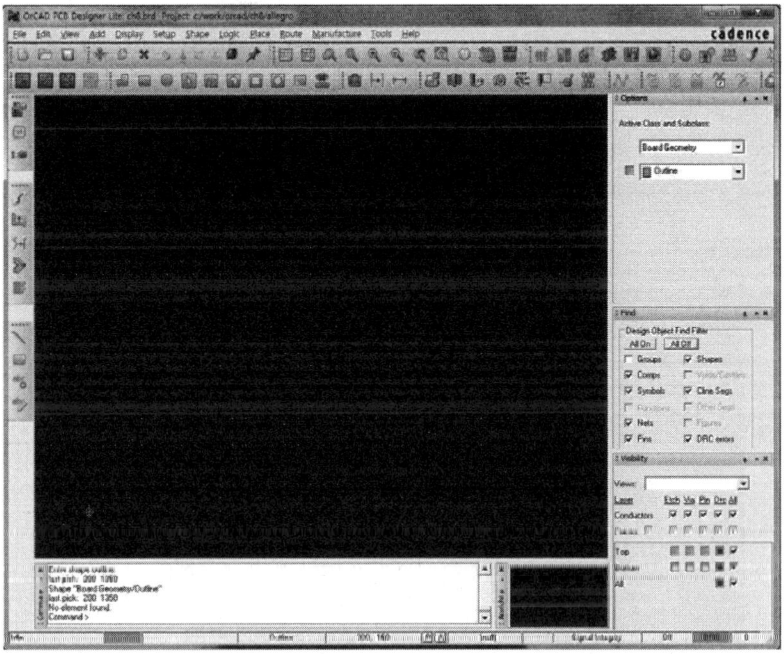

그림 8.18 Outlines 그리기 초기 화면

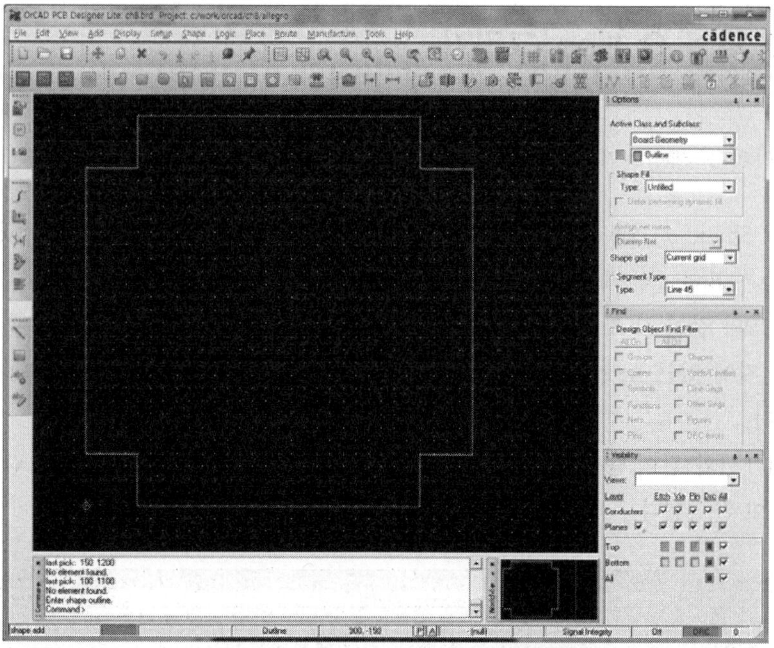

그림 8.19 Outlines 수치 입력

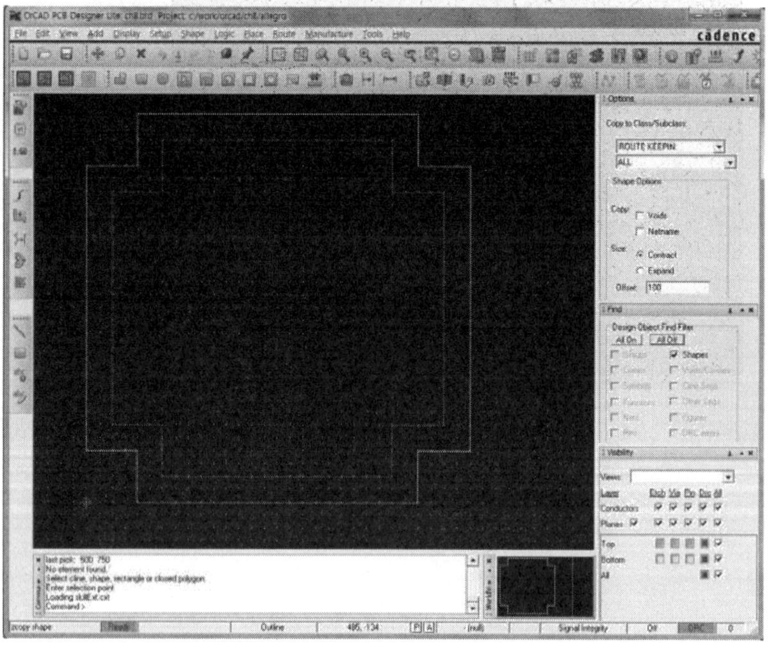

그림 8.20 Outlines 완성

11 Constraints 설정하기

PCB 설계 작업에 필요한 작업 조건에 대한 설정이 필요하며 이 조건들을 설정하기 위해서는 다음과 같은 과정을 거치게 된다.

01 메뉴바 Setup 〉 Constraints 〉 Constraints Manager...를 선택한다.

1 Physical Constraints 설정

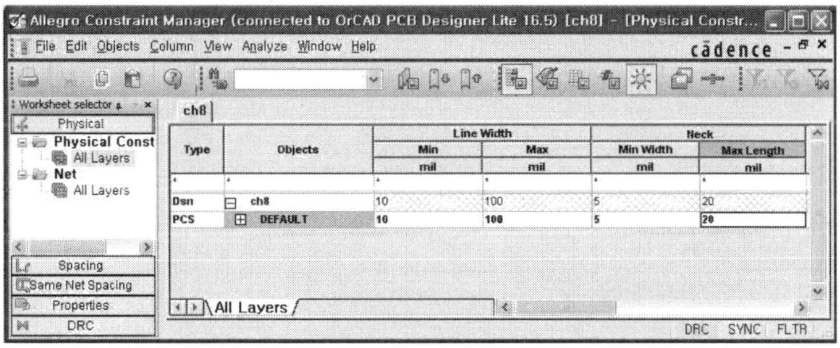

그림 8.21 Physical Constraints 설정

02 Physical – All Layer 선택

03 그림 8.21과 같이 Line Width Min/Max 10mil/100mil로 설정한다.

04 그림 8.21과 같이 Neck Width Min/Max 5mil/20mil로 설정한다.

2 Net 설정

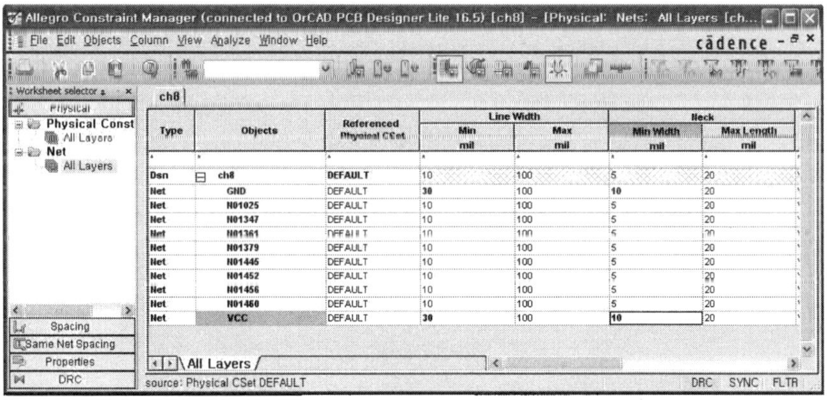

그림 8.22 Physical Constraints 설정

05 그림 8.22와 같이 GND/VCC net의 Line Width Min 30mil로 설정한다.

06 그림 8.22와 같이 GND/VCC net의 Neck Width Min 10mil로 설정한다.

3 Spacing Constraints 설정

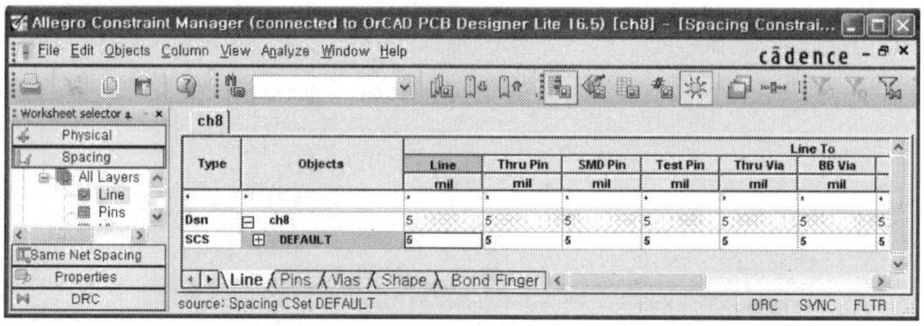

그림 8.23 Spacing Constraints 설정

07 모두 5 mil로 설정한다.

4 Properties Constraints 설정

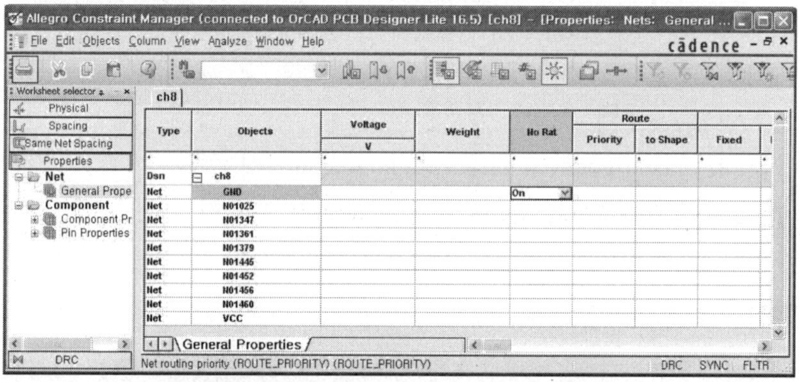

그림 8.24 Properties Constraints 설정

08 Properties 항목의 Net 폴더의 General Properties를 선택한다.

09 그림 8.23과 같이 No Rat 설정을 GND에 대하여 ON으로 설정한다.

10 설정을 마친 후에 File 〉 Close를 선택한다.

12 부품 배치하기

부품을 PCB Outline 내부에 위치하도록 배치하기 위해서는 다음과 같은 순서에 따라 배치한다.

01 Place 메뉴를 이용하여 부품을 배치하기 위해서 메뉴 바 Place 〉 Manually... 를 선택한 후 그림 8.25와 같은 Placement 창에 나타난 각각의 부품들을 선택하여 PCB Outline 내부에 위치하도록 배치하도록 한다.

02 모든 부품을 배치하면 Placement 창의 OK 버튼을 클릭하여 창을 닫는다.

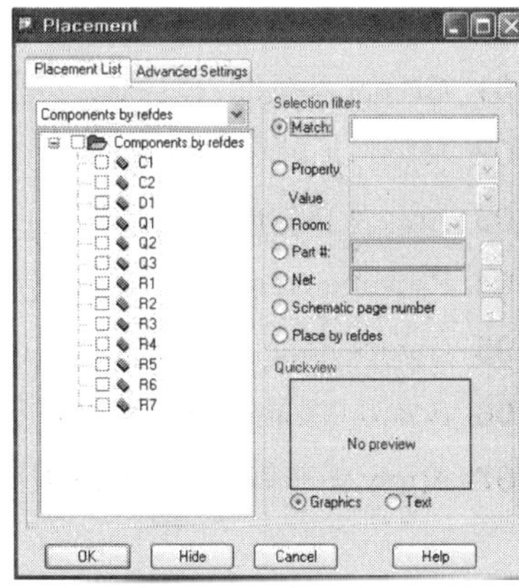

그림 8.25 Placement 창

모든 부품이 배치된 상태를 그림 8.26에 나타나 있다.

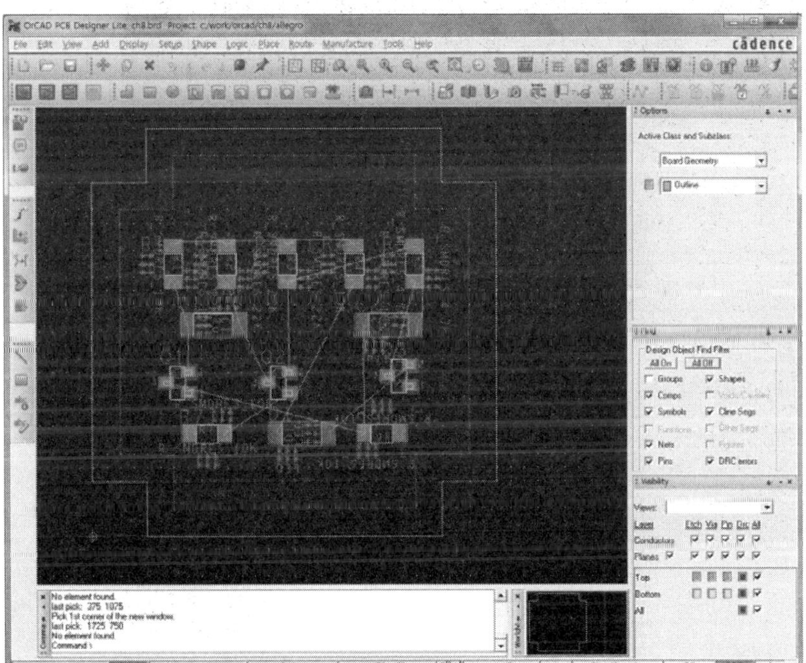

그림 8.26 부품 배치

13 Color 설정하기

메뉴 Color/Visiblity를 선택하여 아래와 같이 설정하고 apply를 클릭한 다음 창을 닫는다. 그림 8.27과 같이 도면이 변경된다.

01 Global visibility를 off로 선택

02 Stack-Up의 Conductor에서 Top/Bottom의 All을 선택한다.

03 Area의 Pkg KI을 선택한다.

04 Package Geometry의 Place_Bound_Top/Silkscreen_Top을 선택한다.

05 Components의 Silkscreen_Top의 RefDes을 선택한다.

06 Board Geometry에 Outline을 선택한다.

07 Apply를 클릭한 후 OK를 클릭하여 Color Dialog 창을 닫는다.

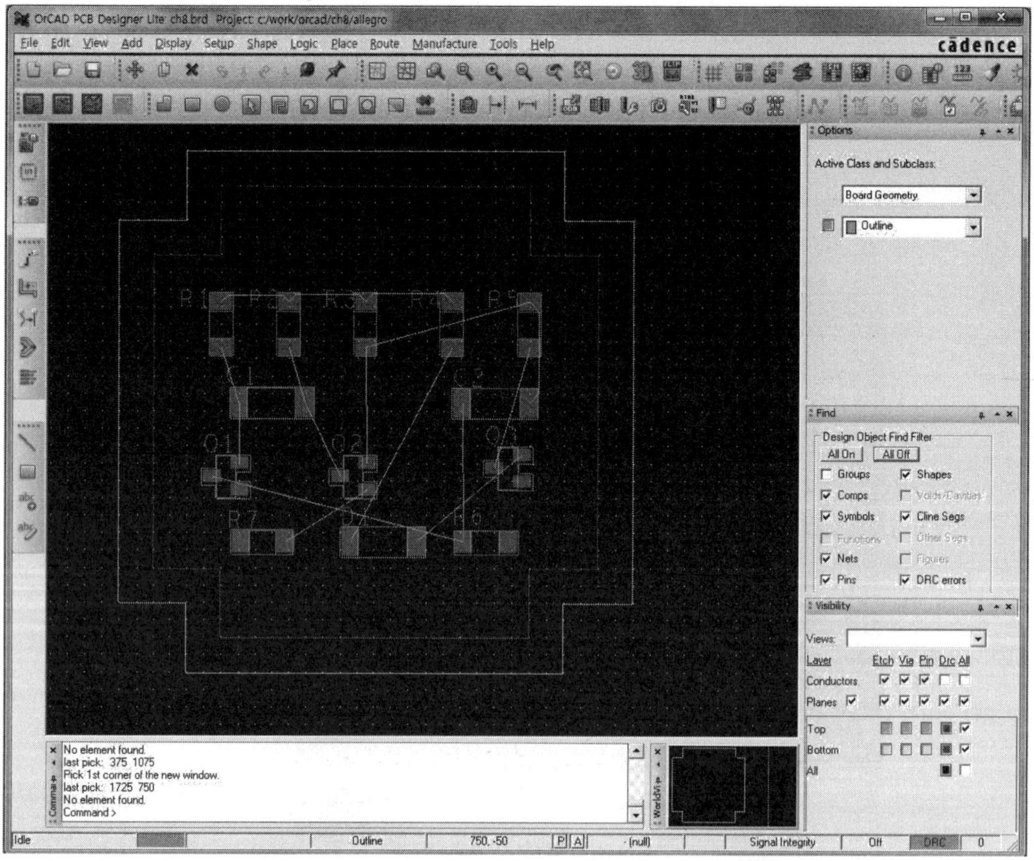

그림 8.27 Color/Visiblity 설정

14 부품 배선하기

부품의 핀과 핀을 연결하는 선들을 실제의 물리적인 선으로 만드는 과정으로 선을 배선하기 위해서 다음과 같이 한다.

01 메뉴 바 Route 〉 Connect를 선택한다.

02 파란색 Ratsnest 라인이 연결된 대로 R1의 핀을 클릭하면 마우스를 따라 배선이 이어지며, 그 선이 연결된 R2의 핀을 클릭한 다음 마우스 오른쪽 버튼을 클릭하면 나타나는 팝업 메뉴의 Done을 선택하면 연결되어 있던 Ratsnest 라인이 사라지면서 녹색의 배선으로 연결이 완료된다.

03 동일한 방법으로 다른 선들을 그림 8.28과 같이 배선한다.(TOP Layer에서 배선)

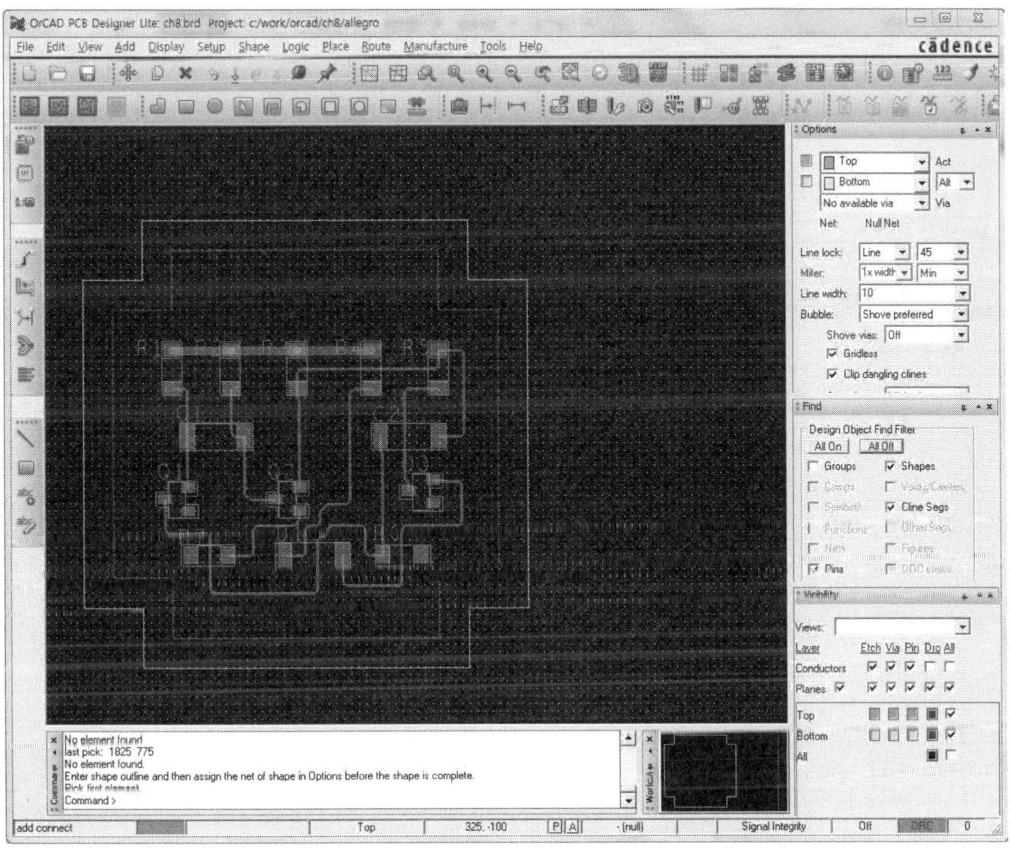

그림 8.28 배선하기

04 배치 및 배선 결과를 알기 위해서 메뉴 바 Display 〉 Status...를 선택하여 Unplaced symbol 및 Unrouted nets 항목 등이 그림 8.29와 같이 확인한다.

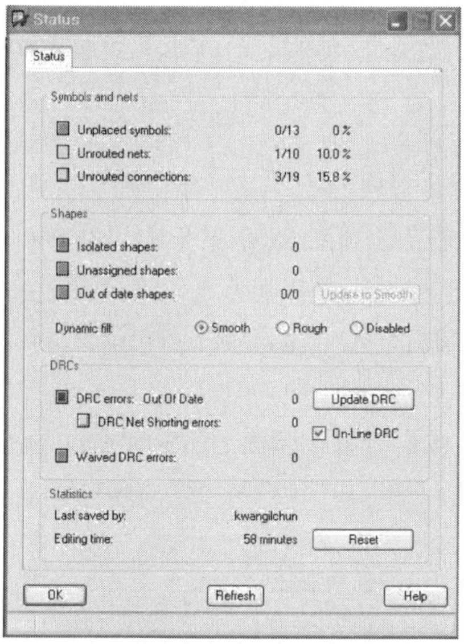

그림 8.29 Status 창

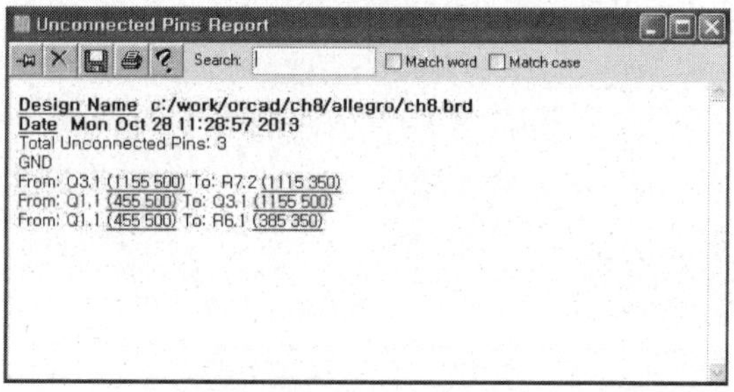

그림 8.30 Report 창

15 Copper Pour 설정하기

모든 부품의 배치와 배선을 한 후 보드 전체에 대한 동막 영역을 설정해 줄 필요가 있을 때 설정하여 주는 것으로 기본적으로 ground 속성으로 메뉴 바에서 Shape를 사용하여 지정한 모양으로 영역을 지정해 준다. 본 장에서는 가장 간단하게 보드 전체의 정사각형 모양에 대하여 Copper Pour를 다음과 같이 배치하기로 한다.

메뉴 바에서 Shape 〉 Rectangular를 선택한 후 Assign net name에서 browser를 선택하면 그림 8.31과 같이 Select a net 창이 열리고 그 창에서 GND를 선택하고 OK를 선택하여 창을 닫는다. 마우스를 보드의 모서리 한 곳을 선택하여 드래그 하여 대각선으로 보드의 또 다른 모서리를 클릭하면 아래 그림 8.32와 같이 부품과 배선을 제외한 부분에 대하여 동박을 형성할 수 있게 된다.

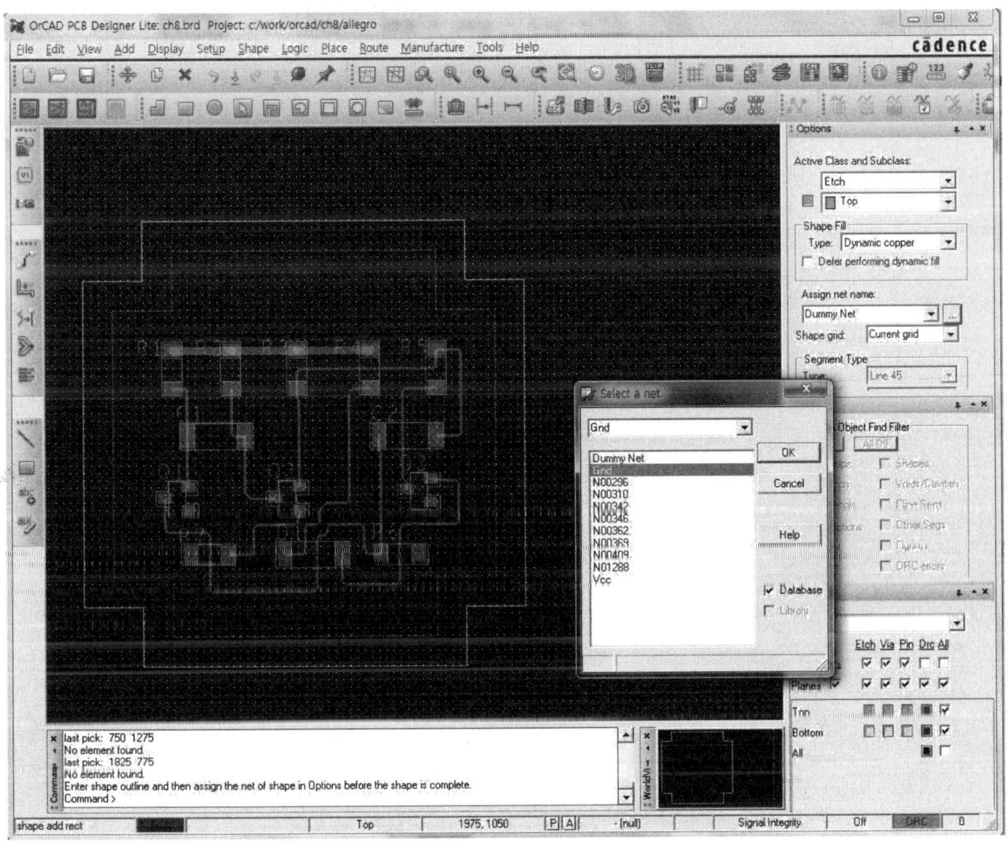

그림 8.31 Select a net 창

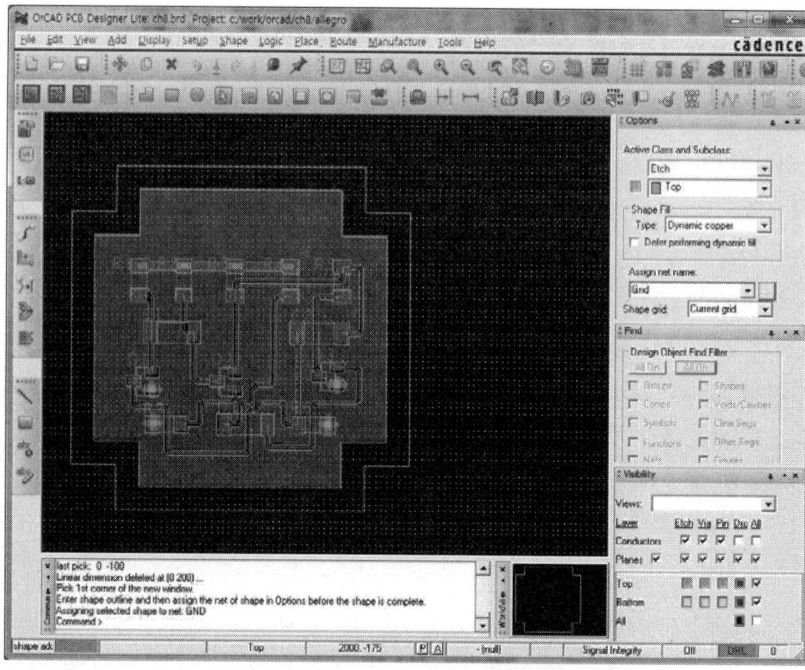

그림 8.32 copper작업

- 다시 배치 및 배선 결과를 알기 위해서 메뉴 바 Display 〉 Status...를 선택하여 Unplaced symbol 및 Unrouted nets 항목 등이 그림 8.33과 같이 0%가 되었음을 확인한다.

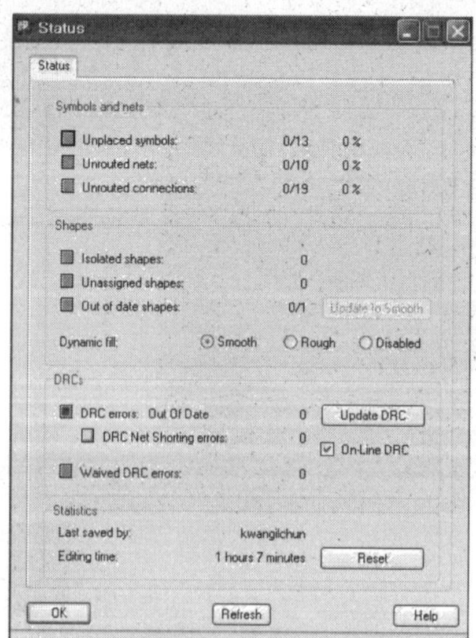

그림 8.33 Status 확인

Manufacture 〉 Dimension Environment를 선택 후 마우스를 작업 창에 놓고 왼쪽 마우스를 클릭하여 팝업 창이 나타나면 Parameters를 선택하여 설정한 후 다시 왼쪽 마우스를 클릭하여 나타난 팝업 창에서 Linear Dimension을 선택하여 그림 8.34과 같이 수치를 기입한다.

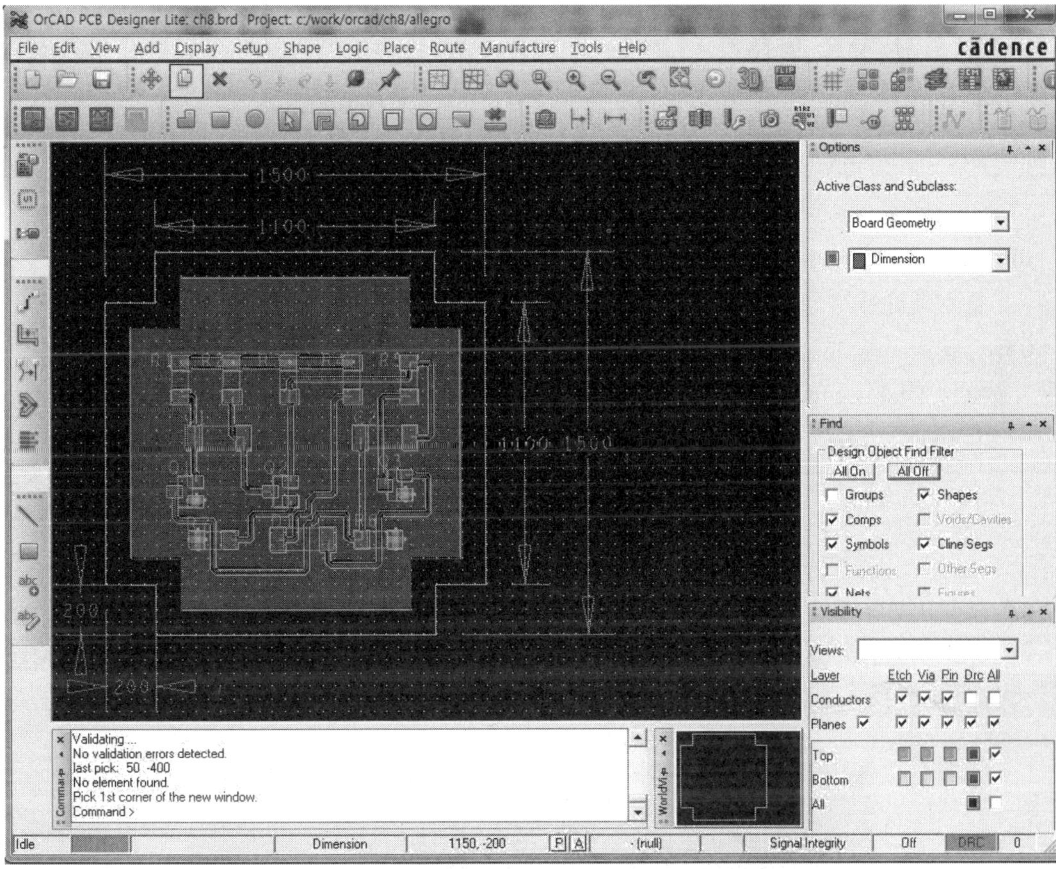

그림 8.34 Dimension 기입

16 Gerber File 만들기

PCB 제작을 위한 Gerber File을 만들기 위한 순서는 다음과 같은 순서로 한다.

1 드릴 차트 만들기

01 드릴 차트를 생성하기 위해서 메뉴바 Manufacture 〉 NC 〉 Drill Customization을 선택하여 Drill Customization 창을 연다.

02 Drill Customization 창에서 Auto Generate Symbols를 선택하여 생성시키고 OK를 선택하여 창을 닫는다.

03 드릴 차트를 생성하기 위해서 메뉴 바 Manufacture 〉 NC 〉 Drill Legend...를 선택한다.

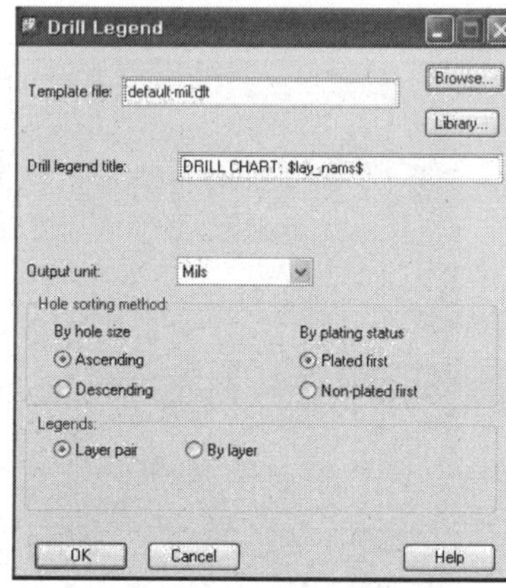

그림 8.35 Drill Legend 창

04 그림 8.35와 같은 Drill Legend 창이 나타나면 OK 버튼을 선택한다. 드릴 차트가 마우스에 따라 이동하며 보드 아웃라인 아래쪽에 클릭하여 그림 8.36과 같이 배치 완료한다. 실제로 Hole이 없으므로 그림과 같이 드릴 차트가 나타나지 않는다.

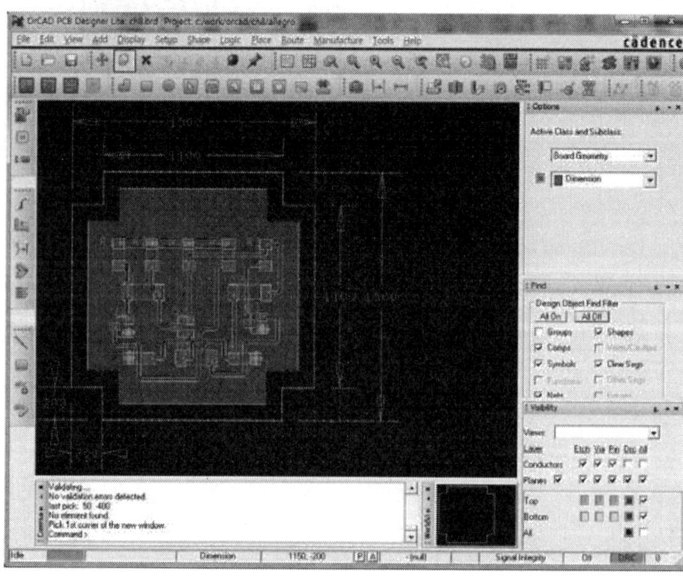

그림 8.36 드릴 차트 생성

2 Gerber File 만들기

01 Gerber File을 만들기 위해서 메뉴 바 Manufacture 〉 Artwork...를 택한다. Artwork Control Form 창이 나타나면 General Parameters 탭 메뉴로 이동한다.

02 그림 8.37과 같이 Device type 항목에서 Gerber RS274X를 체크하고, Format 항목의 Decimal places를 5로 변경한 후 Film Control 탭 메뉴로 다시 이동한 후 창을 유지한다.

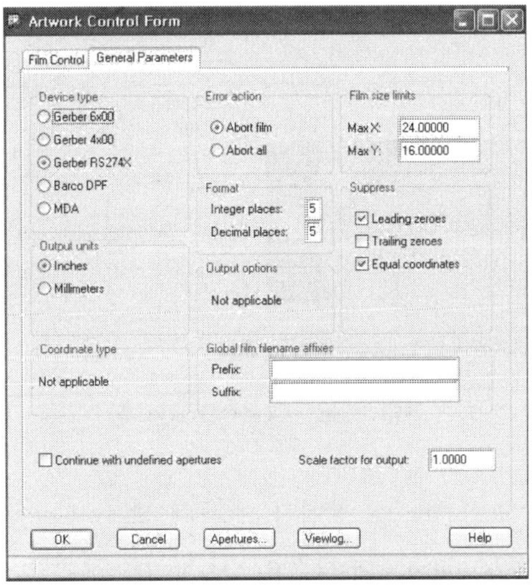

그림 8.37 Artwork Control Form 창

03 메뉴 바 Display 〉 Color/Visibility...를 선택하여 Color Dialog 창이 나타나면 상단의 Global visibility On/Off 스위치 중 Off 버튼을 선택한 후 Apply 버튼을 선택하여 그림 8.38과 같이 한다. Color Dialog 창을 닫지 않고 유지한다.

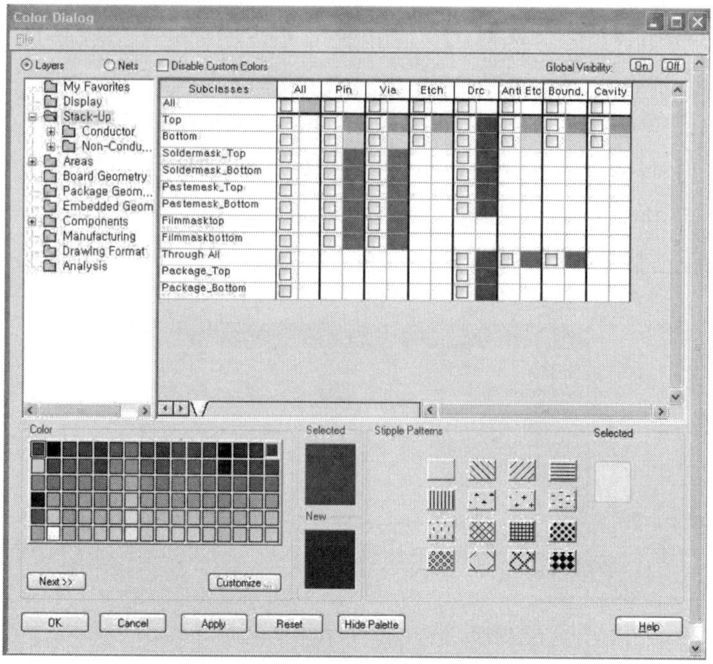

그림 8.38 Color Dialog 창

04 그림 8.39와 같이 Color Dialog 창에서 왼쪽의 Stack-Up 폴더를 선택한 후, 오른쪽 Subclasses 항목 중 Soldermask_Top의 Pin, Via 항목을 체크한 후 Apply 버튼을 선택한 다음 OK 버튼을 선택하여 Color Dialog 창을 닫는다.

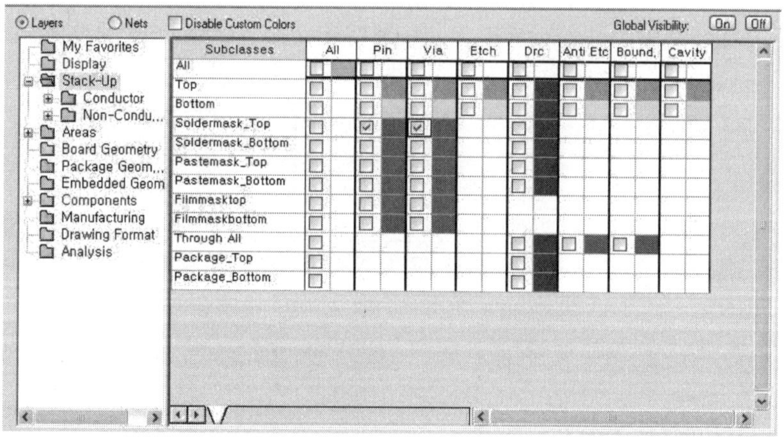

그림 8.39

05 그림 8.40과 같이 Artwork Control Form 창의 Top을 선택 후 마우스 오른쪽 버튼을 클릭하면 나타나는 팝업 메뉴의 Add를 선택한다.

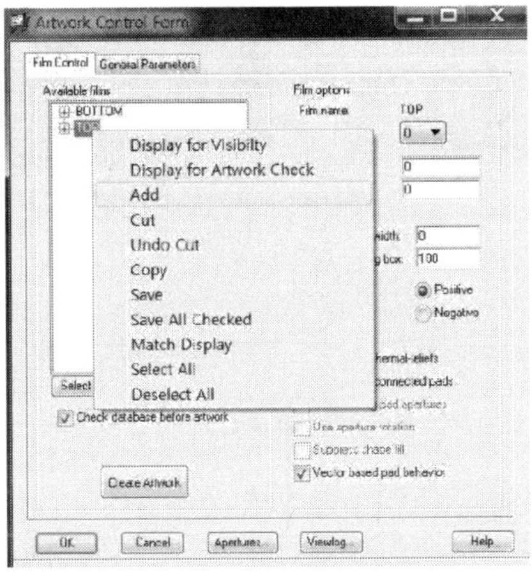

그림 8.40 Artwork Control Form 창

06 OrCAD PCB Designer 창이 열리면 그림 8.41과 같이 Soldermask_top이라고 입력한 후 OK 버튼을 선택한다.

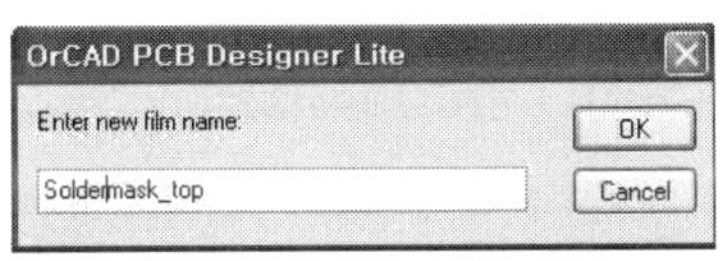

그림 8.41 OrCAD PCB Designer 창

07 다시 메뉴 바 Display 〉 Color/Visibility...를 선택하여 Color Dialog 창이 나타나면 상단의 Global visibility On/Off 스위치 중 Off 버튼을 선택한 후 Apply 버튼을 선택하여 그림 8.38과 같이 한다. Color Dialog 창을 닫지 않고 유지한다.

08 그림 8.42와 같이 Color Dialog 창에서 왼쪽의 Stack-Up 폴더를 선택한 후, 오른쪽 Subclasses 항목 중 Soldermask_Bottom의 Pin, Via 항목을 체크한 후 Apply 버튼을 선택한 다음 OK 버튼을 선택하여 Color Dialog 창을 닫는다.

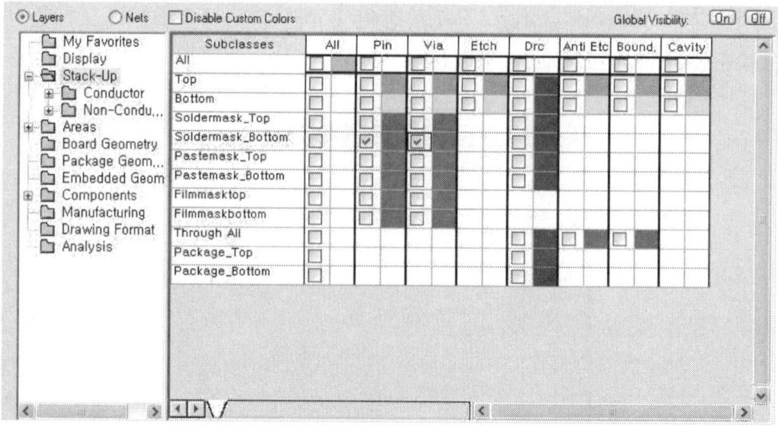

그림 8.42

09 Artwork Control Form 창의 Soldermask_top을 선택 후 마우스 오른쪽 버튼을 클릭하면 나타나는 팝업 메뉴의 Add를 선택하여, Soldermask_Bottom이라고 입력한 후 OK 한다.

10 다시 메뉴 바 Display 〉 Color/Visibility...를 선택하여 Color Dialog 창이 나타나면 상단의 Global visibility On/Off 스위치 중 Off 버튼을 선택한 후 Apply 버튼을 선택하여 그림 8.38과 같이 한다. Color Dialog 창을 닫지 않고 유지한다.

11 그림 8.43과 같이 Color Dialog 창에서 왼쪽의 Package Geometry 폴더를 선택한 후, 오른쪽 Subclasses 항목 중 Silkscreen_Top을 체크한다.

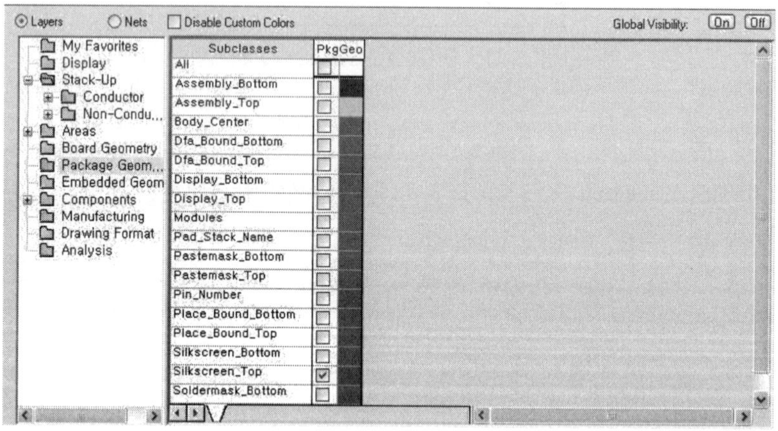

그림 8.43

12 그림 8.44와 같이 Color Dialog 창에서 왼쪽의 Component 폴더를 선택한 후, 오른쪽 Subclasses 항목 중 Silkscreenk_Top의 RefDes 항목을 체크한 후 Apply, OK 버튼을 선택한다.

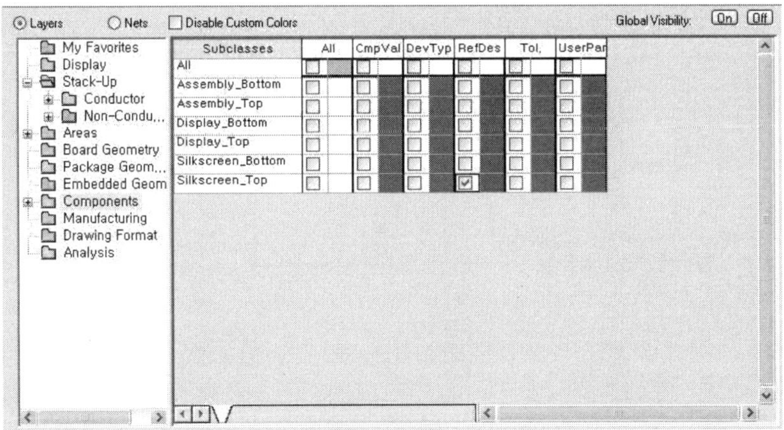

그림 8.44

13 Artwork Control Form 창의 Soldermask_Bottom을 선택 후 마우스 오른쪽 버튼을 클릭하면 나타나는 팝업 메뉴의 Add를 선택하여, Silkscreen_Top이라고 입력한 후 OK 한다.

14 다시 메뉴 바 Display 〉 Color/Visibility...를 선택하여 Color Dialog 창이 나타나면 상단의 Global visibility On/Off 스위치 중 Off 버튼을 선택한 후 Apply 버튼을 선택하여 그림 8.38과 같이 한다. Color Dialog 창을 닫지 않고 유지한다.

15 그림 8.45와 같이 Color Dialog 창에서 왼쪽의 Board Geometry 폴더를 선택한 후, 오른쪽 Subclasses 항목 중 Outline을 체크한다.

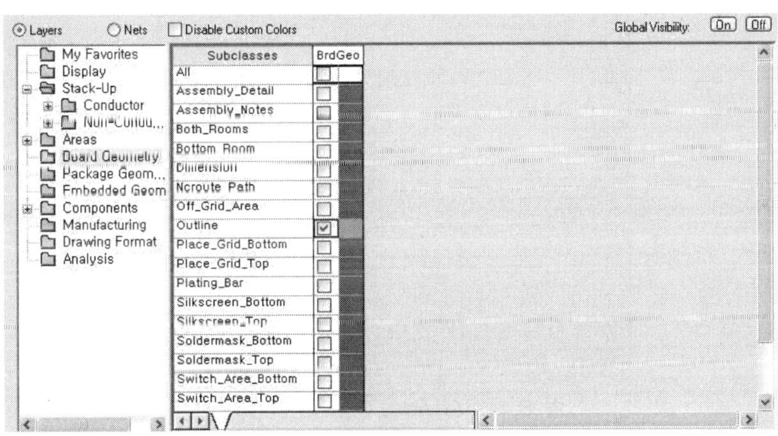

그림 8.45

16 그림 8.46과 같이 Color Dialog 창에서 Manufacturing 폴더를 선택한 후, 오른쪽 Subclasses 항목 중 Ncdrill_legend를 체크를 한 후 Apply, OK 버튼을 선택한다.

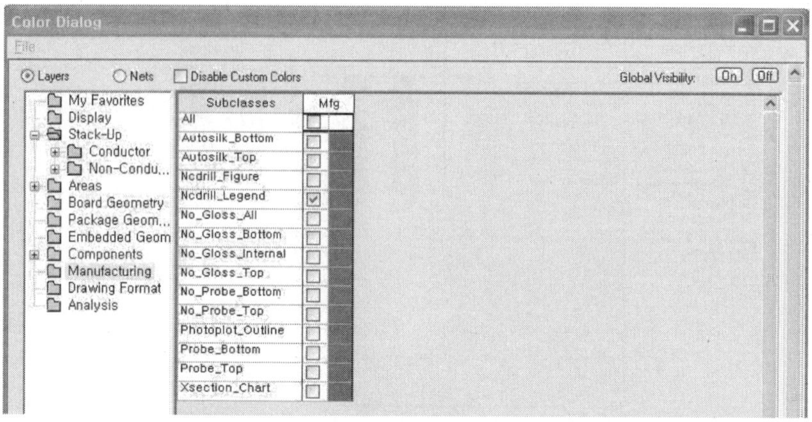

그림 8.46

17 Artwork Control Form 창의 Silkscreenk_top을 선택 후 마우스 오른쪽 버튼을 클릭하면 나타나는 팝업 메뉴의 Add를 선택하여, Drill_drawing이라고 입력한 후 OK 한다.

18 그림 8.47과 같이 Select all 버튼을 선택한 후 Create Artwork 버튼을 선택한다. Gerber File이 생성되어지며, OK 버튼을 선택하여 Artwork Control Form 창을 닫는다.

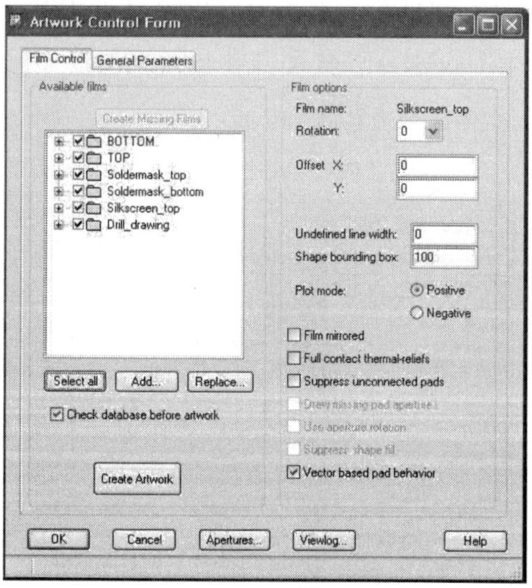

그림 8.47 Artwork Control Form 창

19 NC-Drill 파일 생성을 위해서 메뉴 바 Manufacture 〉 NC 〉 NC Drill...을 선택한다.

20 그림 8.48과 같은 NC-Drill창에서 NC Parameters... 버튼을 선택하여 그림 8.49와 같이 Excellon format 항목의 format을 5로 수정한 후 Close 버튼을 선택한다.

21 NC Drill창의 Drill 버튼을 선택하여 NC Drill 파일을 생성한 후 Close를 선택한다.

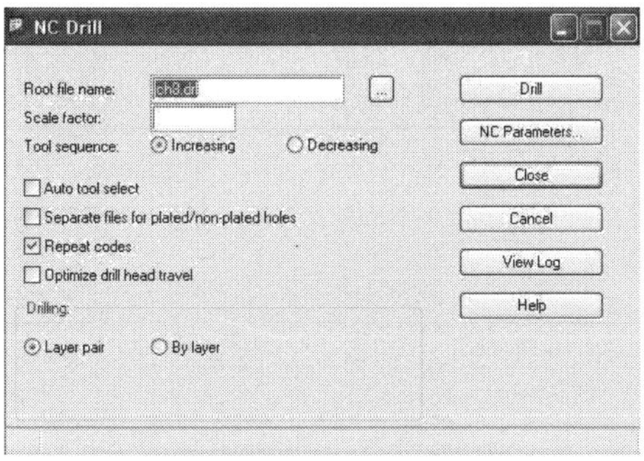

그림 8.48 NC Drill 창

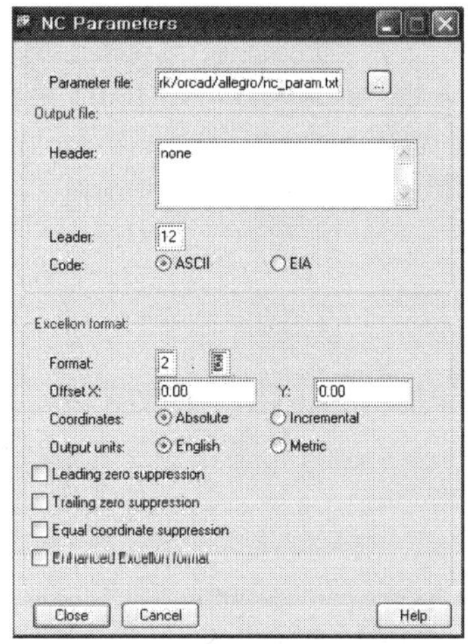

그림 8.49 NC Parameters 창

22 타이틀 바의 저장 경로에 *.art 파일과 *.drl 파일의 Gerber file이 생성 완료되었다.

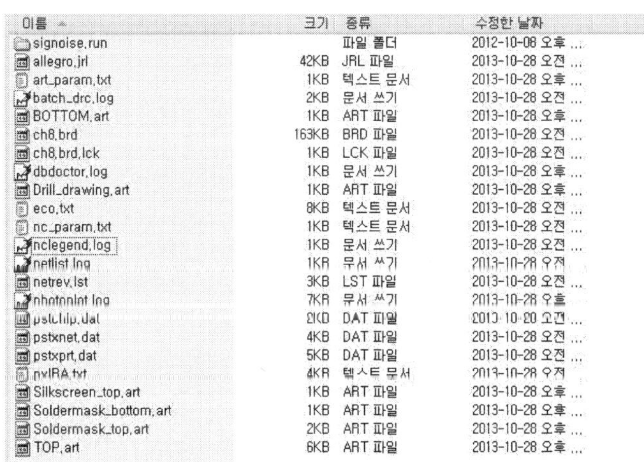

그림 8.50 Gerber file 생성

제9장 다층 PCB 만들기(펄스 발생회로)

01 작업 도면

1 작업도면

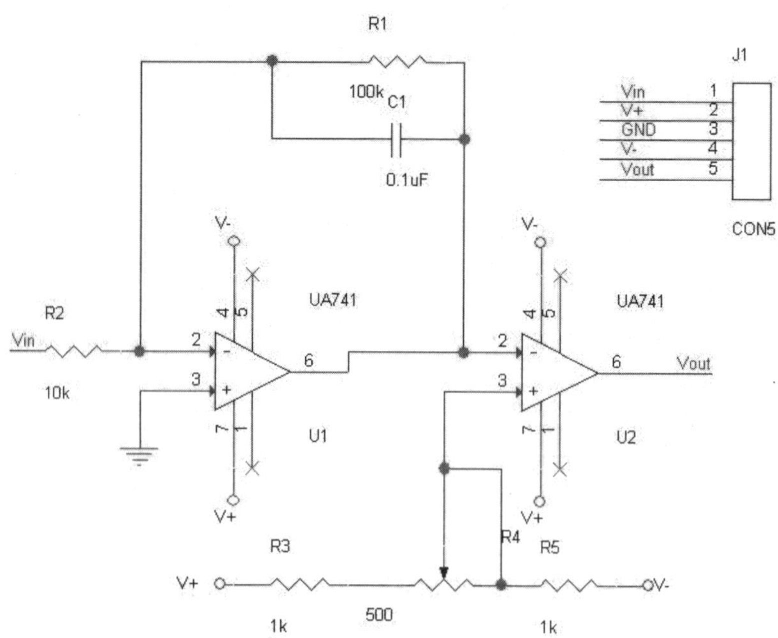

그림 9.1 작업 도면

2 부품 리스트

표 9.1 부품 리스트 및 풋 프린트 값

번호	부품 이름	부품 값	수량	라이브러리	풋 프린트
1	OP AMP	uA741	2	Opamp.olb	DIP8_3
2	Capacitor	0.1μF	1	Discrete.olb	CAP196
3	Resistor	1k	1	Discrete.olb	RES400
4	Resistor	10k	2	Discrete.olb	RES400
5	Resistor	100k	1	Discrete.olb	RES400
6	Variable Resistor	Resistor VAR(500)	1	Discrete.olb	RESADJ
7	Connector	con5	1	Discrete.olb	JUMPER5

3 PCB

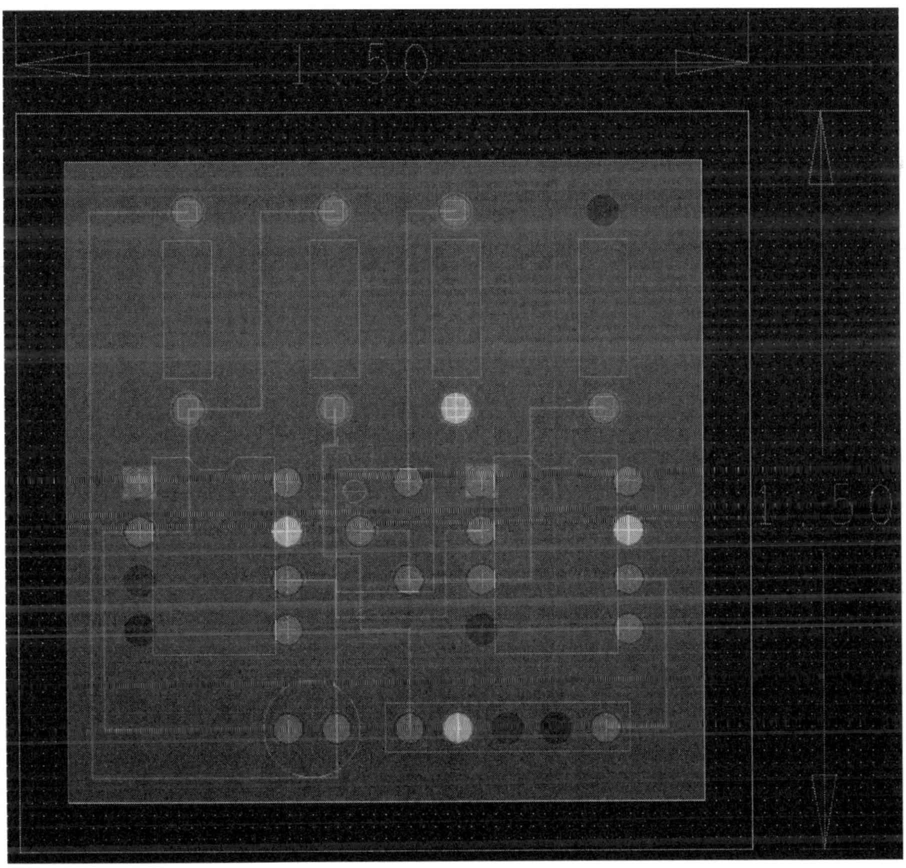

그림 9.2 PCB도면

02 회로도 그리기

1 새로운 작업 파일 만들기

윈도 작업 표시줄의 [시작] 버튼을 클릭하여, 모든 프로그램₩Cadence₩Release 16.5₩ Capture CIS를 선택 또는 윈도 바탕화면에 Capture CIS의 단축아이콘이 있다면 이를 더블 클릭하여 실행한다.

1 Capture 시작하기

- 프로그램 시작하는 방법

▶ 시작 〉 모든 프로그램 〉 Cadence 〉 Release 16.5 〉 Capture CIS

2 Capture 환경설정

새로운 프로젝트 또는 디자인 작업 시 현재의 설정이 기본 설정으로 지정된다.
다음과 같이 필요에 따라 기본 설정을 변경할 수 있다.

1. Grid style : dot ⇒ Line

Junction Dot Size : Small ⇒ Medium

▶ 메뉴 Options 〉 Preference 〉 Grid Display 〉 Grid Style : Dots

▶ 메뉴 Options 〉 Preference 〉 Miscellaneous 〉 Schematic Page Editor 〉 Junction Dot Size : Medium

2. Page Size 변경 및 기재 사항

▶ 메뉴 Options 〉 Design Template 〉 Title Block 〉 Title : ch9 〉 Page Size : A4

3. 파일 백업 설정

▶ 메뉴 Options 〉 Auto Backup 〉 백업 시간, 백업 파일 수, 백업 디렉터리 지정
: 백업 디렉터리는 현재 작업 디렉터리에 저장된다. 백업 파일의 이름은 확장자 DBK를 가지며, Capture에서 파일 형식을 All Files로 변경 후 불러올 수 있다. Save As로 복원할 수 있다.

3 새로운 프로젝트 파일 만들기

▶ 메뉴 File 〉 New 〉 Project 선택 또는 시작화면에 나타난 Getting Started 〉 Project 〉 New 선택하면 아래와 그림 9.3과 같은 창이 열린다.

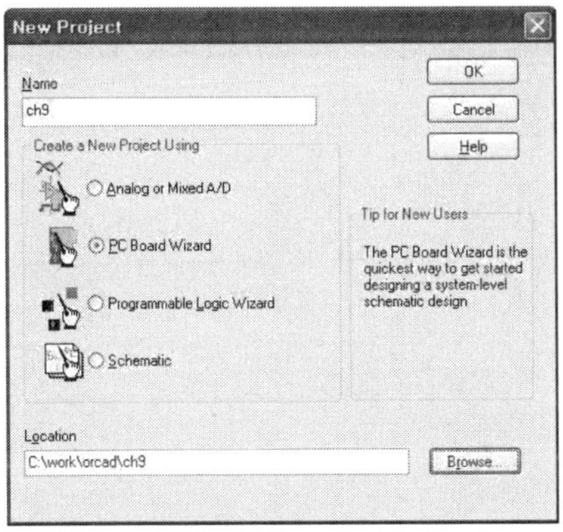

그림 9.3 New Project 창

앞의 과정을 마치면 창이 나타나고 이 창을 정리하면 그림 9.4와 같이 도면을 작성할 준비가 된 것이다.

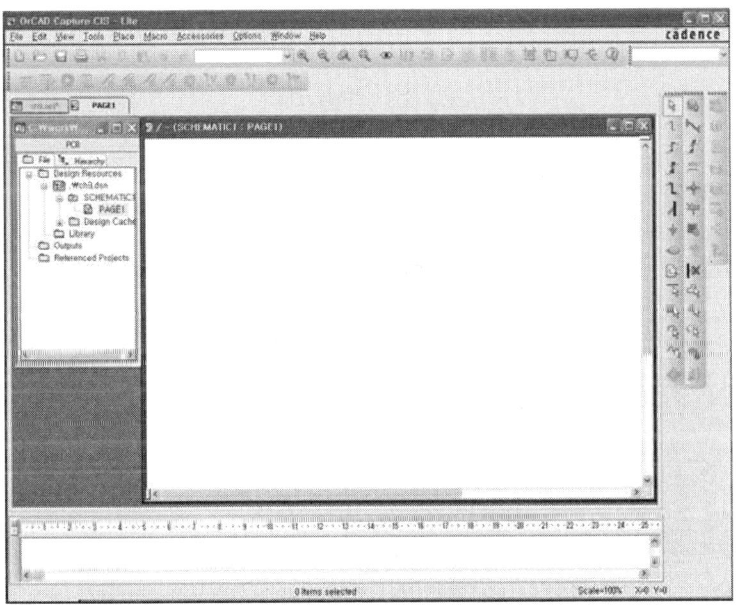

그림 9.4 초기 화면

2 부품 배치

그림 9.1의 작업 도면과 같이 부품을 배치하기 위해서는 다음과 같은 순서로 부품을 배치한다.

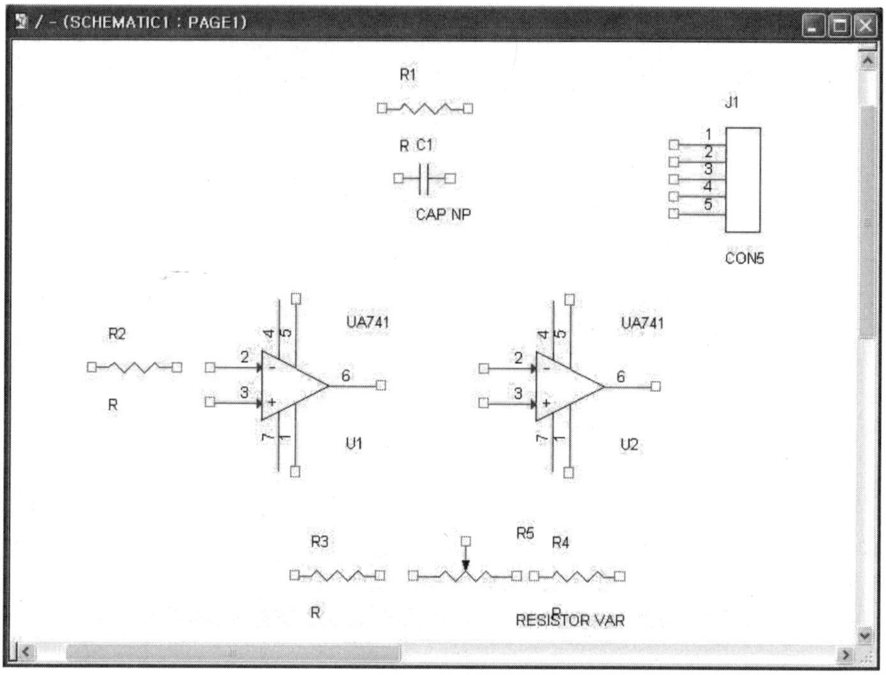

그림 9.5 부품 배치

3 선 그리기

배치된 부품들의 핀과 핀을 연결하는 선을 그리기 위해 다음과 같이 한다.

01 메뉴 Place 〉 Wire 선택 또는 툴 팔레트에 있는 Place Wire 아이콘을 클릭한다.

02 핀의 끝과 끝을 연결하는 방법으로 그림 9.6과 같이 배선한다.

4 Symbol 배치

01 메뉴 Place 〉 Power 선택 또는 툴 팔레트에 있는 Place Power 아이콘을 클릭한 후 VCC/CAPSYM을 선택하여 그림 9.6과 같이 배치한다.

02 메뉴 Place 〉 Ground 선택 또는 툴 팔레트에 있는 Place Ground 아이콘을 클릭한 후 GND/CAPSYM을 선택하여 그림 9.6과 같이 배치한다.

03 입출력 신호 단자에 Power를 이용하여 그림 9.6과 같이 완성한다.

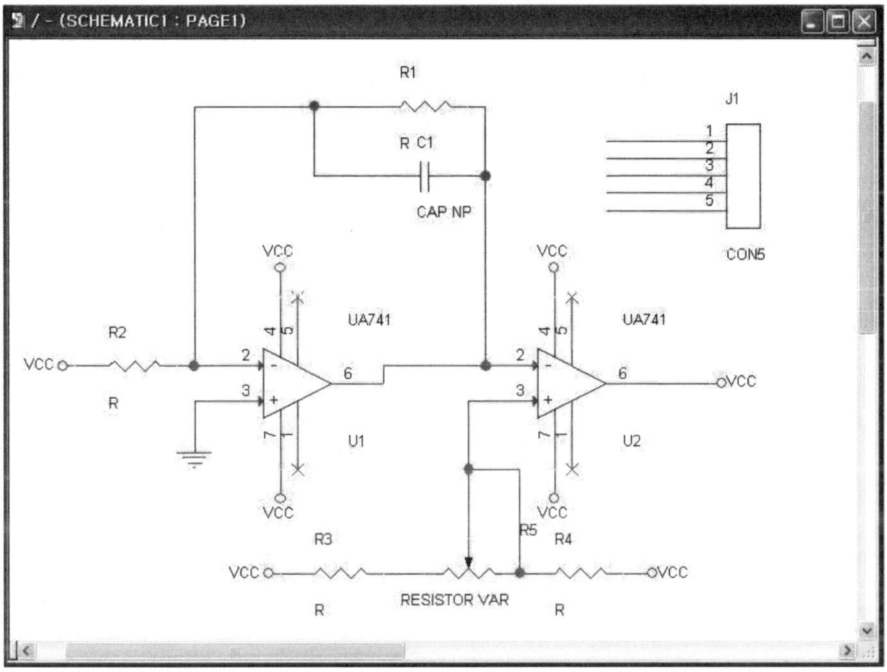

그림 9.6 심벌 배치 및 선 그리기

03 부품 속성 편집 및 유틸리티

1 부품 속성 편집

01 부품 이름을 더블 클릭하여 열리는 창에서 각 부품의 부품 값을 입력하여 그림 9.7과 같이 변경한다.

02 전원 VCC를 이용하여 입출력 단자를 사용할 경우 DRC에서 오류가 발생하므로 전원 단자를 사용하지 않고 그림 9.7과 같이 NET NAME으로 정의하여 수정 사용한다.

03 그림 9.8과 같이 마우스로 전체 부품을 선택하여 속성 창을 열고 풋 프린트 값을 입력한다.

04 IC의 사용하지 않는 핀에 대한 정의를 그림 9.9와 같이 속성 창에서 한다.(uA741 IC는 8핀 IC이나 회로도에 나타나 있는 것은 7핀으로 8번은 사용되지 않는다. New Row : NC, 사용하지 않는 핀 : 8)

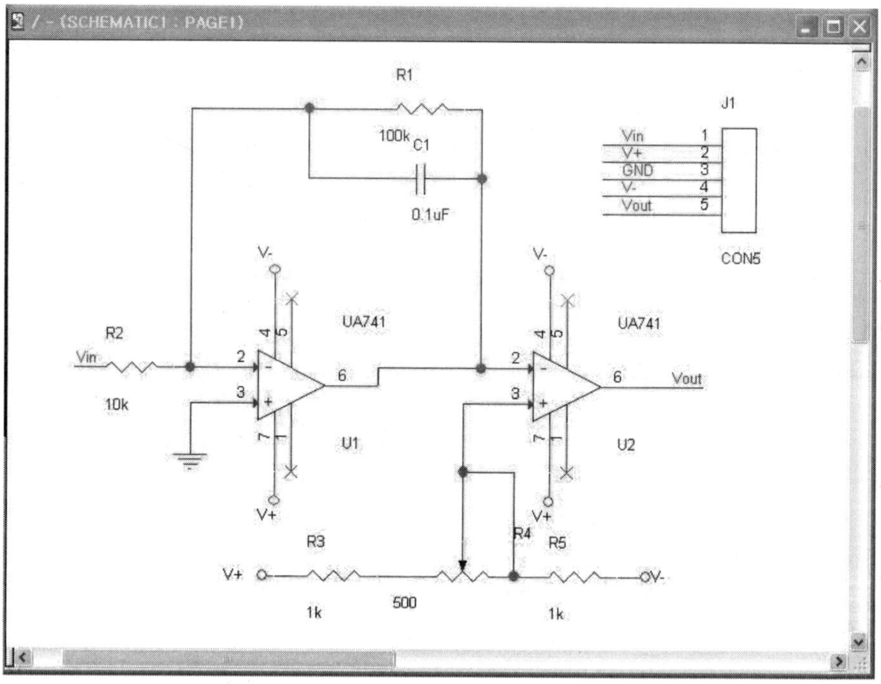

그림 9.7 부품 값 수정하기

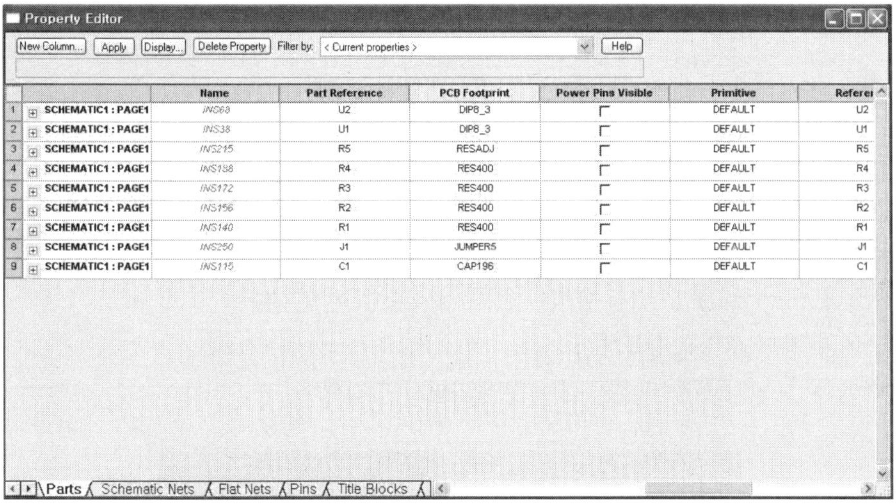

그림 9.8 부품 풋 프린트 값 입력하기

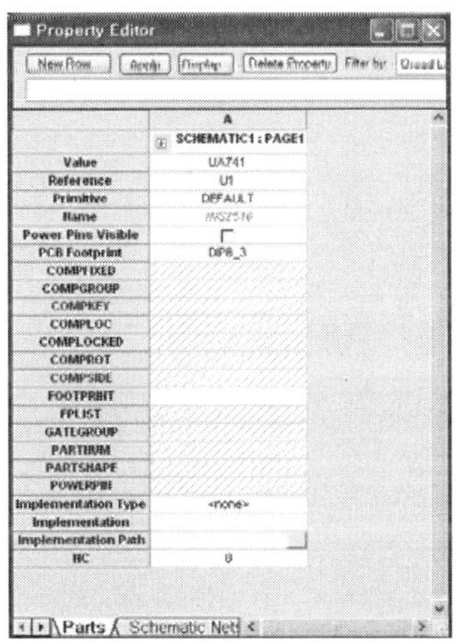

그림 9.9 사용하지 않는 핀의 정의

2 유틸리티

스키매틱 페이지 편집 창에서 도면 작성 작업을 끝낸 다음에는 툴바의 Project Manager를 선택하여 디자인 매니저 창을 활성화시킨다. 활성화된 유틸리티 6개 중에서 PCB 작업을 하기 위한 필수적인 3개의 유틸리티는 Annotate, DRC 그리고 Create Netlist이다.

1 Annotate

부품 번호를 정리하기 위한 일반적인 순서는 다음과 같다.

01 Annotate 툴을 더블 클릭한다. 그림 9.10과 같은 Annotate 창이 열린다.

02 Annotate 창의 Action 항목에서 Reset part reference to "?"를 선택한 후에 [OK] 버튼을 선택한다. 도면의 부품 번호가 "?"로 바뀐다.

03 한 번 더 Annotate 툴을 더블 클릭한다. Annotate 창이 열린다.

04 Annotate 창의 Action 항목에서 Incre -mental reference update를 선택한 후에 [OK] 버튼을 선택한다. 도면의 부품 번호가 다시 부여되면서 정리된다.

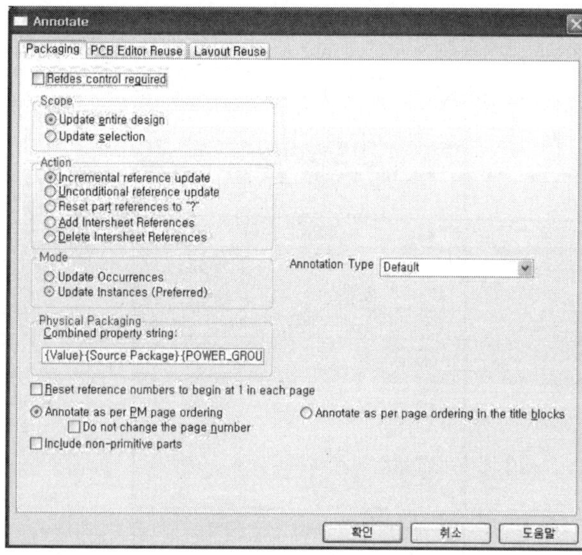

그림 9.10 Annotate 창

2 Design Rules Check

회로의 전기적인 검사를 하기 위한 순서는 다음과 같다.

01 DRC 툴을 선택한다. 그림 9.11과 같은 DRC 창이 열린다.

02 특정한 검사 또는 특정한 검사 결과를 보기 위해서는 Report 항목의 View Output 체크 박스를 선택한다. 이는 메모장이나 워드 패드로 실행 결과를 바로 보기 위함이다. 물론 모든 실행 결과는 실행 결과 창인 Session Log 창에 기록된다.

03 Report File 상자에는 DRC 실행 결과 파일의 경로와 파일 이름이 기본적으로 설정된다. 기본적으로 설정되는 경로는 디자인 파일이 저장된 폴더이다. 파일 이름도 디자인 파일과 동일하다. 이때 파일의 확장자는 DRC이다.

04 [확인] 버튼을 선택한다.

05 그림 9.12와 같은 검사 항목과 에러가 기록되어 있는 실행 결과 파일이 열린다. 그림과 같이 나타나야 한다.

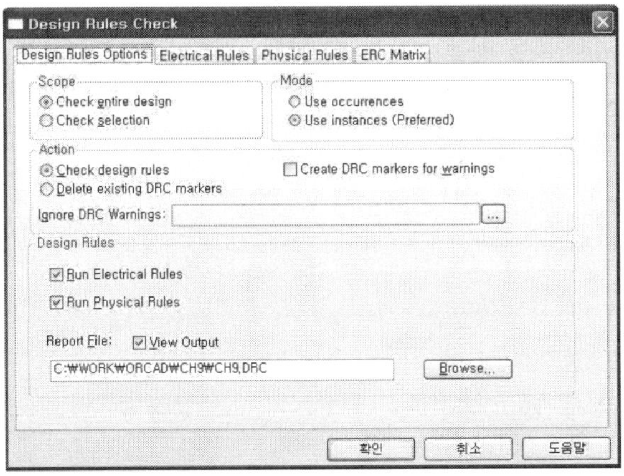

그림 9.11 Design Rules Check

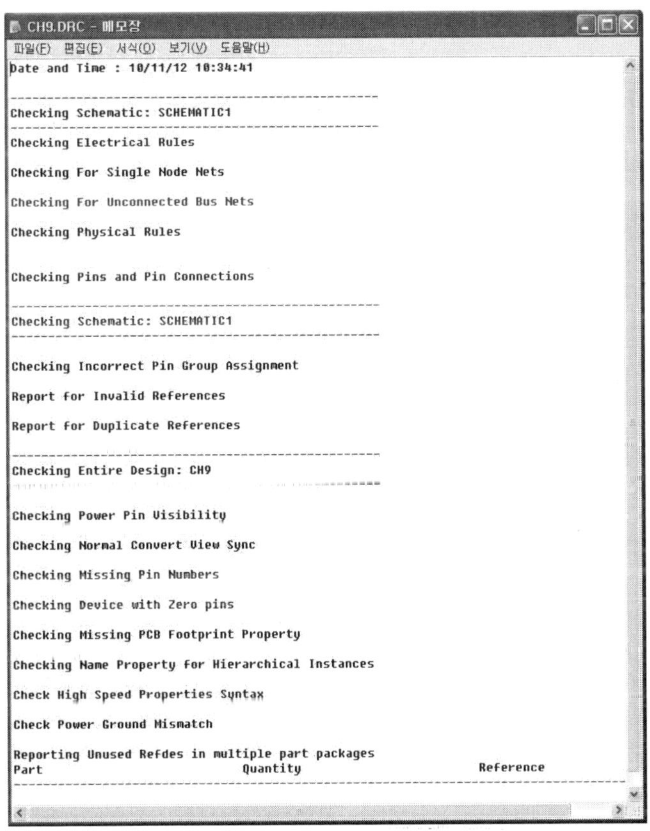

그림 9.12 DRC 파일 내용

3 Create Netlist

Netlist 파일을 생성하기 위한 과정은 다음과 같다.

01 메뉴 Tools 〉 Create Netlist를 클릭하거나 또는 Create Netlist 툴을 선택한다.

02 열린 Create Netlist 창의 Option 항목에서 Netlist의 저장 폴더를 선택할 수 있고, 기본적으로 작업 폴더 내에 allegro 폴더를 생성하여 저장한다.

03 Create or Update PCB Editor Board (Netrev) : 열린 Create Netlist 창에서 그림 9.13과 같이 PCB를 신규 생성하거나 업데이트 할 수 있는 Option이다.

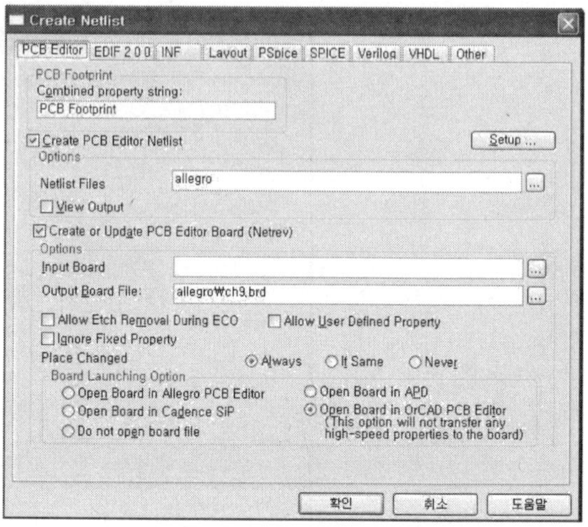

그림 9.13 Netlist 파일 생성

04 Board Launching Option : 그림 9.13과 같이 product 중 해당되는 제품군을 선택한다.

05 확인 버튼을 클릭하면 자동적으로 Allegro OrCAD PCB Editor가 실행되어 시작화면이 나타나게 된다.

04 PCB Editor 환경 설정

PCB 설계를 하기 위한 전반적인 Setup을 위해서 다음과 같은 순서에 따라 설정하면 된다.

1 기본 환경 설정

01 OrCAD Designer(또는 Allegro PCB Editor) 창의 메뉴 바 Setup 〉 Design Parameters...를 선택한다.

02 그림 9.14와 같이 Design Parameter Editor 창이 열리고 Design 탭 메뉴에서 그림과 같이 단위 Mils, Size A, Accuracy 0, Extents 항목의 Left X −3000, Lower Y −3000으로 설정 및 입력한 후 Shapes 탭 메뉴로 이동한다.

03 Shape탭 메뉴로 이동 후 Edit global dynamic shape parameters...를 선택한다.

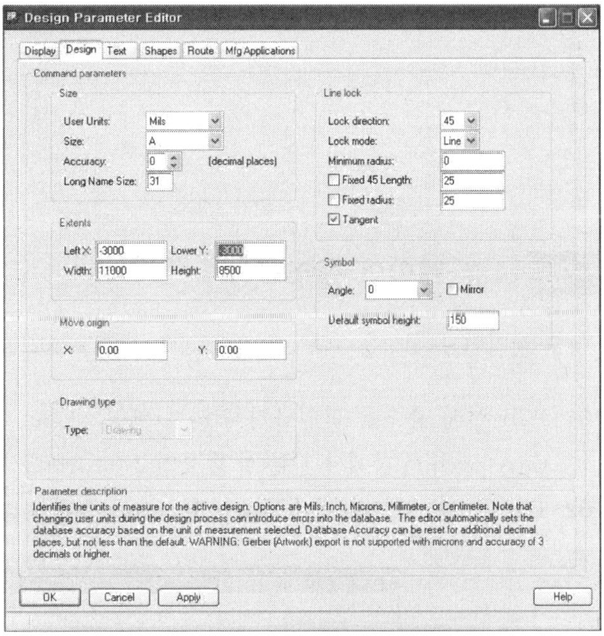

그림 9.14 Design Parameter Editor 창

04 Global Dynamic Shape Parameters 창에서 Void controls 탭 메뉴로 이동하여 그림 9.15와 같이 Artwork format을 Gerber RS274X로 변경 후 OK 버튼을 선택하여 창을 닫는다.

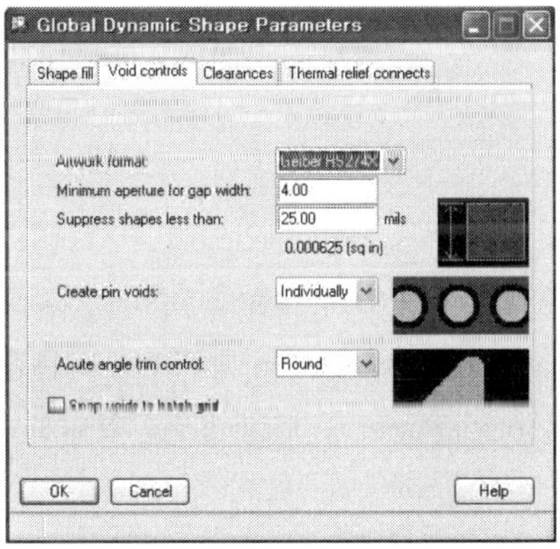

그림 9.15 Global Dynamic Shape Parameters 창

05 Grid의 설정을 위해서 메뉴 바 Setup 〉 Grids...를 선택한 후 그림 9.16과 같이 Grids On 체크박스에 체크하고 Non-Etch의 Spacing x, y를 50으로 변경한 후 OK 버튼을 선택하여 창을 닫는다.

06 Design Parameter Editor 창의 OK 버튼을 선택하여 창을 닫는다.

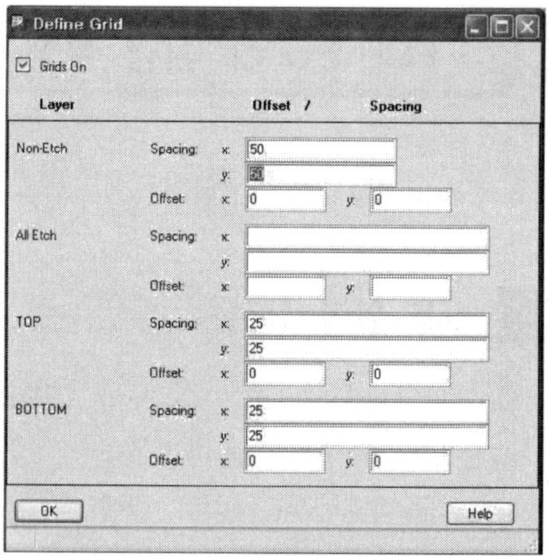

그림 9.16 Define Grid 창

2 4층 레이어 설정하기

4층 레이어의 구성은 TOP, GND, VCC, BOTTOM으로 한다.

01 PCB 설계 층수를 확인하기 위하여 메뉴 바 Set 〉 Cross Section ...을 선택한 후 Layout Cross Section 창에서 기본 설정 값인 2층 Layer를 확인한다.

02 TOP을 그림 9.17과 같이 선택한 후 마우스 오른쪽 버튼을 눌러 Add Layer Below를 선택한다.

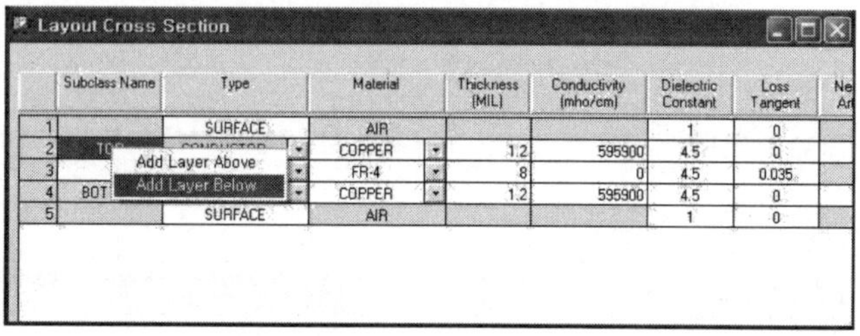

그림 9.17 Layer 추가

03 그림 9.18과 같이 레이어를 추가시킨다.

04 추가한 레이어의 이름을 GND, VCC로 변경하고 TYPE을 CONDUCTOR로 설정한다.

05 Layout Cross Section 창의 OK 버튼을 선택하여 창을 닫는다.

06 Control Panel 중 Visibility를 확인하면 그림 9.19와 같이 4층 레이어가 보인다.

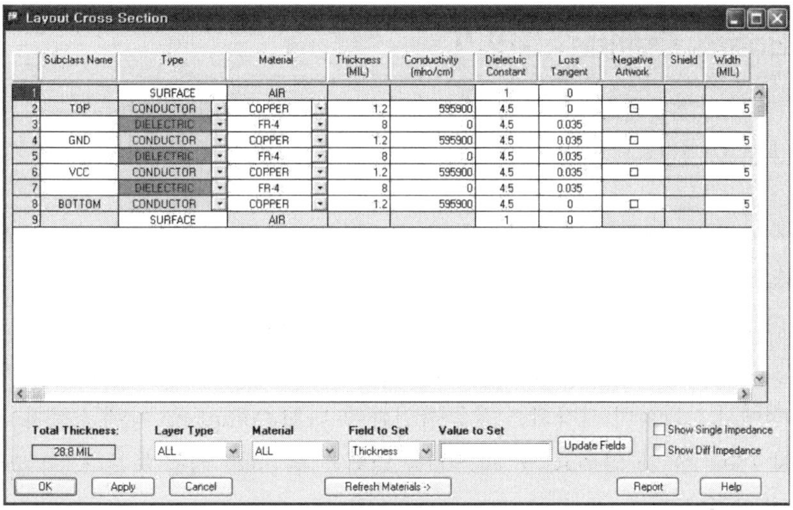

그림 9.18 Layer 이름 및 type 설정

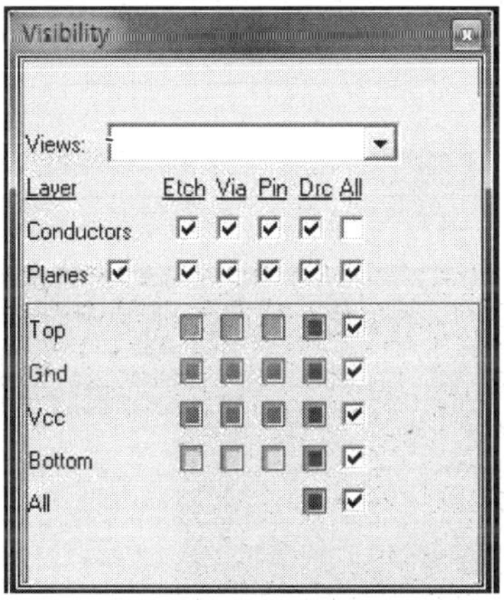

그림 9.19 Visibility 확인

05 Board Outline 그리기

보드 아웃라인을 생성하기 위해서 다음과 같은 순서로 한다.

01 메뉴 바 Setup 〉 Outlines 〉 Board Outline...을 선택한 후 그림 9.20과 같이 Board Outline 창의 Board Edge Clearance를 100 MIL로 변경한 후 그대로 창을 유지한다.

02 Board Outline 창이 반드시 떠 있는 상태에서 Command 창에 소문자 x, 한 칸 띄우고, 숫자 0, 한 칸 띄우고, 숫자 0을 입력한 후 enter 키를 누른다.(사각형이 나타남)

03 0, 0 지점에서 사각형이 시작되는 것을 확인한 후 다시 Command 창에 소문자 x, 한 칸 띄우고, 숫자 1500, 한 칸 띄우고, 숫자 1500을 입력한 후 enter 키를 누른다.(그림 9.21과 같이 사각형이 나타남)

04 Board Outline 창의 OK 버튼을 선택하여 창을 닫으면 그림 9.22와 같이 사각형이 두 개 나타나게 된다.(최외각 흰색 라인은 보드 아웃라인이고 안쪽 주황색 라인은 배치 및 배선 제한 영역을 나타냄)

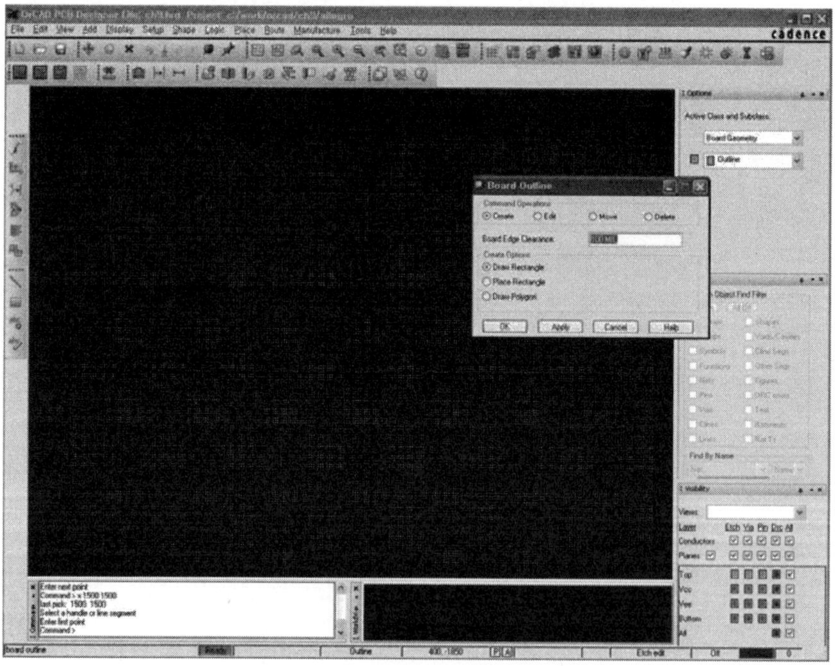

그림 9.20 Outlines 그리기 초기 화면

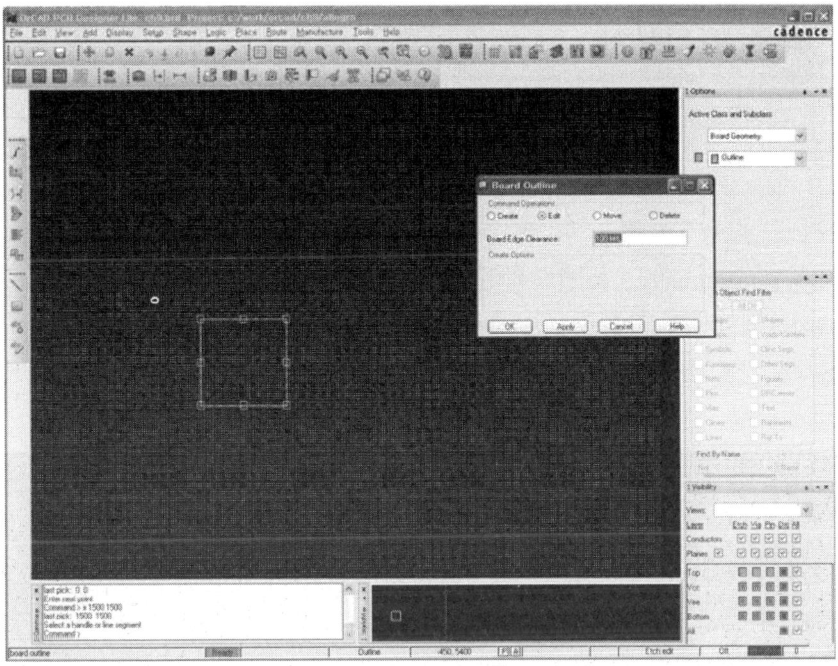

그림 9.21　Outlines 수치 입력

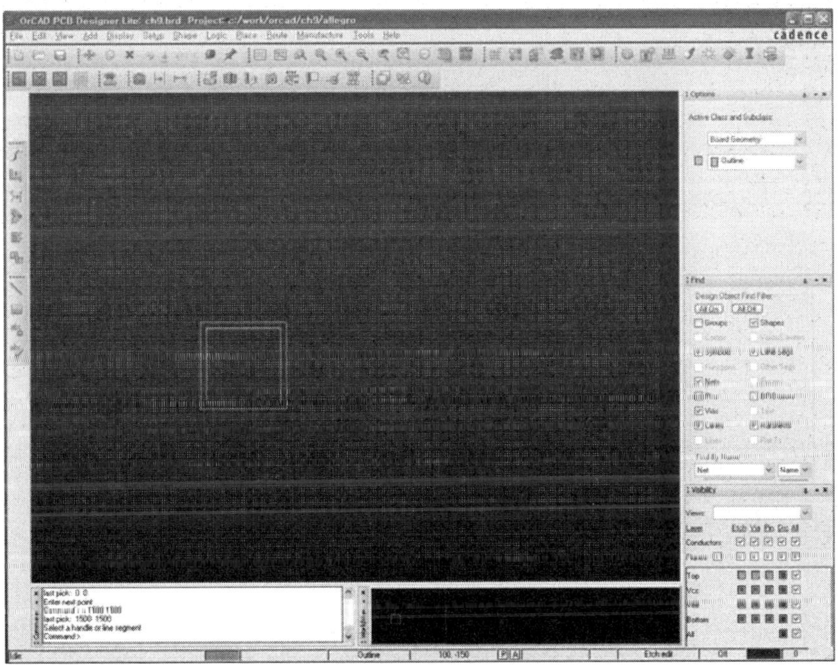

그림 9.22　Outlines 완성

06 부품 배치하기

부품을 PCB Outline 내부에 위치하도록 배치하기 위해서는 다음과 같은 순서에 따라 배치한다.

01 메뉴 Place 〉 Manually...를 선택한다.

02 Placement 창에 있는 부품을 보드 내에 하나씩 불러와서 그림 9.23과 같이 배치한다.

03 Placement 창의 OK 버튼을 클릭하여 창을 닫는다.

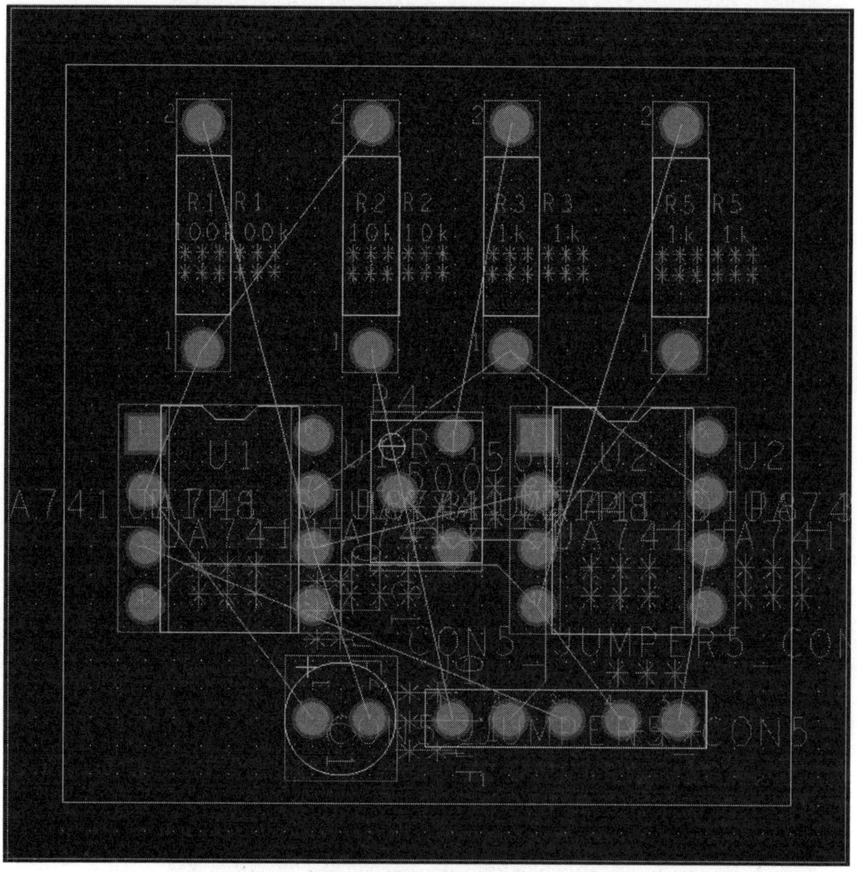

그림 9.23 부품 배치

07 Color 설정하기

1 V+, V−, GND Net Assign Color

배치를 좀 더 보기 쉽게 하기 위해서 V+, V-, GND Net에 Color를 설정해 준다.

01 메뉴 Display 〉 Assign Color를 선택한다.

02 Control Panel 창에서 Option을 선택하여 노란색 컬러를 선택한다.
: V+는 노란색, V-는 보라색, GND는 빨간색

03 Control Panel 창의 Find Tab에서 하단의 Find By Name의 설정을 Net/Name으로 선택 후 More 버튼을 눌러 각각의 V+ Net을 선택한다.

04 OK를 누르면 부품핀 중 V+ 연결된 핀과 Net이 노란색으로 표시된다.

05 같은 방법으로 V- 와 GND Net에도 적용하여 그림 9.24와 같이 한다.

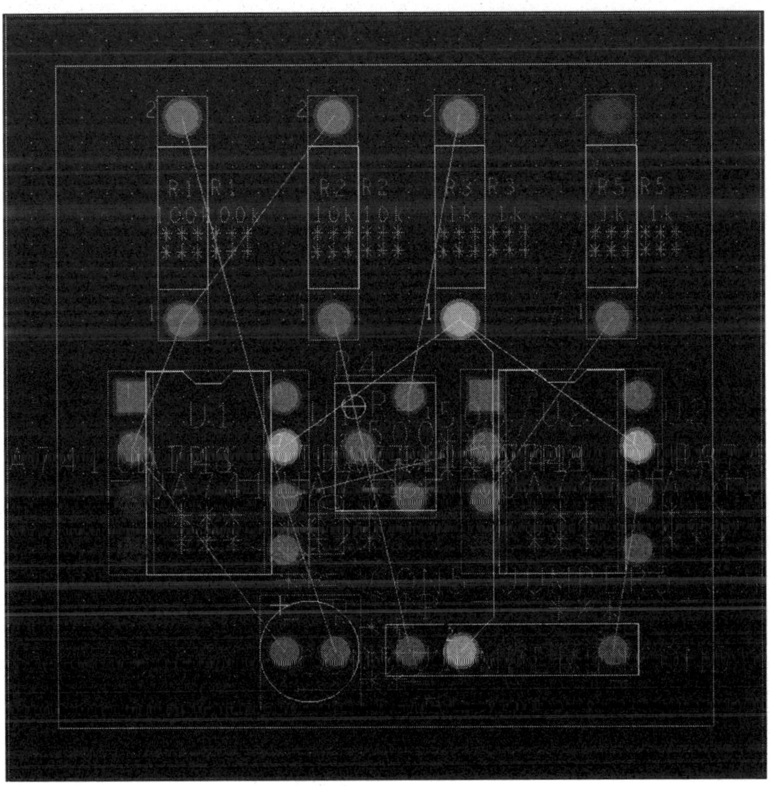

그림 9.24 Color Setting

2 Color 설정하기

01 메뉴 Display 〉 Color/Visibility...를 선택한다.

02 컬러 설정창이 열리면 Global Visibility의 Off를 선택한다.

03 다음의 각 항목들을 선택한다.

- Stack-Up 폴더 : Conductor 폴더 내의 설정을 모두 보이게 All을 선택한다.
- Stack-Up 폴더 : Non-Conductor 폴더에서 Soldermask_Top과 Soldermask_Bottom을 선택한다.
- Area 폴더 : Through_All 항목의 Pkg KI과 Rte KI을 선택한다.
- Board Geometry 폴더 : Outline이 Dimension을 선택한다.
- Package Geometry 폴더 : Assembly_Top을 선택
- Component 폴더 : Assembly_Top 항목의 RefDes를 선택한다.

04 OK를 선택하여 설정을 완료하면 그림 9.25와 같이 변경이 된다.

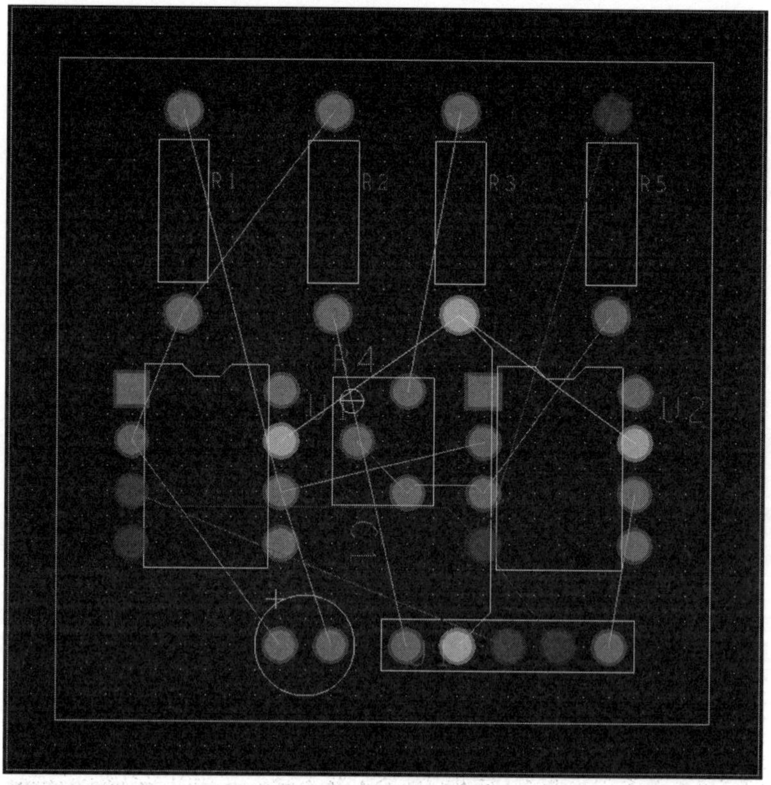

그림 9.25 Color 설정하기

08 배선하기

1 Power Plane(내층 Plane) 연결하기

4층 layer이므로 이들 레이어 중에서 내부의 2개의 레이어에 V+에 해당하는 net을 연결하고 GND에 해당하는 net을 연결하고자 한다. 그 순서는 다음과 같다.

1 V+ net을 내층 Vcc에 연결하기

01 Color 설정 창을 열어 Vcc 레이어만 보이게 한다.

Vcc 층에 내층 Plane을 설치하여 V+에 해당하는 net을 연결시키기 위한 과정은 다음과 같다.

02 툴바 Shape 〉 Rectangular를 선택한다.

03 Control Panel 창 Option에서 다음과 같이 설정한다.

- Class : Etch
- Subclass : Vcc
- Shape Fill : Dynamic copper
- Assign net name : V+

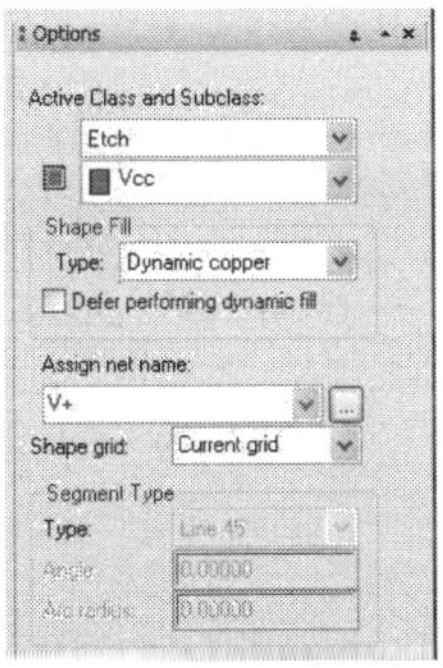

그림 9.26 Options 설정

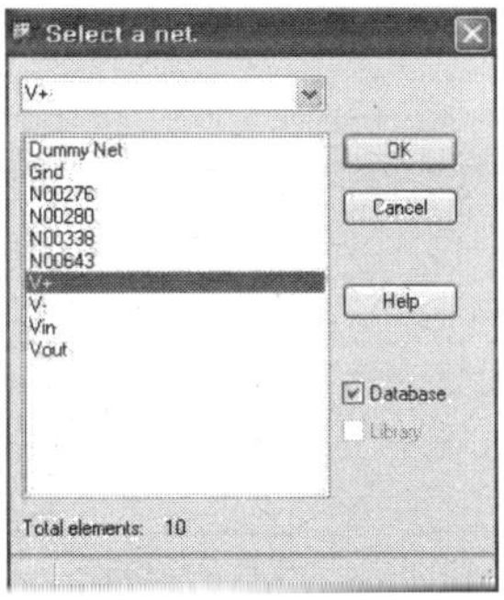

그림 9.27 Select a net

04 Board의 Route Keeping 영역에 직사각형을 그린다.

05 Done을 선택하면 V+ net에 연결된 모든 핀이 그린 직사각형 Plane에 그림 9.28과 같이 연결된다.

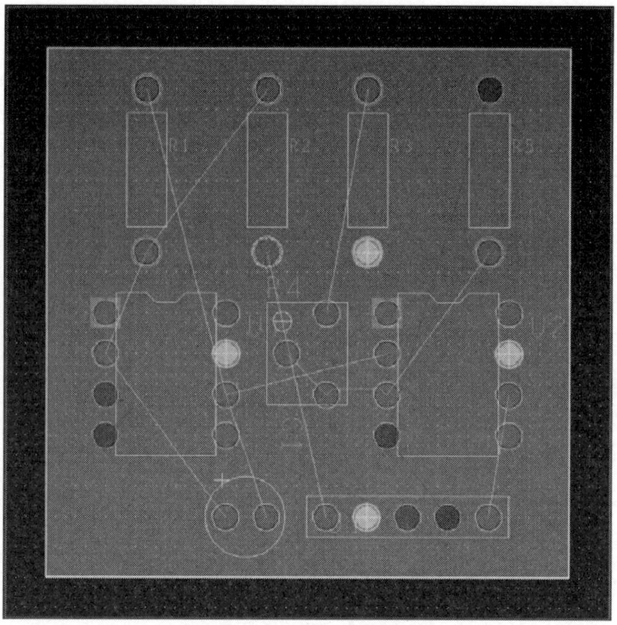

그림 9.28 V+ Plane 연결

2 GND net을 내층 GND에 연결하기

GND 레이어만 보이게 하고 동일한 방법으로 연결하면 그림 9.29와 같이 된다.

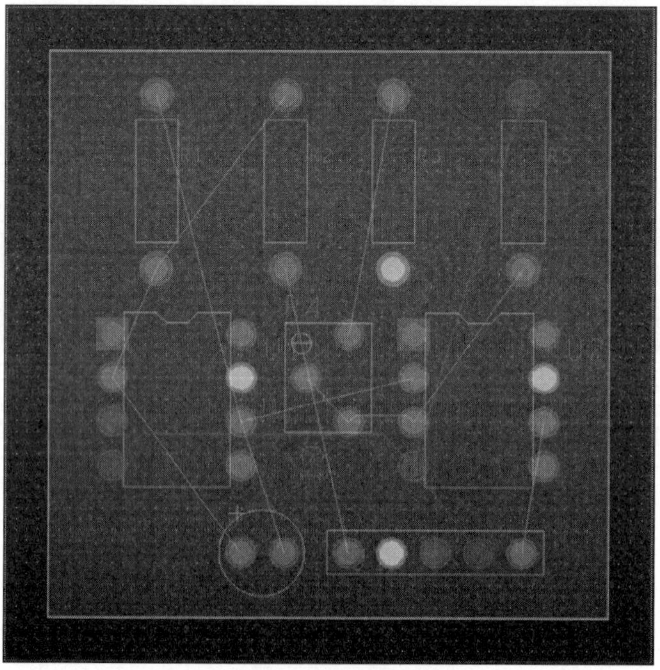

그림 9.29 GND Plane 연결

2 배선하기

부품의 핀과 핀을 연결하는 선들을 실제의 물리적인 선으로 만드는 과정으로 선을 배선하기 위해서 다음과 같이 한다. 나머지 net에 대하여 다음과 같이 배선한다.

01 Color 설정 창을 열어 TOP과 BOTTOM 레이어만 보이게 한다.

02 메뉴 바 Route 〉 Connect를 선택한다.

03 파란색 Ratsnest 라인이 연결된 대로 핀을 클릭하면 마우스를 따라 배선이 이어지며, 그 선이 연결된 핀을 클릭한 다음 마우스 오른쪽 버튼을 클릭하면 나타나는 팝업 메뉴의 Done을 선택하면 연결되어 있던 Ratsnest 라인이 사라지면서 녹색의 배선으로 연결이 완료된다.

04 동일한 방법으로 다른 선들을 그림 9.30과 같이 배선한다.(TOP Layer에서 배선)

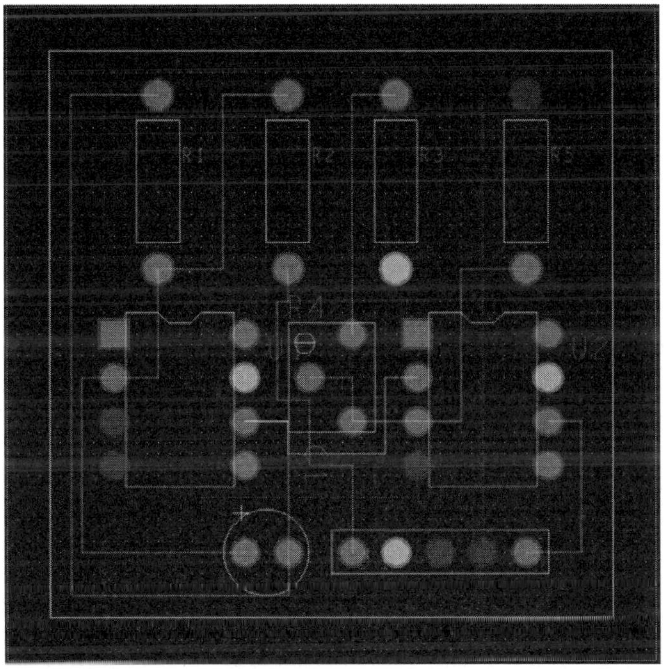

그림 9.30 배선하기

- Top Layer에서 배선이 되지 않은 선이 있는 경우는 Bottom Layer로 Layer를 변경하여 배선을 할 수 있으며, 그림 9.30에서는 top에서 배선되지 않은 한 개의 선과 V- NET를 Bottom Layer에서 배선되었다.

배선이 완료되면 그림 9.31과 같이 배선이 완료된 것을 확인한다.

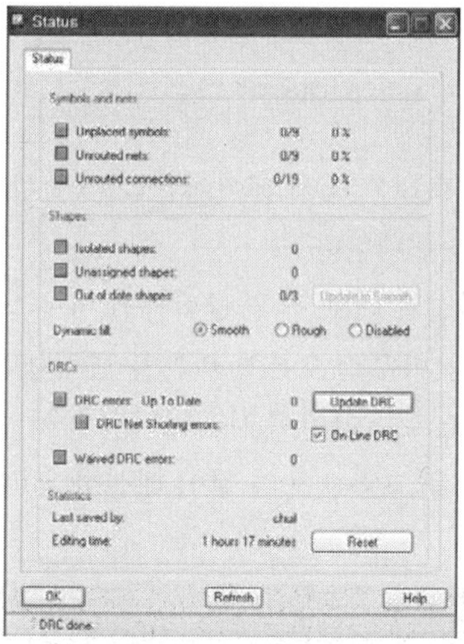

그림 9.31 배선 확인

3 Copper 씌우기

1 Top, Bottom 레이어에 동박 면을 입히기

01 툴바 Shape 〉 Rectangular를 선택한다.

02 Control Panel 창 Option에서 다음과 같이 설정한다.

Class : Etch

Subclass : Top

Shape Fill : Dynamic copper

Assign net name : GND

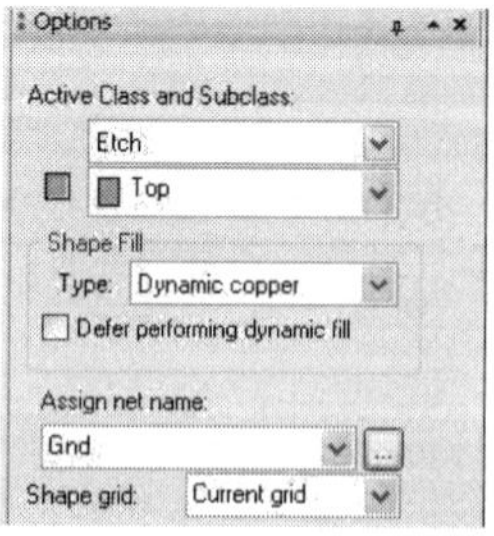

그림 9.32 Options 설정

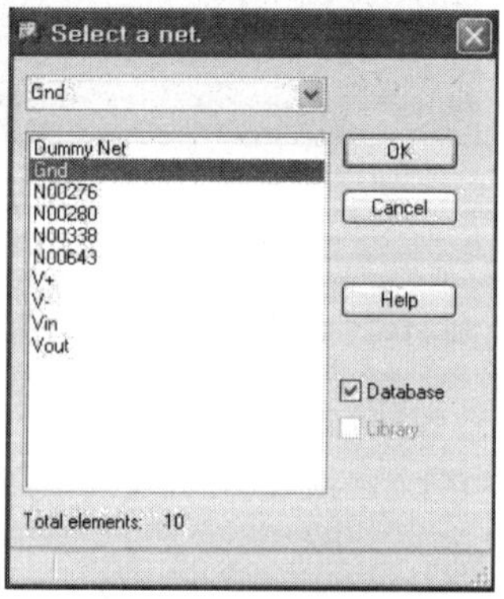

그림 9.33 Select a net

03 Board의 Route Keeping 영역에 직사각형을 그린다.

04 Done을 선택하면 그림 9.34와 같이 된다.

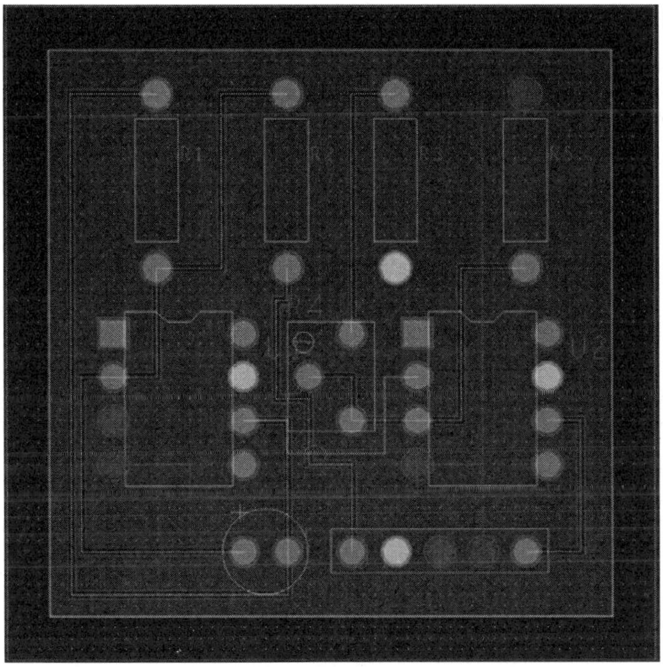

그림 9.34 top 레이어 동박 입히기

09 설계 마무리 작업

PCB 제작을 위한 Gerber File을 만들기 위한 순서는 다음과 같은 순서로 한다.

1 드릴 차트 만들기

01 드릴 차트를 생성하기 위해서 메뉴 바 Manufacture 〉 NC 〉 Drill Customization...선택한다.

02 그림 9.35와 같은 Drill Customization 창이 열리면 Auto generate Symbol 버튼을 눌러 자동으로 심벌을 생성시킨다.

03 OK를 선택하여 창을 닫는다.

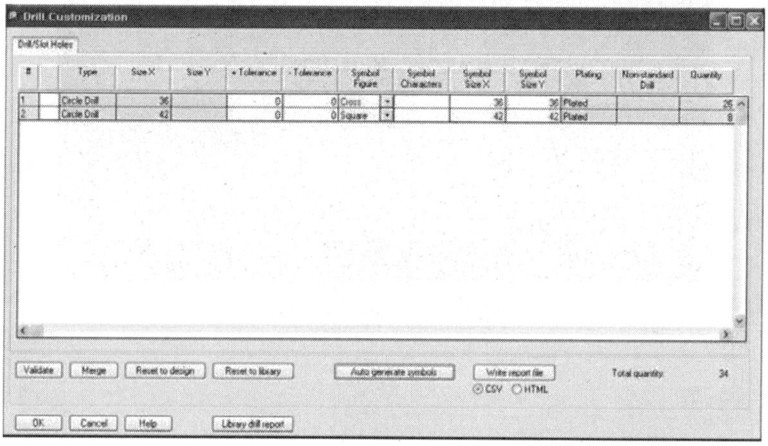

그림 9.35 Drill Customization 창

04 메뉴 Manufacture 〉 NC 〉 Drill Legend...를 선택한다.

05 그림 9.36과 같은 Drill Legend 창이 나타나면 OK 버튼을 선택한다. 드릴 차트가 마우스에 따라 이동하며 보드 아웃라인 아래쪽에 클릭하여 그림 9.37와 같이 배치 완료한다.

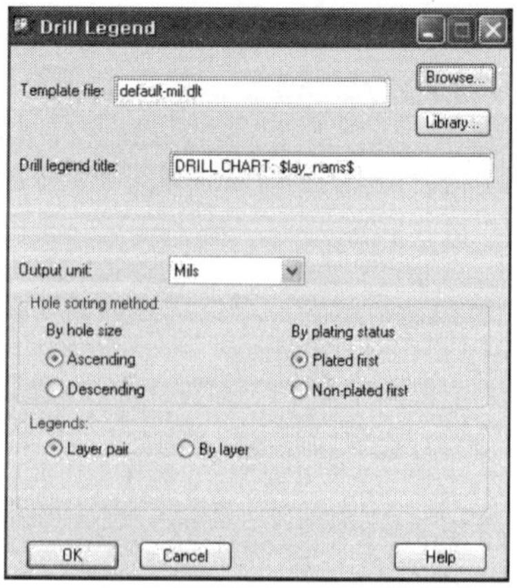

그림 9.36 Drill Legend 창

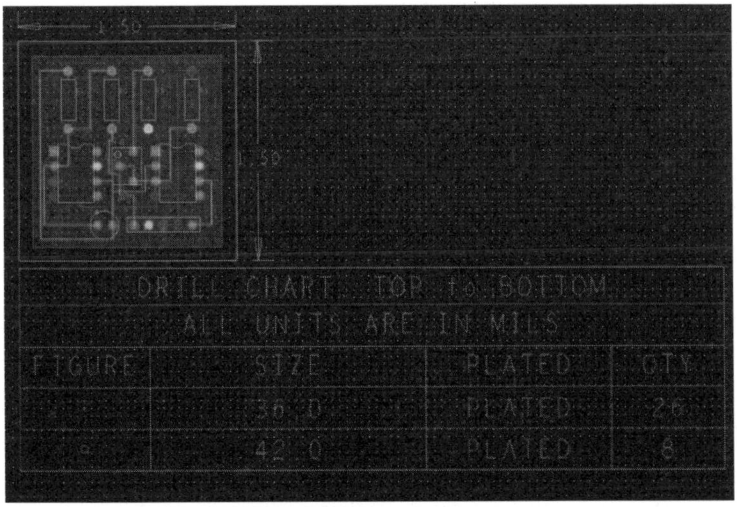

그림 9.37 드릴 차트 생성

10 후처리 과정

1 Gerber File 만들기

01 Gerber File을 만들기 위해서 메뉴 바 Manufacture 〉 Artwork...를 택한다. Artwork Control Form 창이 나타나면 General Parameters 탭 메뉴로 이동한다.

02 그림 9.38과 같이 Device type 항목에서 Gerber RS274X를 체크하고, Format 항목의 Decimal places를 5로 변경한 후 Film Control 탭 메뉴로 다시 이동한 후 창을 유지한다.

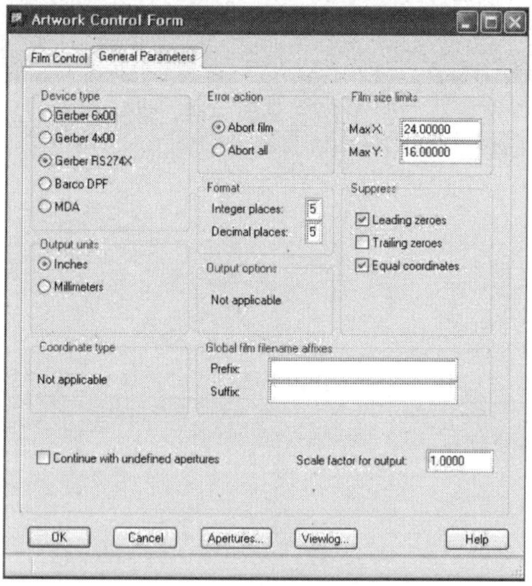

그림 9.38 Artwork Control Form 창

03 메뉴 바 Display 〉 Color/Visibility...를 선택하여 Color Dialog 창이 나타나면 상단의 Global visibility On/Off 스위치 중 Off 버튼을 선택한 후 Apply 버튼을 선택하여 그림 9.39와 같이 한다. Color Dialog 창을 닫지 않고 유지한다.

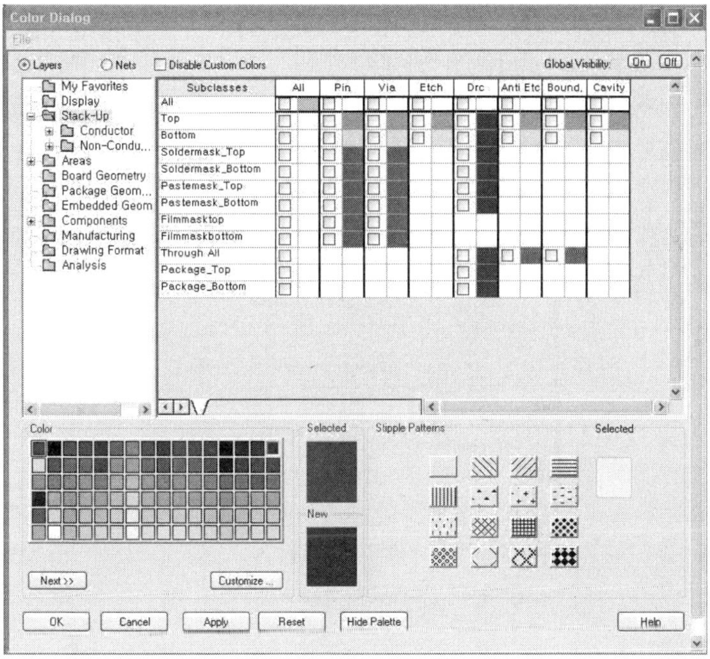

그림 9.39 Color Dialog 창

06 그림 9.40과 같이 Color Dialog 창에서 왼쪽의 Stack-Up 폴더를 선택한 후, 오른쪽 Subclasses 항목 중 Soldermask_Top의 Pin, Via 항목을 체크한 후 Apply 버튼을 선택한 다음 OK 버튼을 선택하여 Color Dialog 창을 닫는다.

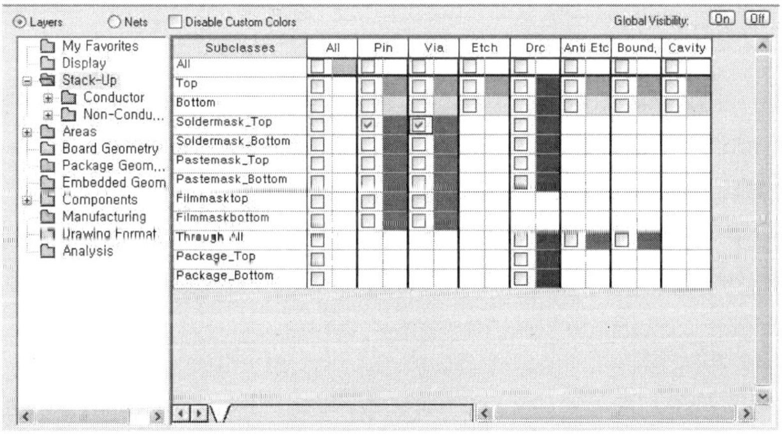

그림 9.40

07 그림 9.41과 같이 Artwork Control Form 창의 Top을 선택 후 마우스 오른쪽 버튼을 클릭하면 나타나는 팝업 메뉴의 Add를 선택한다.

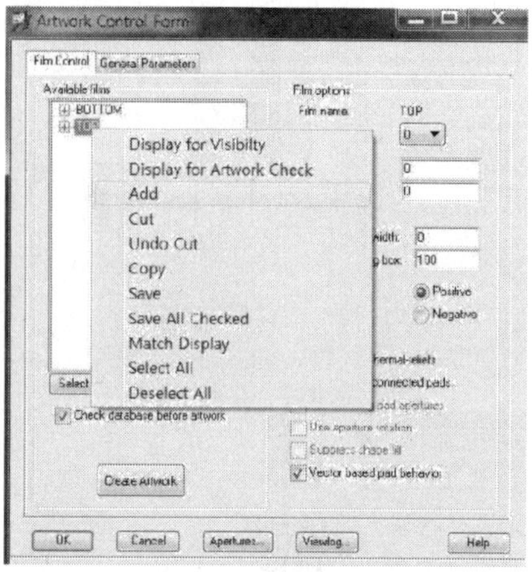

그림 9.41 Artwork Control Form 창

08 OrCAD PCB Designer 창이 열리면 그림 9.42와 같이 Soldermask_top이라고 입력한 후 OK 버튼을 선택한다.

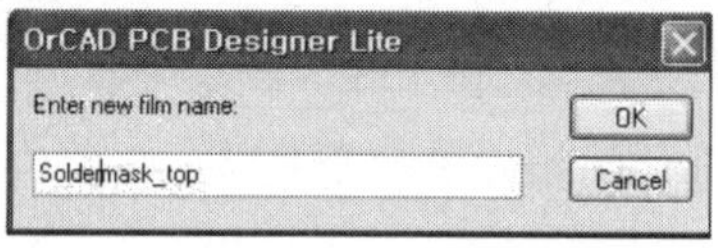

그림 9.42 OrCAD PCB Designer 창

09 다시 메뉴 바 Display 〉 Color/Visibility...를 선택하여 Color Dialog 창이 나타나면 상단의 Global visibility On/Off 스위치 중 Off 버튼을 선택한 후 Apply 버튼을 선택하여 그림 9.39와 같이 한다. Color Dialog 창을 닫지 않고 유지한다.

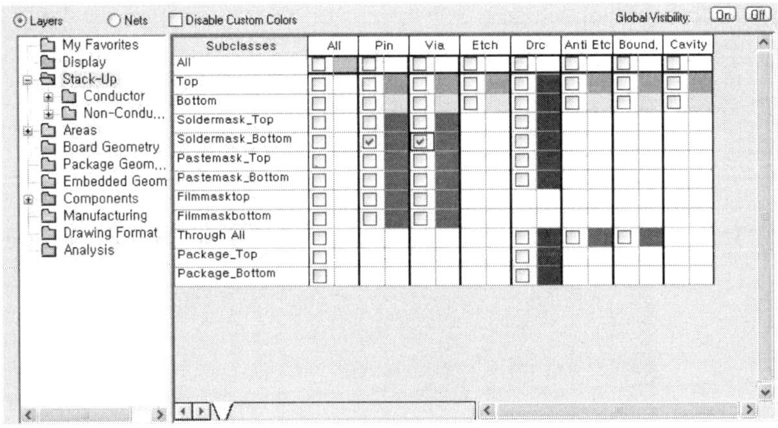

그림 9.43

10 그림 9.43과 같이 Color Dialog 창에서 왼쪽의 Stack-Up 폴더를 선택한 후, 오른쪽 Subclasses 항목 중 Soldermask_Bottom의 Pin, Via 항목을 체크한 후 Apply 버튼을 선택한 다음 OK 버튼을 선택하여 Color Dialog 창을 닫는다.

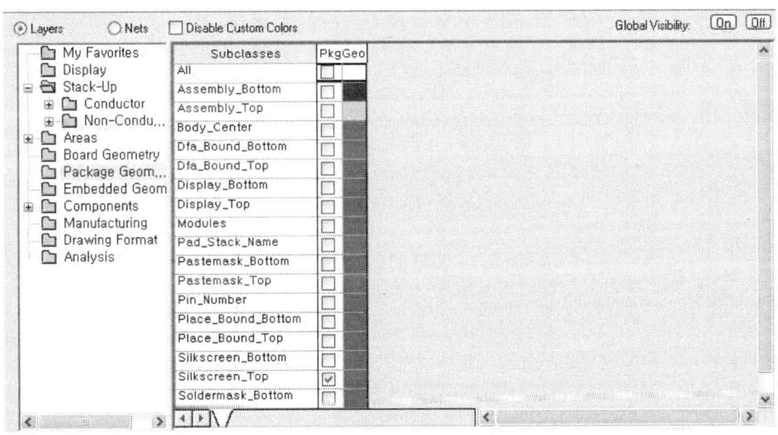

그림 9.44

11 Artwork Control Form 창의 Soldermask_top을 선택 후 마우스 오른쪽 버튼을 클릭하면 나타나는 팝업 메뉴의 Add를 선택하여, Soldermask_Bottom이라고 입력한 후 OK 한다.

12 다시 메뉴 바 Display 〉 Color/Visibility...를 선택하여 Color Dialog 창이 나타나면 상단의 Global visibility On/Off 스위치 중 Off 버튼을 선택한 후 Apply 버튼을 선택하여 그림 9.39와 같이 한다. Color Dialog 창을 닫지 않고 유지한다.

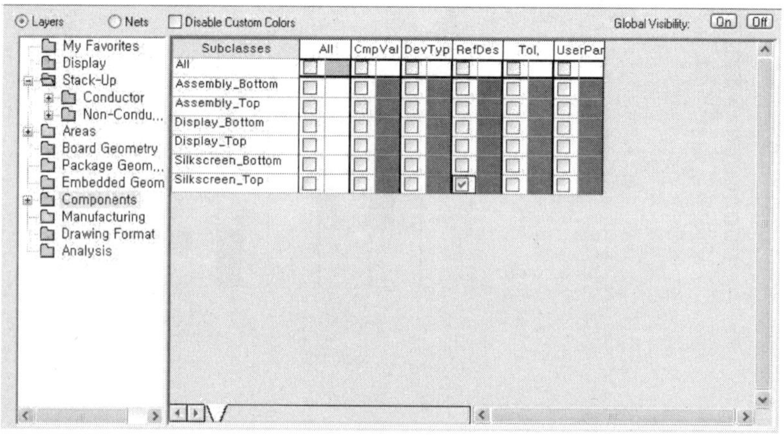

그림 9.45

13 그림 9.44와 같이 Color Dialog 창에서 왼쪽의 Package Geometry 폴더를 선택한 후, 오른쪽 Subclasses 항목 중 Silkscreen_Top을 체크한다.

14 그림 9.45와 같이 Color Dialog 창에서 왼쪽의 Component 폴더를 선택한 후, 오른쪽 Subclasses 항목 중 Silkscreenk_Top의 RefDes 항목을 체크한 후 Apply, OK 버튼을 선택한다.

15 Artwork Control Form 창의 Soldermask_Bottom을 선택 후 마우스 오른쪽 버튼을 클릭하면 나타나는 팝업 메뉴의 Add를 선택하여, Silkscreen_Top이라고 입력한 후 OK 한다.

16 다시 메뉴 바 Display 〉 Color/Visibility...를 선택하여 Color Dialog 창이 나타나면 상단의 Global visibility On/Off 스위치 중 Off 버튼을 선택한 후 Apply 버튼을 선택하여 그림 9.39와 같이 한다. Color Dialog 창을 닫지 않고 유지한다.

17 그림 9.46과 같이 Color Dialog 창에서 왼쪽의 Board Geometry 폴더를 선택한 후, 오른쪽 Subclasses 항목 중 Outline을 체크한다.

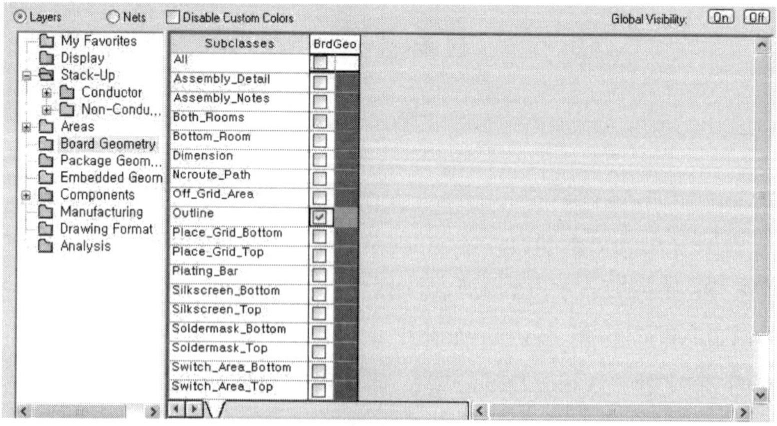

그림 9.46

18 그림 9.47과 같이 Color Dialog 창에서 Manufacturing 폴더를 선택한 후, 오른쪽 Subclasses 항목 중 Nclegend-1-4를 체크 후 Apply, OK 버튼을 선택한다.

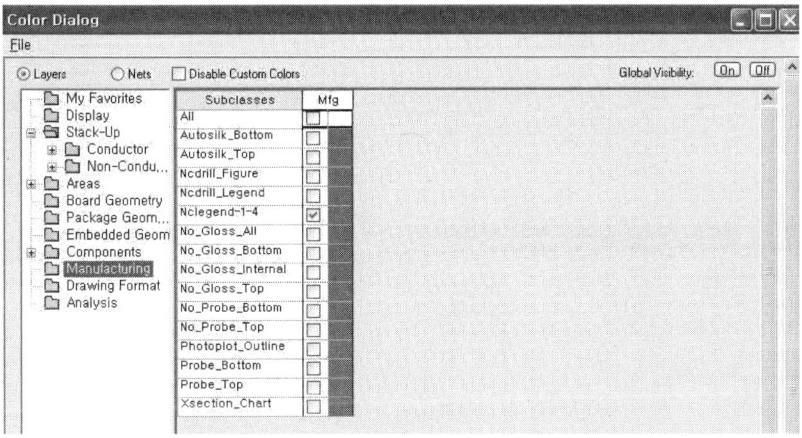

그림 9.47

19 Artwork Control Form 창의 Silkscreenk_top을 선택 후 마우스 오른쪽 버튼을 클릭하면 나타나는 팝업 메뉴의 Add를 선택하여, Drill_drawing이라고 입력한 후 OK 한다.

20 그림 9.48과 같이 Select all 버튼을 선택한 후 Create Artwork 버튼을 선택한다. Gerber File 이 생성되어지며, OK 버튼을 선택하여 Artwork Control Form 창을 닫는다.

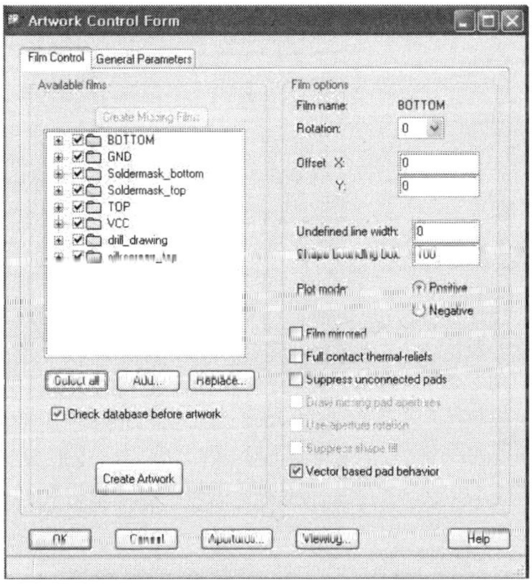

그림 9.48 Artwork Control Form 창

21 NC-Drill 파일 생성을 위해서 메뉴 바 Manufacture 〉 NC 〉 NC Drill…을 선택한다.

22 그림 9.49와 같은 NC-Drill창에서 NC Parameters… 버튼을 선택하여 그림 9.50과 같이 Excellon format 항목의 format을 5로 수정한 후 Close 버튼을 선택한다.

23 NC Drill창의 Drill 버튼을 선택하여 NC Drill 파일을 생성한 후 Close를 선택한다.

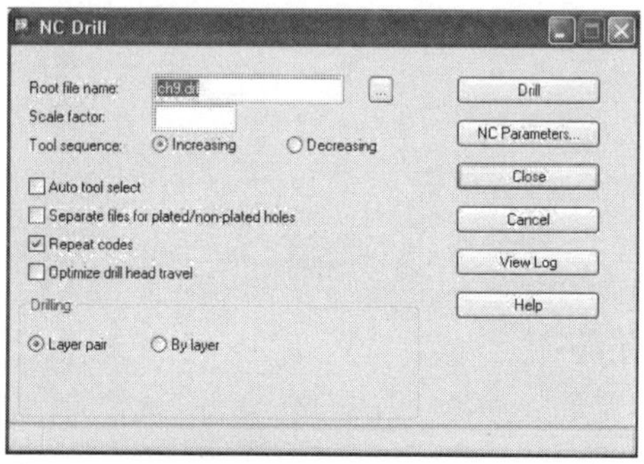

그림 9.49 NC Drill 창

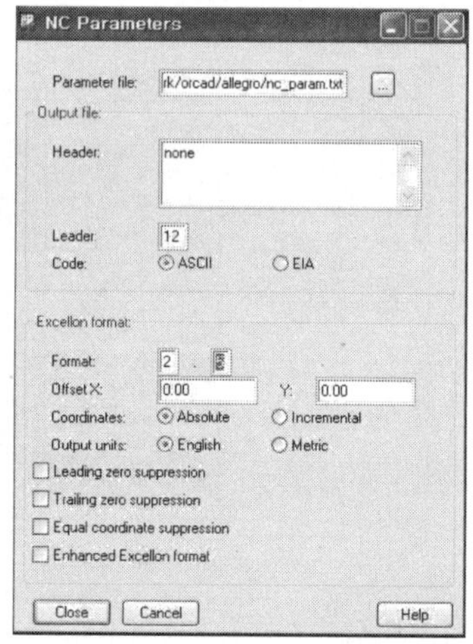

그림 9.50 NC Parameters 창

24 타이틀 바의 저장 경로에 *.art 파일과 *.drl 파일의 Gerber file이 생성 완료되었다.

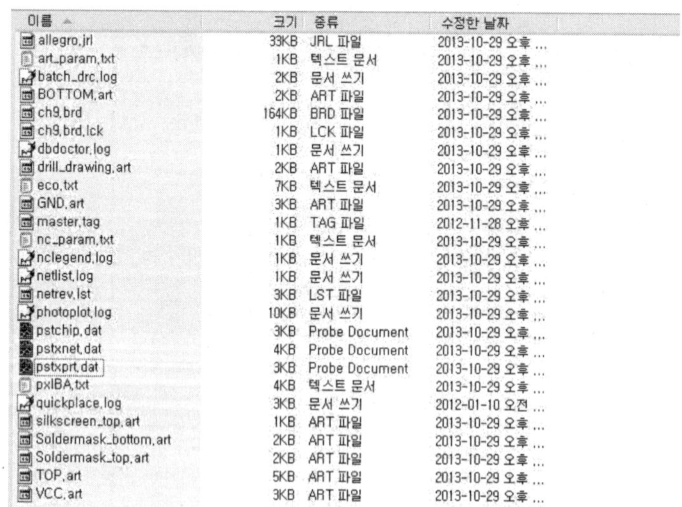

그림 9.51 Gerber file 생성

제10장 설계 요건에 따른 PCB 만들기 (가감산기 회로)

01 작업 도면 02 회로도 그리기 03 부품 속성 편집 및 유틸리티 04 PCB Editor 환경설정
05 Board Outline 그리기 06 부품 배치하기 07 Color 설정하기 08 배선하기
09 설계 마무리 작업 10 후처리 과정

01 작업 도면

1 작업도면

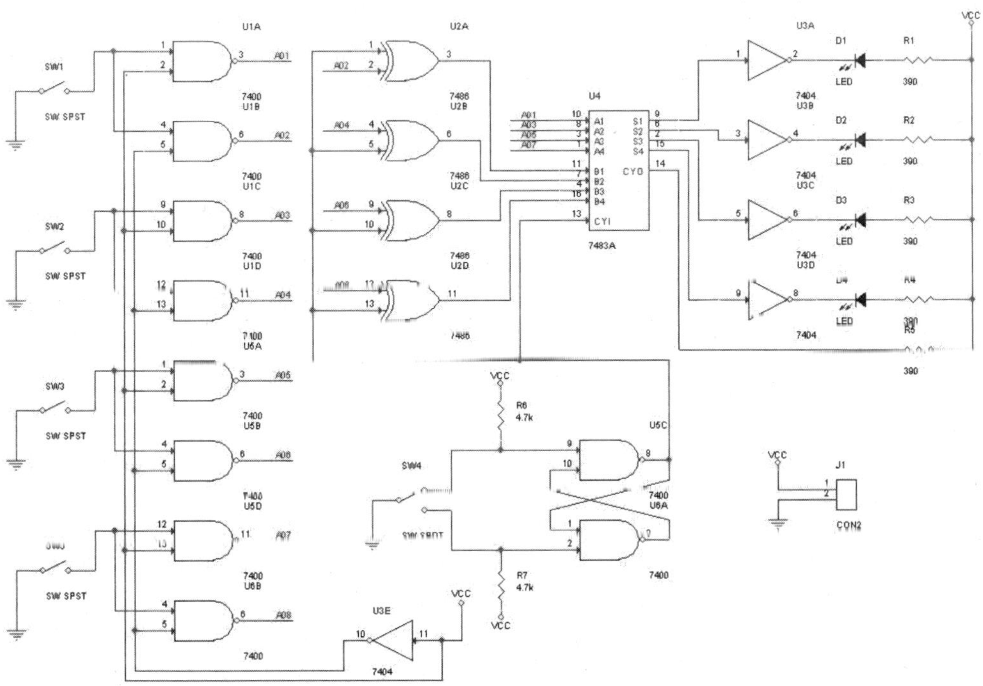

그림 10.1 작업 도면

2 부품 리스트

표 10.1 부품 리스트 및 풋 프린트 값

번호	부품 이름	부품 값	수량	라이브러리	풋 프린트
1	NAND Gate	7400	3	GATE.olb	DIP14_3
2	NOT Gate	7404	1	GATE.olb	DIP14_3
3	EX-OR Gate	7486	1	GATE.olb	DIP14_3
4	Binary Add	7483	1	ARITHMETIC.olb	DIP16_3
5	LED	LED	4	Discrete.olb	CAP196
6	Resistor	390	5	Discrete.olb	RES400
7	Resistor	4.7k	2	Discrete.olb	RES400
8	SW SPDT		1	Discrete.olb	JUMPER3
9	SW SPST		4	Discrete.olb	JUMPER2
10	Connector	CON2	1	Connector.olb	JUMPER2

3 PCB

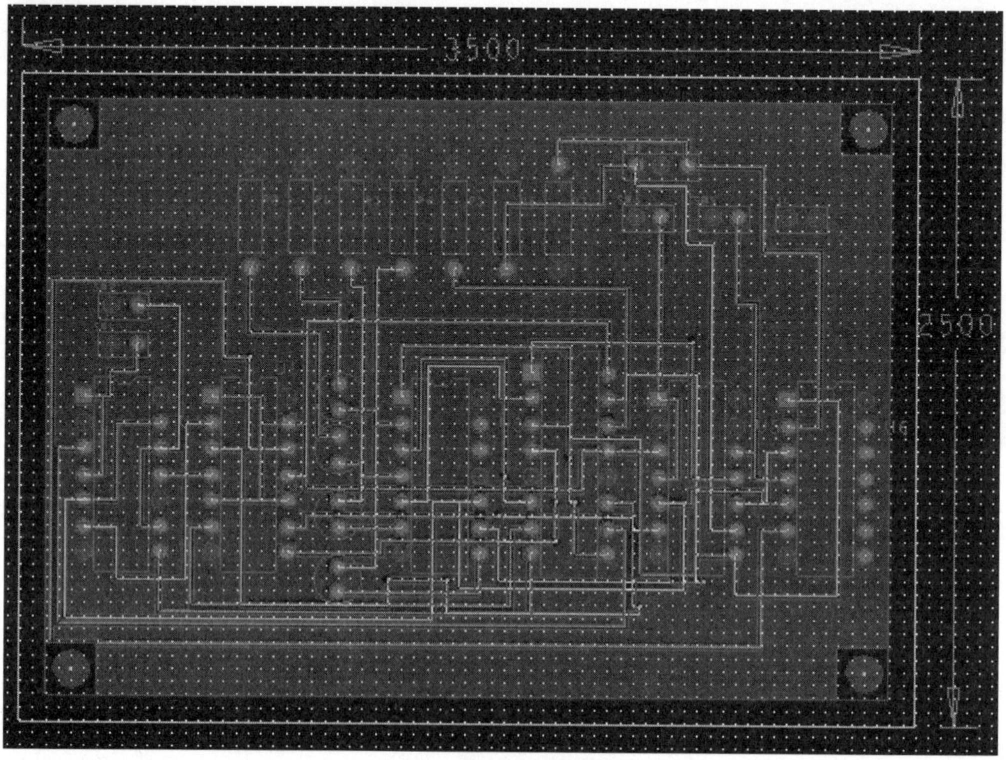

그림 10.2 PCB도면

4 설계 요건

01 주어진 회로도와 배치도에 따라 PCB 설계를 한다.

02 도면은 최대한 청결하고 간결하게 양면으로 설계한다.

03 가능한 자동배선을 하지 않는다.

04 Top 면은 가로, Bottom 면은 세로로 배선한다.

05 기판의 크기는 가로(3500mil)×세로(2500mil)로 한다.

06 출력물은 A4 용지로 하고 회로도, Top 면, Bottom 면, Silkscreen 면, Component 면을 제출한다.

07 기판의 네 가장자리에 기구홀(3.8φ)을 배치한다.

08 전원 선은 20mil, 일반 선은 10mil로 한다.

09 좌측과 우측의 치수 보조선을 이용하여 기판의 치수를 표시한다.

10 자기의 학번과 이름을 적는다.

02 회로도 그리기

1 새로운 작업 파일 만들기

윈도 작업 표시줄의 [시작] 버튼을 클릭하여, 모든 프로그램 〉 Cadence 〉 Release 16.5 〉 Capture CIS를 선택 또는 윈도 바탕화면에 Capture CIS의 단축아이콘이 있다면 이를 더블 클릭하여 실행한다.

1 Capture 시작하기

- 프로그램 시작하는 방법

▶ 시작 〉 모든 프로그램 〉 Cadence 〉 Release 16.5 〉 Capture CIS

2 Capture 환경설정

새로운 프로젝트 또는 디자인 작업 시 현재의 설정이 기본 설정으로 지정된다.
다음과 같이 필요에 따라 기본 설정을 변경할 수 있다.

1. Grid style : dots

Junction Dot Size : Small ⇒ Medium

▶ 메뉴 Options 〉 Preference 〉 Grid Display 〉 Grid Style : dots

▶ 메뉴 Options 〉 Preference 〉 Miscellaneous 〉 Schematic Page Editor 〉 Junction Dot Size : Medium

2. Page Size 변경 및 기재 사항

▶ 메뉴 Options 〉 Design Template 〉 Title Block 〉 Title : ch10 〉 Page Size : A4

3. 파일 백업 설정

▶ 메뉴 Options 〉 Auto Backup 〉 백업 시간, 백업 파일 수, 백업 디렉터리 지정
: 백업 디렉터리는 현재 작업 디렉터리에 저장된다. 백업 파일의 이름은 확장자 DBK를 가지며, Capture에서 파일 형식을 All Files로 변경 후 불러올 수 있다. Save As로 복원할 수 있다.

3 새로운 프로젝트 파일 만들기

메뉴 File 〉 New 〉 Project 선택 또는 시작화면에 나타난 Getting Started 〉 Project 〉 New 선택 : 아래와 그림 10.3과 같은 창이 열린다.

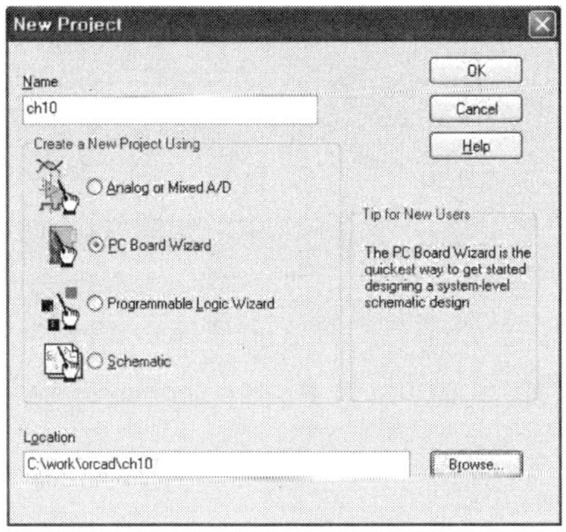

그림 10.3 New Project 창

앞의 과정을 마치면 창이 나타나고 이 창을 정리하면 그림 10.4와 같이 도면을 작성할 준비가 된 것이다.

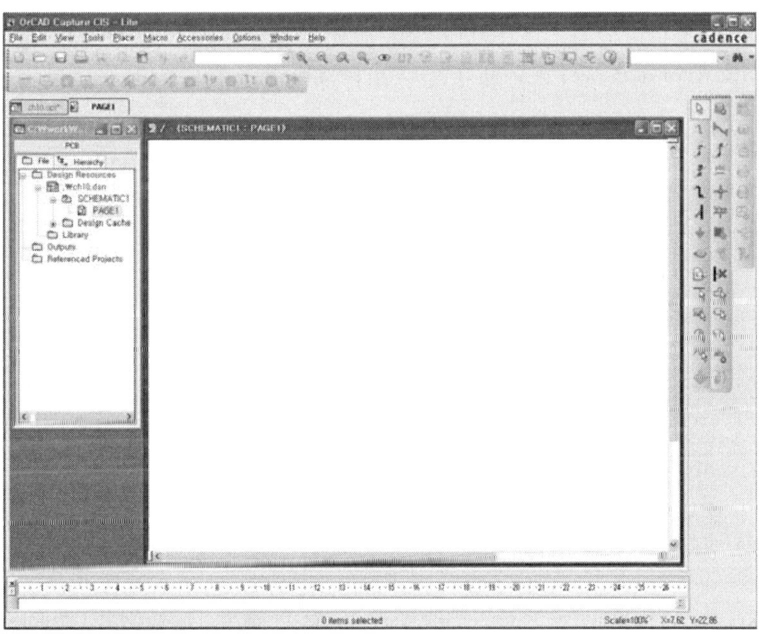

그림 10.4 초기 화면

2 부품 배치

그림 10.1의 작업 도면과 같이 부품을 배치하기 위해서는 다음과 같은 순서로 부품을 배치한다.(283쪽, 그림 10.5)

3 선 그리기

배치된 부품들의 핀과 핀을 연결하는 선을 그리기 위해 다음과 같이 한다.

01 메뉴 Place 〉 Wire 선택 또는 툴 팔레트에 있는 Place Wire 아이콘을 클릭한다.

02 핀의 끝과 끝을 연결하는 방법으로 그림 10.5와 같이 배선한다.

4 Symbol 배치

01 메뉴 Place 〉 Power 선택 또는 툴 팔레트에 있는 Place Power 아이콘을 클릭한 후 VCC/CAPSYM을 선택하여 그림 10.5와 같이 배치한다.

02 메뉴 Place 〉 Ground 선택 또는 툴 팔레트에 있는 Place Ground 아이콘을 클릭한 후 GND/CAPSYM을 선택하여 그림 10.5와 같이 배치한다.

03 입출력 신호 단자에 Power를 이용하여 그림 10.5와 같이 완성한다.

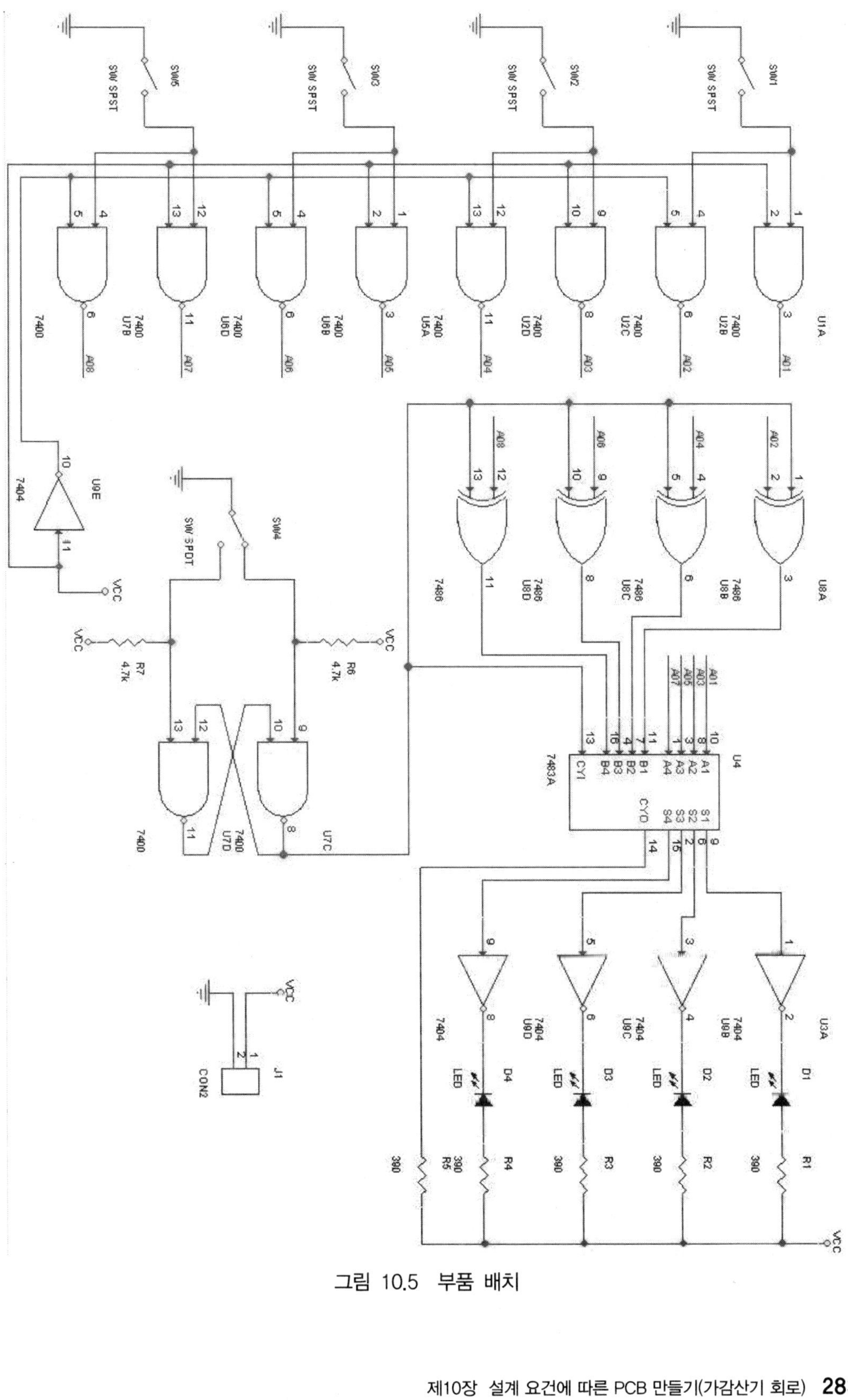

그림 10.5 부품 배치

03 부품 속성 편집 및 유틸리티

1 부품 속성 편집

01 부품 이름을 더블 클릭하여 열리는 창에서 각 부품의 부품 값을 입력하여 그림 10.5와 같이 변경한다.

02 그림 10.6과 같이 마우스로 전체 부품을 선택하여 속성 창을 열고 풋 프린트 값을 입력한다.

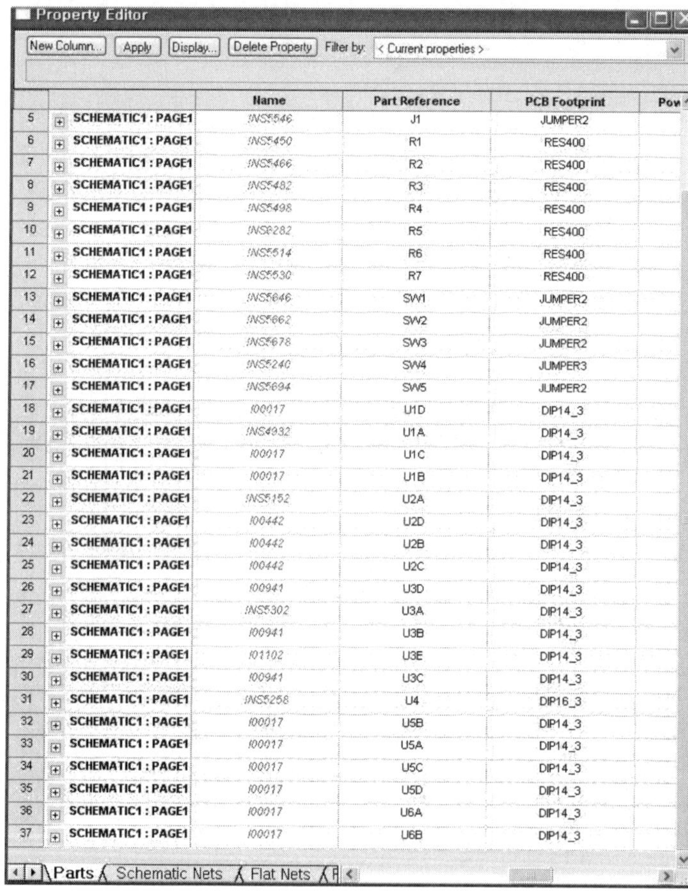

그림 10.6 부품 풋 프린트 값 입력하기

2 유틸리티

스키매틱 페이지 편집 창에서 도면 작성 작업을 끝낸 다음에는 툴바의 Project Manager를 선택하여 디자인 매니저 창을 활성화시킨다. 활성화된 유틸리티 6개 중에서 PCB 작업을 하기 위한 필수적인 3개의 유틸리티는 Annotate, DRC 그리고 Create Netlist이다.

1 Annotate

부품 번호를 정리하기 위한 일반적인 순서는 다음과 같다.

01 Annotate 툴을 더블 클릭한다. 그림 10.7과 같은 Annotate 창이 열린다.

02 Annotate 창의 Action 항목에서 Reset part reference to "?"를 선택한 후에 [OK] 버튼을 선택한다. 도면의 부품 번호가 "?"로 바뀐다.

03 한 번 더 Annotate 툴을 더블 클릭한다. Annotate 창이 열린다.

04 Annotate 창의 Action 항목에서 Incre -mental reference update를 선택한 후에 [OK] 버튼을 선택한다. 도면의 부품 번호가 다시 부여 되면서 정리된다.

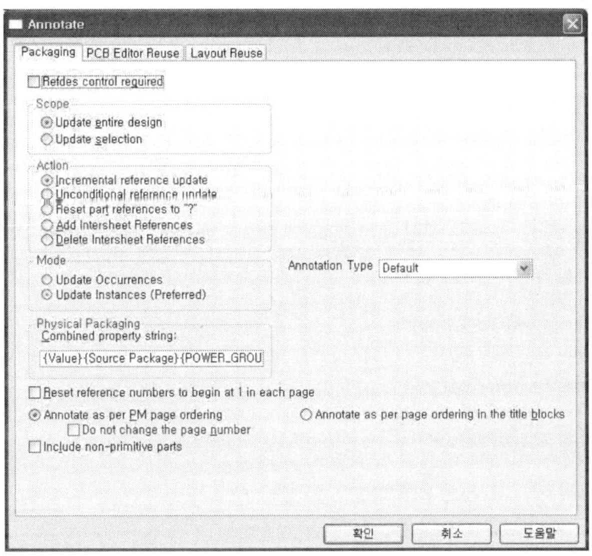

그림 10.7 Annotate 창

2 Design Rules Check

회로의 전기적인 검사를 하기 위한 순서는 다음과 같다.

01 DRC 툴을 선택한다. 그림 10.8과 같은 DRC 창이 열린다.

02 특정한 검사 또는 특정한 검사 결과를 보기 위해서는 Report 항목이 View Output 체크 박스를 선택한다. 이는 메모장이나 워드 패드로 실행 결과를 바로 보기 위함이다. 물론 모든 실행 결과는 실행 결과 창인 Session Log 창에 기록된다.

03 Report File 상자에는 DRC 실행 결과 파일의 경로와 파일 이름이 기본적으로 설정된다. 기본적으로 설정되는 경로는 디자인 파일이 저장된 폴더이다. 파일 이름도 디자인 파일과 동일하다. 이때 파일의 확장자는 DRC이다.

04 [확인] 버튼을 선택한다.

05 그림 10.9와 같은 검사 항목과 에러가 기록되어 있는 실행 결과 파일이 열린다. 그림과 같이 나타나야 한다.

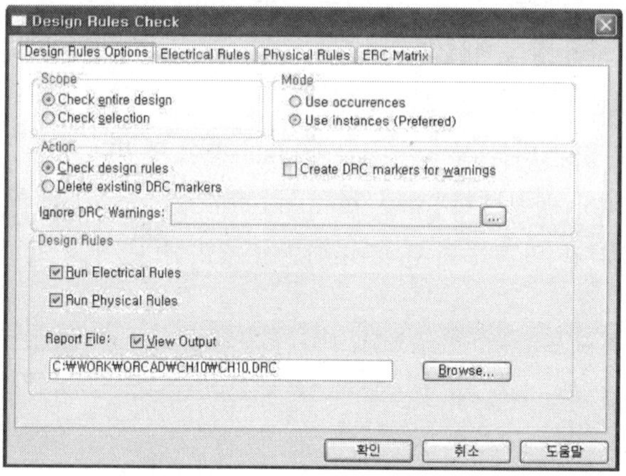

그림 10.8 Design Rules Check

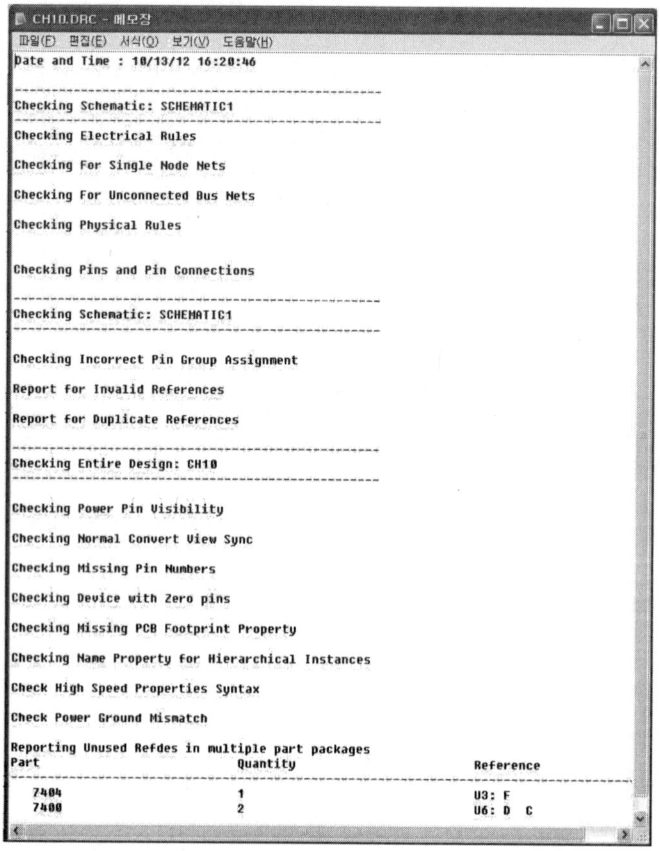

그림 10.9 DRC 파일 내용

3 Create Netlist

Netlist 파일을 생성하기 위한 과정은 다음과 같다.

01 메뉴 Tools 〉 Create Netlist를 클릭하거나 또는 Create Netlist 툴을 선택한다.

02 열린 Create Netlist 창의 Option 항목에서 Netlist의 저장 폴더를 선택할 수 있고, 기본적으로 작업 폴더 내에 allegro 폴더를 생성하여 저장한다.

03 Create or Update PCB Editor Board (Netrev) : 열린 Create Netlist 창에서 그림 10.10과 같이 PCB를 신규 생성하거나 업데이트 할 수 있는 Option이다.

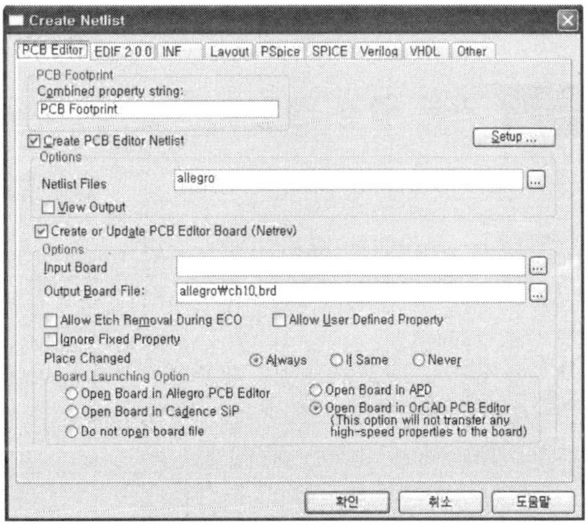

그림 10.10 Netlist 파일 생성

04 Board Launching Option : 그림 10.10과 같이 product 중 해당되는 제품군을 선택한다.

05 확인 버튼을 클릭하면 자동적으로 Allegro OrCAD PCB Editor가 실행되어 시작화면이 나타나게 된다.

04 PCB Editor 환경 설정

PCB 설계를 하기 위한 전반적인 Setup을 위해서 다음과 같은 순서에 따라 설정하면 된다.

1 기본 환경 설정

01 OrCAD Designer(또는 Allegro PCB Editor) 창의 메뉴 바 Setup 〉 Design Parameters...를 선택한다.

02 그림 10.11과 같이 Design Parameter Editor 창이 열리고 Design 탭 메뉴에서 그림과 같이 단위 Mils, Size A, Accuracy 0, Extents 항목의 Left X -3000, Lower Y -3000으로 설정 및 입력한 후 Shapes 탭 메뉴로 이동한다.

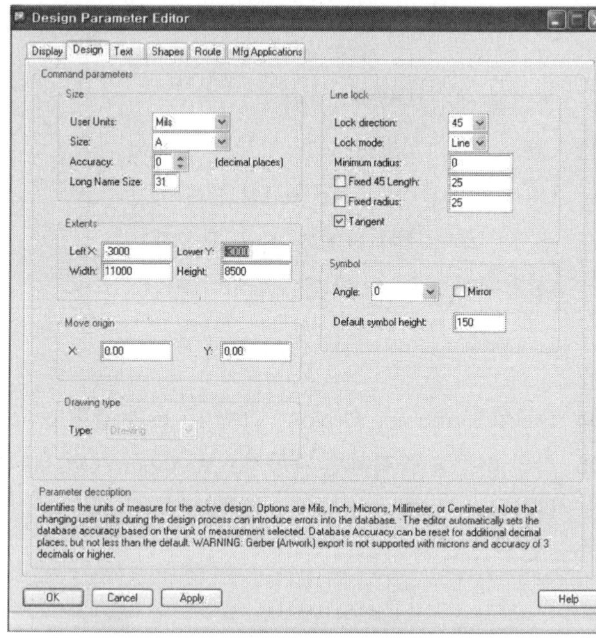

그림 10.11 Design Parameter Editor 창

03 Shape탭 메뉴로 이동 후 Edit global dynamic shape parameters...를 선택한다.

04 Global Dynamic Shape Parameters 창에서 Void controls 탭 메뉴로 이동하여 그림 10.12와 같이 Artwork format을 Gerber RS274X로 변경 후 OK 버튼을 선택하여 창을 닫는다.

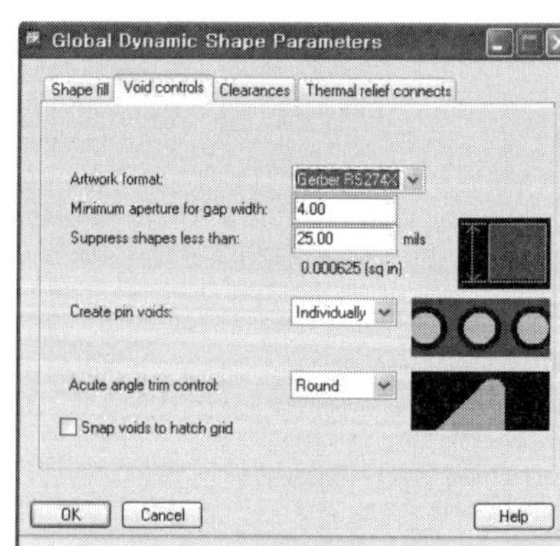

그림 10.12 Global Dynamic Shape Parameters 창

05 Grid의 설정을 위해서 메뉴 바 Setup 〉 Grids...를 선택한 후 그림 10.13과 같이 Grids On 체크박스에 체크하고 Non-Etch의 Spacing x, y를 50으로 변경한 후 OK 버튼을 선택하여 창을 닫는다.

06 Design Parameter Editor 창의 OK 버튼을 선택하여 창을 닫는다.

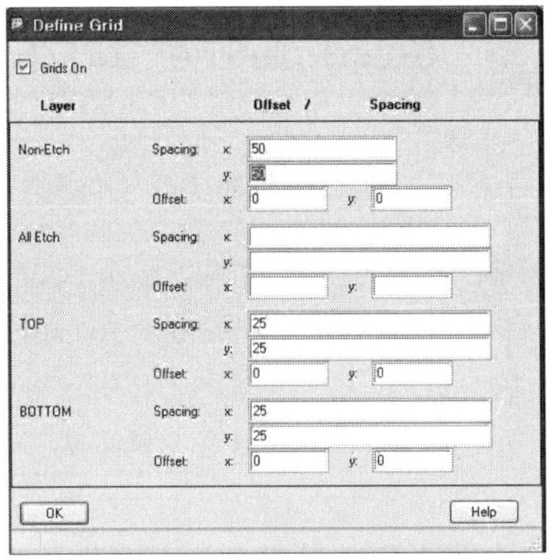

그림 10.13 Define Grid 창

05 Board Outline 그리기

보드 아웃라인을 생성하기 위해서 다음과 같은 순서로 한다.

01 메뉴 바 Setup 〉 Outlines 〉 Board Outline...을 선택한 후 그림 10.14와 같이 Board Outline 창의 Board Edge Clearance를 100 MIL로 변경한 후 그대로 창을 유지한다.

02 Board Outline 창이 반드시 떠 있는 상태에서 Command 창에 소문자 x, 한 칸 띄우고, 숫자 0, 한 칸 띄우고, 숫자 0을 입력한 후 enter 키를 누른다.(사각형이 나타남)

03 0, 0 지점에서 사각형이 시작되는 것을 확인한 후 다시 Command 창에 소문자 x, 한 칸 띄우고, 숫자 3500, 한 칸 띄우고, 숫자 2500을 입력한 후 enter 키를 누른다.(그림 10.15과 같이 사각형이 나타남)

04 Board Outline 창의 OK 버튼을 선택하여 창을 닫으면 그림 10.16와 같이 사각형이 두 개 나타나게 된다.(외각 흰색 라인은 보드 아웃라인이고 안쪽 주황색 라인은 배치 및 배선 제한 영역을 나타냄)

그림 10.14 Outlines 그리기 초기 화면

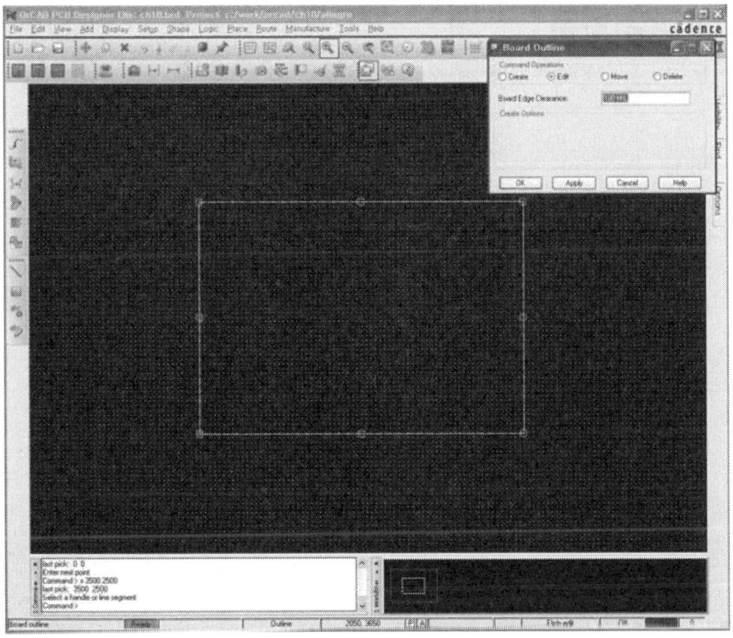

그림 10.15 Outlines 수치 입력

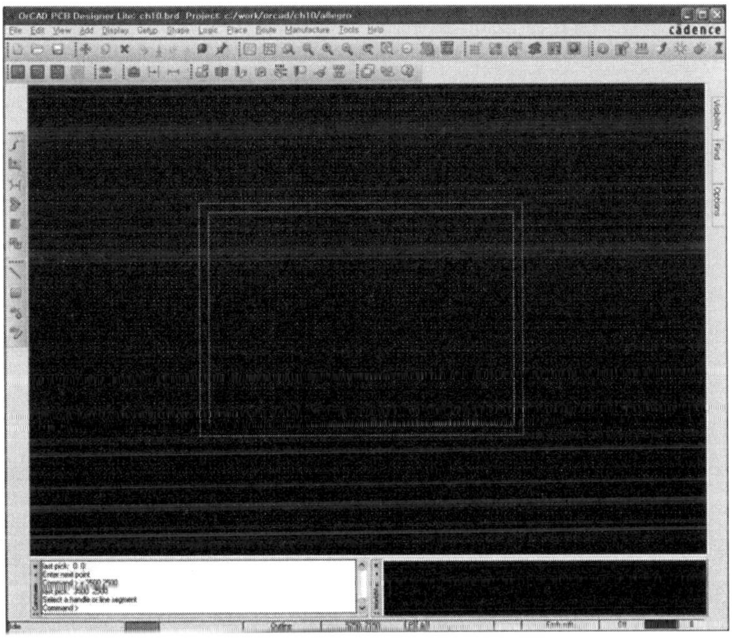

그림 10.16 Outlines 완성

06 부품 배치하기

1 기구홀의 배치

기판의 네 가장자리에 기구홀(3.8φ)을 배치하기 위해서는 다음과 같이 한다.

01 메뉴 Place 〉 Manually...를 선택한다.

02 Placement 창에서 그림 10.17과 같이 Advanced Settings 탭에서 Library를 선택한다.

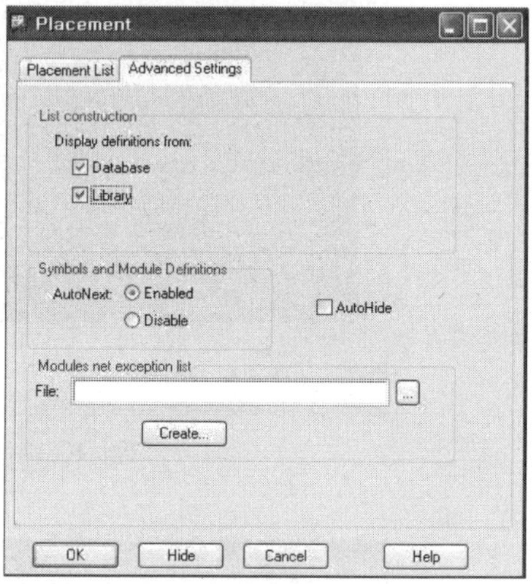

그림 10.17

03 다시 Placement 창에서 Placement List 탭에서 그림 10.18과 같이 Mechanical symbols 중 MTG125를 선택한다.

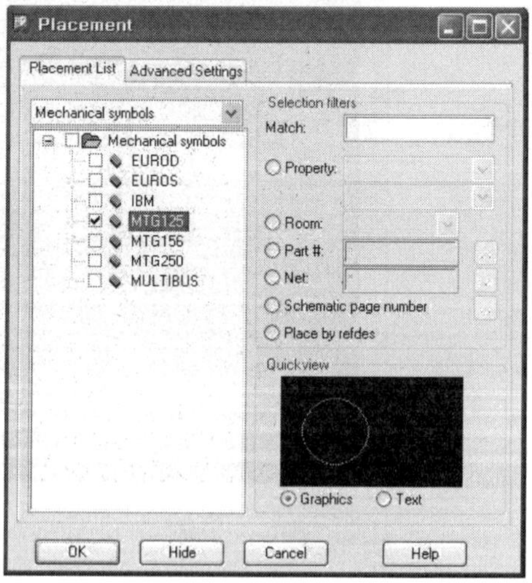

그림 10.18

04 Command 창에 x 200 200 입력 후 enter 클릭하면 그림 10.19와 같이 하단 왼쪽에 기구홀(3.8φ)이 배치하게 된다.

05 기판의 나머지 세 개의 가장자리에도 기구홀을 동일하게 배치한다.

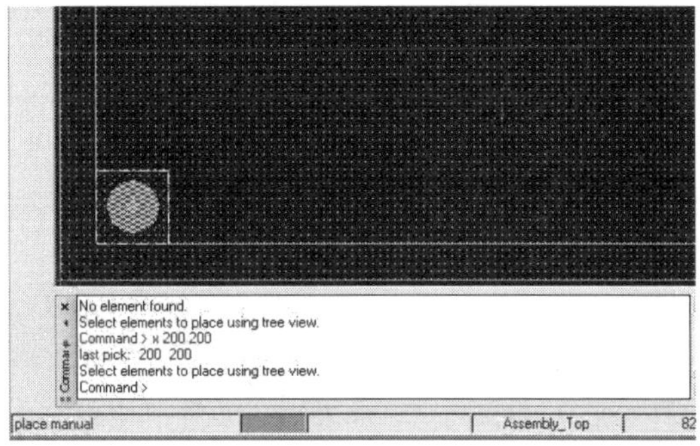

그림 10.19 기구홀 배치

2 부품 배치

부품을 PCB Outline 내부에 위치하도록 배치하기 위해서는 다음과 같은 순서에 따라 배치한다.

01 메뉴 Place 〉 Manually...를 선택한다.

02 Placement 창에 있는 부품을 보드 내에 하나씩 불러와서 그림 10.20과 같이 배치한다.

03 Placement 창의 OK 버튼을 클릭하여 창을 닫는다.

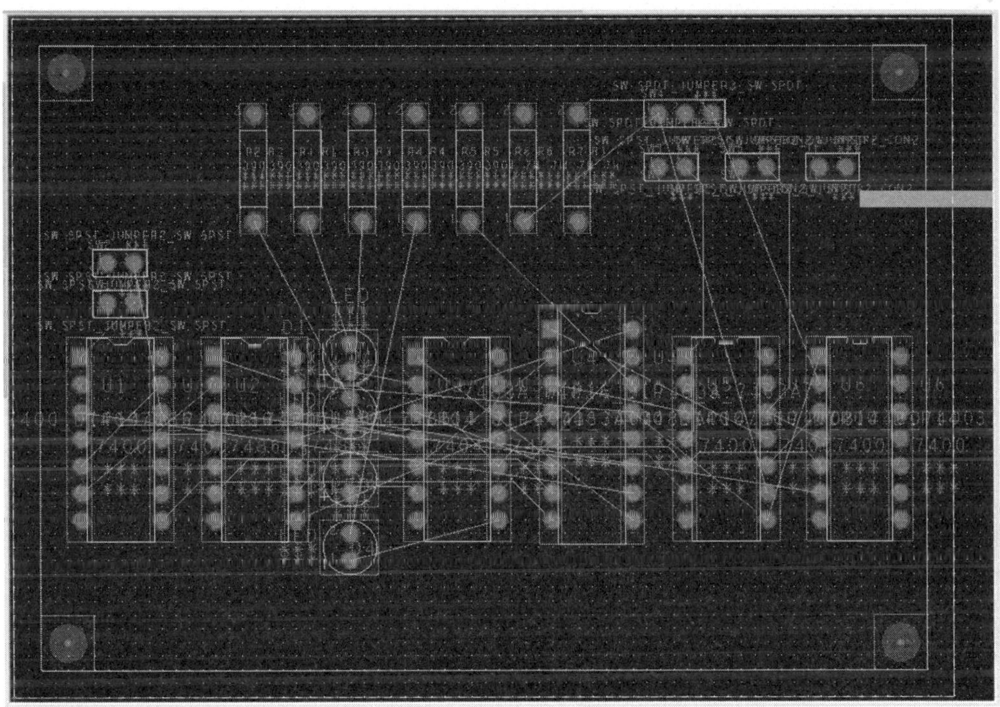

그림 10.20 부품 배치

07 Color 설정하기

1 Vcc, GND Net Assign Color

배치를 좀 더 보기 쉽게 하기 위해서 VCC, GND Net에 Color를 설정해 준다.

01 메뉴 Display 〉 Assign Color를 선택한다.

02 Control Panel 창에서 Option을 선택하여 노란색 컬러를 선택한다.
: VCC는 보라색, GND는 빨간색

03 Control Panel 창의 Find Tab에서 하단의 Find By Name의 설정을 Net/Name으로 선택 후 More 버튼을 눌러 각각의 VCC Net을 선택한다.

04 OK를 누르면 부품 핀 중 VCC 연결된 핀과 Net이 보라색으로 표시된다.

05 같은 방법으로 GND Net에도 적용하여 그림 10.21과 같이 나타낸다.

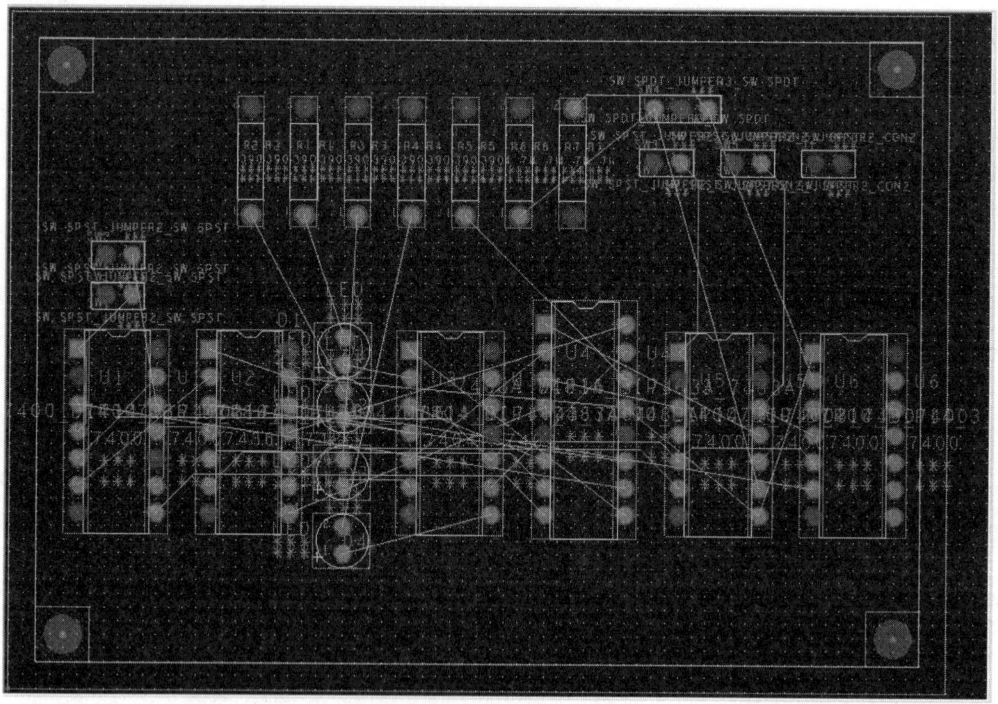

그림 10.21 Color Setting

2 Color 설정하기

01 메뉴 Display 〉 Color/Visibility...를 선택한다.

02 컬러 설정창이 열리면 Global Visibility의 Off를 선택한다.

03 다음의 각 항목들을 선택한다.

- Stack-Up 폴더 : Conductor 폴더 내의 설정을 모두 보이게 All을 선택한다.
- Stack-Up 폴더 : Non-Conductor 폴더에서 Soldermask_Top과 Soldermask_Bottom을 선택한다.
- Area 폴더 : Through_All 항목의 Pkg KI과 Rte KI을 선택한다.
- Board Geometry 폴더 : Outline이 Dimension을 선택한다.
- Package Geometry 폴더 : Assembly_Top을 선택
- Component 폴더 : Assembly_Top 항목의 RefDes를 선택한다.

04 OK를 선택하여 설정을 완료하면 그림 10.22와 같이 변경이 된다.

05 마우스 오른쪽 버튼을 선택하여 팝업 창에서 Done을 선택하여 명령을 종료한다.

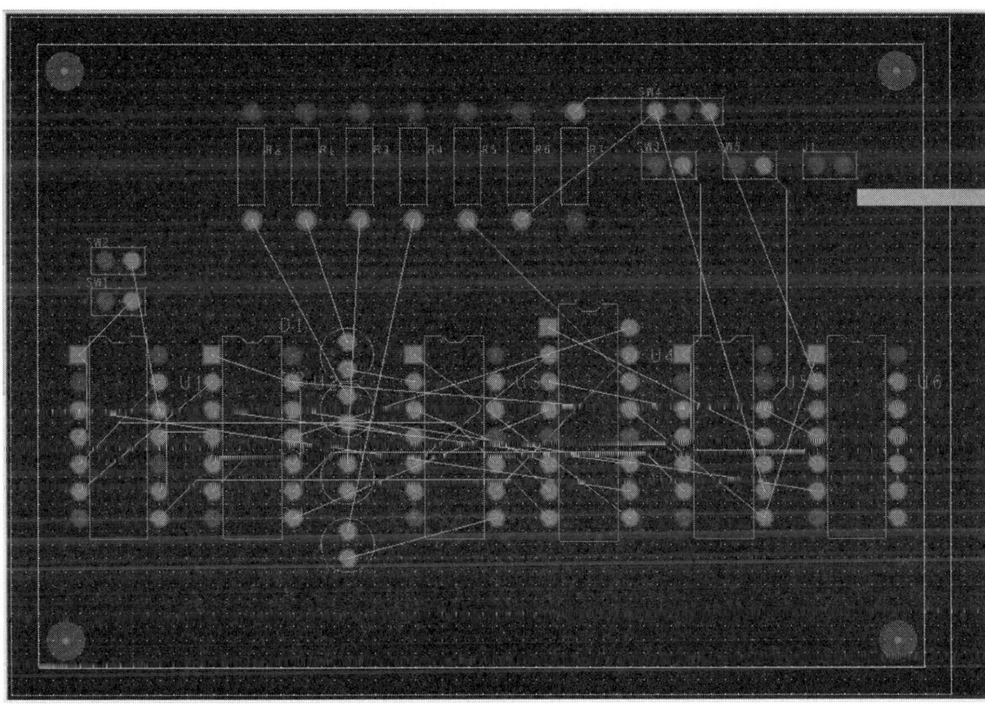

그림 10.22

08 배선하기

1 선폭 지정하기

PCB 설계 작업에 필요한 작업 조건에 대한 설정이 필요하며 이 조건들을 설정하기 위해서는 다음과 같은 과정을 거치게 된다.

01 메뉴바 Setup 〉 Constraints 〉 Constraints Manager ...를 선택한다.

1 Physical Constraints 설정

02 Physical – All Layer를 선택한다.

03 그림 10.23과 같이 Line Width Min/Max 10mil/100mil로 설정한다.

04 그림 10.23과 같이 Neck Width Min/Max 5mil/20mil로 설정한다.

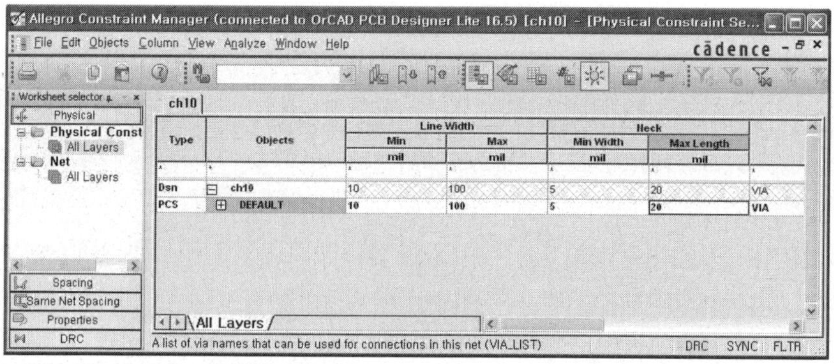

그림 10.23 Physical Constraints 설정

- Net 설정

05 그림 10.24와 같이 GND/VCC net의 Line Width Min 20mil로 설정한다.

06 그림 10.24와 같이 GND/VCC net의 Neck Width Min 10mil로 설정한다.

07 메뉴 File 〉 Close를 선택하여 창을 닫는다.

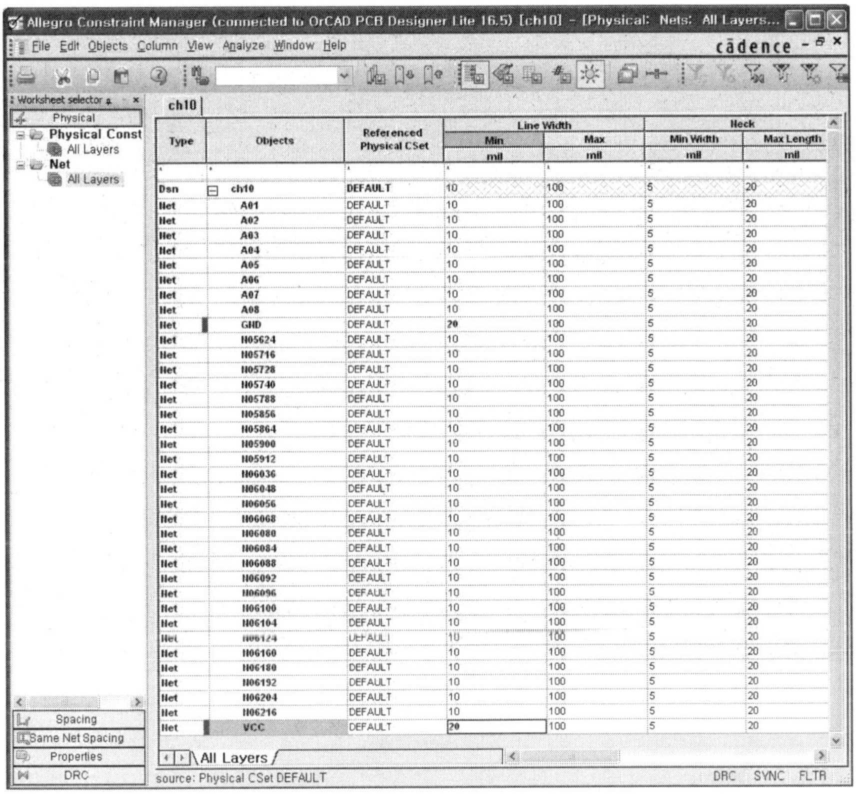

그림 10.24 Physical Constraints 설정

2 배선하기

부품의 핀과 핀을 연결하는 선들을 실제의 물리적인 선으로 만드는 과정으로 선을 배선하기 위해서 다음과 같이 한다.

GND net을 제외한 나머지 net에 대하여 다음과 같이 배선한다.

01 Color 설정 창을 열어 TOP과 BOTTOM 레이어만 보이게 한다.

02 메뉴 바 Route 〉 Connect를 선택한다.

03 파란색 Ratsnest 라인이 연결된 대로 핀을 클릭하면 마우스를 따라 배선이 이어지며, 그 선이 연결된 핀을 클릭한 다음 마우스 오른쪽 버튼을 클릭하면 나타나는 팝업 메뉴의 Done을 선택하면 연결되어 있던 Ratsnest 라인이 사라지면서 녹색의 배선으로 연결이 완료된다.

04 동일한 방법으로 다른 선들을 그림 10.25와 같이 배선한다.

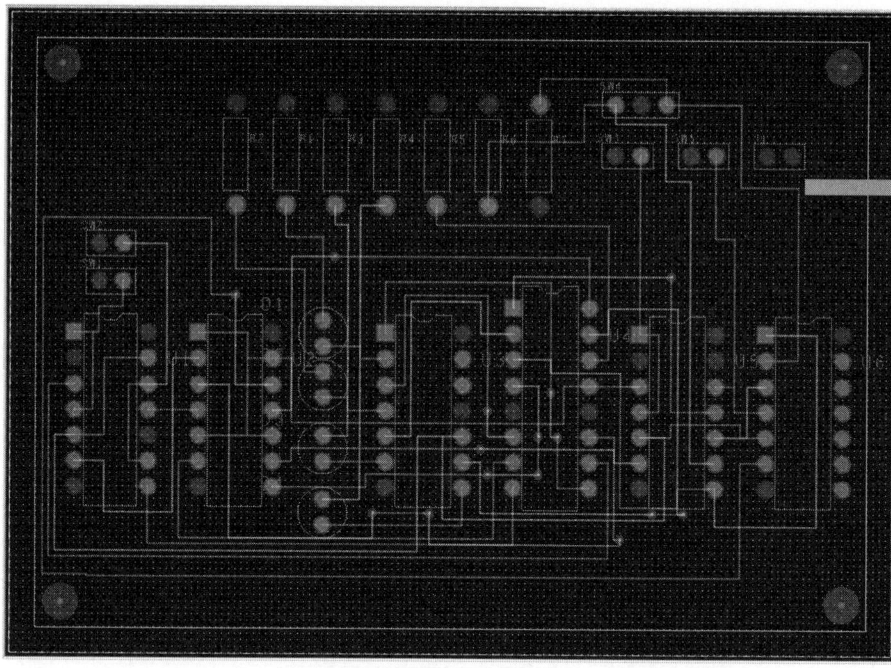

그림 10.25 배선하기

- Top Layer에서 배선이 되지 않은 선이 있는 경우는 Bottom Layer로 Layer를 변경하여 배선을 할 수 있으며, VCC, GND net는 아직 배선이 되지 않은 상태이다.

05 배치 및 배선 결과를 알기 위해서 메뉴 바 Display 〉 Status...를 선택하여 Unplaced symbol 및 Unrouted nets 항목 등이 그림 10.26과 같이 나타난다.

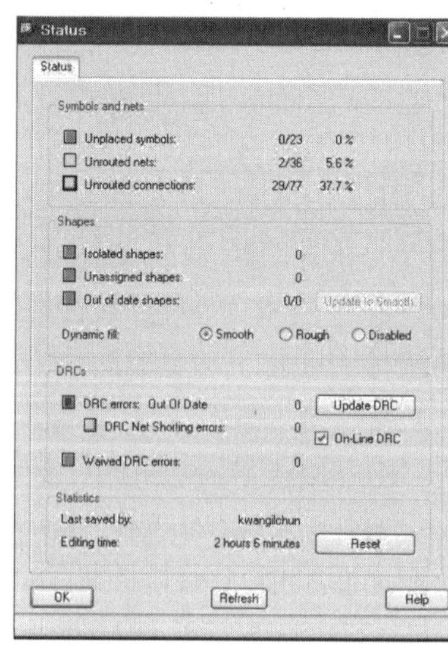

그림 10.26 상태확인 창

06 Unrouted connections 아이콘을 마우스로 클릭하면 그림 10.27과 같이 원인을 알 수 있다.

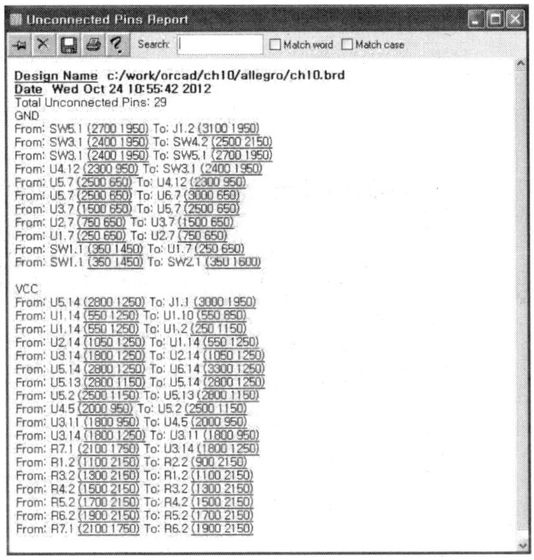

그림 10.27 원인 분석

3 Copper 씌우기

Top 레이어에 동막면을 GND net을 연결하고 Bottom 레이어 동막면을 VCC net에 연결하기

01 툴바 Shape 〉 Rectangular를 선택한다.

02 Control Panel 창 Option에서 다음과 같이 설정한다.

- Class : Etch
- Subclass : Top
- Shape Fill : Dynamic copper
- Assign net name : GND

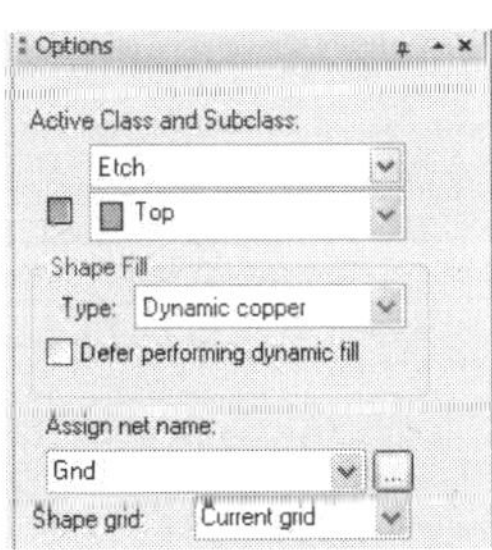

그림 10.28 Options 설정

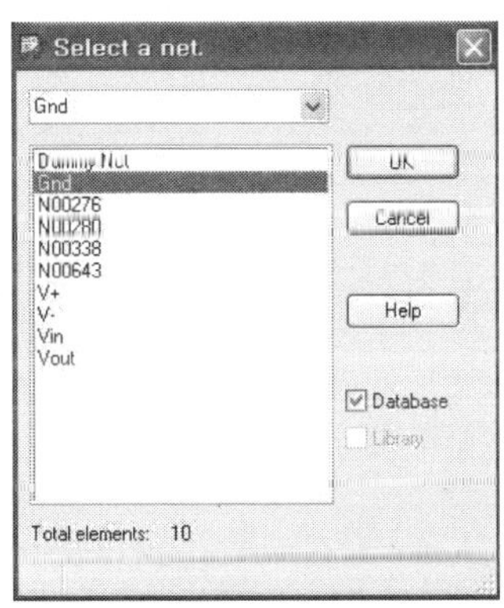

그림 10.29 Select a net

03 Board의 Route Keeping 영역에 직사각형을 그린다.

04 Done을 선택하면 GND net에 연결된 모든 핀이 그린 직사각형에 그림 10.30과 같이 연결된다.

05 동일하게 Bottom 면에 동막을 입힌다.

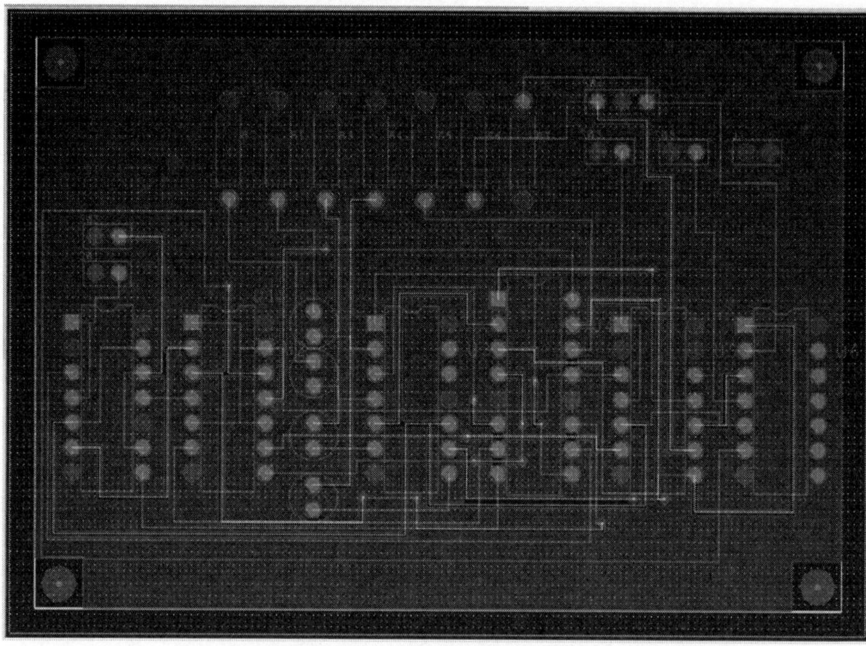

그림 10.30 top 레이어 동막 입히기

06 배치 및 배선 결과를 알기 위해서 메뉴 바 Display 〉 Status...를 선택하여 Unplaced symbol 및 Unrouted nets 항목 등이 그림 10.31와 같이 나타난다.

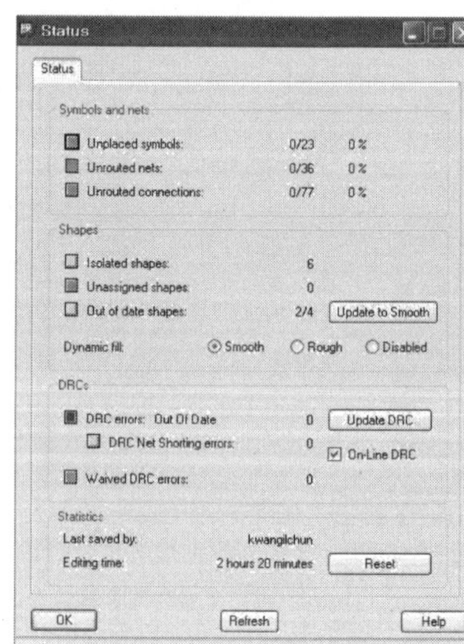

그림 10.31 상태 확인

09 설계 마무리 작업

1 수치 기입

PCB에 수치를 기입하기 위해서는 다음과 같은 방법으로 할 수 있다.

01 메뉴 Manufacture 〉 Dimension Enviroment를 선택한다.

02 마우스를 작업 창에 놓고 오른쪽 마우스 버튼을 클릭하면 팝업 창이 나타난다.

03 팝업 창에서 Parameters를 선택하면 Dimensioning Parameters 창이 나타난다.

04 그림 10.32와 같이 Dimensioning Parameters 창에서 설정하고 OK를 클릭하여 창을 닫는다.

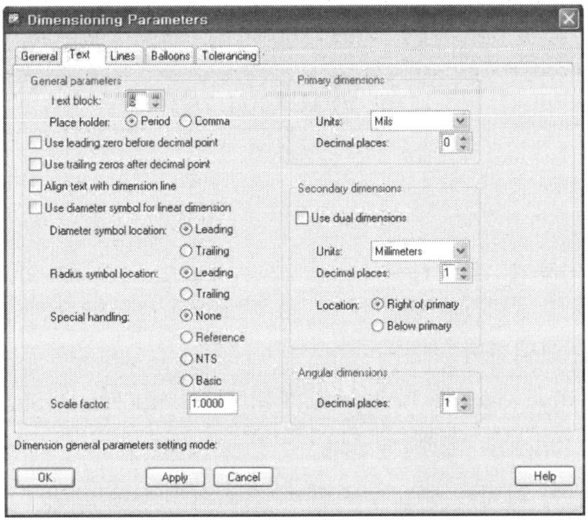

그림 10.32 Dimensioning Parameters 창

05 다시 마우스를 작업 창에 놓고 오른쪽 마우스 버튼을 클릭하면 팝업 창이 나타난다.

06 팝업 창에서 Linear Dimension을 선택하고 마우스 커서를 Outline 선에 놓고 클릭하면 마우스에 수치가 나타나고 적당한 위치에 놓고 다시 클릭하면 수치가 그림 10.33과 같이 위치하게 된다.

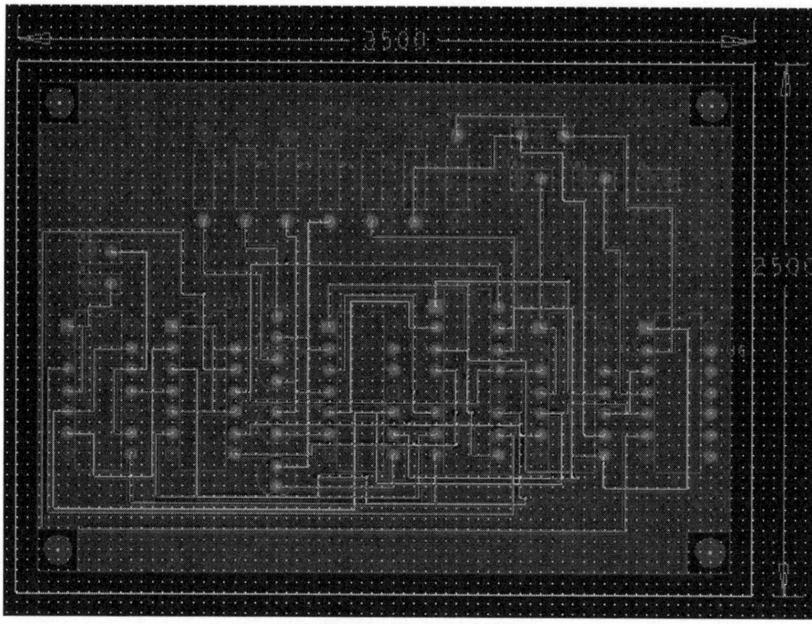

그림 10.33 수치 기입

2 문자 기입

PCB 상에 문자를 기입하기 위해서는 다음과 같은 방법으로 할 수 있다.

01 메뉴 Add > Text를 선택한다.

02 Options 창에서 Active Class를 RefDes로 선택하고, Subclass를 Silkscreen_Top 으로 선택한다. 그리고 Text Block을 3을 선택한다.

03 마우스를 놓고자 하는 위치에 놓고 클릭한 후 Text의 내용을 그림 10.34와 같이 입력한다.

04 마우스의 오른쪽 버튼을 선택하여 팝업창에서 Done을 선택하여 작업을 끝낸다.

그림 10.34 문자 기입

3 드릴 차트 만들기

01 드릴 차트를 생성하기 위해서 메뉴 바 Manufacture 〉 NC 〉 Drill Customization... 선택한다.

02 그림 10.35와 같은 Drill Customization 창이 열리면 Auto generate Symbol 버튼을 눌러 자동으로 심벌을 생성시킨다.

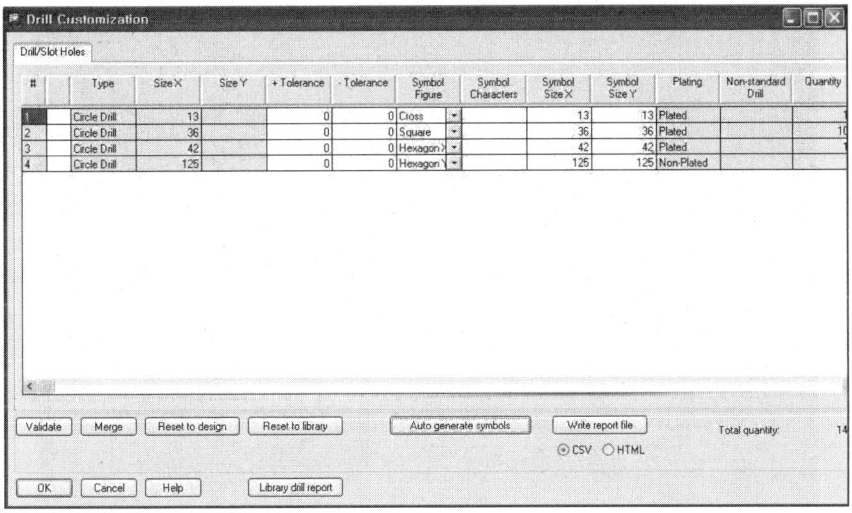

그림 10.35 Drill Customization 창

03 OK를 선택하여 창을 닫는다.

04 메뉴 Manufacture 〉 NC 〉 Drill Legend...를 선택한다.

05 그림 10.36과 같은 Drill Legend 창이 나타나면 OK 버튼을 선택한다. 드릴 차트가 마우스에 따라 이동하며 보드 아웃라인 아래쪽에 클릭하여 그림 10.37와 같이 배치 완료한다.

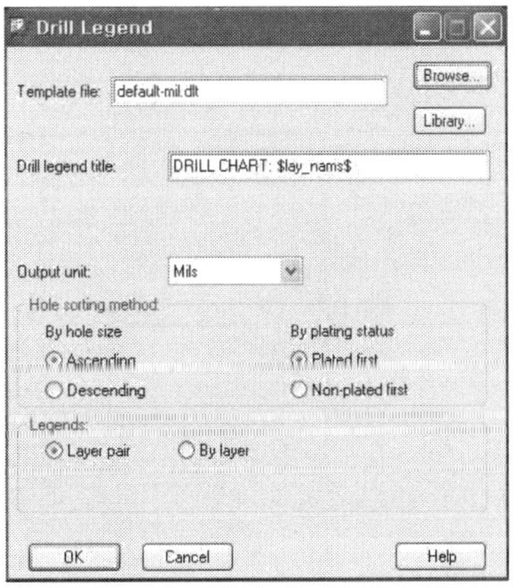

그림 10.36 Drill Legend 창

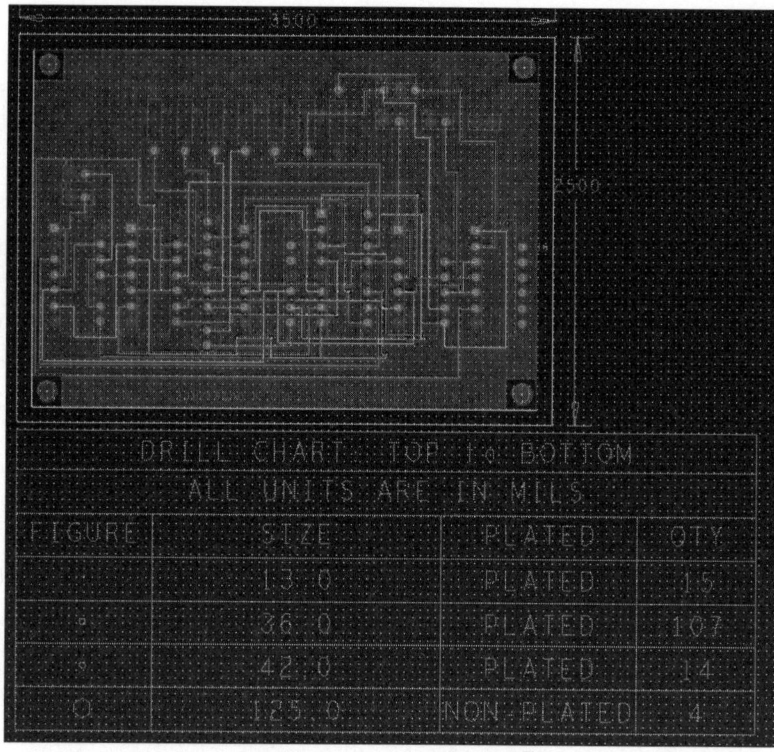

DRILL CHART: TOP to BOTTOM			
ALL UNITS ARE IN MILS			
FIGURE	SIZE	PLATED	QTY
	13.0	PLATED	15
	36.0	PLATED	107
	42.0	PLATED	14
	125.0	NON-PLATED	4

그림 10.37 드릴 차트 생성

10 후처리 과정

PCB 제작을 위한 Gerber File을 만들기 위한 순서는 다음과 같은 순서로 한다.

1 Gerber File 만들기

01 Gerber File을 만들기 위해서 메뉴 바 Manufacture 〉 Artwork...를 택한다. Artwork Control Form 창이 나타나면 General Parameters 탭 메뉴로 이동한다.

02 그림 10.38과 같이 Device type 항목에서 Gerber RS274X를 체크하고, Format 항목의 Decimal places를 5로 변경한 후 Film Control 탭 메뉴로 다시 이동한 후 창을 유지한다.

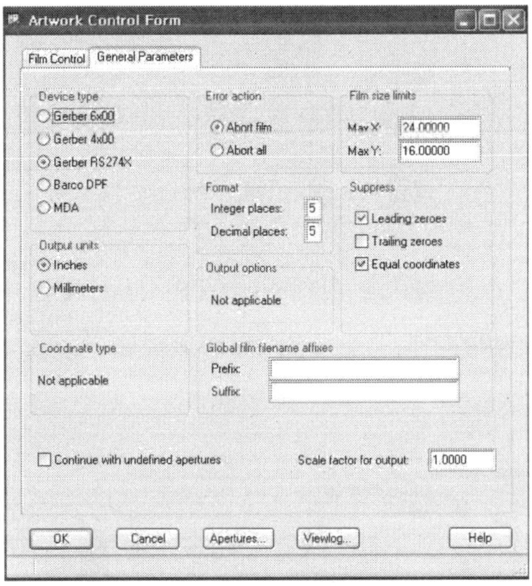

그림 10.38 Artwork Control Form 창

03 메뉴 바 Display 〉 Color/Visibility...를 선택하여 Color Dialog 창이 나타나면 상단의 Global visibility On/Off 스위치 중 Off 버튼을 선택한 후 Apply 버튼을 선택하여 그림 10.39과 같이 한다. Color Dialog 창을 닫지 않고 유지한다.

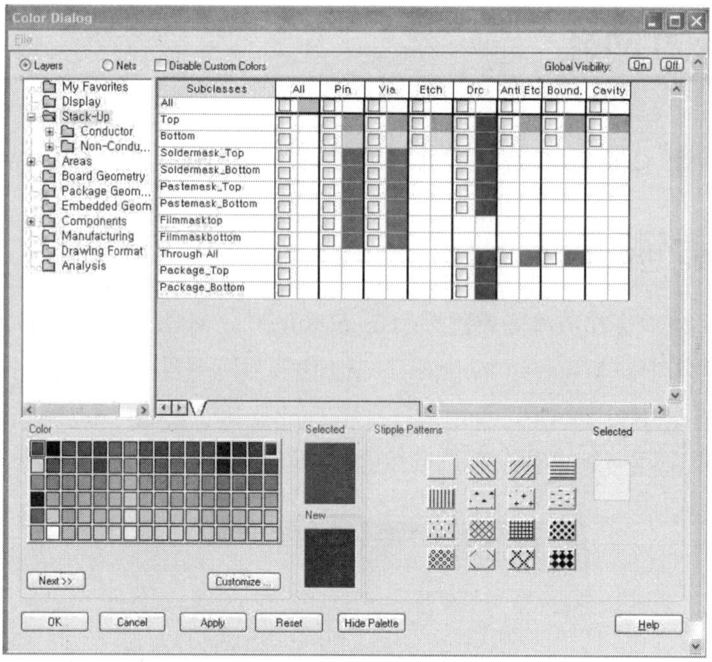

그림 10.39 Color Dialog 창

06 그림 10.40과 같이 Color Dialog 창에서 왼쪽의 Stack-Up 폴더를 선택한 후, 오른쪽 Subclasses 항목 중 Soldermask_Top의 Pin, Via 항목을 체크한 후 Apply 버튼을 선택한 다음 OK 버튼을 선택하여 Color Dialog 창을 닫는다.

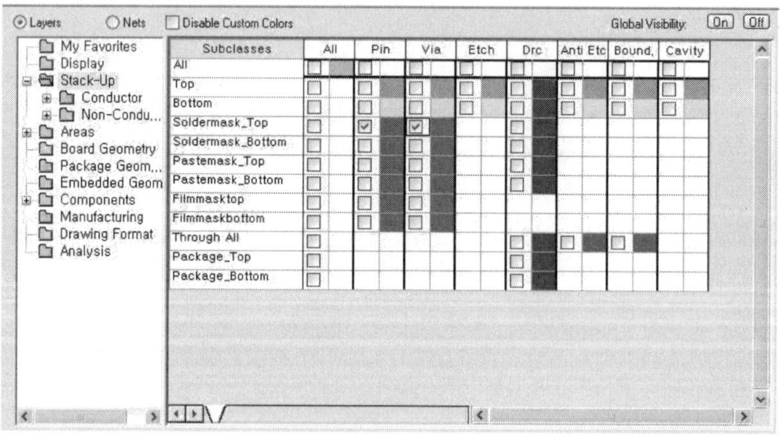

그림 10.40

07 그림 10.41과 같이 Artwork Control Form 창의 Top을 선택 후 마우스 오른쪽 버튼을 클릭하면 나타나는 팝업 메뉴의 Add를 선택한다.

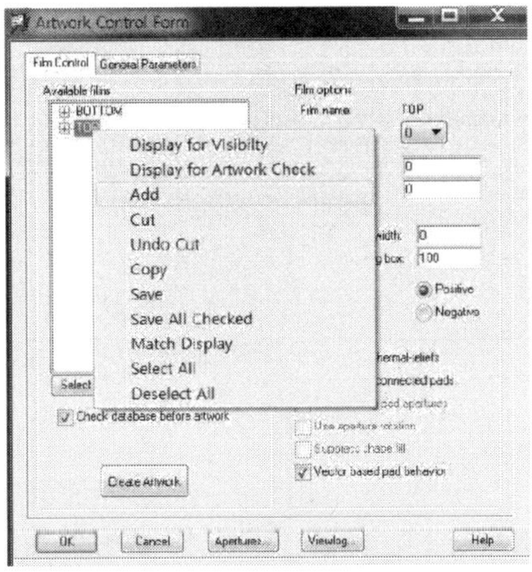

그림 10.41 Artwork Control Form 창

08 OrCAD PCB Designer 창이 열리면 그림 10.42와 같이 Soldermask_top 이라고 입력한 후 OK 버튼을 선택한다.

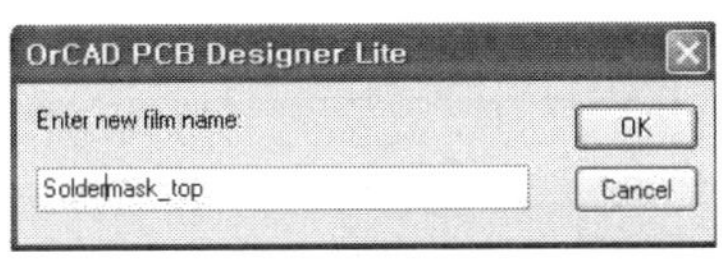

그림 10.42 OrCAD PCB Designer 창

09 다시 메뉴 바 Display 〉 Color/Visibility...를 선택하여 Color Dialog 창이 나타나면 상단의 Global visibility On/Off 스위치 중 Off 버튼을 선택한 후 Apply 버튼을 선택하여 그림 10.39와 같이 한다. Color Dialog 창을 닫지 않고 유지한다.

10 그림 10.43과 같이 Color Dialog 창에서 왼쪽의 Stack-Up 폴더를 선택한 후, 오른쪽 Subclasses 항목 중 Soldermask Bottom의 Pin, Via 항목을 체크한 후 Apply 버튼을 선택한 다음 OK 버튼을 선택하여 Color Dialog 창을 닫는다.

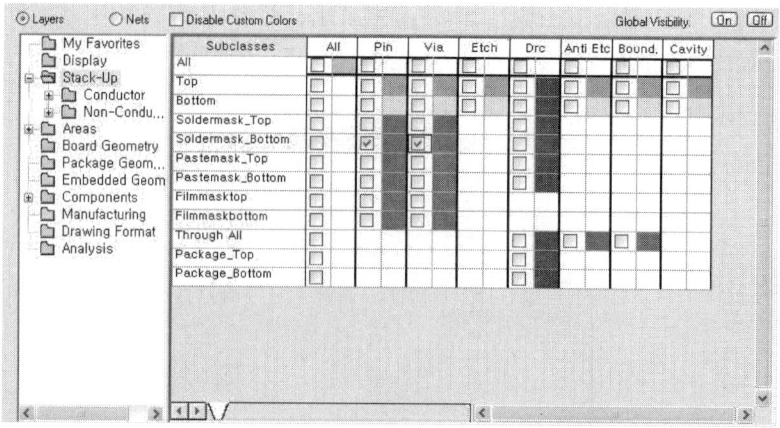

그림 10.43

11 Artwork Control Form 창의 Soldermask_top을 선택 후 마우스 오른쪽 버튼을 클릭 하면 나타나는 팝업 메뉴의 Add를 선택하여, Soldermask_Bottom이라고 입력한 후 OK 한다.

12 다시 메뉴 바 Display 〉 Color/Visibility...를 선택하여 Color Dialog 창이 나타나면 상단의 Global visibility On/Off 스위치 중 Off 버튼을 선택한 후 Apply 버튼을 선택하여 그림 10.39와 같이 한다. Color Dialog 창을 닫지 않고 유지한다.

13 그림 10.44와 같이 Color Dialog 창에서 왼쪽의 Package Geometry 폴더를 선택한 후, 오른쪽 Subclasses 항목 중 Silkscreen_Top을 체크한다.

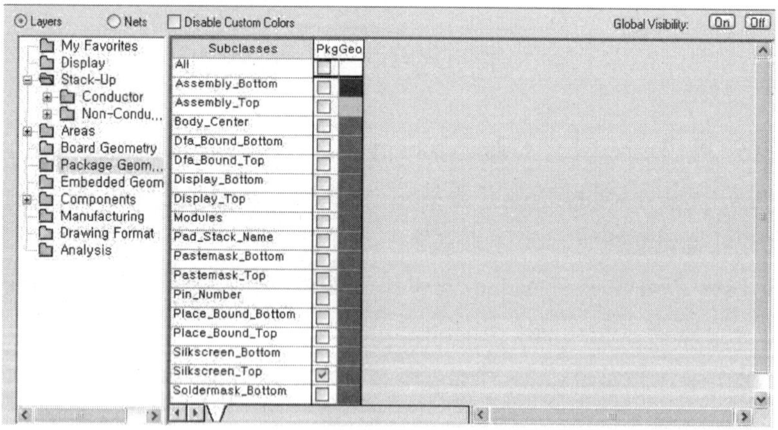

그림 10.44

14 그림 10.45과 같이 Color Dialog 창에서 왼쪽의 Component 폴더를 선택한 후, 오른쪽 Subclasses 항목 중 Silkscreenk_Top의 RefDes 항목을 체크한 후 Apply, OK 버튼을 선택한다.

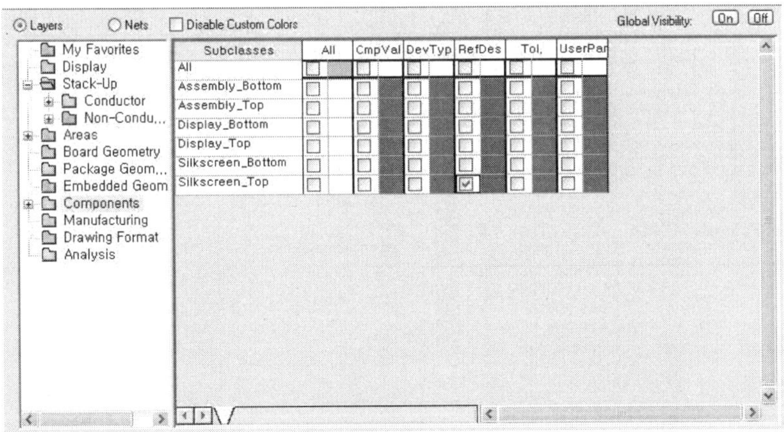

그림 10.45

15 Artwork Control Form 창의 Soldermask_Bottom을 선택 후 마우스 오른쪽 버튼을 클릭하면 나타나는 팝업 메뉴의 Add를 선택하여, Silkscreen_Top이라고 입력한 후 OK 한다.

16 다시 메뉴 바 Display 〉 Color/Visibility...를 선택하여 Color Dialog 창이 나타나면 상단의 Global visibility On/Off 스위치 중 Off 버튼을 선택한 후 Apply 버튼을 선택하여 그림 10.39과 같이 한다. Color Dialog 창을 닫지 않고 유지한다.

17 그림 10.46과 같이 Color Dialog 창에서 왼쪽의 Board Geometry 폴더를 선택한 후, 오른쪽 Subclasses 항목 중 Outline을 체크한다.

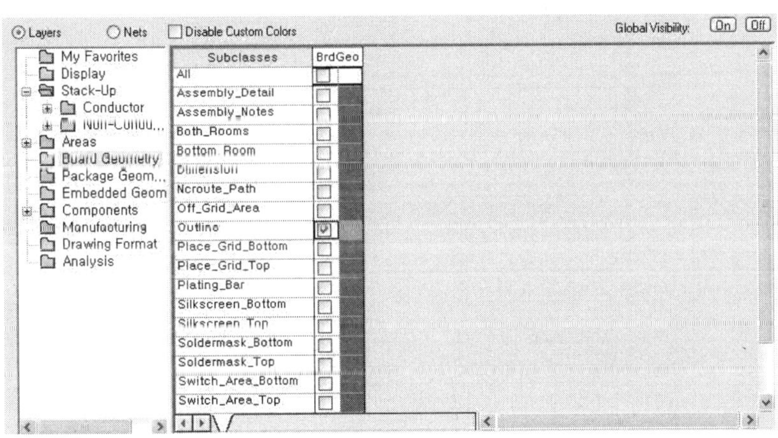

그림 10.46

18 그림 10.47과 같이 Color Dialog 창에서 Manufacturing 폴더를 선택한 후, 오른쪽 Subclasses 항목 중 Nclegend-1-2를 체크 후 Apply, OK 버튼을 선택한다.

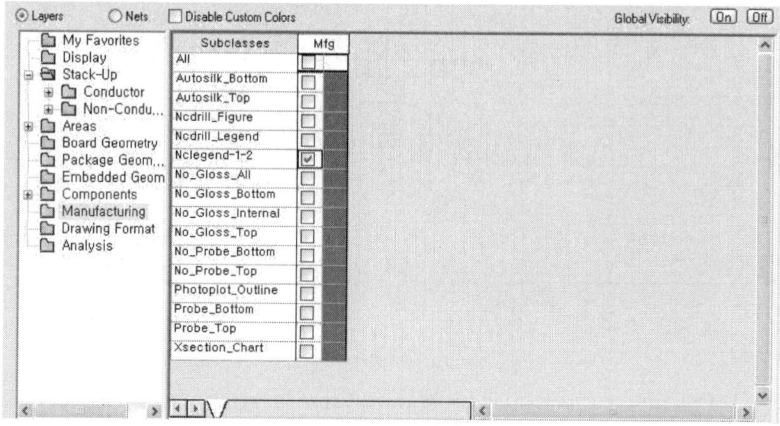

그림 10.47

19 Artwork Control Form 창의 Silkscreenk_top을 선택 후 마우스 오른쪽 버튼을 클릭하면 나타나는 팝업 메뉴의 Add를 선택하여, Drill_drawing이라고 입력 한 후 OK 한다.

20 그림 10.48과 같이 Select all 버튼을 선택한 후 Create Artwork 버튼을 선택한다. Gerber File이 생성되어지며, OK 버튼을 선택하여 Artwork Control Form 창을 닫는다.

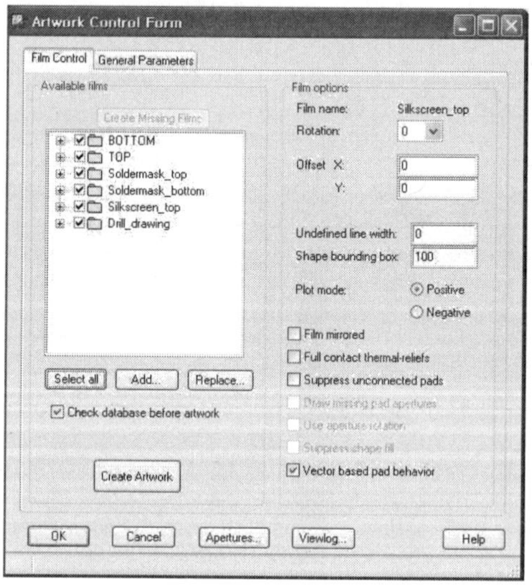

그림 10.48 Artwork Control Form 창

21 NC-Drill 파일 생성을 위해서 메뉴 바 Manufacture 〉 NC 〉 NC Drill...을 선택한다.

22 그림 10.49와 같은 NC-Drill창에서 NC Parameters... 버튼을 선택하여 그림 10.50과 같이 Excellon format 항목의 format을 5로 수정한 후 Close 버튼을 선택한다.

23 NC Drill창의 Drill 버튼을 선택하여 NC Drill 파일을 생성한 후 Close를 선택한다.

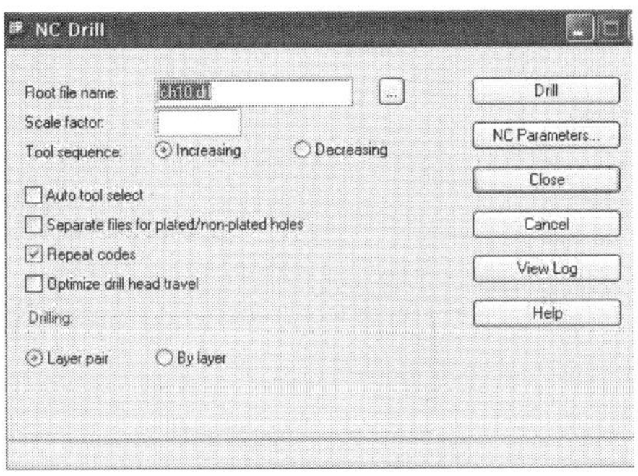

그림 10.49 NC Drill 창

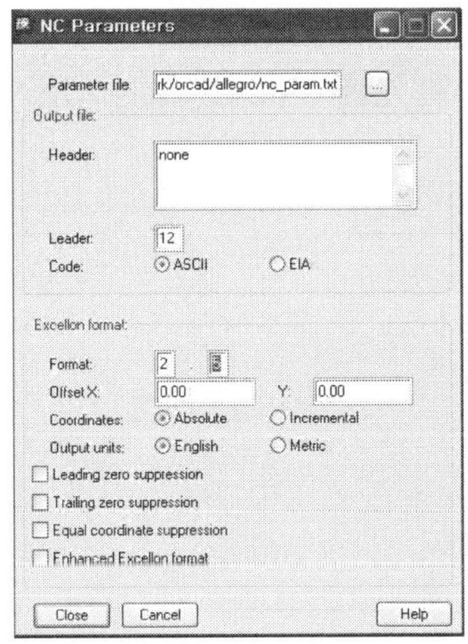

그림 10.50 NC Parameters 창

24 타이틀 바의 저장 경로에 *.art 파일과 *.drl 파일의 Gerber file이 생성 완료되었다.

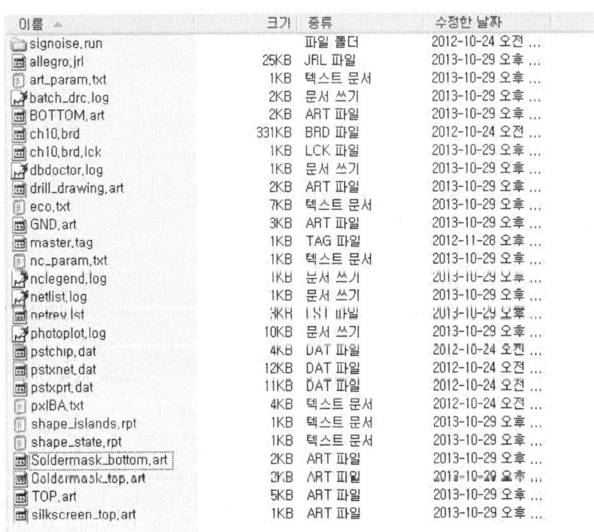

그림 10.51 Gerber file 생성

APPENDIX. 라이브러리와 풋 프린트 만들기

A1 라이브러리 만들기 **A2** 풋 프린트 만들기

A1 라이브러리 만들기

1 새로운 라이브러리 만들기

Capture CIS에서 사용할 새로운 부품 및 심벌을 만들기 위해서 즉 라이브러리를 만들기 위해서는 다음과 같이 만들 수 있다.

1 새로운 라이브러리 만들기

01 Capture CIS 기본 창의 메뉴에서 File 〉 New 〉 Library를 선택한다. 아래 그림 A1.1과 같이 프로젝트 매니저 창에 Library 디렉터리가 생기게 된다.

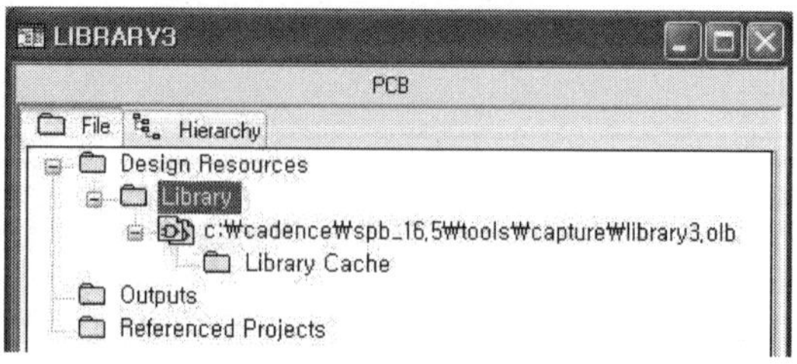

그림 A1.1

02 기본으로 설정되어 있는 디렉터리는 C:₩cadence₩spb_16.5₩tools₩capture₩library1.OLB이고 이것을 마우스로 선택하고 마우스의 오른쪽 버튼을 누르면 팝업창이 열린다.

03 Save As를 선택하면 그림 A1.2와 같은 창이 열리고 원하는 저장 위치를 선택하고 이름을 정하여 저장하면 그림 A1.3과 같이 변경된다.

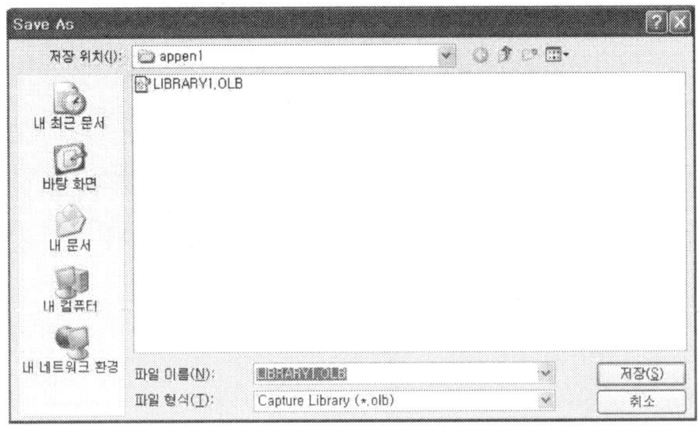

그림 A1.2

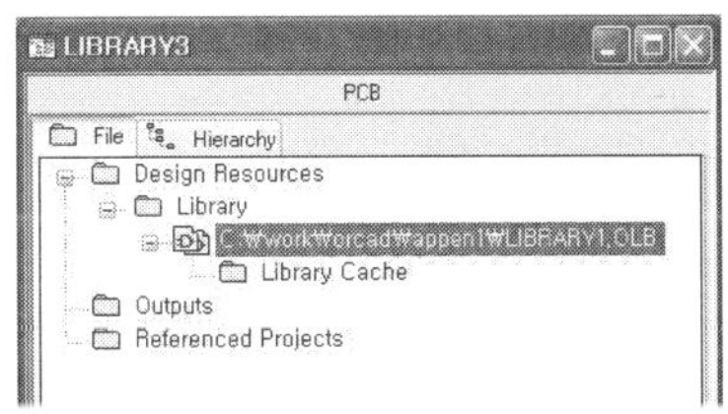

그림 A1.3

04 다시 디렉터리를 마우스로 선택하고 마우스의 오른쪽 버튼을 누르면 팝업창이 열리고 New Part를 선택하면 그림 A1.4와 같이 New Part Properties 창이 열린다.

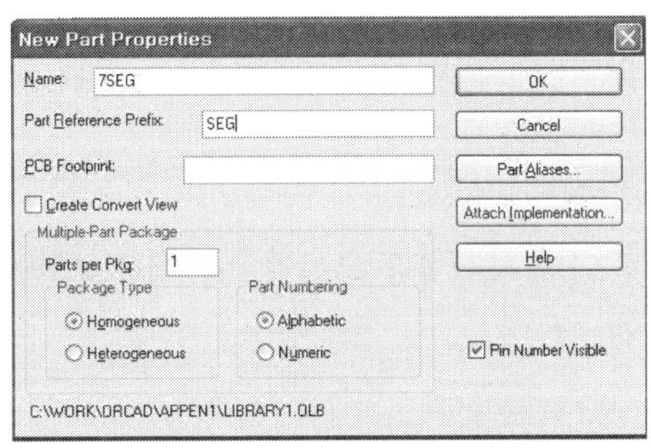

그림 A1.4

2 7-Segment 부품 만들기

1 7-Segment 부품 만들기

01 New Part Properties 창의 Name 상자에 부품명(7SEG)과 Part Reference Prefix 상자에 SEG를 그림 A1.4와 같이 입력한 후 [OK] 버튼을 선택한다. 그림 A1.5와 같이 부품을 작성할 수 있는 페이지 창이 열리면서 오른쪽에 툴 팔레트가 나타난다.

02 점선의 사각형 안쪽 영역은 7-Segment의 그림 정보와 Pin Name이 들어갈 부분이며 사각형 바깥 영역은 Pin이 배치된다.

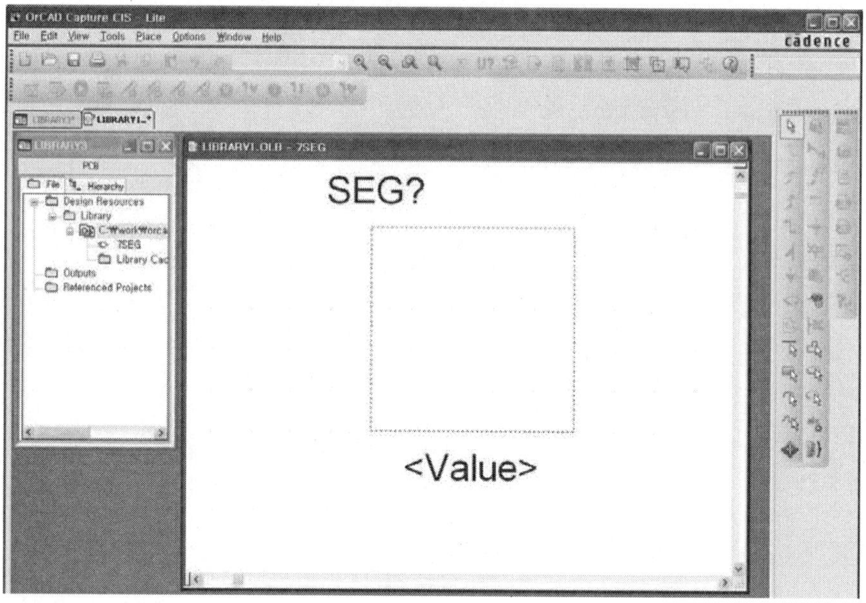

그림 A1.5

03 부품의 몸체를 그리기 위해서는 Place Rectangular 툴을 선택한다.

04 좌표(0.0, 0.0) 점을 마우스로 누른 상태에서 좌표(0.6, 0.8) 점까지 이동한 후에 마우스 버튼을 놓는다.

05 ESC 키를 선택한다.

06 몸체 안에 사각형을 그리기 위해서는 그리드 사이에 선을 그리기 위해서는 Snap to Gird 툴을 선택한다.

07 Place Rectangular 툴을 선택한다.

08 좌표(0.10, 0.08) 점을 누른 상태에서 좌표(0.50, 0.12) 점까지 이동하여 놓으면 사각형이 만들어진다.

09 팝업 메뉴의 Edit Properties를 선택한다.

10 Edit Filed Graphic 창의 Fill Style 상자에서 Solid를 선택한 후에 [OK] 버튼을 선택한다.

11 지금 작성한 동일한 크기의 사각형이 2개가 더 필요하므로, 이를 복사한다.

12 붙이기 한 후 좌표(0.10, 0.33) 점을 클릭한다.

13 다시 붙이기 한 후 좌표(0.10, 0.58) 점을 클릭한다.

14 다시 Place Rectangular 툴을 선택한다.

15 좌표(0.08, 0.14) 점을 누른 상태에서 좌표(0.12, 0.31) 점까지 이동하여 놓으면 사각형이 만들어진다.

16 팝업 메뉴의 Edit Properties를 선택한다.

17 Edit Filed Graphic 창의 Fill Style 상자에서 Solid를 선택한 후에 [OK] 버튼을 선택한다.

18 지금 작성한 동일한 크기의 사각형이 3개가 더 필요하므로, 이를 복사한다.

19 붙이기 한 후 좌표(0.48, 0.14) 점을 클릭한다.

20 다시 붙이기 한 후 좌표(0.08, 0.39) 점을 클릭한다.

21 다시 붙이기 한 후 좌표(0.48, 0.39) 점을 클릭한다.

22 몸체에 원을 그리기 위해서는 Place Ellipse 툴을 선택한다.

23 좌표(0.53, 0.57) 점을 누른 상태에서 좌표(0.59, 0.63) 점까지 누르면서 이동한다.

24 팝업 메뉴의 Edit Properties를 선택한다. Edit Filled Graphic 창이 열린다.

25 Edit Filled Graphic 창의 Fill Style 상자에서 Solid를 선택한 후에 [OK] 버튼을 선택한다.

26 Snap to Grid 툴을 선택한다. 다음 작업을 하기 전에 반드시 해제해야한다. 그림 A1.6과 같이 완성된다.

27 부품 핀을 배치하기 위해서는 Place Pin 툴을 선택한다. Place Pin 창이 열린다.

28 Place Pin 창의 Name, Number, Shape 그리고 Type 상자에 해당 핀의 정보를 입력한다. 즉, Name 상자에는 E, Number 상자에는 1, Shape 상자에는 Line, 그리고 Type 상자에는 Passive를 입력한 후에 [OK] 버튼을 선택한다.

29 좌표(0.1, 0.8) 점을 클릭하면 핀이 배치된다.

30 팝업 메뉴의 Edit Properties를 선택한다. 과정 (2),(3)을 반복하여 나머지 핀을 배치한다. 작업을 마치면 그림 A1.7과 같이 나타난다.

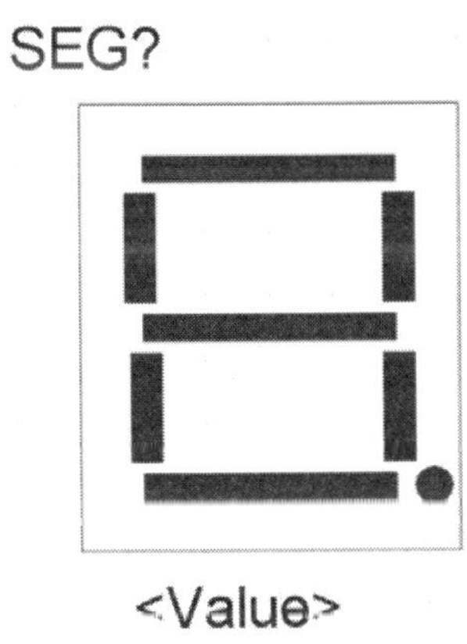

그림 A1.6

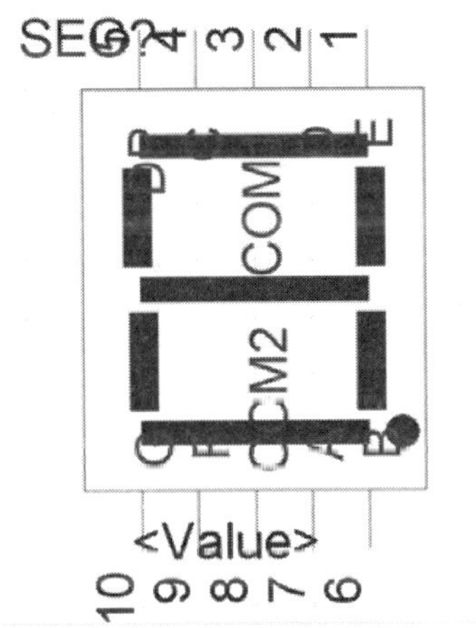

그림 A1.7

31 부품 속성을 지정하기 위해서는 Options 메뉴의 Part Properties를 선택한다. User Properties 창이 열린다.

32 그림 A1.8과 같이 User Properties 창의 Pin Names Visible을 선택하고, Pin Name Visible 상자의 버튼을 선택하여 True를 False로 변경한다. 핀 이름이 화면에 표시되지 않는다.

33 그림 A1.8과 같이 Pin Names Rotate를 선택하고, Pin Names Rotate 상자의 버튼을 선택하여 True를 False로 변경한 후 [OK] 버튼을 선택한다. 핀 이름과 번호가 시계 방향으로 90도 회전한다. 작업을 마치면 그림 A1.9와 같이 나타난다.

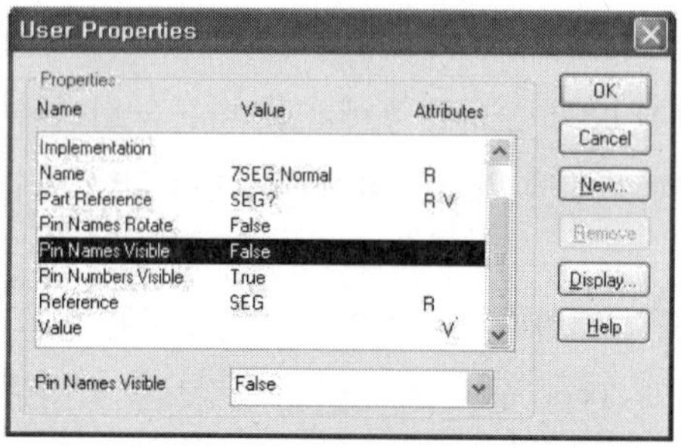

그림 A1.8

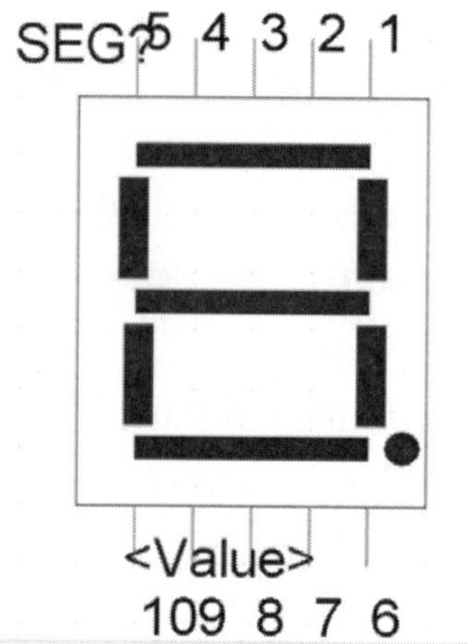

그림 A1.9

34 부품을 저장하기 위해서는 위와 같이 부품 작성 완료 후 작업 탭에서 마우스 오른쪽 버튼 팝업 메뉴에서 Save를 선택한다.

2 부품 배치

01 Place 메뉴에서 Part를 선택하여 Place Part 대화 상자를 연다.

02 Add Library 버튼을 클릭하여 작업 Library 경로의 파일을 읽어 온다. 그리고 앞서 생성한 7-SEG 부품의 Library1.olb 파일을 불러온다.

A2 풋 프린트 만들기

1 Board Mechanical Symbol 만들기

PCB Editor에서 사용할 Board Outline을 미리 만들어 저장해 놓고 동일한 Board Outline을 사용하는 다른 프로젝트에 사용할 수 있게 하기 위해서 다음과 같이 한다.

1 새로운 Mechanical Symbol 만들기

01 PCB Editor 메뉴에서 File 〉 New..를 선택한다. 아래 그림 A2.1과 같이 New Drawing 창이 열린다.

02 저장 경로(예 C:/work/orcad/appen2)와 이름(예 pcboutlinc1)을 정하고 Typc을 Mechanical Symbol로 설정한다.

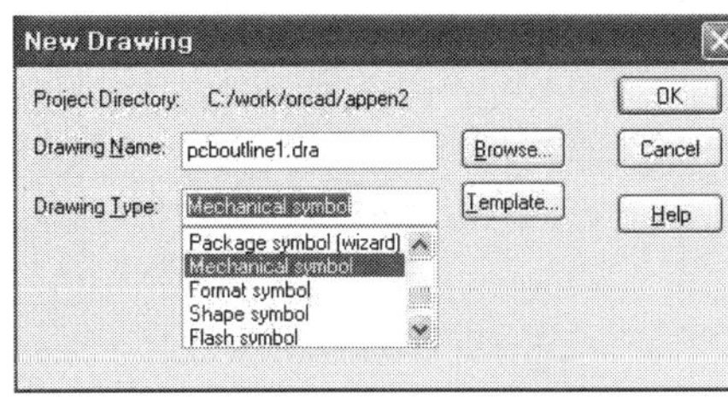

그림 A2.1 New Drawing 창

2 작업환경 설정하기

01 메뉴 Setup 〉 Design Parameter..를 선택한다.

02 Design Tap에서 그림 A2.2와 같이 설정한다.

Size A

Accuracy 0

Left X : -3000 Lower Y : -3000

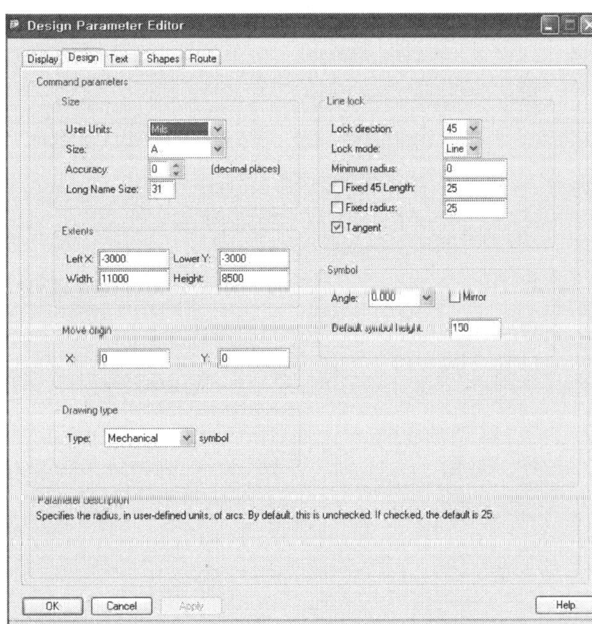

그림 A2.2

03 Text Tap에서 그림 A2.3과 같이 설정한다.

Parameter block : 3

04 메뉴 Setup 〉 Grids..를 선택하여 다음과 같이 설정한다.

Non-etch : x 50 y 50

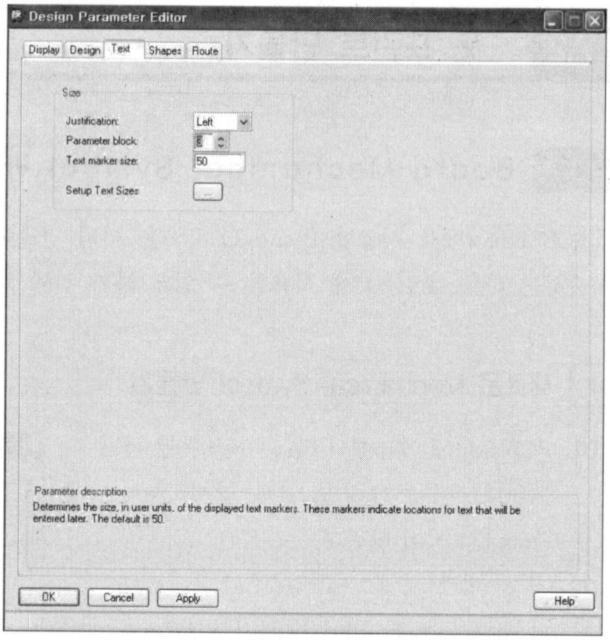

그림 A2.3

3 Outline 그리기

01 툴바 Add Line을 선택한다.

02 Control Panel의 Option Tap에서 Sub class와 Class를 아래와 같이 설정한다.

Class : Board Geometry

Sub class : Outline

03 Command 창에 좌표를 입력하여 그린다.

- 절대 좌표 x 200 0
- iy 200
- iy 2400
- iy 200
- iy −200
- iy −2400
- iy −200
- 상대 좌표 ix 2400
- ix 200
- ix −200
- ix −2400
- ix −200
- ix 200

04 마우스 오른쪽 버튼을 클릭하여 팝업창에서 Done을 선택하면 그림 A2.4와 같이 나타난다.

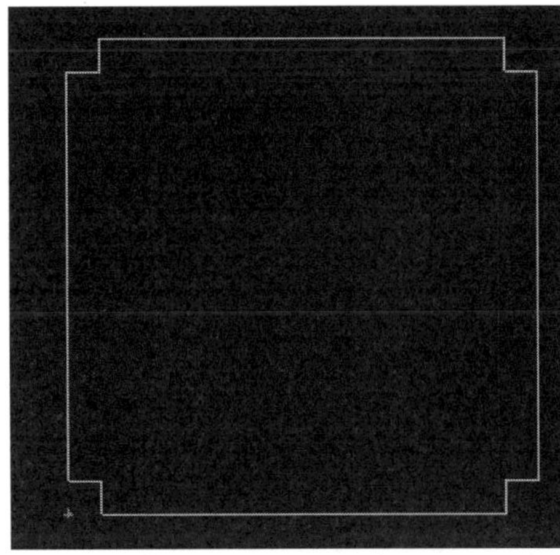

그림 A2.4 Outline 그리기

4 기구홀 배치하기

01 메뉴 Layout 〉 Pins를 선택한다.

02 Control Panel의 Option Tap에서 Padstack을 선택하면 그림 A2.5와 같은 Select a Padstack 창이 열린다.

03 Select a Padstack 창에서 Hole 120을 선택하고 OK를 선택하여 창을 닫는다.

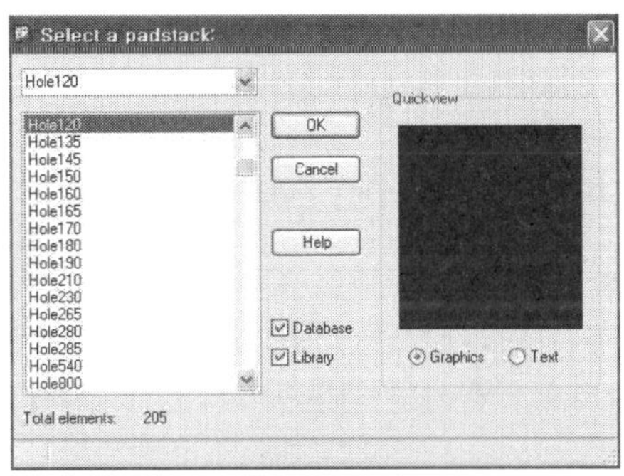

그림 A2.5

04 그림 A2.6과 같이 좌표 (300, 300) / (2500, 300) / (2500, 2500) / (300, 2500)에 배치한다.

그림 A2.6 기구홀 배치

5 Placement Keepin Area 그리기

부품이 배치될 영역을 설정하고 아래와 같이 그린다.

01 메뉴 Eidt 〉 Z-Copy shape를 선택한다.

02 Control Panel의 Option Tap에서 다음과 같이 설정한다.

Class : PACKAGE KEEPIN

Sub class : ALL

Offset : 50

03 마우스를 그려놓은 Outline을 클릭한다. 그림 A2.7과 같이 Placement Keepin Area이 나타난다.

그림 A2.7

6 Routing Keepin Area 그리기

부품이 배치될 영역을 설정하고 아래와 같이 그린다.

01 메뉴 Eidt 〉 Z-Copy shape를 선택한다.

02 Control Panel의 Option Tap에서 다음과 같이 설정한다.

Class : ROUTE KEEPIN

Sub class : ALL

Offset : 50

03 마우스를 그려놓은 Outline을 클릭한다. 그림 A2.7과 같이 Routing Keepin Area이 나타난다.

7 저장하기

01 메뉴 File 〉 save로 저장한다.

2 C0805 풋 프린트 만들기

1 PADSTACK 만들기

01 PAD Designer를 실행한다. PAD Designer창이 열린다.

02 메뉴에서 File 〉 New.. 를 선택하면 아래 그림 A2.8과 같이 New Padstack 창이 열린다.

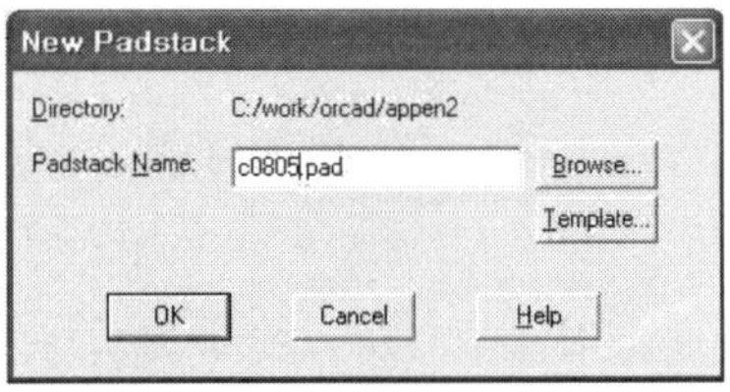

그림 A2.8 New Padstack

03 저장 경로(예-C:/work/orcad/appen2)와 이름(예 c0805)을 정하고 Type을 Mechanical Symbol로 설정한다.

04 OK를 선택하여 New Padstack 창을 닫는다.

05 PAD Designer에서 Unit를 그림 A2.9와 같이 Mils로 선택한다.

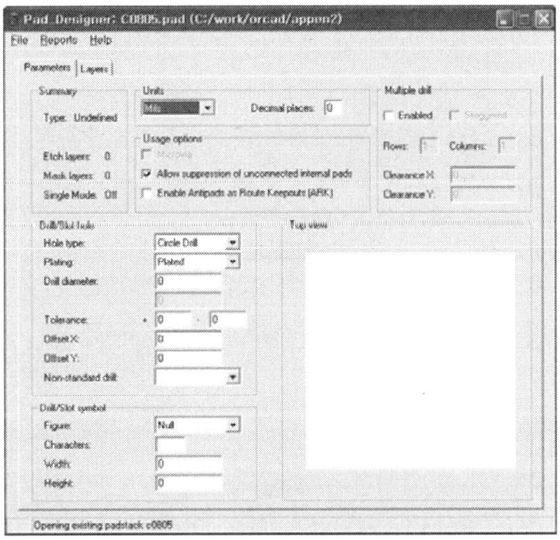

그림 A2.9 PAD Designer 창

06 Layer Tap을 선택하고 아래와 같이 설정하면 그림 A2.10과 같이 나타난다.

07 작성이 끝나면 File 〉 Cechk를 선택하여 아무런 변화가 없어야 한다.

08 Save로 저장하고 창을 닫는다.

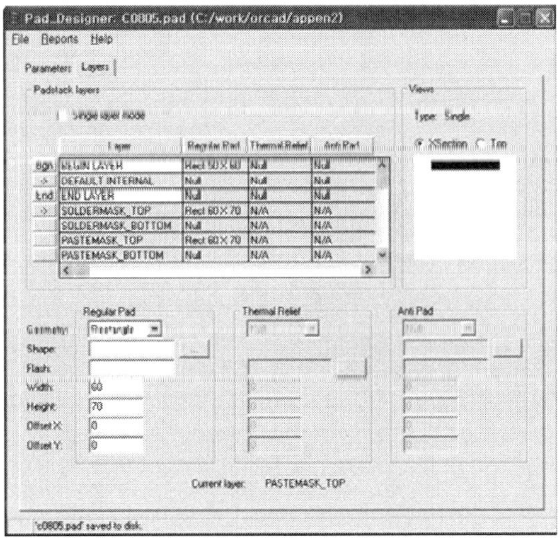

그림 A2.10

2 PACKAGE 만들기

Package는 Footprint 정보와 핀 정보를 합친 데이터이다. 하나의 PCB Footprint를 만들기 위해서는 핀정보가 담긴 *.pad와 풋 프린트 정보가 담긴 *.dra 정보가 합쳐진 정보인 *.psm 데이터가 되어야 한다.

Package를 생성하는 방법에는 다음과 같이 두 가지 방법이 있다

(1) 직접 PCB Editor에서 작성하는 방법

(2) Package Wizard를 사용하여 만드는 방법

여기에서는 Package Wizard를 사용하여 만들어 보고자 한다.

01 PCB Editor를 실행한다.

02 메뉴 File 〉 New...를 선택하면 New Drawing 창이 열린다.

03 그림 A2.11과 같이 이름에 C0805를 기입하고 Format는 Package Wizard를 선택한다.

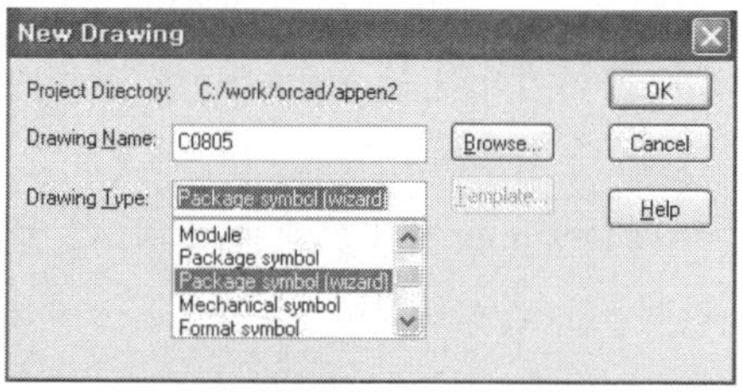

그림 A2.11

04 OK를 선택하여 창을 닫는다.

05 그림 A2.12와 같은 창이 열리고 여기서 SMD DISCRETE를 선택하고 Next를 클릭한다.

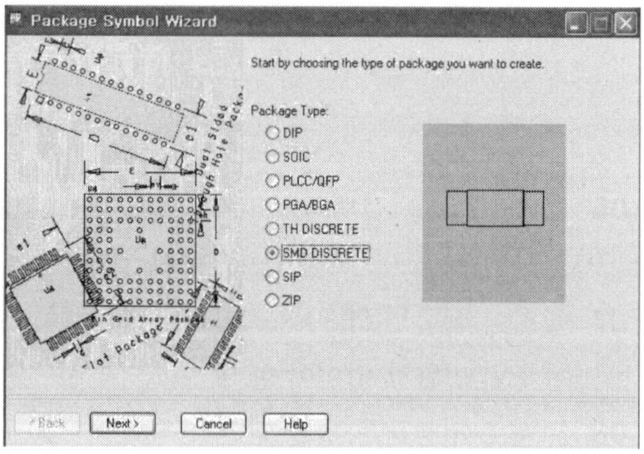

그림 A2.12

06 그림 A2.13과 같이 Template 창이 열리면 Load Template를 선택한 뒤 Next를 클릭한다.

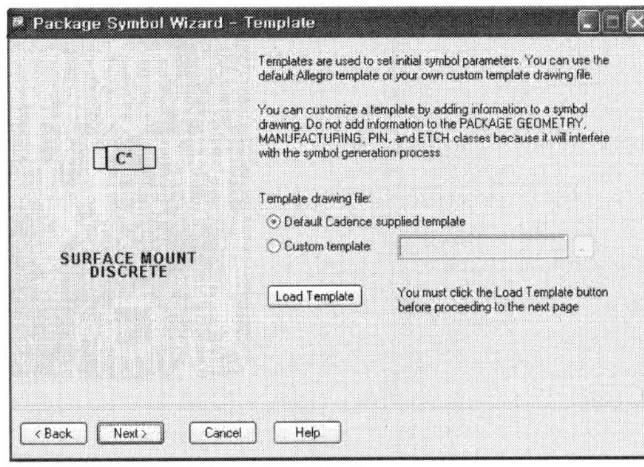

그림 A2.13

07 그림 A2.14에서 Mils, C를 선택한 뒤 Next를 클릭한다.

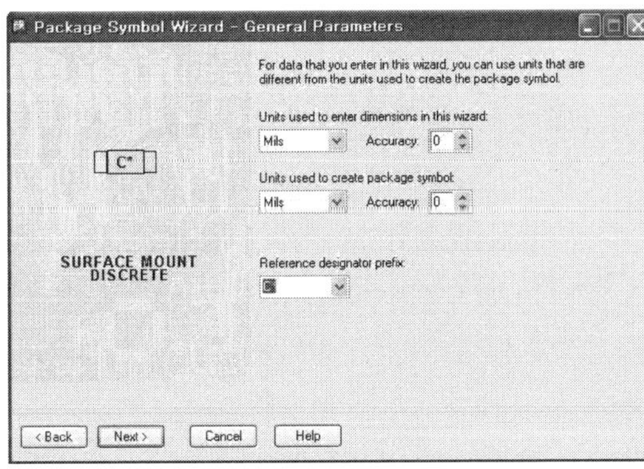

그림 A2.14

08 그림 A2.15에서 다음과 같이 입력하고 Next를 클릭한다.

Terminal Pin Spacing : 75 mils

Package width : 140 mils

Package length : 70 mils

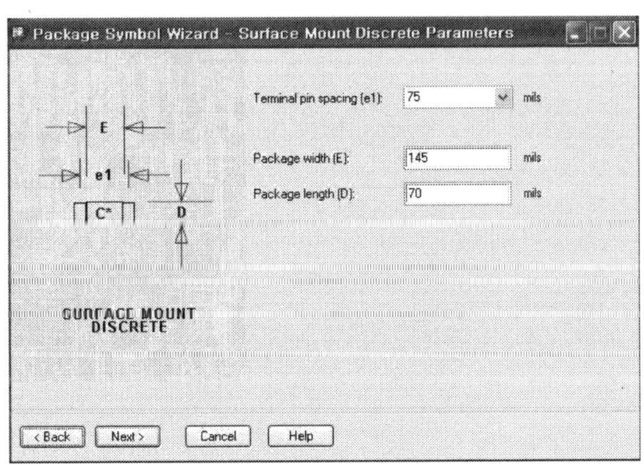

그림 A2.15

09 그림 A2.16과 같이 Default Padstack을 선택하는 창이 뜨면 browse 아이콘을 선택 c0805를 선택한 뒤 OK를 선택한 뒤 창을 닫고 Next를 클릭한다.

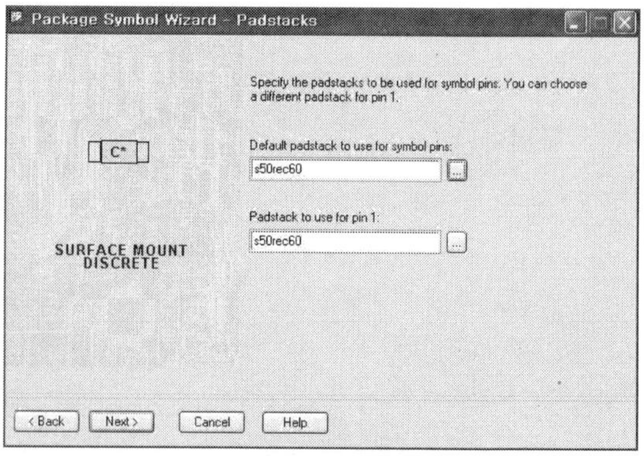

그림 A2.16

10 그림 A2.17과 같이 부품의 Origin을 묻는 창이 뜨면 Center를 선택한다. 부품 이동 시 마우스가 잡는 부품의 기준점을 심볼의 Origin이라 한다. create a compiled symbol을 선택하면 Silk screen, place_boundary, assembly, ref를 자동으로 생성해 준다. Next를 클릭한다.

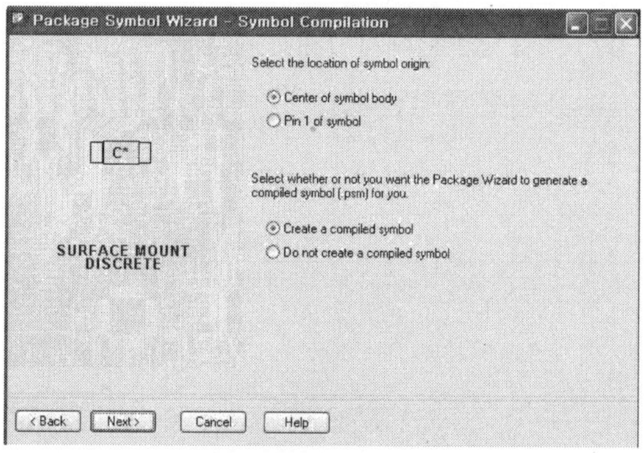

그림 A2.17

11 그림 A2.18과 같이 dra 파일과 psm파일을 생성됨을 나타내며, Finish를 선택하면 생성이 완료된다.

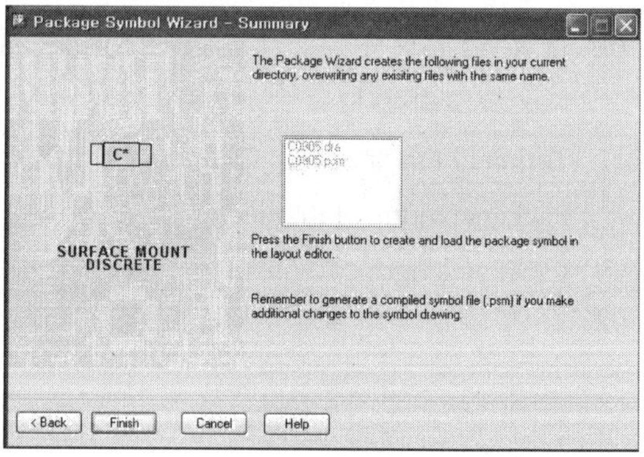

그림 A2.18

12 그림 A2.19에 완성된 풋 프린트가 보인다.

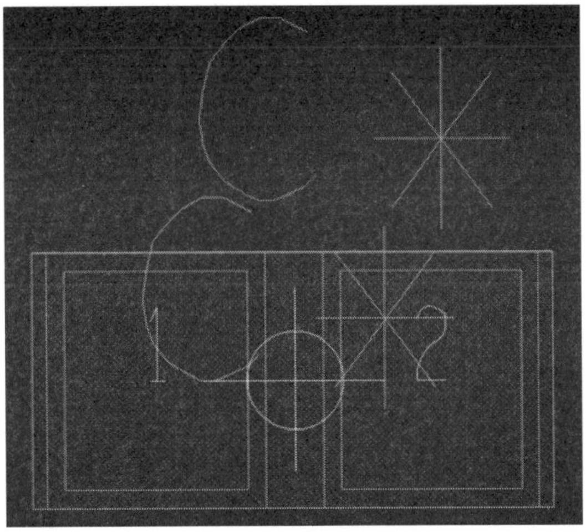

그림 A2.19

참고문헌

1. 이승무, "OrCAD 10.3", 한올 출판사, 2005.
2. 홍춘선, "따라하면서 익히는 PCB 설계 실무", 복두출판사, 2012.8.
3. 김우성, 고수복, 전현성, "Allegro OrCAD PCB Designer", 복두출판사, 2012.8.
4. 김종오, 안태원, 김우성, 박소윤, "실무와 예제를 중심으로 한 Allegro OrCAD", 복두출판사 2012.3
5. 김종습, 김무현, "Cadence Allegro OrCAD PCB Designer", 복두출판사, 2012.8.

저자와의
협의에 의해
인지 생략

Allegro OrCAD
PCB Editor를 이용한 **PCB 설계**

2판 3쇄 2020년 8월 31일

저 자 전광일
발행인 송광헌
발행처 복두출판사
주 소 서울특별시 영등포구 경인로82길 3-4
센터플러스 807호 (우) 07371
전 화 (02) 2164-2580
FAX (02) 2164-2584
등 록 1993. 11. 22. 제 10-902 호

정가 : 18,000원

ISBN : 978-11-5906-420-3 93560

한국과학기술출판협회 회원사